中国社会科学院2000年度重大Ａ类科研课题暨2001年度国家社科基金项目，得到中国社会科学院文库出版资助。

中国社会科学院文库
历史考古研究系列
The Selected Works of CASS
History and Archaeology

彩图 1　西周早期铜方鼎

彩图 2　西周早期铜圆鼎

彩图 3　陕西临潼出土的利簋

彩图 4　河南洛阳北窑出土的伯懋父铜簋

彩图 5　陕西扶风庄白出土的墙盘

彩图 6　北京房山琉璃河西周
　　　　遗址出土的克盉

彩图 7　北京房山琉璃河西周
　　　　遗址出土的克罍

彩图8　山西晋侯墓出土青铜兔尊

彩图9　河南洛阳北窑西周遗址出土的太保戈

彩图 10　河南洛阳北窑西周遗址出土的玉虎

彩图 11　河南洛阳北窑西周遗址出土的玉鸟

中国社会科学院创新工程学术出版资助项目

中国社会科学院文库 · 历史考古研究系列
The Selected Works of CASS · History and Archaeology

商代史 · 卷十一

殷 遗 与 殷 鉴

OFFSPRING AND LESSONS OF YIN DYNASTY

宋镇豪 主编　　宫长为　徐义华 著

中国社会科学出版社

图书在版编目(CIP)数据

殷遗与殷鉴/宫长为、徐义华著.—北京:中国社会科学出版社,2011.7
(2016.6 重印)

(商代史·卷十一)

ISBN 978 - 7 - 5004 - 9503 - 1

Ⅰ.①殷… Ⅱ.①宫…②徐… Ⅲ.①中国—古代史—研究—商周时代
Ⅳ.①K220.7

中国版本图书馆 CIP 数据核字(2011)第 015747 号

出 版 人	赵剑英
责任编辑	黄燕生
特邀编辑	卓 凡
责任校对	郭 娟
责任印制	戴 宽

出　　版	中国社会科学出版社
社　　址	北京鼓楼西大街甲 158 号
邮　　编	100720
网　　址	http://www.csspw.cn
发 行 部	010 - 84083685
门 市 部	010 - 84029450
经　　销	新华书店及其他书店

印　　刷	北京君升印刷有限公司
装　　订	廊坊市广阳区广增装订厂
版　　次	2011 年 7 月第 1 版
印　　次	2016 年 6 月第 2 次印刷

开　　本	710×1000 1/16
印　　张	31.5
字　　数	550 千字
定　　价	70.00 元

《中国社会科学院文库》出版说明

　　《中国社会科学院文库》（全称为《中国社会科学院重点研究课题成果文库》）是中国社会科学院组织出版的系列学术丛书。组织出版《中国社会科学院文库》，是我院进一步加强课题成果管理和学术成果出版的规范化、制度化建设的重要举措。

　　建院以来，我院广大科研人员坚持以马克思主义为指导，在中国特色社会主义理论和实践的双重探索中做出了重要贡献，在推进马克思主义理论创新、为建设中国特色社会主义提供智力支持和各学科基础建设方面，推出了大量的研究成果，其中每年完成的专著类成果就有三四百种之多。从现在起，我们经过一定的鉴定、结项、评审程序，逐年从中选出一批通过各类别课题研究工作而完成的具有较高学术水平和一定代表性的著作，编入《中国社会科学院文库》集中出版。我们希望这能够从一个侧面展示我院整体科研状况和学术成就，同时为优秀学术成果的面世创造更好的条件。

　　《中国社会科学院文库》分设马克思主义研究、文学语言研究、历史考古研究、哲学宗教研究、经济研究、法学社会学研究、国际问题研究七个系列，选收范围包括专著、研究报告集、学术资料、古籍整理、译著、工具书等。

中国社会科学院科研局

2006 年 11 月

目　录

彩图目录

插图目录

第一章

商王朝的覆亡与殷遗问题

公元前11世纪中叶前后发生的牧野之战，周武王率领西方诸侯联军战胜了商纣王的王朝军队，由此标志着商王朝的正式覆亡。

但是，正如周人所知道的那样，其实"小邦周"战胜"大邦殷"的斗争，还远远没有结束，从某种意义上讲，这场斗争还在继续，甚至更加激烈、残酷……

第一节　周邦的西土崛起

一　周邦早期文明的轨迹

从现有的文献资料记载来看，周邦早期文明的历史，可以从公刘时代说起，诚如《史记·周本纪》所云："周道之兴自此始，故诗人歌乐思其德。"《索隐》谓："即《诗·大雅》篇'笃公刘'是也。"

按《诗·大雅·公刘》篇，依《诗小序》的说法，乃是"召康公戒成王也"。当"成王将莅政，戒以民事"，取"美公刘之厚于民，而献是诗也"。我们不管这种说法与否，在周邦早期文明的历史发展中，已经昭示了公刘占有极其特殊的地位，所以，郑玄作《诗谱序》时，也着重强调指出：

> 周自后稷播种百谷，黎民阻饥，兹时乃粒，自传于此名也。陶唐之末，中叶公刘，亦世脩其业，以明民共财……

公刘能够秉承后稷之志，得以"明民共财"，而所谓的"明民共财"，则原本见于《国语·鲁语上》篇，其云："黄帝能成命百物，以明民共财"，

《礼记·祭法》篇又引作"黄帝正名百物，以明民共财"，孔疏以为"公刘在豳，教民使上下有章，财用不乏，故引黄帝之事，以言之。"① 即"明民者，谓垂衣裳，便贵贱分明，得其所也；共财者，谓山泽不障，教民取百物以自赡也"②，这当是"诗人歌乐思其德"之"德"的缘故。

我们今观《诗·大雅·公刘》篇（图1—1），作为记载周邦早期文明的史诗，主要讲述了公刘迁豳的事迹。前后共分六章，章十句。其云：

笃公刘，匪居匪康。廼场廼疆，廼积廼仓。廼裹糇粮，于橐于囊，思辑用光。弓矢斯张，干戈戚扬，爰方启行。

笃公刘，于胥斯原。既庶既繁，既顺乃宣，而无永叹。陟则在巘，复降在原。何以舟之？维玉及瑶，鞞琫容刀。

笃公刘，逝彼百泉，瞻彼溥原。廼陟南冈，乃觏于京。京师之野，于时处处，于时庐旅，于时言言，于时语语。

笃公刘，于京斯依。跄跄济济，俾筵俾几。既登乃依，乃造其曹。执豕于牢，酌之用匏。食之饮之，君之宗之。

笃公刘，既溥既长，既景廼冈，相其阴阳，观其流泉。其军三单，度其隰原，彻田为粮。度其夕阳，豳居允荒。

笃公刘，于豳斯馆。涉渭为乱，取厉取锻。止基廼理，爰众爰有。夹其皇涧，溯其过涧。止旅乃密，芮鞫之即。

我们从中不难看出，整个诗篇六章，也可以划分为前后或者说上下两个部分。前一个部分即一、二、三章，主要写了公刘不畏艰辛，不辞劳苦，带领邦人相察地势，选择都城的过程；后一个部分即四、五、六章，主要写了公刘选择都城以后，与群臣行燕飨之礼，共同谋划开垦新疆，营建居室的举措。如果我们把前后两个部分放入到公刘创建国家的历史进程中，去加以细心地考察的话，似乎可以得出这样的认识，前一个部分即一、二、三章，可以说是准备阶段；后一个部分即四、五、六章，可以说是实施阶段。从这一意义上说，前一个部分可以作为后一个部分前提条件；后一个部分可以作为前一个部分的有力保障，从而揭开了周邦早期文明的新

①《诗谱序》孔疏。

②《礼记正义》卷四十六。

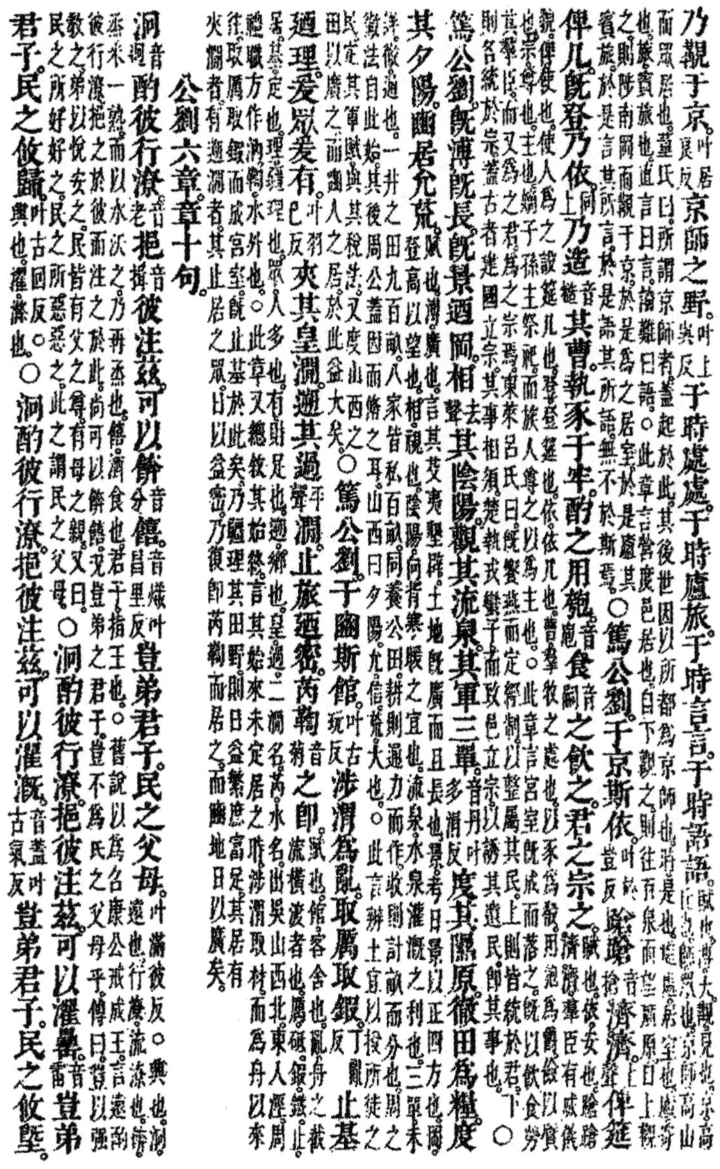

詩　卷六　一三四

乃覯于京。叶居良反。京師之野。叶上與反。于時處處，于時廬旅，于時言言，于時語語。賦也。溥，大。覯，見也。京，高丘也。師，衆也。京師，高山而衆居也。董氏曰："所謂京師者，蓋起於此。其後世因以所都爲京師也。"時，是也。處處，居室也。廬，寄也。旅，賓旅也。直言曰言，論難曰語。○此章言營度邑居也。自下觀之，則往百泉而望廣原；自上觀之，則陟南岡而覯于京。於是爲之居室，於是廬其賓旅，於是言其所言，於是語其所語，無不於斯焉。○篤公劉，于京斯依。叶於豈反。蹌蹌濟濟，蹌，七羊反。濟，上聲。俾筵俾几。既登乃依，同上。乃造其曹。造，音漕。執豕于牢，酌之用匏。匏，音庖。食之飲之，食，音嗣。君之宗之。賦也。依，安也。蹌蹌濟濟，羣臣有威儀貌。俾，使也。使人爲之設筵几也。登，登筵也。依，依几也。曹，羣牧之處也。以豕爲殽，用匏爲爵，儉以質也。宗，尊也，主也。嫡子孫主祭祀，而族人尊之以爲主也。○此章言宮室既成而落之，既以飲食勞其羣臣，而又爲之君，爲之宗焉。東萊呂氏曰："既饗燕而定經制，以整屬其民，上則皆統於君，下則各統於宗。蓋古者建國立宗，其事相須。楚執戎蠻子而致邑立宗，以誘其遺民，即其事也。"○篤公劉，既溥既長，既景迺岡。相去聲。其陰陽，觀其流泉。其軍三單，音丹，叶多涓反。度其隰原，徹田爲糧。度其夕陽，豳居允荒。賦也。溥，廣也。言其芟夷墾辟，土地既廣而且長也。景，考日景以正四方也。岡，登高以望也。相，視也。陰陽，向背寒暖之宜也。流泉，水泉灌溉之利也。三單，未詳。徹，通也。一井之田九百畝，八家皆私百畝，同養公田，耕則通力而作，收則計畝而分也。周之徹法自此始，其後周公蓋因而脩之耳。山西曰夕陽。允，信。荒，大也。○此言辨土宜以授所徙之民，定其軍賦與其稅法，又度山西之田以廣之，而豳人之居於此益大矣。○篤公劉，于豳斯館。叶古玩反。涉渭爲亂，取厲取鍛。丁亂反。止基迺理，叶良以反。爰衆爰有，叶羽己反。夾其皇澗，遡其過澗。過，平聲。止旅迺密，芮鞫之即。鞫，音菊。賦也。館，客舍也。亂，舟之截流橫渡者也。厲，砥。鍛，鐵。止，居。基，定也。理，疆理也。衆，人多也。有，財足也。遡，鄉也。皇、過，二澗名。芮，水名，出吳山西北，東入涇。周禮職方作汭。鞫，水外也。○此章又總敘其始終，言其始來，未定居之時，涉渭取材而爲舟，以來往取厲取鍛而成宮室，既止基於此矣，乃疆理其田野，則日益繁庶富足。其居有夾澗者，有遡澗者，其止居之衆，日以益密，乃復即芮鞫而居之，而豳地日以廣矣。

公劉六章，章十句。

洞酌彼行潦，洞，音迥。潦，音老。挹彼注茲，挹，音揖。可以餴饎。餴，音分。饎，音熾，叶昌里反。豈弟君子，民之父母。叶滿彼反。○興也。洞，遠也。行潦，流潦也。餴，烝米一熟，而以水沃之，乃再烝也。饎，酒食也。君子，指王也。○舊說以爲召康公戒成王，言遠酌彼行潦，挹之於彼而注之於此，尚可以餴饎，况豈弟之君子，豈不爲民之父母乎？傳曰："豈以強教之，弟以悅安之。民皆有父之尊，有母之親。"又曰："民之所好好之，民之所惡惡之，此之謂民之父母。"○洞酌彼行潦，挹彼注茲，可以濯罍。罍，音雷。豈弟君子，民之攸歸。叶古回反。○興也。濯，滌也。○洞酌彼行潦，挹彼注茲，可以濯溉。溉，音蓋，叶古氣反。豈弟君子，民之攸塈。

图 1—1　《诗·大雅·公刘》书影

篇章。

这里，我们准备从《诗·大雅·公刘》篇入手，在前人研究的基础上，再做一点具体地讨论工作。

首先，在前一个部分当中，诗人不仅给我们展示了公刘前期的历史面貌，而且还告诉我们这样一个事实，即在"爰方启行"之前，公刘实际上做了两个方面的准备工作：一是"迺场迺疆，迺积迺仓"，"场"与"疆"和"积"与"仓"，都是对言，前者指田之界畔，"场"为小界，"疆"为大界①；后者指堆之粮谷，"积"为屋外，"仓"为屋内②；一是"迺裹糇粮，于橐于囊"，"糇粮"即"干食也"，③"橐"与"囊"都是裹粮的口袋，"无底曰橐，有底曰囊"。④也就是说，一方面整治田亩疆界，收拾粮谷积仓；另一方面，"乃裹粮食于橐囊之中"⑤，引用孟子的话说，叫做"居者有积仓，行者有裹囊也"⑥，然后"弓矢斯张，干戈戚扬，爰方启行"。

如是，我们就有理由说，按照公刘的迁豳计划，只是迁徙一部分居民，而另一部分居民则留下不走。不管是"居者有积仓"，以便继续耕作，还是"行者有裹囊"，以便开垦新疆，都说明公刘"好货"，⑦善于理财，其目的也只有一个，就是为了农业生产的再发展，准备更多的物质力量，建设强大的新国家，所以，史迁也说："行者有资，居者有畜积，民赖其庆。百姓怀之，多徙而保归焉。"⑧

但是，我们需要指出，二章"笃公刘，于胥斯原"之后，"既庶既繁，既顺迺宣，而无永叹"一句，其中"既庶既繁"，应是描写"于胥斯原"的情形，郑笺误以为"厚乎公刘之于相此原地以居民，民既众矣，既多矣"⑨，"既顺迺宣，而无永叹"，则是"厚乎公刘之于相此原地以居民"，对"于胥斯原"所发出的赞叹，即郑笺下云："民皆安今之居，而无长叹，思其旧时也。"⑩只是"于胥斯原"之"胥"，能否与下文"于京斯依"、

---

① 参见严粲《诗缉》。

② 参见朱熹《诗经集传》卷六。

③ 参见严粲《诗缉》。

④ 参见朱熹《诗经集传》卷六。

⑤ 参见《毛诗正义》卷十七—三。

⑥ 《孟子·梁惠王下》篇。

⑦ 参见《孟子·梁惠王下》篇。

⑧ 《史记·周本纪》。

⑨ 参见《毛诗正义》卷十七—三。

⑩ 同上。

"于豳斯馆"同解①，似须很好地斟酌。我们不妨仍按传统的说法，毛传以为"胥，相"也②，即相察之义，《诗·大雅·绵》篇中，也有"聿来胥宇"一句，其义本同，郑笺所谓"厚乎公刘之于相此原地以居民"。这个"原"，即公刘"陟则在巘，复降在原"之"原"，也即三章"逝彼百泉，瞻彼溥原"之"原"，当时指这片平原而言。

其次，在后一个部分当中，我们已经注意到公刘宴饮群臣时，诗人用了三句话：第一句，"跄跄济济，俾筵俾几"，"跄跄济济"，当是习语，《礼记·曲礼下》有"天子穆穆，诸侯皇皇，大夫济济，士跄跄，庶人僬僬"，郑笺亦云："跄跄济济，士大夫之威仪也"③，而"俾筵俾几"之"俾"是使的意思，"使人为之设筵几也"④；第二句，"既登乃依，乃造其曹"，"既登乃依"，毛传以为"宾已登席坐矣，乃依几矣"⑤，把"依"当为动词，理解为"乃依几矣"，而"乃造其曹"之"曹"是群的意思，孔疏谓"曹者，辈类之言，故为群也"⑥，当是"群牧之处也"⑦；第三句，"执豕于牢，酌之用匏"，"执豕于牢"，毛传以为"新国则杀礼也"⑧，而"酌之用匏"之"匏"即指匏爵，"盖以一匏离为二，酌酒于其中，是曰匏爵，亦谓之匏"⑨，毛传又以为"俭且质也"⑩。

如何诠释这三句话，我们觉得，从当时的礼制角度来看，它当道出了祀庙礼成的盛况。《礼记·曲礼下》说："君子将营宫室，宗庙为先，厩库为次，居室为后。"这里的"君子"，也可以泛指，孙氏指出，即"谓诸侯也。厩，养马者。库，藏财物者。宗庙所以奉先祖，故为先。厩库所以资

---

①　在这方面，可以参见谭戒甫《先周族与周族的迁徙及其社会发展》一文，刊于《文史》第六辑，中华书局 1979 年。

②　《毛诗正义》卷十七—三。

③　同上。

④　参见朱熹《诗经集传》卷六。

⑤　《毛诗正义》卷十七—三。

⑥　同上。

⑦　参见朱熹《诗经集传》卷六。

⑧　《毛诗正义》卷十七—三。

⑨　参见陈奂《诗毛氏传疏》。

⑩　《毛诗正义》卷十七—三。按"俭且质也"，定本作"俭以质也"，今依阮元《毛诗注疏校勘记》改之。

国用，故为次。居室所以安身，故为后"，并且，还援引《诗·大雅·绵》篇为证，其五章曰："缩版以载，作庙翼翼"，"此宗庙为先也"；其七章曰："乃立皋门，皋门有伉"，"天子之皋门，于诸侯为库门，此厩库为次也"；其七章又曰："乃立应门，应门将将"，"王之正门曰应门，其内乃为寝室，是居室为后也。"① 郑笺以为"厚乎公刘之居于此京，依而筑宫室，其既成也，与群臣士大夫饮酒以乐之"②，恐怕诠释的还不够确切，前人已经指出了这一点③，而其中的"于京斯依"之"依"，能否读为"廄"，指族众集会的厅堂，下言"既登乃依"之"依"，又能否读作"殷"，即指殷见之礼，还可以继续讨论。④

也正因为如此，我们看第五章着意强调"其军三单，度其隰原，彻田为粮"，原本含有"厩库为次"的意思在里边。前人包括近人对"其军三单"作有种种解释，远不如胡氏所云："此语虽为制军之数，古者寓兵于农，制军所以为受田，故上承相阴阳、观流泉，而下与度其隰原、彻田为粮相次，可知并非在道御寇之谓"⑤，所以，紧接着最后一章"笃公刘，于豳斯馆"，理当为后。这个"馆"，实际上包括了民居和宫室两个方面的建筑，"涉渭为乱，取厉取锻。止基迺理，爰众爰有"，当是描述营建宫室方面的情景；"夹其皇涧，遡其过涧。止旅乃密，芮鞫之即"，当是描述民居安顿方面的情形。

再次，我们通过对前后两个部分的比较分析，可以进一步得出公刘率领邦人迁徙的时间，大概从是年的秋后开始的。也就是说，在完成了两个方面的准备工作，即"迺场迺疆，迺积迺仓"，包括"迺裹糇粮，于橐于囊"之后，才"弓矢斯张，干戈戚扬，爰方启行"的。

我们知道，西周实行"三时务农而一时讲武"的制度。《国语·周语上》说："是时也，王事唯农是务，无有求利于其官，以干农功，三时务农而一时讲武，故征则有威，守则有财。"韦昭注云："三时，春、夏、秋。一时，冬也。讲，习也。"在一年四季当中，春、夏、秋"三时务

① 孙希旦：《礼记集解》卷五。

② 《毛诗正义》卷十七—三。

③ 参见马瑞辰《毛诗传笺通释》卷二十五。

④ 参见杨宽《西周史》第一编第二章，上海人民出版社1999年版。

⑤ 胡承珙：《毛诗后笺》卷二十四。

农"，而唯有冬"一时讲武"，组织公社农民进行大规模的军事训练，《诗·豳风·七月》所谓："二之日其同，载缵武功"，即是一例。"二之日"，十有二月之日，郑笺以为"其同者，君臣及民因习兵俱出田也"①，这当是周邦以来的历史传统。春秋初年，鲁大夫臧僖伯述"古之制"时，还说："故春蒐夏苗，秋狝冬狩，皆于农隙以讲事也。三年而治兵，入而振旅，归而饮至，以数军实，昭文章，明贵贱，辨等列，顺少长，习威仪也。"② 这个"古之制"，自然是指西周旧制而言。由此，我们可以推想，公刘正是利用"于农隙以讲事"即"讲武"的方式，成功地实施了迁徙计划，而且我们从这一角度出发，迁徙也不会超出周邦势力范围，本在周邦"西土"之内。

从目前的研究情况来看，公刘率领邦人迁徙的路线，我们应当考虑两个方面的因素：一方面公刘率领邦人迁徙之前，前有"不窋用失其官，而自窜于戎、狄之间"③；另一方面，公刘率领邦人迁徙之后，后有公亶父迁岐之举，而公刘率领邦人迁徙的路线，正好介于前后两者之间。也就是说，公刘率领邦人迁徙的路线，应是自上而下或者说由北向南，至于这个"北"是东"北"，还是西"北"，还有待于进一步讨论。毛传以为公刘原来居邰，是从邰地迁徙到豳地的，④ 恐怕推断有误。我们从《诗·大雅·公刘》篇本身记载来看，所谓"迺陟南冈"，已经透漏出往南的信息，进而向南"涉渭为乱，取厉取锻"，公亶父迁岐正是沿着这一路线的，说明公刘已寓有此意在里边。

最后，我们纵观前后两个部分，还可以深切地感受到公刘迁豳的真实用意。

前人讨论公刘迁豳的时候，见于《史记》的记载，主要有三种不同的说法：

一种说法，以为"复脩后稷之业"。《史记·周本纪》上说："公刘虽在戎狄之间，复脩后稷之业，务耕种，行地宜。……"

一种说法，以为"避桀居豳"。《史记·刘敬叔孙通列传》上说："周

---

①　《毛诗正义》卷八——一。

②　《左传》隐公五年。

③　《国语·周语上》篇。

④　参见《毛诗正义》卷十七—三。

之先自后稷，尧封之郤，积德累善十有余世。公刘避桀居豳。……"

一种说法，以为"变于西戎"。《史记·匈奴列传》上说："夏道衰，而公刘失其稷官，变于西戎，邑于豳……"

实际上，在这三种不同的说法当中，后两种说法讲的是一回事，"避桀"指的就是"夏道衰"。当然，按照《国语·周语上》的说法，"及夏之衰也，弃稷不务"，本是先王不窋，而公刘作为不窋之孙，恐怕是连带言之而已。

我们以为，真正促使公刘迁豳的原因，既有内因，又有外因，不能孤立地只看问题的一个方面，而忽略问题的另一方面。"复脩后稷之业"，不妨说是内因；而"避桀"或者说"夏道衰"，则不妨说是外因。这个外因，不一定非指"避桀"或者说"夏道衰"，由于"先王不窋用失其官，而自窜于戎、狄之间"①，很有可能深受其影响，造成了不利的外部环境，所以，《诗·大雅·公刘》篇开篇即云："笃公刘，匪居匪康"，已经包含这一层意思在里边。"匪"通作非，郑笺以为"不以所居为居，不以所安为安"②，把"居"训为居，把"康"训为安，朱熹又谓："居，安；康，宁也。"③ 其实，"居"可通作尻。《说文》云"处也"，"康"，《尔雅》云"安也"。"匪居匪康"，即"言不以戎翟之间为可以居处之地，而遂安宁也。"④按照辩证的方法看问题，外因是变化的条件，内因是变化的根据，外因是通过内因而起作用。公刘正是在这样的内、外因的作用下，带领邦人迁豳，也就是今陕西彬县、旬邑一带（很有可能在今长武、彬县一带），⑤藉以实现建国兴邦的宏伟宿愿，完成了由野蛮时代到文明时代的历史性转变。

我们从这一意义上说，公刘应是周邦历史上第一位国君，也就是开国之君，因而才有了"公"的称号，称"公"与后来称"王"一样，⑥都是当时周人对国君的尊称，反映了周邦历史的发展变化，公刘称"公"，标

---

① 参见《国语·周语上》篇。

② 《毛诗正义》卷十七—三。

③ 《诗经集传》卷六。

④ 参见何楷《诗经世本古义》。

⑤ 参见张天恩《关中商文化研究》，文物出版社 2004 年版，第 187 页。

⑥ 参见杨宽《西周史》，上海人民出版社 1999 年版，第 33 页。

志着周邦正式建国，历史又翻开了新的一页。

根据我们对《诗·大雅·公刘》篇这几点的初步讨论，我们觉得，在公刘创建国家的历史进程中，它集中地体现了两个最基本的特征：

一是"明民"，即前引孔疏所云："明民者，谓垂衣裳，使贵贱分明，得其所也。"① 这里的"垂衣裳"，意为"使衣服有章"②，旨在强调"使贵贱分明，得其所也"，实际上就是要建立统治阶级秩序。我们看诗的后一个部分，公刘"于京斯依"之后，举行宗庙礼成之时，群臣士大夫"既登乃依，乃造其曹"，都是要按照尊卑排定席位，所以，才能"食之饮之，君之宗之"，如吕氏所说："既飨燕而定经制，以整属其民。上则皆统于君，下则名统于宗。盖古者建国立宗，其事相须。"③

一是"共财"，亦即前引孔疏所云："共财者，谓山泽不障，教民取百物以自赡也。"④ 这里的"山泽不障"，意为"使之同有财用"，⑤ 山泽作为农村公社土地所有制的共有地，原本不得"专利"，⑥ 旨在强调"教民取百物以自赡也"，实际上就是要推行这种从公有制到私有制的"中间阶段"的农村公社所有制，⑦ 即我们常说的井田制度。我们再看诗的第五章，在考察阴阳寒暖之宜和水泉灌溉之利的基础上，公刘着重规划井田，制定赋税。其中"度其隰原"，毛传就谓"高平曰原，下湿曰隰"⑧，郑笺即云："度其隰与原田之多少"，而"彻田为粮"，毛传训"彻"为"治也"，⑨ 治田为粮。这个"粮"，不仅仅是一般意义上的粮食，当含有赋税之义，所以，朱熹谓："周之彻法自此始"，并谓："此言辨土宜以授所徙之民，定其军赋与其税法。"⑩

由此看来，"明民"与"共财"作为一个问题的两个方面，我们是否

---

① 《礼记正义》卷四十六。

② 参见《诗谱序》孔疏。

③ 《吕氏家塾读诗记》。

④ 《礼记正义》卷四十六。

⑤ 参见《诗谱序》孔疏。

⑥ 参见《国语·周语上》篇。

⑦ 参见《马克思恩格斯选集》第3卷，人民出版社1975年版，第178页。

⑧ 《毛诗正义》卷九—二。

⑨ 《毛诗正义》卷十七—二。

⑩ 朱熹：《诗经集传》卷六。

可以这样地说，"明民"应属于政治方面的变革，"共财"应属于经济方面的变革，政治方面的变革为经济的发展铺平了道路；同时，经济方面的变革又为政治的进步奠定了基础，所以，政治方面的变革与经济方面的变革交互作用，必然催生出新兴的奴隶制国家政权，从而走出了具有中国特色的古代文明发展模式。

其实，如果我们追溯一下周邦早期文明的历史，也许就会发现还存在着这样一个事实，即从后稷初封于邰，乃至公刘迁豳立国，前后本应历经十有余世。我们据《左传》昭公二十九年记载，当魏献子问起"社稷五祀，谁氏之五官也？"晋大史蔡墨说了如下一段话：

> 少皞氏有四叔，曰重、曰该、曰修、曰熙，实能金、木及水。使重为句芒，该为蓐收，修及熙为玄冥，世不失职，遂济穷桑，此其三祀也。颛顼氏有子曰犁，为祝融；共工氏有子曰句龙，为后土，此其二祀也。后土为社；稷，田正也。有烈山氏之子曰柱为稷，自夏以上祀之。周弃亦为稷，自商以来祀之。

不仅讲述了"社稷五祀"的由来，而且还特意强调"后土为社；稷，田正也"，并且，进一步地补充道："有烈山氏之子曰柱为稷，自夏以上祀之。周弃亦为稷，自商以来祀之。"是"稷"作为"田正"，原本与"土正曰后土"一样，[①] 都为官职之名称，一如《礼记·祭法》篇上所云："是故厉山氏之有天下也，其子曰农，能殖百谷。夏之衰也，周弃继之，故祀以为稷"，与《国语·鲁语上》篇相对照，"厉山氏"即"烈山氏"，"其子曰农"也即"其子曰柱"，"柱"当为人名，"农"当为官名，[②] 既可以称谓"稷"，又可以称谓"农"，只是"夏之衰也"作"夏之兴也"，当有所误。这一点，前人已经注意到"'兴'当为'衰'字之误耳"[③]。杜注云："弃，周之始祖，能播百谷。汤既胜夏，废柱而以弃代之"[④]，实则沿用了孔传的

---

① 《左传》昭公二十九年。

② 《礼记正义》卷四十六。孔疏以为"作农官，因名农是也"。刘炫谓："其官曰农，犹呼周弃曰稷。"

③ 《尚书正义》卷八。

④ 《春秋左传正义》卷五十三。

说法，以为"汤承尧舜禅代之后，顺天应人，逆取顺守，而有惭德，故革命创制，改正易服，变置社稷，而后世无及句龙者，故不可而止"①，《汉书·郊祀志》也有类似的说法。但是，都没有涉及汤有七年或五年之旱的问题②，说明弃为商"稷"，"自商以来祀之"；柱为夏"稷"，"自夏以上祀之"。

我们由此来判断，柱为"田正"或曰"农"，当在夏代以前；周弃为"田正"或曰"农"，当在商代以前，结合《左传》昭公九年记载，周甘人与晋阎嘉争阎田，晋梁丙、张趯率阴戎伐颍。周王使詹桓伯辞于晋，开头即云："我自夏以后稷，魏、骀、芮、岐、毕，吾西土也。"杜注谓："在夏世以后稷功，受此五国为西土之长。"③ 也就是说，在有夏一代，由于担当后稷之职，夏后氏才把魏、骀、芮、岐、毕五国划分为周邦的势力范围，所以，时周穆王之卿士祭公谋父则有言："昔我先王世后稷，以服事虞、夏"，④ 也正好与《尚书·尧典》篇相互参证。这个"世后稷"之"世"，绝不能简单地把它理解为"父子相继曰世"，⑤ 否则就无法应对下文"以服事虞、夏"一句，《诗·大雅·崧高》篇描述周宣王封申伯于谢时，其中就有"登是南邦，世执其功"之语，郑笺以为："世世持其政事，传子孙也"，⑥ 正得其解，当含有世代相承之意。这样就把担当后稷之职的时限，确切地说，上可以推到唐尧虞舜之际，恐怕也正由于这样的历史缘故，统一的夏王朝出现以后，才有可能继续承袭这一世官，下可以延到"及夏之衰也，弃稷不务"之时，即"我先王不窋用失其官，而自窜于戎、狄之间"。⑦ 因此，前人怀疑不窋非弃之子，以为"言世稷官，是失其代数也"，⑧ 是有一定的道理的。《史记·

---

① 《尚书正义》卷八。

② 在这方面，可参见孙星衍：《尚书今古文注疏》卷三十。

③ 《春秋左传正义》卷四十五。

④ 《国语·周语上》篇。

⑤ 《国语》韦昭注。

⑥ 《毛诗正义》卷十八—三。

⑦ 《国语·周语上》篇。

⑧ 《史记·周本纪》《索隐》引谯周语。在这方面，还可以参见《毛诗正义》卷十七—三，以及《戴东原集》卷一，等等。

刘敬叔孙通列传》说过："周之先自后稷，尧封之邰，积德累善十有余世。公刘避桀居豳"①，也就是说，从弃到公刘，中间经历了十几代。至于《国语·周语下》篇说："自后稷以来宁乱，及文、武、成、康而仅克安民。自后稷之始基靖民，十五王而文始平之，十八王而康克安之，其难也如是。"云云。其中前一个"后稷"，当指唐尧虞舜之际的"后稷"，为周之始祖弃，所以，韦昭注云："宁，安也。尧时洪水，黎民阻饥，稷播百谷，民用乂安也"，后一个"后稷"，则应当指"最后为后稷者"，② 所谓"十五王而文始平之"或"十有五世而兴"③；"十八王而康克安之"，都应如是观，④ 方合乎其历史实际。

那么，由前一个"后稷"到"最后为后稷者"，中经不窋失官，子鞠代之，传至公刘"复脩后稷之业"，⑤ 恰恰不失作为周邦早期文明历史发展的第一阶段。

我们按照《史记·周本纪》的记载，公刘以降，依次为庆节、皇仆、差弗、毁隃、公非、高圉、亚圉、公叔祖类、古公亶父，共为九世。为了便于讨论问题，我们不妨列表如下：

表1—1　　　　　　　　　　　　周邦世系表

世系	《史记·周本纪》	《世本》	《汉书·古今人表》	《帝王世纪》	备注
一	公刘卒，子庆节立		庆节，公刘子		
二	庆节卒，子皇仆立		皇仆，庆节子		
三	皇仆卒，子差弗立		差弗，皇仆子		
四	差弗卒，子毁隃立	伪榆	毁隃，差弗子		毁隃，《史记·三代世表》作毁渝

①　又见《汉书·郦陆朱刘叔孙传》。

②　参见《戴东原集》卷一。

③　亦见《国语·周语下》篇。

④　董增龄曰："解自后稷以下至文王据《史记》。惟自唐虞至商之季，凡九百余年，不应只有十六世。太子晋所言，自是指其能修稷业而言之耳。"见徐元诰《国语集解》，中华书局2002年版，第100页。

⑤　《史记·周本纪》。

续表

世系	《史记·周本纪》	《世本》	《汉书·古今人表》	《帝王世纪》	备注
五	毁隃卒，子公非立	公非辟方	公非，毁隃子。辟方，公非子	公非，字辟方也	
六	公非卒，子高圉立	高圉侯侔	高圉，辟方子。夷竢①，高圉子	高圉，字侯侔也②	
七	高圉卒，子亚圉立	亚圉云都	亚圉，高圉子。云都，亚圉弟	云都，亚圉字	
八	亚圉卒，子公叔祖类立	太公组绀诸盩	公祖，亚圉子	公祖，一名组绀诸盩，字叔类，号曰太公也	公叔祖类，《史记·三代世表》作公祖类
九	公叔祖类卒，子古公亶父立	太王亶父	大王亶父，公祖子	古公亶父	古公亶父，《史记·三代世表》亦作太王亶父

其中公非、高圉、亚圉三世，历来存有争议。"公非"，《世本》原作"公非辟方"；"高圉"，《世本》原作"高圉侯侔"；而"亚圉"，《世本》原作"亚圉云都"，或者以为"辟方，公非子"；"夷竢，高圉子"；"云都，亚圉弟"；或者以为"公非，字辟方也"；"高圉，字侯侔也"；"云都，亚圉字"。如果按照《帝王世纪》的说法，把"辟方"、"侯侔"、"云都"分别解释为公非、高圉、亚圉之字，与《史记·周本纪》（包括《史记·三代世表》）正相吻合，即：

公非（辟方）[1]—高圉（侯侔）[2]—亚圉（云都）[3]……

---

① 师古曰："竢与俟同。"梁玉绳：《古今人表考》认为，"夷竢"亦曰"侯侔"。

② 徐宗元：《帝王世纪辑存》案："《路史·发挥四》云：'《史记》乃后，辟方、侯牟、云都、诸盩，至皇甫谧遂以为公非、高圉、亚圉、祖绀之字'，是《帝王世纪》原有此文。"

三世三公；如果按照《汉书·古今人表》的说法，把"辟方"、"侯侔"、"云都"分别解释为公非、高圉之子和亚圉之弟，显然与《史记·周本纪》（包括《史记·三代世表》）不相吻合，即：

侯侔[4]

公非[1]—辟方[2]—高圉[3]———亚圉[5]……

云都[6]

四世六公，比《史记·周本纪》（包括《史记·三代世表》）多出一世三公。"辟方"一世的情况，我们不甚明了。"侯侔"、"云都"与亚圉并为一世三公的情况，则颇有些类似商人王室的特点，或许与商人祭祖重直系有关，"侯侔"、"云都"可以略而不记，这恐怕还有待于进一步地考察。在这方面，前人包括近人都做了许多工作，也有助于我们更好地深入探讨。[①]

不过，由于其间史有阙如，我们根据现有的文献资料，仅仅知道一些零散的信息。诸如《左传》昭公七年记载，周景王派郕简公去卫国吊丧，同时，追命襄公说："叔父陟恪，在我先王之左右，以佐事上帝，余敢忘高圉、亚圉？"杜注云："二圉，周之先也。为殷诸侯，亦受殷王追命者。"[②]惠栋按："杜氏此注，盖本《汲郡古文》。"[③]今考今本《竹书纪年》中，确有商王追命邠侯（即豳侯）二条。一条见于祖乙"十五年，命邠侯高圉"；一条见于盘庚"十九年，命邠侯亚圉"，而《春秋》、《左传》记载周王追命者，亦仅两见。一条见于《春秋》庄公元年；另一条即此。

这里，周景王追命卫襄公，为何偏偏提及"余敢忘高圉、亚圉"？我们以为，当与周初封卫之事有关。卫作为殷商故地，周公东征胜利以后，分封于其弟康叔，包括"殷民七族"即陶氏、施氏、繁氏、锜氏、樊氏、饥氏、终葵氏，实行"启以商政，疆以周索"的政策，[④]大概有这样的历

---

① 可参见杨朝明《〈史记·周本纪〉关于周先王世系的记述》，载《史海侦迹——庆祝孟世凯先生七十岁文集》，香港新世纪出版社 2006 年版。

② 《春秋左传正义》卷四十四。

③ 惠栋：《春秋左传补注》。

④ 《左传》定公四年。

史渊源。

值得注意的是，在《国语·鲁语上》篇中，高圉又与大王即古公亶父并举，都受到周人的报祭，展禽说："高圉、大王，能帅稷者也，周人报焉。"孔晁曰："功不及祖，德不及宗，故每于岁之大烝而祭焉，谓之报。"①"报"即"报德，谓祭也"②，说明高圉与大王一样，在周人的心目中享有崇高的地位。我们今观《诗》诸篇中，则保存着不少有关大王即古公亶父的事迹，其中以《诗·大雅·绵》篇为代表（图1—2），集中地讲述了古公亶父迁国创业的过程，前后共九章，每章六句。其云：

绵绵瓜瓞，民之初生，自土沮漆。古公亶父，陶复陶穴，未有家室。

古公亶父，来朝走马，率西水浒，至于岐下。爰及姜女，聿来胥宇。

周原膴膴，堇荼如饴。爰始爰谋，爰契我龟。曰止曰时，筑室于兹。

迺慰迺止，迺左迺右；迺疆迺理，迺宣迺亩。自西徂东，周爰执事。

乃召司空，乃召司徒，俾立室家。其绳则直，缩版以载，作庙翼翼。

捄之陾陾，度之薨薨，筑之登登，削之冯冯。百堵皆兴，鼛鼓弗胜。

迺立皋门，皋门有伉。迺立应门，应门将将。迺立冢土，戎丑攸行。

肆不殄厥愠，亦不陨厥问。柞棫拔矣，行道兑矣。混夷駾矣，维其喙矣。

虞芮质厥成，文王蹶厥生。予曰有疏附；予曰有先后；予曰有奔奏；予曰有御侮。

---

① 《春秋左传正义》卷四十四。

② 《国语》韦昭注。

前人探讨这一问题，往往围绕着迁徙的途径，各执一词，纠缠不清。① 具体地涉及到沮、漆二水的地望，也包括相关"率西水浒"一句的诠释上，它几乎成为经学史上的一大问题，直接关系到对整个《诗·大雅·绵》篇，乃至于周邦早期文明历史的理解和认识。

我们觉得，如何解决这一问题，不应当仅仅局限于个别章句的考释上，而是要从整体上把握《诗·大雅·绵》篇的基本要旨。按照《诗小序》的说法，《诗·大雅·绵》篇原本是阐述"文王之兴，本由大王也"②，或许"此亦周公戒成王之诗"③。所以，孔颖达作《正义》时，一再强调："作《绵》诗者，言文王之兴，本之于太王也。太王作王业之本，文王得因之以兴。今见文王之兴，本其上世之事，所以美太王也。"④

我们细审《诗·大雅·绵》篇九章，亦可分为前后不同时期两个部分。从首章以下七章，以"绵绵瓜瓞，民之初生，自土沮漆"说起，讲到古公亶父迁国定宅之经过，描写开垦荒野、兴建城郭宫室盛况，可谓前一个部分；余下两章，多以为事属文王，我们不妨理解为是纵言由太王到文王这一时期的历史，以为最后一章的过渡⑤，可谓后一个部分。对此，孔颖达概括谓："上七章言太王得人心生王业，乃避狄居岐，作寝庙门社，是本太王；下二章乃言文王兴之事，叙以诗为文王而。"⑥

在这里，我们不妨再作一点讨论。

我们看第八章：

> 肆不殄厥愠，亦不陨厥问。柞棫拔矣，行道兑矣。混夷駾矣，维其喙矣。

---

① 在这方面，可参看齐思和《西周地理考》一文，刊于《燕京学报》1946 年第三十期，已收入《中国史探研》一书中，河北教育出版社 2000 年版。还有刘毓庆：《雅颂新考》第 3 篇，山西高校联合出版社 1996 年版，等等。

② 《毛诗正义》卷十六—二。

③ 朱熹：《诗经集传》卷六。

④ 《毛诗正义》卷十六—二。

⑤ 参见扬之水《诗经名物新证》，北京古籍出版社 2000 年版，第 154 页。

⑥ 《毛诗正义》卷十六—二。

詩　緜　卷六

緜緜瓜瓞，音姪 民之初生，自土沮音疽 漆。音七 古公亶父，亶音但 陶音桃 復音福 陶穴，叶戶橘反 未有家室。比也。緜緜，不絶貌。大曰瓜，小曰瓞。瓜之近本初生者常小，其蔓不絶，至末而後大也。民，周人也。自，從。土，地也。沮、漆，二水名，在豳地。古公，號也。亶父，名也，或曰字也。後乃追稱大王焉。陶，窯竈也。復，重窯也。穴，土室也。家，門內之通名也。豳地近西戎而苦寒，故其俗如此。○此亦周公戒成王之詩，追述大王始遷岐周以開王業，而文王因之以受天命也。此其首章，言瓜先小後大，以比周人始生於漆沮之上，而古公之時居於窯竈土室之中，其國甚小，至文王而後大也。

○古公亶父，來朝走馬。叶滿補反 率西水滸，音虎 至于岐下。叶後五反 爰及姜女，聿來胥宇。賦也。朝，早也。走馬，避狄難也。滸，水厓也，漆沮之側也。岐下，岐山之下也。姜女，大王妃也。胥，相。宇，宅也。孟子曰：大王居邠，狄人侵之，事之以皮幣珠玉犬馬而不得免，乃屬其耆老而告之曰：狄人之所欲者，吾土地也。吾聞之也，君子不以其所以養人者害人。二三子何患乎無君，我將去之。去邠，踰梁山，邑于岐山之下居焉。邠人曰：仁人也，不可失也。從之者如歸市。

○周原膴膴，音武 堇音謹 荼如飴。音移 爰始爰謀，叶謨悲反 爰契音器 我龜。曰止曰時，築室于茲。叶津之反 賦也。周，地名，在岐山之南。廣平曰原。膴膴，肥美貌。堇，烏頭也。荼，苦菜，蓼屬也。飴，餳也。契，所以然火而灼龜者也。儀禮所謂楚焞是也。或曰：以刀刻龜甲欲鑽之處也。○言周原土地之美，雖物之苦者亦甘。於是大王始與豳人之從己者謀居之，又契龜而卜之，既得吉兆，乃告其民曰：可以止於是而築室矣。或曰：時，謂土功之時也。

○迺慰迺止，迺左迺右。叶羽已反 迺疆迺理，迺宣迺畝。叶滿彼反 自西徂東，周爰執事。叶上止反 賦也。慰，安。止，居也。左右，東西列之也。疆，謂畫其大界。理，謂別其條理也。宣，布散而居也。或曰：導其溝洫也。畝，治其田疇也。自西徂東，自西水滸而徂東也。周，徧也。言靡事不為也。

○乃召司空，乃召司徒，俾立室家。叶古胡反 其繩則直，縮音蹜 版以載，叶節力反 作廟翼翼。賦也。司空，掌營國邑。司徒，掌徒役之事。繩，所以為直。凡營度位處，皆先以繩正之，既正則束版而築也。縮，束也。載，上下相承也。言以索束版，投土築訖，則升下而上，以相承載也。君子將營宮室，宗廟為先，廐庫為次，居室為後。翼翼，嚴正也。

○捄音俱 之陾陾，音仍 度入聲 之薨薨。築之登登，削屢馮馮。音憑 百堵皆興，鼛音皋 鼓弗勝。賦也。捄，盛土於器也。陾陾，眾也。度，投土於版也。薨薨，眾聲也。登登，相應聲。削屢，牆成而削治之重複也。馮馮，牆堅聲。五版為堵。興，起也。此言治宮室也。鼛鼓長一丈二尺，以鼓役事。弗勝者，言其樂事勸功，鼓不能止也。

○迺立皋門，皋門有伉。音抗，叶苦郎反 迺立應門，應門將將。音鏘，叶戶郎反 迺立冢土，戎醜攸行。賦也。傳曰：王之郭門曰皋門。伉，高貌。王之正門曰應門。將將，嚴正也。大王之時，未有制度，特作二門，其名如此。及周有天下，遂尊以為天子之門，而諸侯不得立焉。冢土，大社也。亦大王所立，而後因以為天子之制也。戎醜，大眾也。起大事，動大眾，必有事乎社而後出，謂之宜。

○肆不殄音腆 厥慍，亦不隕音允 厥問。柞音昨 棫音域 拔音沛 矣，行道兌吐外反 矣。混音昆 夷駾音隊 矣，維其喙音諱 矣。賦也。肆，故今也，猶言遂也，承上

一二二

图 1—2　《诗·大雅·绵》书影

其中"柞棫拔矣"一句，《诗·大雅·皇矣》篇又作"柞棫斯拔"，其三章曰：

> 帝省其山，柞棫斯拔，松柏斯兑。帝作邦作对，自大伯王季。……

恐怕"柞棫拔矣，行道兑矣"或"柞棫斯拔，松柏斯兑"，也包括王季时期，王季承继了太王的事业，所以，《诗》云："帝作邦作对，自大伯王季"，而"肆不殄厥愠，亦不陨厥问"两句，《孟子·尽心下》篇又引之作"'肆不殄厥愠，亦不殒厥问。'文王也"，以为这两句说的是文王。如果是指文王的话，此章的上下语句就出现了矛盾。因此，有的学者主张此句当有错简，应放在"虞芮质厥成"句前。从"柞棫拔矣"以下，当是四句一章，前一章每句结尾全用"矣"字，中间一章，每句中全用"厥"字，末章每句开头全用"予曰"二字，[①] 编订次序如下：

> 柞棫拔矣，行道兑矣。混夷骏矣，维其喙矣。
> 肆不殄厥愠，亦不陨厥问。虞芮质厥成，文王蹶厥生。
> 予曰有疏附；予曰有先后；予曰有奔奏；予曰有御侮。

这种编订次序是否合适，还有待于进一步讨论，但是，无论如何，八、九两章具有过渡性，是完全可以肯定的。

事实上，我们回过头来看，在前一部分当中，也就是一、二章，特别是首章，亦具有这样一种过渡性。其云：

> 绵绵瓜瓞，民之初生，自土沮漆。古公亶父，陶复陶穴，未有家室。

又云：

> 古公亶父，来朝走马，率西水浒，至于岐下。爰及姜女，聿来

---

① 参见刘毓庆《雅颂新考》第 3 篇，山西高校联合出版社 1996 年版。

胥宇。

诗人先是运用比喻的手法，把周邦早期的历史发展比喻如同"绵绵瓜瓞"一样，由"民之初生，自土沮漆"，再到"古公亶父，陶复陶穴，未有家室"，这样一个由小到大的发展过程，然后笔风一转，由远及近，描绘出"古公亶父，来朝走马，率西水浒，至于岐下"的景象，以及"爰及姜女，聿来胥宇"云云，正好与后一部分的八、九两章首尾呼应，使整个诗篇连成一体，从而更加突出了古公亶父承前启后的历史作用。

我们正是基于这样一种认识，或者说从这一实际情况出发，严格地来讲，"民之初生，自土沮漆"，原本与古公亶父迁岐无关，仅仅是诗人追述周邦早期文明历史的发展，所以，毛传释"民"为"周民也"，"自"为"用"，"土"为"居也"，"沮漆"即"沮水、漆水也"。[①] 应该说，这个诠释是正确的，诚如朱熹所说："此其首章，言瓜之先小后大，以比周人始生于漆沮之上。"[②] 然而近人治诗者，往往因袭王引之的说法，把"土"从齐诗读为"杜"，把"沮"当为"徂"，"自土沮漆"犹下文言"自西徂东"，[③] 恐怕有失作者的原意[④]。

但是，如果我们进一步考察沮、漆二水的地望，则势必要联系到下文"率西水浒"一句。从文意上讲，上章后三句"古公亶父，陶复陶穴，未有家室"，与下章前三句"古公亶父，来朝走马，率西水浒"，两者之间是相互衔接的。也就是说，"率西水浒"一句，是承上章而言的，即指沮、漆二水，否则的话，"率西水浒"一句，就显得有些唐突，失去了应有的依据。毛传释"率，循也；浒，水厓也"，郑笺补充道："循西水厓，沮、漆水侧也。"[⑤] 这些诠释的本身，是符合诗之大旨，可以说是站得住脚的。[⑥]

我们知道，古公亶父至于"岐下"即"周原"，按照《汉书·地理志》

---

① 《毛诗正义》卷十六—二。

② 朱熹：《诗经集传》卷六。

③ 参见王引之《经义述闻》卷六。

④ 在这方面，也可参见刘毓庆：《雅颂新考》第 3 篇，山西高校联合出版社 1996 年版。

⑤ 《毛诗正义》卷十六—二。

⑥ 尽管毛传、郑笺对沮、漆水的地望，与我们的认识有所不同。但是，对《诗·大雅·绵》篇"率西水浒"一句的诠释，还是比较公允的。

的记载，右扶风下置美阳县，班固自注云："《禹贡》岐山，在西北。中水乡，周大王所邑"，与《说文》𨙸字即岐字下所云："周文王所封，在右扶风美阳中水乡"正合。前人考证美阳县本秦孝公所置，"故城在今凤翔府扶风县北二十里，地名崇正镇"[①]，李学勤先生已经指出，即今之扶风法门乡所在地，并且，还引述《扶风县志》、《岐山县志》等相关材料，进一步考察中水乡所辖区域范围，恰将周原遗址包括在内。[②] 我们从地理方位的角度来看，自周原言之，𨙸邑则位于正北偏东方向；自𨙸邑言之，周原则位于正南偏西方向，相对而言，也可以说是一东一西。毫无疑问，"古公亶父，来朝走马，率西水浒"之"西"，当自𨙸邑言之，这也符合古沮漆水的走向，[③]"沮漆"也作"漆沮"，实际上就是今天的漆水河，[④] 它发源于麟游，流经永寿、乾县的杜水，到武功后汇于沣水而注入渭河，[⑤]《史记·周本纪》上说：古公亶父"乃与私属遂去𨙸，度漆、沮，逾梁山，止于岐下。"这个"梁山"，原本坐落于沮漆水的东岸，《括地志》云："梁山在雍州好畤县西北十八里。"郑玄云："岐山在梁山西南。"《史记正义》以为"然则梁山横长，其东当夏阳，西北临河，其西当岐山东北，自𨙸适周，当逾之矣"，实则把东西二梁山搞混淆了，清人胡渭明确地指出，"雍州有二梁山，一在韩城县西北，《诗》所谓'奕奕梁山'者，《禹贡》之梁山也。一在乾州西北，西南接岐山县界，即《孟子》所云：'太王居邠逾梁山'者，非《禹贡》之梁山也。"[⑥] 我们由孟子所言，古公亶父本当是沿着"西水"即沮、漆二水向南行，逾梁山之后，再渡过沮、漆水，止于岐下的。[⑦]

　　虽然《诗·大雅·绵》篇没有直接道出古公亶父迁徙的原因，但是，我们从后一个部分的章句中，还是强烈地感受到了这一信息，所谓"混夷

---

①　吴卓信：《汉书·地理志》补注卷三。

②　参见李学勤《青铜器与周原遗址》，刊于《西北大学学报》1981年第2期。

③　可参见谭其骧主编《中国历史地图集》第一册，地图出版社1982年版，第17—18页。

④　参见刘毓庆《雅颂新考》第3篇，山西高校联合出版社1996年版。

⑤　参见张洲《周原环境与文化》，三秦出版社1998年版，第125页。

⑥　胡渭：《禹贡锥指》，《皇清经解本》卷二十九。

⑦　在这方面，陈全方先生有更详细的讨论，可参见《早周都城岐邑初探》一文，刊于《文物》1979年第10期。

骇矣，维其喙矣"。毛传训"骇"为"突"；训"喙"为"困也"，①《方言》卷二又释作"息也"，盖谓"混夷畏之，而奔突窜伏，维其喙息而已"。②混夷即作昆夷，又作畎夷、犬夷。犬夷当即犬戎③，《后汉书·西羌传》上说："犬戎寇边，周古公逾梁山而避于岐下"，当近事实。《孟子·梁惠王下》篇又说：

> 昔者大王居邠，狄人侵之。事之以皮币，不得免焉；事之以犬马，不得免焉；事之以珠玉，不得免焉。乃属其耆老而告之曰："狄人之所欲者，吾土地也。吾闻之也：君子不以其所以养人者害人。二三子何患乎无君？我将去之。"去邠，逾梁山，邑于岐山之下居焉。邠人曰："仁人也，不可失也。"从之者如归市。

《庄子·让王》篇、《吕氏春秋·审为》篇，包括《尚书大传》等，都有类似的说法。我们按照孟子所言"惟仁者为能以大事小，是故汤事葛，文王事昆夷。惟智者为能以小事大，故太王事獯鬻，勾践事吴。"④这个"狄人"，当指"獯鬻"，《史记·周本纪》又作"薰育"。是时侵扰周邦的戎狄，恐怕还不止一族，昆夷和獯鬻则是其中主要的，所谓"文王事昆夷"、"太王事獯鬻"，只是各举一例，说明獯鬻对周邦的侵扰，也应该是有依据的。⑤

不过，也有的学者不太赞同孟子的这些说法，以为古公亶父自邠迁岐，完全是又一次为取天下而采取的主动性战略大转移，即使有狄人相侵之事，也完全是一种政治借口，⑥这恰恰说明了问题的本质所在。

我们以为，从客观上讲，戎狄入侵只是问题的一个方面，尽管孟子长于善辩，毕竟要以事实服人。否则的话，也不会见于《庄子·让王》篇、

---

① 《毛诗正义》卷十六—二。

② 朱熹：《诗经集传》卷六。

③ 参见杨宽《西周史》，上海人民出版社1999年版，第41页。

④ 《孟子·梁惠王下》篇。

⑤ 参见杨宽《西周史》，上海人民出版社1999年版，第41页。

⑥ 诸如谭戒甫：《先周族与周族的迁徙及其社会发展》一文，刊于《文史》第六辑，中华书局1979年版；于俊德、于祖培：《先周历史文化新探》，甘肃人民出版社2005年版，第146页。

《吕氏春秋·审为》篇等，况且，《后汉书·西羌传》所说，当有古本《竹书纪年》的痕迹；从主观上讲，采取以退为进的策略则是问题的另一个方面。由于戎狄入侵，正好给古公亶父展示"仁人"之君的形象，提供了一次绝好的机会，从而赢得了邦内外的拥护和爱戴，使古公亶父继公刘之后，完成了周邦历史上第二次大迁徙。《史记·周本纪》上说："豳人举国扶老携弱，尽复归古公于岐下，及他旁国闻古公仁，亦多归之。"

不言而喻，通过这次大规模的举国迁徙运动，不仅改变了长期困扰周邦发展的外部环境，而且还给周邦发展提供了前所未有的历史契机，依靠周原优越的地理环境和肥沃的土地，古公亶父展开了宏伟的建国兴邦计划。

我们在《诗·大雅·绵》篇中，可以明确地看到以下两点：

第一点，可谓发展农业生产。

我们看第四章，承上章所言"曰止曰时，筑室于兹"，如同公刘一样，在古公亶父的带领下，邦人"迺慰迺止，迺左迺右"之后，即"乃安隐其居，乃左右而处之"，[①] 做的首要工作就是"迺疆迺理，迺宣迺亩"，朱熹说："疆"，谓"画其大界"；"理"，谓"别其条理也"；"宣"，或曰"导其沟洫也"；"亩"，谓"治其田畴也"。[②] 概言之，当是划定疆域，分配土地，整修沟洫，经营田亩。"自西徂东，周爰执事"，即整个周原之内，从西到东或者说举东西以包南北，一句话，全部都行动起来了。由此可见，周人始终把发展农业生产作为立国之根本。

第二点，可谓建立门朝制度。

我们再来看五、六、七这三章，具体地描述了营建"室家"的热烈场面，先是"其绳则直，缩版以载，作庙翼翼"，"庙"指宗庙，"翼翼"，严正貌。[③] 接着，"百堵皆兴"的同时，乃立"皋门"，再立"应门"，包括乃立"冢土"在内，"冢土"即大社。其中把"皋门"形容谓"皋门有伉"；把"应门"形容谓"应门将将"，毛传以为"王之郭门曰皋门，伉，高貌；王之正门曰应门，将将，严正也。美大王作郭门以致皋门，作正门以致应门焉。"郑笺以为"诸侯之宫，外门曰皋门，朝门曰应门，内有路门。天

---

① 《毛诗正义》卷十六—二。

② 《诗经集传》卷六。

③ 参见余冠英《诗经选》，人民大学出版社1979年版，第255页。

子之宫，加以库、雉"①。我们不排除古公亶父有营建郭城的可能，在贺家村进行遥感物探时，遥感图片上显示出地下确有一古城堡的夯土墙基，总面积94.5万平方米，推测有可能为大王迁岐之岐邑。② 但是，这里的"百堵皆兴"，则当指宫城而言，如魏源所说："六章'捄之陾陾'以下，皆筑城垣之事。城之雉堞，由堵而起，故曰'百堵皆兴'。若仅家室之墙，上章已言缩板矣。城垣有卫，而朝仪姑可立，故七章言'皋门'、'应门'、'冢土'社稷也。岂有迁都不及建城之理乎？"③ 郑释"皋门"为宫之外门，"应门"为宫之朝门，也就是正门，是符合诗之本意的。

我们从当时的情形来看，皋门、应门，也包括路门在内，构成了周邦最初、也是最早见于文献记载的门朝制度。由于周邦作为方国诸侯，必然与王国有所不同，一方面要受到王国因素的制约，另一方面，也受到自身发展因素的制限，后来的门朝制度，正是在这样的基础之上发展起来的（图1—3）。④

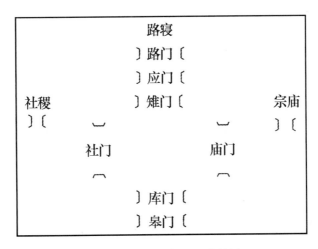

图1—3 天子五门三朝庙社图

① 《毛诗正义》卷十六—二。

② 参见赵丛苍、郭妍利《两周考古》，文物出版社2004年版，第31页。

③ 魏源：《诗古微》。

④ 参见拙著《小盂鼎铭文与西周门朝制度》，载于《吉林大学古籍整理研究所建所十五周年纪念文集》，吉林大学出版社1998年版。

　　同时，在《史记·周本纪》中，司马迁还给我们补充了以下两点。我们依次排之。

　　第三点，可谓贬戎狄之俗。

　　其云："于是古公乃贬戎狄之俗，而营筑城郭室屋，而邑别居之。"从字面上看，或许古公亶父"贬戎狄之俗"，主要指"营筑城郭室屋，而邑别居之"。《诗·大雅·绵》篇一章上有"古今亶父，陶复陶穴，未有家室"，似乎暗示我们古公亶父之时，如同戎狄一样，还保留着"陶复陶穴，未有家室"的习俗。所谓"陶复陶穴"，毛传谓："陶其土而复之，陶其壤而穴之"，郑笺又进一步解释道："复者，复于土上，凿地曰穴，皆如陶然"①，基本上把问题讲清楚了。考古发掘中，甘肃陇东镇原常山遗址十四号居址，作为新石器时代晚期居址中的一个很有特点的类型，是一个洞穴式住室，地面上有四个柱洞，原为支撑屋盖的木柱设置的，通过复原知道它是以四根支柱为支撑的，上端绑扎横向杆件，在穴口之上构成一个"井"字形的骨架，然后用稍微细一点儿的杆件搭在穴口和柱顶的横杆之间，以细枝条、茅草作为中层铺垫，最后覆土拍实，便成为屋盖，即"穴"之"复"。从外观看来，大约像一个扁圆的土丘。② 其实，在整个黄土高原中，像这样的"陶复陶穴"类型，是当时普遍存在的一种居住形式，诗人承上文所言，皆在说明周邦创业的艰辛。这里的"家室"与五章的"室家"，应当有所不同，前者当指民居，后者当指宫室。过去，崔述以为"按自公刘居豳，至大王已十余世矣。必无未有家室而尚穴居之理。况公刘一诗所称凡筵鞸瑲厉锻之属，服用咸备，亦绝不似穴居者。然而此诗乃云尔者，疑大王去邠之后，先暂居于沮、漆之上，陶复穴以栖身，迨定居岐山，始筑宫室耳"，③ 是把问题搞颠倒了，"家室"当成了"室家"，混淆了"家室"与"室家"的不同，所疑"大王去邠之后，先暂居于沮、漆之上，陶复穴以栖身"，或者说古公亶父初至此地，草创未备，姑且从俗，土居小安，④ 都有悖诗之大旨。

　　我们以为，即使迁入岐邑以后，也不排除仍就有"陶复陶穴"的可

---

　　①　《毛诗正义》卷十六—二。

　　②　参见张孝光《陇东镇原常山遗址十四号房子的复原》，第474—477页。

　　③　《崔东壁遗书》。

　　④　参见扬之水《诗经名物新证》，北京古籍出版社2000年版，第139页。

能，而"营筑城郭室屋"，当然也包括"家室"在内，所以，"贬戎狄之俗"，绝不能停留在"营筑城郭室屋"表面问题上，更有着深刻的内涵。

我们知道，陕西是周秦的发祥地，秦国早期历史的发展，与周邦有着相似的经历。由于秦国长期地处西垂，保留了较多的戎狄习俗，秦孝公执政时，任用商鞅先后进行两次变法。第一次变法时，明令"民有二男以上不分异者，倍其赋"①；第二次变法时，再次重申这一禁令，提出"令民父子兄弟同室内息者为禁"②，就是要革除残留的戎狄习俗，禁止父子兄弟同室居住。恐怕古公亶父"贬戎狄之俗"，正是后来商鞅变法所为。

第四点，可谓作五官有司。

接着，司马迁又说道："作五官有司"，《集解》引《礼记》曰："天子之五官，曰司徒、司马、司空、司土、司寇，典司五众。"郑玄曰："此殷时制。"

按《礼记·曲礼下》云："天子建天官先六大，曰大宰、大宗、大史、大祝、大士、大卜，典司六典；天子之五官，曰司徒、司马、司空、司士、司寇，典司五众；天子之六府，曰司土、司木、司水、司草、司器、司货，典司六职；天子之六工，曰土工、金工、石工、木工、兽工、草工，典制六材。"陈澔以为，"已上四条，旧说皆为殷制，其实无所考证，皆臆说耳"，③ 当是有一定道理的。

我们从《诗·大雅·绵》篇来看，其五章云："乃召司空，乃召司徒"，是古公亶父原本就设有司徒、司空之职。如果我们再联系到《诗·大雅·公刘》篇，其五章又云："其军三单"，似乎早在公刘时代，已经设有三卿即司徒、司马、司空，所谓"作五官有司"，只不过是进一步完善国家管理机构，未必特指《礼记·曲礼下》之"五官"。

我们翻检一下《尚书》，武王率"西土之人"伐纣时，其云："嗟！我友邦冢君、御事"，这个"御事"，即指治事的众官员，它包括了"司徒、司马、司空"三有司即三卿，以及"亚旅、师氏、千夫长、百夫长"等等，④ 而周初治百官，《立政》篇所列的职官范围，也无碍乎延续了周邦旧

---

① 《史记·商君列传》。

② 同上。

③ 陈澔：《礼记集说》卷一。

④ 《尚书·牧誓》篇。

制，反映了周邦官制的历史渊源。

古公亶父正是在实现这样的宏伟建国兴邦计划的过程中，"复脩后稷、公刘之业"，也为后来的文王、武王灭商奠定了坚实基础，诚如《诗·鲁颂·閟宫》所说："后稷之孙，实维大王。居岐之阳，实始翦商。"因此，我们有理由说，自高圉、大王即古公亶父以来，可以作为周邦早期文明历史发展的第二个阶段。

自是以后，周邦早期文明历史的发展，可以说是进入了一个崭新的阶段。

我们据《史记·周本纪》记载，"古公卒，季历立，是为公季"。公季即季历作为古公的少子，得以继位，我们究其得立的原因，恐怕有两个方面的情况。一方面，从主观上讲，季历本身具有贤美的品行，《诗·大雅·皇矣》篇就曾说过：

　　维此王季，帝度其心，貊其德音。其德克明，克明克类，克长克君。王此大邦，克顺克比。比于文王，其德靡悔。既受帝祉，施于孙子。

其中"克明"、"克类"、"克长"、"克君"、"克顺"、"克比"六者，我们姑且称之谓"六克"，也就是六德。《左传》昭公二十八年引是诗，则"王季"作"文王"，"大邦"作"大国"，而且言为"九德"，所谓"心能制义曰度，德正应和曰莫，照临四方曰明。勤施无私曰类，教诲不倦曰长，赏庆刑威曰君，慈和遍服曰顺，择善而从之曰比，经纬天地曰文"，即"九德不愆，作事无悔，故袭天禄，子孙赖之"。实际上，这里的"维此王季，帝度其心，貊其德音"，是言"上帝制王季之心，使有尺寸，能度义，又清净其德音，使无非间之言"，所以，"王季之德，能此六者"，也即"其德克明，克明克类，克长克君。王此大邦，克顺克比"，正好与下文所言"比于文王，其德靡悔。既受帝祉，施于孙子"相合。另一方面，从客观上讲，也可以说是最主要的原因，当是"大伯不从"的直接结果。原来大王有三子，季历为古公亶父的第三子，《史记·周本纪》云：

　　古公有长子曰太伯，次子曰虞仲。太姜生少子季历，季历取太任，皆贤妇人，生昌，有圣瑞。古公曰："我世当有兴者，其在昌乎?"长子太伯、虞仲知古公欲立季历以传昌,乃二人亡如荆蛮,文身断发,以让季历。

《史记·吴太伯世家》也云:

> 吴太伯,太伯弟仲雍,皆周太王之子,而王季历之兄也。季历贤,而有圣子昌,太王欲立季历以及昌,于是太伯、仲雍二人乃奔荆蛮,文身断发,示不可用,以避季历。季历果立,是为王季,而昌为文王。太伯之奔荆蛮,自号句吴。荆蛮义之,从而归之千余家,立为吴太伯。

又云:

> 太伯卒,无子,弟仲雍立,是为吴仲雍。

对此,孔子尝称赞"泰伯,其可谓至德也已矣!三以天下让,民无得而称焉"[1]。又尝称赞虞仲为"逸民","隐居放言,身中清,废中权"[2],认为虞仲与夷逸一样,都是隐居废言,行动合乎清高,所废合乎权宜。这一点,我们从《诗·大雅·皇矣》篇来看,也已经隐含此意。其云:"维此王季,因心则友。则友其兄,则笃其庆。载锡之光,受禄无丧,奄有四方。"这里的"因心则友,则友其兄","其兄",无疑即指太伯而言;"因心",当出于自然之心。由于太伯避让王季,几疑王季不友,"故又特言王季所以友其兄者,乃因其心之自然,而无待于勉强",正好也说明这个问题。

然而,自西晋杜预作《春秋经传集解》以来,诸家往往有不同的理解和认识,或者以为"大伯不从",谓"太王有翦商之志,太伯不从";或者以为"大伯不从",谓"太伯不在大王之侧尔"或"不从太王在岐耳"。[3]由此,推导出种种歧见,至今也难以弥合。我们细审《左传》僖公五年的记载,晋侯复假道于虞以伐虢。宫之奇谏曰:"虢,虞之表也。虢亡,虞

---

① 《论语·泰伯》篇。

② 《论语·微子》篇。

③ 可参见顾炎武《左传杜解补正》卷一;崔述:《丰镐考信录》卷一。

必从之。晋不可启，寇不可玩，一之谓甚，其可再乎？谚所谓'辅车相依，唇亡齿寒'者，其虞、虢之谓也。"虞公则曰："晋，吾宗也。岂害我哉？"宫之奇对曰：

> 大伯、虞仲，大王之昭也。大伯不从，是以不嗣。虢仲、虢叔，王季之穆也，为文王卿士，勋在王室，藏于盟府。将虢是灭，何爱于虞。且虞能亲于桓、庄乎，其爱之也？桓、庄之族何罪，而以为戮，不唯逼乎？亲以宠逼，犹尚害之，况以国乎？

这里，"大伯不从"，《史记·晋世家》作"太伯亡去"，杜注以为"大伯、虞仲皆大王之子，不从父命，俱让适吴。仲雍支子别封西吴，虞公其后也"，是所谓"大伯不从"者，本当指让国而言，《诗·大雅·皇矣》篇有"帝作邦作对，自大伯、王季"，明言大伯本追随大王迁岐，而且为周邦的发展建功立业。毛传训"对，配也。从大伯之见王季也"。郑笺进一步阐释道："作，为也。天为邦，谓兴周国也。作配，谓为生明君也。是乃自大伯、王季时则然矣，大伯让于王季而文王起。"试想如果不在岐、不在王侧，何言"自大伯、王季"，又何谈"是以不嗣"，有如晋士劝太子申生所说："与其及也"，"不如逃之，无使罪至，为吴大伯，不亦可乎？犹有令名"。[①]虞国作为太伯、仲雍的后裔，其君臣追述先祖的史迹，自属可信。

在这方面，早年出土于江苏丹徒烟墩山的吴国青铜器宜侯夨簋（图1—4），作为已经发现的唯一详记"封建"诸侯的金文，还可以进一步说明这个问题。

这篇铭文，总共有十二行，现存一百一十八字，陈邦怀、唐兰等先生都有过很好的考释。今依李学勤先生的意见[②]，按行款写出如下：

> 惟四月辰在丁未，王省珷王、
> 成王伐商图，徙（遂）省东或（国）图。
> 王卜于宜□土南乡。王令

---

① 《左传》闵公元年。
② 《宜侯夨簋与吴国》，刊《文物》1985 年第 7 期。

图1—4　宜侯夨簋铭文

虞侯夨曰：迁侯于宜。锡鬯

鬯一卣、商瓒（瓒）一，□，彡（彤）弓一、彡（彤）矢百，

旅弓十、旅矢千。锡土，厥川

三百……厥……百又……厥宅邑卅

又五，[厥]……百又卅。锡在宜

王人……又七里；锡奠七伯，

厥界……又五十夫；锡宜庶人

六百又……六夫。宜侯夨扬

王休，作虞公父丁障彝。

其中有两点值得注意：一是作器者原本称谓"虞侯"，"虞"字从"虍"从"夨"，可以理解为从"吴"省声，是"虞"字的异构。"王令虞侯障曰：

'迁侯于宜。'"由于"迁侯于宜",即所谓徙封或者说迁国,又称谓"宜侯","宜侯矢扬王休,作虞公父丁𨡜彝"。所"作虞公父丁𨡜彝","虞公、父丁",当是两代。按照《史记·吴世家》的说法,"虞公"当是吴国始封之君即周章,"父丁"当是"虞公"的儿子熊遂,而作器者则是熊遂之子柯相;一是迁徙宜邑的地望,"宜"字不可能释为"俎"字,也不可能读为"旦"声的字。"王卜于宜□土南鄉",这个"南鄉",当即表明宜邑的地望,应属于南方,而"厥川三百",正好道出了苏南一带水道纵横的自然景观。尽管吴国早期屡有迁徙,大伯居梅里,即句吴,仲雍即熟哉居蕃离,其位置都很靠南,恐怕宜邑也不会太靠北。[1]

我们由周章以下世系的考订,推及太伯以来的流传,联系到吴国都邑的几次迁徙,有充分的理由说明《史记·周本纪》,包括《吴世家》在内等有关文献的记载,是有根据的,所言绝非子虚。

季历继位以后,继续推进古公亶父宏伟的建国兴邦计划,"脩古公遗道,笃于行义,诸侯顺之"[2],开启了真正意义上的"翦商"事业。我们据古本《竹书纪年》的记载,并且,参考今本《竹书纪年》的相关说法,大致可以把它划分为前后两个不同的发展阶段:

第一个阶段,基本上属于季历前期,相当于商王武乙晚期。先是东向伐程,占据关中腹地;接着,又北上伐义渠,收复先公故地,从而巩固和扩大了周邦版图,增强和提升了周邦的经济、军事实力,初步形成了"翦商"事业的战略格局。

程,亦名毕程,本是殷商王朝西北地区的重要方国,由于地处关中腹地,即位于今咸阳市东北,扼守着周邦东进的要冲,所以,战略地位十分重要。季历首战伐程,恐怕就是基于这样的地理因素,借以打开通往东进的门户。我们按照今本《竹书纪年》的说法,武乙二十一年,周公亶父薨。事隔两年,即武乙二十四年,"周师伐程,战于毕,克之",似乎战事进行得比较顺利。我们推之,一方面,可能是周邦作了充分的准备;另一方面,也可能是程方内部不稳,给周邦以可乘之机。《逸周书·史记解》云:"昔有毕程氏,损禄增爵,群臣貌匮,比而戻民,毕程氏以亡",可以

---

① 参见李学勤《宜侯矢簋的人与地》一文,刊于《传统文化研究》第 2 辑,古吴轩出版社1993 年版。已收入《走出疑古时代》一书,辽宁大学出版社 1997 年版。等等。

② 《史记·周本纪》。

作为最好的注脚。

义渠，则位于泾水的北面，属于西戎一支，在今陕西西部及陇东一带活动。伐程的第六年，也即武乙三十年，季历挥师北上，我们据《逸周书·史记解》的记载，"昔者义渠氏有两子，异母皆重，君疾，大臣分党而争，义渠以亡"，似乎也是借助义渠内乱之机，兴兵讨伐，所以，才能"乃获其君以归"[①]。《史记·秦本纪》上记载，秦惠文王"十一年，县义渠。归魏焦、曲沃。义渠君为臣。更名少梁曰夏阳"。这个"县义渠"，前人几疑"此时义渠不得为县"[②]，恐怕仅仅是蚕食义渠的一部分县之，亦如《史记·匈奴列传》所云："魏有河西、上郡以与戎界边。其后义渠之戎筑城郭以自守，而秦稍蚕食。至于惠王，遂拔义渠二十五城。惠王击魏，魏尽人西河及上郡于秦。秦昭王，义渠戎王与宣太后乱，有二子。宣太后诈而杀义渠戎王于甘泉，遂起兵伐残义渠。于是秦有陇西、北地、上郡，筑长城以拒胡。"这里的"伐残义渠"，正好与《史记·秦本纪》相互印记，准确的时间，当依《后汉书·西羌传》所言，"及昭王立，义渠王朝秦，遂与昭王母宣太后通，生二子。至赧王四十三年，宣太后诱杀义渠王于甘泉宫，因起兵灭之，始置陇西、北地、上郡焉"，周赧王四十三年，即秦昭王三十五年，也就是公元前272年。《汉书·地理志》上说："北地郡义渠道，秦县也。"《括地志》云："宁、原、庆三州，秦北地郡"，并且，还进一步地指出，"战国及春秋时为义渠戎国之地，周先公刘、不窋居之，古西戎也"。我们从中不难看出，作为"古西戎"一支的义渠戎国，地域十分广大，汉代北地郡义渠道即为原来的"秦县也"，而秦的北地郡则包括"宁、原、庆三州"，"周先公刘、不窋居之"，后来为义渠戎国所占，历经西周、春秋，直至战国后期，前后长达有数百年的历史。

这样地说来，义渠戎国真正灭亡的时间，当是战国后期的事情。季历征伐义渠戎国，只不过是以收复先公故地为口实，迫使义渠戎国成为藩篱臣属，从而解除长期困扰周邦的外患之忧，以便更好地集中精力东进，最终实现翦商的战略目标。

第二个阶段，基本上属于季历后期，相当于商王文丁时期。在第一个阶段的基础上，继续推进东向发展的战略方针，先后多次出兵征战，主要

---

① 今本《竹书纪年》。

② 《史记考证》卷一。

讨伐盘踞今山西境内的大小戎狄，从而使周邦势力范围不断地扩大，进一步地延伸到晋南一带，大大地加快了"翦商"事业的步伐。

其实，季历出兵征战，也许还可以推到武乙三十三年，也即伐义渠戎之后三年。我们据《周易·未济》九四爻辞上的记载，"震用伐鬼方，三年有赏于大国"。这个"震用伐鬼方"，疑与古本《竹书纪年》记载的"周王季伐西落鬼戎"，当为一事。其云：

> 武乙三十五年，周王季伐西落鬼戎，俘其二十翟王。

如果我们按照"三年有赏于大国"推算，从武乙三十三年开始，到武乙三十五年结束，前后正好三年。其间，第二年即武乙三十四年，古本《竹书纪年》又记载，"周王季历来朝，武乙赐地三十里，玉十珏，马十匹"，当是初战先捷后，第二年来朝所受之赏赐；第三年，也就是武乙三十五年，即"周王季伐西落鬼戎，俘其二十翟王"。这里的"二十翟王"，当是"西落鬼戎"的各部君长，所谓的"西落鬼戎"，即属西北之鬼方。"西落"之"落"，能否可指《左传》宣公十五年"及雒"之"雒"，抑亦《国语·郑语》史伯所言之"洛"，还需要进一步地讨论，原本极有可能是指洛水而言，落、洛音通，字可假借，也就是说，"西落鬼戎"即谓洛水以西之鬼戎。由于适时武乙晚期，殷商王朝国势日渐衰微，西落鬼戎则乘机寇边。今沿晋陕北部黄河两岸地区，包括山西保德、永和、石楼、吉县等县，以及陕西绥德、子长、清涧、延长、宜川等县在内，分布着一种殷商青铜文化。从已出土的青铜器来看，既有中原文化风格，又有北方文化或者说草原文化风格，与其说是一种殷商方国文化，不如说是鬼方文化，甚至径直说是西落鬼戎文化，也许更为贴切。我们从"震用伐鬼方"到"俘其二十翟王"来看，这场持续三年的征战是相当残酷的，取得的胜利也是非常巨大的，"三年有赏于大国"，一定大大超出武乙三十四年的赏赐，甚至有可能商王武乙亲自犒师，"王畋于河、渭"，当是其中一项重要的内容，虽然后因"暴雷震死"，留下了种种疑团。

我们推之，商王武乙之死，无非是有两种可能，一种可能是人为的因素，一种可能是非人为的因素。《史记·殷本纪》上说："武乙猎于河渭之间，暴雷，武乙震死。"既然是"暴雷"，属于天灾，就是非人为的因素，想必"震死"者不止武乙一人，如果只有武乙一人，恐怕事情有些蹊跷，能否有人为的因素在里边，就很难断言了。

但是，不管怎么说，商王武乙田猎于河、渭之间，至少说明季历征伐西落鬼戎之后，西北边疆相对安定多了。况且，田猎本身也具有军事性质，商王武乙以犒师之名，彰显王道武威，借机探察周邦军力虚实，以因应事态发展变化。可能出于这样一种心态，面对着内忧外患的压力，商王武乙最终还是回避了季历东进的问题，也就等于说，客观上承认了既有的事实，并且，还继续委任季历担负起征讨西北戎狄的大政。

我们是否可以这样地说，季历正是打着所谓"尊王攘夷"的旗号，一方面利用商王武乙包括继任者文丁之命，大力征讨西北戎狄；另一方面，在征讨西北戎狄的过程中，一步步向晋南一带挺进，把周邦势力范围渗透到殷商腹地边缘，为夺取大邑商做好充分准备工作。

在这一阶段中，季历先后对燕京之戎、余无之戎、始呼之戎，以及翳徒之戎用兵。我们据古本《竹书纪年》记载，几次用兵的时间，或隔一年，或隔两年，最多隔有三年。其云：

> 太丁二年，周人伐燕京之戎，周师大败。
>
> 太丁四年，周人伐余无之戎，克之。
>
> 太丁七年，周人伐始呼之戎，克之。
>
> （太丁）十一年，周人伐翳徒之戎，捷其三大夫。

短短的十年之中，季历四次用兵征战，或有"败绩"，或有"克之"，不仅反映了季历征战的艰辛，同时，也说明了西北戎狄还是相当强盛的。我们具体地来看：

从太丁二年即文丁二年开始，季历继征伐西洛鬼戎之后，再次东向用兵，征伐燕京之戎。这个燕京之戎，当是位于今山西汾水上游一带，由燕京山得名而来。《淮南子·地形训》上有"汾出燕京"的记载，高注即云："燕京，山名也。在太原汾阳，汾水所出，西南至汾阴入河，冀州浸。"实际上，"汾水所出"的燕京山之"燕京"，或许是管涔山之"管涔"的异名，《山海经·北山经》中北次二经明确地记载："北次二经之首，在河之东，其首枕汾，其名曰管涔之山"，郭注以为，"今在太原郡故汾阳县北秀容山"，而《水经注·汾水》条下又记载："汾水出太原汾阳县北管涔山"，郦注即云："《十三州志》曰：'出武州之燕京山'，亦管涔之异名也"，大概古字燕管、京涔声近通用①。管涔山，其主峰海拔 2603 米，地处今山西宁武县西南，汾水由是入静乐县。今静乐县周围，当属燕京之戎活动的势力范围。至于南下到祁县以西，有所谓"燕之大昭"或"燕之昭余"，能否也划分为燕京之戎活动的势力范围，恐怕也无大的问题。只是，这个"燕"，是否即指燕京之戎而言②，我们根据《吕氏春秋·有始览》篇有"燕之大昭"之言，与《淮南子·地形训》篇有"燕之昭余"之语，两相对照，参以《尔雅·释地》作"昭余祁"，如郝懿行所言，"《吕览》、《淮南》无'祁'字者，省之耳"。③ 是"燕之昭余"，本与"越之具区、楚之云梦、秦之阳纡、晋之大陆、郑之圃田、宋之孟诸、齐之海隅、赵之钜鹿"并称，有所谓九薮之说。高注以为，"昭余，今太原郡是，古者属燕也"。这个"燕"，如果我们联系上文越、楚、秦、晋、郑、宋、齐、赵诸国，恐怕也很难指燕京之戎之"燕"，似属北燕，当无问题。也许是受到前一阶段东进的鼓舞，错误地低估了燕京之戎的实力，结果导致了这次东进的失利。

不过，季历很快地走出了失败的阴霾，仅隔一年，又开始征伐余无之戎。"余无"，也作"余吾"或"徐吾"④，古字"余"、"徐"声类，"无"、"吾"音通。我们按照《汉书·地理志》的记载，上党郡有余吾县，当位于今山西屯留西北的余吾镇。《左传》成公元年说：

> 元年春，晋侯使瑕嘉平戎于王，单襄公如晋拜成。刘康公徼戎，将遂伐之。叔服曰："背盟而欺大国，此必败。背盟不祥，欺大国不义，神人弗助，将何以胜？"不听，遂伐茅戎。三月癸未，败绩于徐吾氏。

这个"徐吾氏"，杜注以为"茅戎之别也"，孔疏又进一步阐释道，"茅戎已是戎内之别，徐吾又是茅戎之内聚落之名"，即"王师与茅戎战之处"。⑤

---

① 参见庄逵吉《淮南子校本》，光绪二年浙江书局刻本。

② 可参见杨宽《西周史》，上海人民出版社 1999 年版，第 67 页。

③ 郝懿行：《尔雅义疏》，同治四年木妻霞郝氏刻本。

④ 《汉书·地理志》、《通典》等。

⑤ 《春秋左传正义》卷二十五。

如果这种解释不误的话，作为地名的徐吾氏，或许与余无之戎有某种联系。只是，我们玩味"遂伐茅戎"之原因，是"刘康公徼戎，将遂伐之"，而叔服以为"背盟而欺大周，此必败"，即指"晋侯使瑕嘉平戎于王"而言，所"平"之"戎"，源于《左传》文公十七年侵犯周地沈垂之戎，由于"乘其饮酒"不备，周大夫甘蜀欠"败戎于沈垂"，也就是杜预所说"河南新城县北有垂亭"一带，位于今洛阳市以南。事隔十几年，晋侯出面调停，双方达成了盟约。现在，刘康公怀揣侥幸的心理，"背盟而欺大国"，出兵征伐茅戎，"三月癸未，败绩于徐吾氏"。我们反观前、后两次战役，前者是茅戎自来侵犯；后者是王师出兵征伐，从当日王师的实力来看，不可能北渡黄河，翻越太行山，深入山西腹地，如同沈垂之役一样，在自家周边寻找有力战机，也就是说，茅戎活动的势力范围，即双方交战的地点徐吾氏，不会距离王城太远。《水经注·河水》条下云："河北对茅城，故茅亭，茅戎邑也"，当在今山西平陆西南，或许为之。

这个"徐吾氏"，我们以为，很有可能是原来余无之戎的一支，通过迁徙而来，逐渐与当地的茅戎融合，并以"余吾氏"称之。

显然，季历东向的战略目的是通过迂回包抄的方式，步步逼近商朝的王都——安阳。战胜余无之戎之后，在后来的几年中，又继续征伐始呼之戎、翳徒之戎，大体上不出汾河之间，在今山西东部一带。

不幸的是，由于连年征伐戎狄，开疆拓土，就使商王朝感到威胁，古本《竹书纪年》记载说："文丁杀季历"当是被文丁囚禁起来害死的。所以《吕氏春秋·首时》篇上说："王季历困而死，文王苦之。"

王季死后，由长子昌嗣立，即为文王。在太王、王季经营的基础上，文王把周邦的势力又向前推进一步，最终完成灭商的准备工作。

我们据《史记·周本纪》记载：

> 公季卒，子昌立，是为西伯。西伯曰文王，遵后稷、公刘之业，则古公、公季之法，笃仁，敬老，慈少。礼下贤者，日中不暇食以待士，士以此多归之。伯夷、叔齐在孤竹，闻西伯善养老，盍往归之。太颠、闳夭、散宜生、鬻子、辛甲大夫之徒皆往归之。

正如有的学者指出的那样，司马迁把文王的德行归结于四个方面：第一，"遵后稷、公刘之业"，也就是提倡经营关乎国计民生的农业。第二，"则古公、公季之法"，即依法办事。第三，"笃仁、敬老、慈少"，这是国君个人品德中最为重要，也是为人们所关注的。孔子说："仁者爱人。"一个不爱人，不关心天下疾苦的人就得不到天下人的尊重。第四，"礼下贤者，日中不暇食以待士"。士这个阶层的人，一般都是既有为平天下出谋划策的愿望，又有个人利益追求，具有一定才能的一类人，他们的依附或叛离对取天下和治理天下至关重要，礼贤下士就可以让这些人为其卖命。这四方面就是文王灭商的品德因素。①

我们按照《尚书大传》说法，文王对外用兵的次序是；一年质虞、芮；二年伐于；三年伐密须；四年伐畎夷，同年被纣囚禁；五年被释，克耆（即黎）；六年伐崇，同年称王。《史记·周本纪》略有不同，以为所有这些事都在被囚释放以后，先是解决虞、芮争端，明年伐犬戎（即畎夷），明年伐密须，明年败耆国，明年伐邢，明年伐崇侯虎，徙都丰，明年西伯崩。杨宽先生认为，从地理形势来看，当以《史记》之说为是。犬戎、密须都在西边，而耆、邢、崇都在中原，先伐西边是为了解除后顾之忧，然后进军中原，为了扩大自己在中原的力量，准备克商。②

关于虞、芮两国之争，《史记·周本纪》上有生动的描写，其云："西伯（文王）阴行善，诸侯皆来决平，于是虞、芮之人有狱不能决，乃如周。入界，耕者皆让畔，民俗皆让长。虞、芮之人未见西伯，皆惭，相谓曰：'吾所争，周人所耻，何往为，只取辱耳！'遂还，俱让而去。诸侯闻之曰：'西伯盖受命之君。'"但是，两国所发生的争端，究竟是"有狱不能决"，抑亦为了"争田"，前引《诗·大雅·绵》篇九章上只是说："虞芮质厥成，文王蹶厥生（姓）。予曰有疏附，予曰有先后，予曰有奔奏，予曰有御侮。"杨宽先生认为，"质"即所谓"听买卖以质剂"的"质"，"虞芮质厥成"，是说两国结好的书契终于制成，就是《尚书大传》所说"文王受命一年断虞芮之质"。"蹶"，《尔雅·释诂》说"动也"，是感动之意。"生"读作"姓"，是指贵族。"疏"读作"胥"，是相辅之意。"附"谓"归附"，"奏"读作"走"。这是说，因此文王的行动感动了贵族，许多人都来归附，先后来到，奔走前来，归来了许多捍卫国家之臣。③

---

① 参见于俊德、于祖培《先周历史文化新探》第八章第一节。
② 参见杨宽《西周史》，上海人民出版社 1999 年版，第 72 页。
③ 同上书，第 73 页。

至于所伐的犬戎，即《诗·大雅·绵》篇上提到的混夷，而密须则见于《诗·大雅·皇矣》篇，其云：

> 密人不恭，敢距大邦，侵阮徂共。王赫斯怒，爰整其旅，以按徂旅，以笃于周祜，以对于天下。
>
> 依其在京，侵自阮疆，陟我高冈。无矢我陵，我陵我阿；无饮我泉，我泉我池。度其鲜原，居岐之阳，在渭之将，万邦之方，下民之王。

密，《史记·周本纪》作"密须"，《汉书·地理志》云："安定都……阴密，《诗》密人国。"这里的密地当在今陕、甘二省边界灵台县西五十里。《国语·周语上》说："恭王游于泾上，密康公从"，密康公即古密须国之后，当离泾水不远。诗的上半章讲的是密人的入侵，下半章讲的是周人出兵反击所取得的胜利，从而巩固了西北边疆。

接下来文王转向东方，先是伐黎，《史记·周本纪》作"耆国"，其地望在上党东北，《续汉书·郡国志》：上党郡壶关有黎亭，"故黎国"，郡今山西长治附近。据《尚书·西伯戡黎》记载，文王征服黎国以后，殷贵族祖伊惶恐，奔告殷王纣，其云"惟王淫戏用自绝。故天弃我，不有康食，不虞天性，不迪率典。今我民罔弗欲丧，曰：天曷不降威，大命不挚，今王其如台。"就是说告诫纣王，由于你的荒淫无度，殷朝都快要灭亡了，而人民正希望之灭亡，现在你要怎么办呢？

在征服黎国之后，文王又进攻邘。邘，《史记集解》引徐广谓："在野王县西北"；《史记正义》又引《括地志》谓："故邘城在怀州河内县西北博二十七里"，当今河南的沁阳，最后攻打崇国，我们据《左传》僖公十九年记载："文王闻崇德乱而伐之，军三旬而不降，退修教而复伐之，因垒而降。"

《说苑·指武》又说：

> 文王欲伐崇，先宣言曰："余闻崇侯虎蔑侮父兄，不敬长老，听狱不申，分财不均，百姓力尽，不得衣食。余将来征之，唯为民。"乃伐崇。令："毋杀人，毋坏室，毋填井，毋伐树木，毋动六畜。有不如令者死无赦。"崇人闻之，因请降。

这些溢美之词，未必全部可信。《诗·大雅·文王有声》篇上说"文王受命，有此武功。既伐于崇，作邑于丰"是文王灭崇之后，就迁都到沣河中游西岸。皇甫谧以为，"崇国盖在丰、镐之间，《诗》云：既伐于崇，作邑于丰，是国之地也。"其实，这是对《诗》的误解。本来所列举伐于崇和作丰邑是两件大事，并不是说丰邑就筑在原来崇地。陈奂《诗毛氏传疏》曾指出这点，认为"伐崇、邑丰，《文王有声篇》画（划）然两事，崇、丰为异地明矣"，还以为这个崇，即《左传》宣公元年晋国赵穿率师所伐的崇，这个论断是正确的。《太平御览》卷三九五引《六韬》说："文王闻杀崇侯虎，归至鄷"，就认为崇与丰为两地。俞樾以为赵穿所伐的崇，即是虞、夏之际的崇伯鲧之国，鲧所居的崇即今河南嵩县，《山海经·中山经》谓青要山禹父之所化，《水经注》谓青要山在新安县，今嵩县正在新安之南（《俞楼杂纂》卷二八"崇"条）。我们认为，殷周之际的嵩国应即在今嵩县附近。《尚书大传》引《诗》作"既伐于密高"。王念孙以为"古无'嵩'字，以'崇'为之，故《说文》有'崇'无'嵩'"（《读书杂志》卷四）。[①]

文王克崇以后，可以说"翦商"的战略步骤已经基本完成，所以《逸周书·祭公解》篇上说："皇天改大殷之命，维文王受之。"文王在位五十余年，一方面他能够勤于政务，如《尚书·无逸》篇记载：

> 文王卑服，即康功田功；徽柔懿恭，怀保小民，惠鲜鳏寡。自朝至于日中昃，不遑暇食，用咸和万民。文王不敢盘于游田，以庶邦惟正之供。文王受命惟中身，厥享国五十年。

另一方面，又能够以身作则，广泛吸纳人才，《尚书·君奭》篇记载说：

> 惟文王尚克修和我有夏；亦惟有若虢叔，有若闳夭，有若散宜生，有若泰颠，有若南宫括。

---

① 参见杨宽《西周史》，上海人民出版社 1999 年版，第 76—77 页。

《国语·晋语四》又记载：

> 文王……事王不怒，考友二虢，而惠慈二蔡，刑于大姒，比于诸弟。……及其即位也，询于八虞而咨于二虢，度于闳夭而谋于南宫，诹于蔡、原而访于辛、尹，重之以周、邵、毕、荣，亿宁百神，而柔和万民。

同时，也就是从文王开始，进一步强化国家管理机构，作邑于丰，为推翻殷王朝，建立周王朝做了最后准备。因此，我们也有理由说，自王季、文王以来，可以作为周邦早期文明历史发展的第三个阶段。

俟至武王克商，周邦早期文明历史发展阶段结束，历史又翻开了新的一页。

二　周邦考古文化的印证

大家都知道，先周文化这一命题，本由邹衡先生提出来的，所谓先周文化，是指西周王朝建立以前的周族文化，也就是周族先公、先王时期的文化遗存[①]，徐锡台先生称之为早周文化[②]，而尹盛平先生认为，鉴于周族的信史实际上是从公刘开始，其族得名为周也是在公刘之后，所以主张把公刘以前的周族称为先周族，其文化称为先周文化；而把公刘至武王灭商以前的周族，称为早周族，其文化称为早周文化[③]。我们是非常赞同这一看法的，从历史文献学的角度来讲，是否可以把早周文化，径自称作"周邦文化"，前此即公刘以前的历史，周邦尚未建立，可以称为先周文化或先周邦文化，后此即武王克商，周王朝正式建立，先周文化或先周邦文化正式结束，周邦被周王朝所代替。

大体上说来，从地下遗存来研究先周文化，这里的先周文化是指武王灭商以前的，狭义的先周文化，仅有60余年的历史，诚如刘军社先生所说，初步可以分为四个阶段：第一阶段，20世纪三四十年代，主要是对周文化遗存的调查与发掘，尚处于辨识周文化面貌的时期；第二阶段，20世

---

① 参见邹衡《论先周文化》，载《夏商周考古论文集》，文物出版社1980年版。

② 参见徐锡台《早周文化的特点及其渊源的探索》，刊于《文物》1979年第10期。

③ 参见尹盛平《西周史征》，陕西师范大学出版社2004年版，第29页。

纪五六十年代，主要是对周文化遗址、墓葬的发掘，进入了建立西周文化序列的阶段；第三阶段，20世纪七八十年代，主要是对周族早期文化遗存的调查与发掘，进入了探讨先周文化面貌与源流的阶段；第四阶段，20世纪90年代开始，主要探讨先周文化与相邻文化的关系及先周文化的来源。

目前，学术界有关先周文化讨论，还在进行之中。我们认为，按照周邦早期文明历史发展的脉络，是可以厘清先周文化即我们所说的"周邦文化"的历史面貌的。

尹盛平先生提出先周文化，是指周武王灭商前周族早期的文化，代表性遗址有武功郑家坡、彬县断泾、周原岐邑、长安丰邑等。已发现的先周文化遗存，可以分为三个类型，即郑家坡类型、断泾类型和岐邑、丰邑类型，[①] 基本上与我们所说的周邦早期文明历史发展的三个阶段相吻合。

具体来看，郑家坡类型分布于关中西部的漆水流域，已发掘的遗址有：武功郑家坡遗址、岸底遗址。已发现但是尚未发掘的遗址有：武功小寨、黄家河、文家台、马家堡、夏家堡、坡底、庞家堡、于家庙、北庙、南庙、赵家崖、小湾；杨凌柴家咀、北阳、黎张沟、胡家底、坎家底、杜家坡；扶风北吕、柿坡；乾县周城新庄；麟游史家源。渭水以南眉县境内也发现郑家坡类型遗存。郑家坡类型在漆水下游的分布密度最大、最为集中，更可说明邰地确在漆水下游，郑家坡类型是周族故土邰地的先周文化（图1—5）。

断泾类型，已发掘的有彬县断泾遗址、下孟村遗址、旬邑孙家遗址；已发现尚未发掘的有旬邑上西头、枣林、庄合、班村、彬县杨峰岭、乌苏、崖背后、季家坡、下雷等遗址。以断泾类型集中分布于旬邑、彬县的三水河流域验之，"公刘居豳"时，周人活动的中心当在三水河流域，断泾类型是豳地的先周文化遗存。

岐邑、丰邑类型分布于岐山之下的周原和长安县沣河西岸，在周太王古公亶父所建的岐邑和周文王所建的丰邑内及其附近。岐邑、丰邑类型代表性的遗存有岐山贺家村先周墓地、沣西毛纺厂灰炕H18、马王村灰坑H11等，户县境内也发现这类先周晚期遗存。岐邑、丰邑类型是周人居岐、居丰时的先周文化遗存。

我们从郑家坡类型陶质来看，有夹砂陶和泥质陶两种，早期夹砂陶以

---

① 参见尹盛平《西周史征》，第17页。以下所分引，不再另出处。

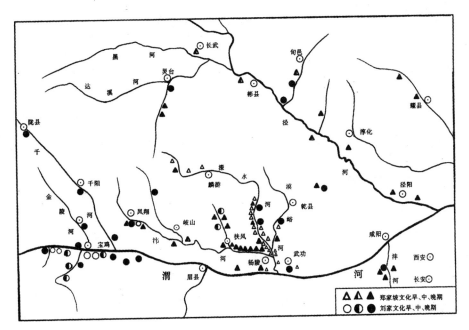

图1—5　郑家坡文化与刘家文化遗址分布图

红褐为主，灰陶较少；泥质陶也以红褐陶为主，灰陶次之；磨光黑皮陶较少，以红褐胎为主，灰胎为辅。中期夹砂陶仍以红褐陶为主，灰陶较早期有所增多；泥质陶中，红褐陶与灰陶几乎各半；磨光黑皮陶有所减少。晚期夹砂陶中红褐陶进一步减少，灰陶增加；泥质陶全为灰胎，磨光黑皮陶不仅进一步减少，而且黑皮粗糙，容易脱落。早、中、晚三期中，红褐陶和磨光黑皮陶由盛而衰，灰陶则由少而多，这种陶质陶色的演变正好与西周文化相衔接。陶器有鬲、盆、罐、瓮、尊、盂、豆、甗、甑、钵、杯、盘等，其中以联裆鬲、折肩罐、敞口盆、尊、簋、敛口瓮、钵、精实柄豆等最具特征，是先周文化的代表性陶器（图1—6）。陶质生产工具有纺轮、转轮、陶拍等；石质生产工具和武器有铲、斧、锛、凿、矛、刀、簇等；骨器有铲、锥、匕、针、族等；铜器已发现鼎、甗、单把杯、镞等。

　　从断泾类型陶质来看，陶色有夹砂灰陶、泥质灰陶、夹砂红陶、泥质红陶和泥质灰皮褐陶五种，其中以泥质灰陶最多，约占总数70％以上；其次为夹砂灰陶和夹砂红陶；其余陶质只有少量。纹饰以绳纹为主，约占总数50％以上；其次为绳纹间弦纹；再次为弦纹、附加堆纹；还有很少量的

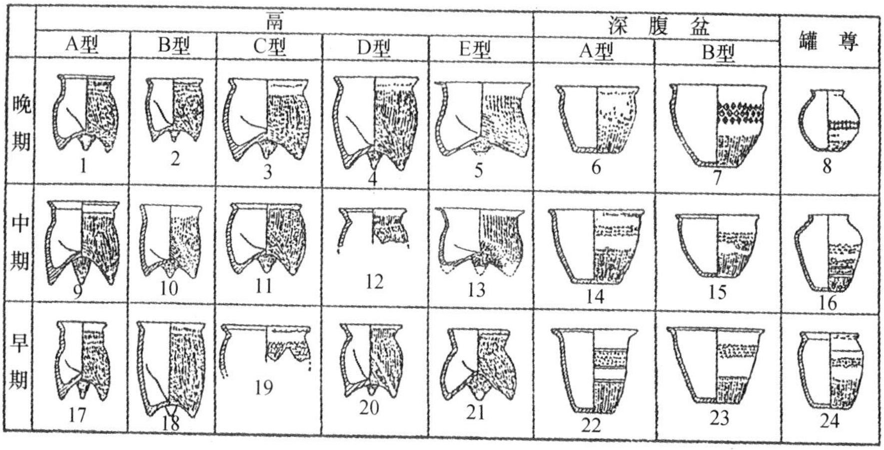

	鬲					深腹盆		罐 尊
	A型	B型	C型	D型	E型	A型	B型	
晚期	1	2	3	4	5	6	7	8
中期	9	10	11	12	13	14	15	16
早期	17	18	19	20	21	22	23	24

图 1—6　郑家坡类型先周文化分期图

1、2. 北吕；3、6—9、11—20、23、24. 郑家坡；4. 徐东湾；5. 贺家；

10. 岸底；21. 柴家咀；22. 尚家坡。

方格纹。断泾类型与郑家坡类型比较，在陶质陶色方面，红褐陶少，泥质灰陶多；在纹饰方面几何印纹少，只有方格纹，而且绳纹基本不呈麦粒状。

断泾类型陶器有鬲、甗、甑、簋、豆、罐、瓮、钵、盂、盆、三足瓮等，与郑家坡类型比较，最明显的差异是联裆鬲的类型少，且以郑家坡类型 C 型矮斜领胖体联裆鬲、D 型高斜领联裆鬲为主，也有少量 B 型桶状联裆鬲，而郑家坡类型 A 型高直领联裆鬲、E 型高斜领袋状足瘪裆鬲基本不见，且姜戎式高领袋足鬲多于郑家坡类型（图 1—7）。断泾类型铜器已发现的有铜刀、铜钉、铜镞、铜泡、铜锥、铜斧等小件青铜工具与武器。

再从岐邑、丰邑、类型陶质来看，以夹砂陶为主，泥质陶为辅；陶色以褐陶为主，灰陶为次，红陶与黑陶极为罕见。纹饰以细绳纹为主，也有少量粗绳纹，个别绳纹呈麦粒状；还有几何印纹和附加堆纹，几何印纹有菱形乳钉纹、方格乳钉纹、方格纹、波形纹、椭圆形乳钉纹等。陶器有鬲、罐、尊、盆、簋、豆、壶、盂、甗等，其中联裆鬲的种类较多，郑家坡类型的 A 型高直领联裆鬲较为常见。岐邑、丰邑类型在陶色、纹饰、联裆鬲种类等方面，所呈现的文化面貌与郑家坡类型基本一致，与断泾类型差异明显（图 1—8）。岐邑、丰邑类型的房屋有地面建筑，也有半地穴式

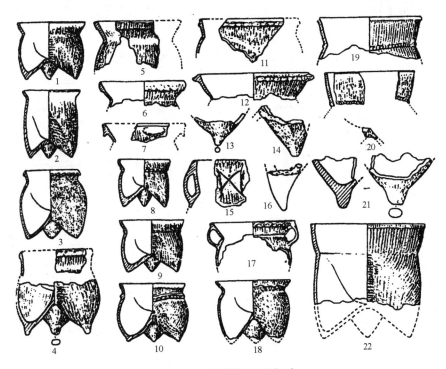

图1—7　断泾遗址的陶鬲

1、8、9、16、19、22. AⅢ式（T202③：4、M6：1、M7：1、M103④B：3、H2：7、H2：6）
2 AN式（采：02）；3、5、6、11、12、14、18. AⅠ式（采：01、T201④：2、H22：4、
H17：3、H22：5、H22：6、H19：2）；4、7、13、21. BⅠ式（采：03、T201④：2、G1：15、
G：14）；10、20. BⅡ式（采：04、M4：05）；15. BⅢ式（T203④：3）；17. AⅡ式
（G1：13）；（3、22.1/10，12、19.1/8，14、16.1/4，余为1/6）。

居屋。总体观察可知，断泾类型在周原与郑家坡类型汇合后，可能是由于
古公亶父"乃贬戎狄之俗"，于是大量吸收郑家坡类型文化，从此，先周
文化以郑家坡类型为主向前发展。但是由于与当地的姜姓结盟，所以姜戎
式高领袋足鬲与郑家坡类型比较，有所增加。应该说，西周文化是承袭郑
家坡类型先周文化发展而来的。

　　总的来说，目前所发现的先周文化，不管是郑家坡类型，还是断泾和
岐邑、丰邑类型，都属于青铜文化。但是，其青铜冶铸技术，特别是青铜
容器铸造技术，远没有商文化发达。先周文化盛行占卜，郑家坡遗址、断
泾遗址、岸底遗址都发现卜骨，卜骨用牛肩胛骨作材料，使用圆钻钻孔，

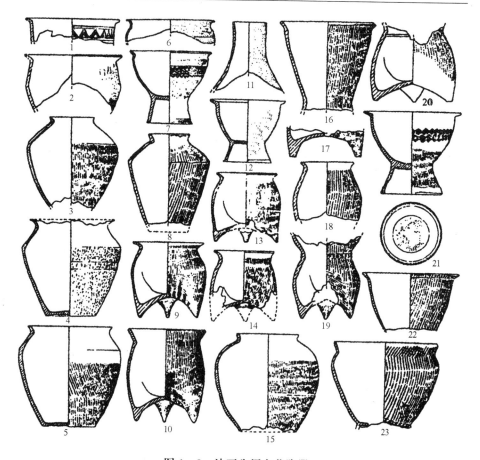

图1—8 沣西先周文化陶器

1、7、12、21.A式簋（H18：73、H18：44、H18：46、H18：45）；2.BⅠ式盆（H18：87）；
3、8.Ⅰ式小口罐（H18：13、H18：58）；4、5.大口尊（H18：40、H18：41）；6.Ⅰ式盂
（H18：83）；9.AbⅠ式鬲（H18：50）；10、13、14.AaⅠ式鬲（H18：49、H18：51、
H18：39）；11.小口长颈壶（H18：131）；15、18.大口罐（H18：42、H18：48）；
6、20.BⅡ式罍（H18：60、H18：43）；17.AⅠ式鬲足（H18：109）；19、23.A型瓿
（H18：59、H18：57）；22.BⅠ式瓿（H18：142）；（8.约1/5，余约1/10）。

经过烧灼而成。

我们根据尹盛平先生的意见，邠地的郑家坡类型，早期年代上限已相
当于二里岗上层时期，中期年代约相当于殷墟二、三期，晚期年代相当于
殷墟四期至周期。豳地的断泾类型一期年代上限为殷墟一期，二期年代约
相当于殷墟三、四期，即古公亶父迁岐后至武王灭商。岐邑、丰邑类型，
年代为古公亶父迁岐以后至西周王朝建立，至于先周文化总的分期，尚有

待于进一步深入研究。

三　周邦臣属关系的演变

周邦作为殷商王朝的方国诸侯，从商汤建国以来，恐怕就有关系了，前引《左传》昭公二十九年记载，"周弃亦为稷，自商以来祀之"，可以为例。

目前，见于文献最早明确记载殷周关系的材料，也即前引今本《竹书纪年》一书，有商王追郳命侯二条，一条见于祖乙"十五年，命郳侯高圉"；一条盘庚"十九年，命郳侯亚圉"。另外，还有一条祖甲十三年，"命郳侯组绀"。

自殷墟甲骨文发现以来，学者们力图通过殷墟甲骨文来进一步探讨商国周关系。

据岛帮男《殷墟卜辞综类》一书所载，有关周字的卜辞大概共有七八十条，其中大多数是武丁时的卜辞（即第一期卜辞），间有祖庚、祖甲（第二期）、武乙、文丁（第四期）时物，没有廪辛、康丁（第三期）和帝乙、帝辛（第五期）时的卜辞。从我们目前掌握的材料来看，武丁以来的殷周关系，首先是以兵戎相见的。卜辞所记，如武丁辞，见于《甲骨文合集》者，有不少关于"璞周"的记载（《合集》第6812—6816、6821—6824等）。"璞周"即"扑周"（扑伐之扑）。从事扑击者，有多子族，有殷人，又有殷之诸侯、犬侯等。

卜辞中又有"……犬延田于京"（如《合集》第40075）等有关"田于京"之记录。

陈连庆先生认为，卜辞中的"璞周"之周，只能属于古公亶父去豳迁岐时新建的周邦；而"田于京"的京，只能属于古公亶父去豳之后的京。盖古公迁岐之后，豳地即落于殷人或犬征之手。《生民》之诗，叙后稷诗，曰"有邰家室"（毛传：邰，姜嫄之国也），此时既不知周，亦不知京。《公刘》之诗知京（"乃觏于京"，"京师之野"，"于京斯依"）知豳（"于豳斯馆"），然不知周。《绵》之诗，叙古公亶父之诗，知岐（"至于岐下"）而亦知周（"周原膴膴"，"周爰执事"），然已去豳去京，诗不复提及此地。[①]

────────────

① 参见陈连庆《论周邦的建立及周王与多方的关系》，载《古代域邦史研究》，人民出版社。现已收入陈连庆《中国古代史研究》一书，吉林文史出版社1991年版。

这一看法，与目前流行看法相左。在他看来，古公亶父迁岐的年代，先秦文献《诗》、《书》、《左传》、《国语》均无明文，《史记》也无一言及之。《后汉书·西羌传》云："及武乙暴虐，犬戎寇边，周古公逾梁山而避于岐下"，以为在殷王武乙之世；但《汉书古今人表》所记与此不同。它将大王亶父明确地列于武丁、傅说、甘盘之后，祖庚之前。唯二书皆未谈其所依据的著作；今本《竹书纪年》虽明记迁岐之年于武乙元年，然其书未可信据。解决这个问题的唯一办法，是要根据殷墟卜辞作出判断。既然"璞周"的卜辞属于武丁时代，那么周邦的初建当然不能晚于殷之武丁时期，而这和《汉书·古今人表》的人物排列次序是符合的。古公亶父生当武丁与祖庚之时，而《后汉书·西羌传》以"古公逾梁山而避于岐下"一事放在武乙时代，显然是错了。[①]

我们觉得，陈先生这一看法，值得引起我们的注意。如果这个"璞周"之"周"，不是古公亶父迁岐之周，又如何作解呢？

徐中舒先生认为"这个周族就应是姜族所建的女国——母系社会的姜嫄国，因为姬姓自邠迁居周原，尚在此时一百余年之后。这个周族当然不是姬族，而是和他们世为婚姻的有邰氏家室。自公亶父迁居周原以后，姬姜世为婚姻，相互促进，姜族女国由母系转为父系，姬姓农业由粗耕进入精耕，于是这两个来源不同的氏族，就逐渐融合为一个新兴的周民族"[②]。杨宽先生则认为，要说这个周国是有邰氏，是姜姓女国，也有问题。据《山海经》，后稷传位给台玺、叔均，已是父姓系统。据《世本》和《史记》，不窋以后都是父子相传；而不窋之孙公刘已从邠迁都到豳，早已创建国家，设有军队，怎么可能到武丁时期还存在母系社会的姜嫄姓的周国，不可能另外有个周国。[③]

问题是这个周国，究竟是哪个先公的周国，不得而知了，我们按照传统的看法，以为"邑于周地，故始改国曰周"[④]。

从殷墟卜辞来看在扑周之后，殷周关系也发生了变化，出现了"周方"（《铁》36.1）、"周侯"（《甲》436）的称呼，表明周君接受殷王朝的

①　参见陈连庆《论周邦的建立及周王与多方的关系》。

②　《周原甲骨初论》（收入《古文字研究论文集》，四川大学学报丛刊第十辑）。

③　杨宽：《西周史》，上海人民出版社 1999 年版，第 39 页。

④　《史记·周本纪·集解》引皇甫谧语。

封爵。这个周君，自应是迁到岐山的古公亶父，而不是别人。随后，殷周双方来往相当频繁，一方面是周主动地向殷王朝进贡，在卜辞用以（致）、入等字表示。如：

> 贞：周以巫。（《乙》7801）
> 丁巳卜……周以嫀。（《乙》7312）
> 周入十。（《乙》5452）

“入十”是地贡龟甲，“以（致）巫”是进贡巫者，“以（致）嫀”是进贡秦地的女人。秦地在今甘肃清水县东北，在西周中期尚称为秦夷（见金文《师酉簋》），西周末年才正式建国。在殷代中叶当然还比较落后，这种贡纳相当于进献蛮夷生口。

另一方面，是殷王朝对周的征发，在卜辞中多用“令”、“乎（呼）”、“取”等字表示。如：“令周”（《乙》3306），“令周取”（《乙》6015），等等。征发的对象，有的是人口（如妇），有的是牲畜（如牛），有的是泛指某事物（如令周，令击取之类），有的是其他明确要求。其中所谓“比某”，一般均指协同作战。《周易・未济》所记“震用伐鬼方，三年有赏于大国”，是武丁时期殷周协同作战的实际例证。

同时，由于殷周关系的逐渐融洽，两国也发生通婚的现象。诸如卜辞的“妇周”（《乙》8894），是以周女为武丁妇嫔。[①]

古公亶父以后，其少子季历继位，殷周关系又有了新的发展。其中发生了一件重大的事，就是王委为殷牧师。关于这件事，文献上有三种说法：

1.《文选典引注》引《纪年》云：“武乙即位，周王季命为殷牧师。”

2.《后汉书・西羌注》引《纪年》云：“大丁四年，周人伐余无戎，克之。周王季命为殷牧师。”

3.《孔丛子居卫篇》云：“殷王帝乙之时，王季以功，九命作伯。”

陈连庆先生认为第一说事在武乙时，第二说事在文丁时，第三说事在帝乙时。方诗铭以为武乙、文丁两说，当属荀勖、和峤与束皙释文之异，其说甚是。我们过去多倾向第二说，现在看来，第一说更值得注意。因为

① 参见陈连庆《论周邦的建立及周王与多方的关系》。

它把这件事提到武乙即位之年，更与我们所考古公亶父即位之年恰好衔接。古本《竹书纪年》云："武乙三十四年，周王季来朝，武乙赐地三十里，玉十珏，马八匹。"① 殷周关系发展到了新的阶段。②

但是，由于周邦势力的不断发展壮大，引起了殷人的猜疑，结果"文丁杀季历"，殷周关系再度出现紧张情况。据古本《竹书纪年》记载，季历死后，其子昌继立。"帝乙二年，周人伐商"（《太平御览》卷 83 引），或许与季历之死有关。但是，不久又趋缓和，《周易·泰六五》、《归妹六五》都记"帝乙归妹"的事，《诗·大雅·大明》亦谓："文王嘉止，大邦有子。大邦有子，倪天之妹。文定厥祥，亲迎于渭。"帝乙即殷王帝乙，帝乙把自己的妹妹嫁给周文王，当然是一种政治婚姻，后来文王续娶的莘国之女，出于商王畿内的侯国，也是同一性质。我们再据《史记·殷本纪》记载殷王帝辛曾经"以西伯昌、九侯、鄂侯为三公"，一度被囚于羑里，经过赦免之后，又"赐弓矢斧钺，使得征伐，为西伯"。说明周文王是殷代的三公和诸侯，和殷王有君臣之谊。这一点，在 1977 年陕西岐山凤雏村出土的周原甲骨得到证实。其云：

　　　贞：王其祭又（祐）太甲，晢周方白（伯）□，由（惟）足不（丕）
左（佐），于受又（有）又（祐）。
　　　……□文武……王其邧（昭）帝（禘）……天……典晢周方白
（伯），由（惟）足亡（无）左（佐），王受又（有）又（祐）。

表明西伯确是出于商王册命。不过殷王帝率的册命周文王为方伯与文丁的册命季历为牧师，情况已经不同。文丁册命季历为牧师，是要利用周来抵御和征服对殷反叛的戎狄部族。帝辛册命文王为方伯，是要进一步利用周来征服那些反叛殷王朝的方国，使得那些叛国追随周而重新服从。周文王也正是利用这个时机，不断扩充自己的力量，开拓土地。

一般来说，我们通常把文王在位分为前后两个时期，一是称王以前，一是称王以后。所谓"三分天下有其二，以服事殷"（《论语·泰伯》）或"率殷之叛国以事纣"（《左传》襄公四年），就应该是称王以前的事，而称

---

① 《太平御览》卷八十三引。

② 参见陈连庆《论周邦的建立及周王与多方的关系》。

王以后，就公然举起叛旗，成为殷的敌对势力。这样称王前后，殷周关系也就发生了质的变化。

我们概括起来说，以文献记载来看，殷周关系源远流长。殷墟甲骨辞中反映了武丁以来的殷周关系，大致可以划分为三个不同时期，每个时期又有自己的不同特点，从封"侯"到封"牧师"再到封"西伯"，周邦的势力一步步发展壮大，最终导致商周关系破裂，由君臣关系，或者说臣属关系，演变为互为仇国的敌对关系，改变了中国上古历史的发展。

第二节　肆伐大商与商王朝的灭亡

我们据《史记·周本纪》记载，文王作邑于事后，第二年去世，其子武王发继位。

这时，面临周邦的强大攻势，不但纣王的臣下普遍感到了覆亡的威胁，一再向纣王呼。纣王本人也没有睡大觉，也采取了应急措施。《左传》昭公四年说："商纣为黎之搜，车夷叛之。"显然，这是纣王为了对付周邦对黎的攻势而采取的军事部署。也正是由于"东夷叛之"，纣王毅然决定对东夷进行讨伐，《左传》昭公十一年说："纣克东夷，而陨其身。"在这方面，殷墟甲骨卜辞有详细的资料，陈梦家先生曾经辑录有七十余条，排成《正人方历程》表，所谓"人方"即指东夷，商末金文立见有记载。

其实，我们从战略的角度来看，纣王在宿敌面前，尽力巩固后方，并不是没有道理的，纣王覆亡不在于克东夷，而更有其深刻的原因。[①]

我们知道，武王继位以后，继续开创文王的基业，选拔和征用大臣执政，古本《大誓》记载，武王说："余有乱臣十人，同心同德。"《左传》襄公二十八年记叔孙穆子说："武王有乱臣十人"，当是依据古本《大誓》的。前人解释"乱"是"治"的意思，"乱臣"就是"治臣"。其实"乱"是"嗣"字之误。"嗣"即"司"字（西周金文多数如此），因而有"治"的意思。《论语·泰伯》："舜有五人而天下治，武王曰予有乱十人。孔子曰：才难，不其然乎！唐虞之际于斯为盛，有妇人焉，九人而已。"东汉马融、郑玄的注，都说十人是周公旦、召公奭、太公望、毕公、荣公、太颠、闳夭、散宜生、南宫适及文母（即文王妃太姒，马融之注见《论语》

---

① 参见金景芳《中国奴隶社会史》，上海人民出版社 1983 年版，第 109 页。

注引，郑玄之注见《论语》疏引）。这个说法可能出于推断，十人之中所以要列入文母，是依据孔子所说"有妇人焉，九人而已"的。当时治臣十人，依据《君奭》来看，应该以闳夭、散宜生、泰颠、南宫适四人比较重要。马融、郑玄之说，把周公、召公放在首要地位，是依据成王时代的情况来推定的，并不正确。①

武王正是在这些大臣们的辅佐下，对殷商王朝发起了最后的攻势。我们据《史记·周本纪》记载：

> 九年武王上祭于毕，东观兵，至于盟津。为文王木主，载以车，中军。武王自称太子发，言奉文五以伐，不敢自专……

是时，"诸侯不期而会盟津者八百诸侯"。这个"盟津"，一作孟津，在今河南孟县西南十多里，黄河北岸。西周春秋时，附近有邑名盟，原为苏国之邑，后为郑国所有。杜预说："盟，河内郡河阳县南孟津也。在洛阳城北，都道所凑，古今为津，武王渡之，近代呼为武济。"② 也有的学者不太赞同这一说法，以为武王伐商渡河的盟津不是河南孟县的孟津，真正的盟津应是桃林塞内、潼关附近的风陵津，今名风陵渡。所谓"观兵"，其实就是一次军事大演习、大检阅，也是一次外交盟会。武王赢得如此众多的盟军，说明在政治上、军事上都取得了对殷的优势。人心向周，殷纣王陷于孤立。

这时殷贵族内，一些有见识之人企图挽救殷的灭亡，纷纷向纣反复进谏，结果比干被杀，箕子被囚，微子等人出奔到周。微子出奔前，看到殷将灭亡，曾向太师、少师（乐师）请教，见于《尚书·微子》篇。微子指出殷贵族淫荒于酒，作奸犯法，不守法度，对于罪犯又放纵不捉，"小民方兴，相为敌雠，今殷其沦丧"。太师也指出：有人偷吃祭祀天地鬼神的牺牲祭品也不受处罚；贵族又加重赋敛，造成许多仇敌而不肯休止，"商其沦丧，我罔为臣仆"，说当时殷贵族内部已经分崩离析，纣已陷于众叛亲离的地步。于是，周武王认为伐商的时机已到，于十一年即武王即位后四年，率戎车三百乘，虎贲三千人，甲士四万五千人向东伐纣。渡过盟

---

① 杨宽：《西周史》，上海人民出版社 1999 年版，第 85—86 页。

② 《尚书正义》、《史记·夏本纪》、《正义》引。

津，并且在那里誓师。这次誓师之辞，先秦古书是称为"大誓"或"太誓"，是说规模很大的誓师，或者称为"大明"，"明"和"盟"同音通用，因为这次誓师是会合许多诸侯一起举行的，还具有结盟的性质，所以又可以称为"大盟"①。

关于进军牧野的路线，我们据《荀子·儒效》记载：

> 武王之诛纣也，行之日以兵忌，东面而迎太岁。至氾而泛，至怀而坏，至共头而山隧，霍叔惧曰："出三日而五灾至，无乃不可乎？"周公曰："刳比干而囚箕子，飞廉、恶来知政，夫又恶有不可焉。"遂选马而进，朝食于戚，暮宿于百泉，厌旦于牧之野。

从《尚书·秋誓》来看，随从武王统率军队到达牧野的，有一些联盟的国君，还有军官和将领：司徒、司马、司空、亚旅、师氏、千夫长、百夫长等，还有不少西南部族的军队，即所谓"西土之人"，有庸、蜀、羌、髳、微、卢、彭、濮等八国，也即古本《竹书纪年》所说"周武王率西夷诸侯，伐殷"。

战前，武王发表了誓师之辞，也即《尚书·牧誓》篇，列举殷王受的罪状："今商王受，惟妇言是用；昏弃厥肆祀，弗答；昏弃厥遗王父母弟，不迪；乃惟四方之多罪逋逃，是崇是长，是信是使，是以大夫卿士，俾暴虐于百姓，以奸宄于商邑。"这就是说，殷王纣听从妇人之言，废弃祭祀，不用王的亲属，而信用从四方因罪而逃来的人，用以为大夫、卿士，因而对百姓暴虐，在商邑作奸搞乱，这和《太誓》列举纣的罪状，"谓敬不可行，谓祭无益，谓暴无伤"，基本相同，只是着重指出了纣听信妇人和信用逃来之人。

当时，师尚父即吕尚直接指挥这个战役，即据《诗·大雅·大明》记载：

> 牧野洋洋，檀车煌煌，驷骥彭彭。维师尚父，时维鹰扬，凉彼武王，肆伐大商，会朝清明。

---

① 参见杨宽《西周史》，上海人民出版社 1999 年版，第 88 页。

对此,《逸周书·克殷解》也有简单的描述:

> 周车三百五十乘陈于牧野,帝辛从。武王使尚父与伯夫致师。王既誓,以虎贲、戎车驰商师,商师大崩。商辛奔内,登于鹿台之上,屏遮而自燔于火。

至此,强大的殷商王朝彻底灭亡了。1976 年陕西临潼出土了西周青铜器利簋,也记载了这一历史事实。

正像我们前面所指出的那样,殷商王朝的覆亡,本是有着深刻的原因的。

一是阶级矛盾激化,纣王不得人心。商纣王在他统治的时期内,一方面"厚赋税",修宫室,耽迷酒乐,另一方面又施用各种酷刑镇压奴隶们的反抗。奴隶们希望尽早埋葬这个残酷的王朝。因此,一当周武王举起伐商的旗帜,就得到热烈响应:周武王的军队所到之处,"高城若地,商庶若化",纷纷归附;周武王率领着八百诸侯这样一支人马众多的队伍到达盟津渡口时,由于奴隶们的支持和帮助,得以迅速而又顺利地向北横渡黄河天险,进军牧野;当商周两军在牧野对垒时,纣王军队中的奴隶兵首先哗变,致使"纣师皆倒兵以战",造成了纣王的败局。

二是以周为代表的反商力量,准备充分,战场指挥得当。伴随着奴隶和奴隶主之间阶级矛盾的激化,原臣属于商的诸侯国,与商王的利害冲突也日趋尖锐。周文王利用这个机会,以亳为中心,争取了虞国和芮国,为以后东进伐商开辟了通道;向西征服了犬戎和密须,消除了东进的后顾之忧;灭掉了商王朝最强大的同姓诸侯崇国,使商王失去了在西部最强有力的屏障;灭邘克黎,使周的势力扩展到了商王朝的腹地,成为攻商的前哨阵地。这样,就对地处现在河南省淇县的商都朝歌,形成了战略上的进攻态势。

周文王死后,他的儿子周武王,更加紧了灭商的准备,最突出的是军事工作,组建了三军之制,扩大军事实力,"观兵盟津",以商都为假设目标,组织北渡黄河的实战演习;严明军纪,使军队能严格按号令进退、攻杀。在牧野战场上,周武王指挥这支训练有素的军队,采用正面佯攻,迂回包抄的新战术,由军师姜尚带领少数兵力向纣王作正面冲锋,自己却率领主力绕到侧翼,出其不意地发起猛烈攻击,逼得纣师走投无路,纷纷倒戈，全线崩溃。

　　三是商王朝统治集团的瓦解。商王朝内部的分崩离析，主要是激烈的阶级斗争冲击的结果，而纣王个人的知行又进而加重了这种结果。例如，早先有"大夫辛甲出奔周"，继之又有"内史向挚见纣之愈乱，迷惑也，于是载其图法出亡之周"。然而，纣王并不因此而有所收敛，而是"愈淫乱不止"：一是滥杀，"醢九侯"，"并脯鄂侯"；二是拒谏，"王子比干谏不听"，其兄"微子数谏不听"，大臣祖伊谏也不听，祖伊绝望地叹息说："纣不可谏矣"；三是用小人，"费中善谀，好利"，"恶来善毁谗"，皆重用。周武王"观兵盟津"，显示了反商力量的迅速壮大和对商王朝生存威胁的日益增长，促使商王朝统治集团内部矛盾的加剧和表面化，众叛亲离，四分五裂，达到了不可收拾的地步，严重地削弱了力量，在战场上败北，就不是偶然的了。①

___

① 参见罗林竹《纣克东夷与敌野之战》一文。

第 二 章

商灭亡的原因

第一节　前人研究成果与不足

商王朝是中国国家文明形成过程中的重要阶段，研究商王朝的灭亡对于认识三代时期的社会史实具有重要意义。研究商朝灭亡原因的文章已经很多[①]，很有启发性，但也存在几方面的问题，表现在把讨论的中心集中于纣王、忽略周人的实力和战略所起的作用等方面。

一　大多以纣为中心讨论

学者讨论大多集中于纣王本人及其政策。其实商王朝继承了夏人的统治经验，又经过数百年的开拓建设，已经建立起较为成熟的国家体制。君主在政治体制中确实起到很重要的作用，但随着国家制度的完善，君主只是作为体系中的一个部分，其所起的作用不是绝对的。实际上王权是一种体制，而不是王的个人意志。当这种体制成熟后，个人只是一种偶然因素，例如幼君的出现，当年幼的根本不具备执政能力的幼君出现时，就说明王在这时已经可以只作为一种象征存在，即使不行使具体权力，也不妨碍体系的运转，即体系自身已经具备自我正常运转的能力。一个政权一旦建立后，即具有一定的稳定性，不会只因为一个君主的腐败即刻崩溃。历史上类似的例子很多，荒淫的君主所带来的恶果，往往是几世积累的结果。以明朝的灭亡为例，崇祯皇帝并不是荒淫之人，执政后力图有所作为，甚至连起兵作乱的李自成也说"君非甚暗"，但明朝最终在崇祯帝时

---

①　易永卿：《商纣王悲剧的原由新探》，《湘潭师范学院学报》2001 年第 1 期。

灭亡了。所以，商人的灭亡不会只是纣政策失误的结果，必然有其制度性的因素。

导致学者在讨论商朝灭亡原因时把目光集中于商纣王的原因有二：一是夏、商、周三代更替中，胜利者的宣传中有一个很明显的特点，就是征伐者是"诛其君，吊其民"，战争借口指向被推翻的君主，而不是被进攻的部族，以此避免对立面的扩大。这是因为商代夏立和周代商立都是国家文明发展到一定阶段的事物，战争已经不是部族的征服战争，而是政权的争夺战，更多是为了夺取天下共主的地位，而不是掠夺和奴役对方的人民。所以在战争的宣传中集中于对方的君主，却宽容对方的民众。这导致所有罪名都集中于君主，其中许多罪名可能只是鼓动的需要，不免有夸大和虚构的成分。所以即使文献中的罪名都指向纣王，也未必是真实的。二是中国很早就建立了"家天下"的制度，在这种家天下的政治条件下，所谓亡国的实际内容是指某族失去政权。所以人们在解释国家灭亡的原因时，分析的焦点集中于这个家族失去政权的原因，自然会把责任归于这个家族政策的具体施行者。君主作为天下之主，也就很自然地为国家的灭亡负起了责任。

由于以上原因，灭国之君往往会承受众多的批评，而且作为警戒的典型，被不断加以新的罪名。关于这一点，《论语·子张》："纣之不善，不如是之甚也，是以君子恶居下流，天下之恶皆归焉"，顾颉刚先生在《古史辨》中所说的："纣不过是这种奢侈生活的唯一人物，他仅仅是这种穷奢极侈的奴隶主阶层当中的一个，不过是最大的一个罢了，因而要纣王一个人来负穷奢极侈的责任是不公允的。若说当时的奴隶主们，在程度上虽有所不同，但都过着奢侈的生活那就没有过分。"①

二　对周人在商朝灭亡中的决策行为讨论过少，易使人误解周人代商似乎是一种侥幸

由于周人灭商的战争持续时间很短，"岁鼎克昏夙有商"②，而历代学者尤其是儒家又极力美化周朝，声称周人灭商是"以大仁代大不仁"，所以灭商战争是"前歌后舞"，"兵不血刃"。所以有学者认为，商周之

① 顾颉刚：《论纣恶七十罪发生的次序》，《文史》第17辑，中华书局1956年版。

② 《利簋》。

间并没有激烈的争斗，周人之所以能代商而立，更多因为是趁商人兵力空虚时突然袭击，一战而克，由此取得了商人的天下，周人能取代商王朝带有很大的偶然性和投机性。用郭老的话讲："武王克商实侥幸，万恶朝宗集纣躯，中原文化殷创始，殷人雀巢周鸠居。"但实际上周人灭商是经过精心准备有计划实施的，周本身虽是小国，但也立国时间较长，经过数代周王的经营，已经具有较强的实力，而其开拓疆域、兼并和交盟周边的势力的行动也从未终止，在周人灭商之前，周人已经建立起成熟的国家制度，拥有强大的武备，联合了广大地域的诸侯，形成"三分天下有其二"的战略形势。周人灭商诚然不是绝对实力对比的结果，但也绝不是一种侥幸（图 2—1）。

图 2—1　利簋

三　研究材料的侧重点有所偏颇

由于关于商王朝灭亡原因的记述十分零散，又说法各异。所以学者在取舍过程中，基本采取消极的方式，即注重《牧誓》等直接针对商人弊端的文诰，而对零散则各取所需，或直接摈弃不用。但确切地说，即使《牧誓》等直接陈述商人缺陷的记录也是有偏颇的，这些文献所载的应该是周人发动战争的理由，而不是商朝灭亡的原因。所以讨论商人灭亡的原因不能单纯依靠周人的战争檄文。

第二节　文献中关于商人亡国原因的分析

关于商人失败的原因，许多文献都有提及，其中以《尚书》最为集中，我们主要就《尚书》和《诗经》等资料作一详细的分析。

《尚书》、《诗经》等相关资料中，各篇所论述的角度、目的不同，其对于商人失败进行阐述的侧重点也有所不同，我们将其分为商人自己的观点、周人诏诰周人的观点和周人诏诰商人三种，分述如下：

一　商人自己的说法

（一）《西伯戡黎》

《西伯戡黎》是商朝大臣祖伊在听到周人攻取黎国后，感到大祸将至，劝诫纣王的话语。其中有："惟王淫戏用自绝，故天弃我，不有康食，不虞天性，不迪率典。今我民罔弗欲丧曰：'天曷不降威？大命不挚。'"以为天要弃商，降下灾祸。商末的社会状况归纳如下：

王淫戏用自绝→天弃我：
- 不有康食（上天降灾发生饥荒）
- 不虞天性（使民心动乱）　→民罔弗欲丧
- 不迪率典（使废弃法典）　　（众叛亲离）

在这里先是说"王淫戏用自绝"导致"天弃我"，而天弃我的具体表现为：不有康食、不虞天性、不迪率典，我民由此离心疏远。总结祖伊所言，则商末的社会状况为：

1. 王淫戏用自绝
2. 不有康食
3. 不虞天性　　借天之行为而说出
4. 不迪率典
5. 民罔弗欲丧

即商纣时期，商人社会有君主荒淫失政、出现饥荒、人民道德沦丧、人民违反法度、民心背离几种可以导致亡国的因素。

（二）《微子》

《微子》是微子与太师、少师讨论商国情况的谈话，有"我用沈酗于酒，用乱败厥德于下。殷罔不小大，好草窃奸宄。卿士师师非度，凡有辜罪，乃罔恒获。小民方兴，相为敌雠……方兴沈酗于酒，乃罔畏畏，咈其耇长旧有位人，今殷民乃攘窃神祇之牺牷牲，用以容，将食无灾，降监殷民，用乂雠敛，如敌雠不怠，罪合于一，多瘠罔诏"，归纳如下（图2—2）：

1. 沈酗于酒，用乱败厥德于下（沈酗于酒）

图 2—2　微子像

2. 罔不小大，好草窃奸宄（人民性乱）

3. 卿士师师非度（用人不当，吏治败坏）

4. 凡有辜罪，乃罔恒获（法治废弛，姑息罪人）

5. 小民方兴，相为敌雠（内部动荡）

6. 咈其耇长旧有位人（疏远旧贵）

7. 今殷民乃攘窃神祇之牺牷牲，用以容，将食无灾（不敬神灵）

8. 降监殷民义雠敛，如敌雠不怠（上下相仇）

9. 多瘠罔诏（出现饥荒）

即商末社会有众人沉迷于酒、人民乱德犯禁、吏治败坏、法治废弛、人民动乱、出现饥荒等情况。从"小民方兴，相为敌雠（仇）"可以看出，商末商人内部已经出现了分裂的迹象，各族间发生了激烈的对抗。

（三）《黍麦》

《尚书大传》："微子朝周，过殷故墟，见麦秀之蕲蕲兮黍禾之蝇蝇也。

曰：此故父母之国，宗庙社稷之亡也。志动心悲，欲哭则为朝周，欲泣则近妇人，乃为《麦秀之歌》"，其歌云：

麦秀渐渐兮，禾黍油油。彼狡童兮，不我好仇！

《史记·殷本纪》亦载此事，"其后箕子朝周，过故殷墟，感宫室毁坏，生禾黍，箕子伤之，欲泣则不可，欲泣为其近妇人，乃作《麦秀》之诗"，其诗为：

麦秀渐渐兮，禾黍油油。彼狡童兮，不与我好兮！

"所谓狡童者，纣也"，在这里伤感国家灭亡即叹息商纣不与旧臣结好，可见商纣疏远旧贵族是商国灭亡的重要原因。

从商人自己的讨论中，我们可以看出，商代末年商王朝所面临的主要问题有：君主荒淫、普遍酗酒、旧贵族被疏远、用人不当、不敬神灵、君主与民众互相仇视、民心动荡、自然灾害几个方面。

二　周人与自己人谈话时的说法

(一)《牧誓》

《尚书·牧誓》是周人战前的誓词，当是周人最确切的战争理由，其文有："今商王受，惟妇言是用；昏弃厥肆祀，弗答；昏弃厥遗王父母弟，不迪；乃惟四方之多罪逋逃，是崇是长，是信是使，是以为大夫卿士，俾暴虐于百姓，以奸宄于商邑。"

从《牧誓》则可以看出，周人的理由有四：

1. 今商王受惟妇言是用（听信妇言）
2. 昏弃厥肆祀，弗答（疏于祭祀）
3. 昏弃厥遗王父母弟，不迪（不用故旧）
4. 乃惟四方之多罪逋逃，是崇是长，是信是使，是以为大夫卿士，俾暴虐于百姓，以奸宄于商邑（重用逋逃）

即商纣王听信妇人之言、疏于祭祀、不重用旧贵族、重用有罪之人，其中不用旧贵与重用有罪之人是一个问题的两个方面。

(二)《酒诰》

《尚书·酒诰》是周人灭商后，为防止群体酗酒而作的文诰，其中有："在今后嗣王酣身，厥命罔显于民，祗保越怨不易，诞惟厥纵淫泆于非彝，用燕，丧威仪，民罔不尽伤心。惟荒腆于酒，不惟自息乃逸，厥心疾很，不克畏死，辜在商邑。越殷国灭无罹，弗惟德馨香祀，登闻于天，诞惟民怨。庶群自酒，腥闻在上，故天降丧于殷，罔爱于殷，惟逸，天非虐，惟民自速辜。"

在这段话中，周公把商王与群臣纵酒之事分为三个层次：

> 1. 嗣王酣身，厥命罔显于民，祗保越怨不易，诞惟厥纵淫泆于非彝，用燕，丧威仪→民罔不尽伤心
>
> 2. 惟荒腆于酒，不惟自息乃逸，厥心疾很，不克畏死，辜在商邑。越殷国灭无罹，弗惟德馨香祀，登闻于天→诞惟民怨
>
> 3. 庶群自酒，腥闻在上→故天降丧于殷

基本也可以归纳为商王沈酗于酒导致天怒民怨，最终亡国。

(三)《召诰》

《尚书·召诰》是周朝重臣周公与召公之间的谈话，其中有："天既遐终大邦殷之命，兹殷多先哲王在天，越厥后王后民，兹服厥命，厥终智藏瘝在，夫知保抱携持厥妇子，以哀吁天，徂厥亡，出执。呜呼，天亦哀于四方民，其眷命用懋……有殷受天命，惟有历年，我不敢知曰，不其延。惟不敬厥德，乃早附厥命。"(见图2—3)

这段话比较难理解，但总体的意思是说上天终断殷商之命，即使有商人的先王在天保佑也不能挽救。后王优点消失，缺点滋长，人民抱妇持子，四处逃亡，呼号于天，上天哀恋人民，另派有德的人治理人民……殷之所以亡，在于不敬德。是纣王不敬德，人民携离，导致上天的愤怒，最终降祸，商人亡国。可以归纳为：

> 纣王→不敬德→人民呼号→天易其命

这段话虽然笼统，但可以看出商朝末年，人民生活困苦，情绪怨愤，有叛离

图 2—3 周公像

商王朝的倾向。

（四）《无逸》

《尚书·无逸》是周公劝勉勤于国事的文诰，"肆高宗之享国五十年有九年。其在祖甲，不义惟王，旧为小人。作其即位，爰知小人之依，能保惠于庶民，不敢侮鳏寡。肆祖甲之享国三十有三年。自时厥后立王，生则逸，不知稼穑之艰难，不闻小人之劳，惟耽乐之从。自时厥后，亦罔或克寿。或十年，或七八年，或五六年，或四三年……无若殷王受之迷乱，酗于酒德哉"！

在这里，周公的分析十分理性，把人事作为商王朝灭亡的主要原因，称商祖甲以前的商人先王理解民情，安抚人民，所以能享国日久。而到祖甲后，则荒废政事，四处游乐，纣王更是沉迷于酒，最终失去国家。

（五）《立政》

《尚书·立政》是周初关于设置相关机构与官员的文诰，"其在受德昏，惟羞刑暴德之人，同于厥邦，乃惟庶习逸德之人，同于厥政。帝钦罚之，乃伻我有夏，式商受命，奄甸万姓。"

这里认为商朝灭亡的主要原因是纣王重用有"暴德"、"逸德"之人，是用人不当导致上天抛弃。

（六）《诗·大雅·荡》

《诗·大雅·荡》云：

> 文王曰咨！咨女殷商！曾是强御，曾是掊克；曾是在位，曾是在服。天降滔德，女兴是力。

> 文王曰咨！咨女殷商！而秉义类，强御多怼。流言以对，寇攘式内。侯作侯祝，靡届靡究。

> 文王曰咨！咨女殷商！女炰烋于中国，敛怨以为德。不明尔德，时无背无侧。尔德不明，以无陪无卿。

> 文王曰咨！咨女殷商！天不湎尔以酒，不义从式。既衍尔止，靡明靡晦。式号式呼，俾昼作夜。

> 文王曰咨！咨女殷商！如蜩如螗，如沸如羹。小大近丧，人尚乎由行。内奰于中国，覃及鬼方。

> 文王曰咨！咨女殷商！匪上帝不时，殷不用旧。虽无老成人，尚有典刑。曾是莫听，大命以倾。

> 文王曰咨！咨女殷商！人亦有言，颠沛之揭。枝叶未有害，本实先拔。殷鉴不远，在夏后之世。

从这段文字可以看出，周人认为殷商末年的主要错误在于：

1. 推行武力；2. 用官非人；3. 不知怀柔；4. 沈（沉）酗于酒；5. 内乱外离；6. 不用旧人；7. 废弃法典。

从以上周人的说法可以看出，周人除了在战争誓词、庙祭颂歌中有较全面的论述外，其余各方面都是根据所陈述主题的需要举出商人相应的缺陷，这些缺陷虽然是零散的，却是周人对商人教训的总结，同时也不带有宣传的目的，具有较强的真实性。从周人对自己内部的说法可以看出，周人认为商人灭亡的原因有：听信妇言、疏于祭祀、疏远旧贵族、用人不当、民心背离、废弃法典、穷兵黩武、外服背叛等。

三 周人对商人的说法

（一）《克殷解》

《逸周书·克殷解》是武王克商后在商都举行社祭时的文诰，虽不是对商人的布告，但有对商人宣传的意思，所以可以视为是周人对商人的说辞，其中有："殷末孙受德，迷先成汤之明，侮灭神祗不祀，昏暴商邑百姓，其章显闻于昊天上帝。"

在这里列举了纣王的罪行为两条：一是疏于祭祀，二是昏暴百姓。

（二）《商誓解》

《逸周书·商誓解》："今在商纣，昏尤天下，弗显上帝，昏虐百姓，奉天之命。上帝弗显，乃命朕文考曰：'殪商之多罪纣。'"

后王的"诞淫厥泆，罔顾于天显民祗"应该是指责后王荒淫、不敬天、不保民，这里将商先王的"明德恤祀"与之相比较，应该包含不勤政事、疏于祭祀的指责。

（三）《多方》

《尚书·多方》也是周公劝诫殷遗民的文诰，"天惟时求民主，乃大降显休命于成汤，刑殄有夏……乃惟成汤，克以尔多方简代夏作民主，慎厥丽乃劝厥民，刑用劝，以至于帝乙，罔不明德慎罚，亦克用劝。要囚殄戮多罪，亦克用劝；开释无辜，亦克用劝。今至于尔辟，弗克以尔多方享天之命，呜呼，王若曰：诰告尔多方，非天庸释有夏，非天庸释有殷，乃惟尔辟，以尔多方，大淫图天之命，屑有辞……乃惟尔商后王，逸厥逸，图厥政，不蠲烝，天惟时降丧。"

1. 逸厥逸（生活放纵）

2. 图厥政（不任政事）

3. 不蠲烝（疏于祭祀）

综合周人对商人的宣传，可见周人强调商末年的弊端在于君主荒淫、疏于祭祀和昏暴百姓三个方面，其针对性很明显，集中于商王本身，而且都是关于政事和祭祀这类本是商王本职的国家事务方面（图2—4）。

（四）《多士》

《尚书·多士》是周人劝诫商人的文诰，"非我小国敢弋殷命，惟天不畀，允罔固乱，弼我，我其敢求位……乃命尔先祖成汤革夏，俊民甸四方。自成汤至于帝乙，罔不明德恤祀，亦惟天丕建，保乂有殷，殷王亦罔

图 2—4　商代戴栉陶俑

敢失帝，罔不配天其泽。在今后嗣王，诞罔显于天，矧曰其有听念于先王
勤家，诞淫厥泆，罔顾于天显民祗，惟时上帝不保，降兹大丧。惟天不
畀，不明厥德。"

在周人向商人讲述伐商的理由时，就只有两条，昏尤天下、暴虐百
姓，弗显上帝，显然是指其疏于祭祀而言，也就是说所谓的疏于祭祀，其
实是指疏于对上帝的祭祀。

从上述的分析中，我们看到，基本内容都是天命和人事，但其差别非
常明显，即商人自己阐述危机和周人对周人总结商人情况时，虽然也言及
天命，但侧重点在于人事的剖析；而周人对商人述说商人失败的原因，虽
然也言及人事，但侧重点在天命。即前者的目的在于陈述现实和总结教
训，力图改变或作为前车之鉴；而后者则是为了宣扬天与上帝的意志，劝
诫商人接受现实。另外，还有一个差别，就是商人在陈述纣王之败德时，
只是说他荒淫、弃亲等，却没有说他暴虐，说纣王暴虐的话都出自周人鼓
动宣传的文诰中。

不管原文的目的如何，其对于商末社会情况和商人失败原因的总结都
是有事实依据的，我们对上述资料综合分析，可以得出当时人们对于商人
亡国的认识：

一、商王本身的因素：骄奢淫逸、沉酗于酒、听信妇言。

二、涉及制度性的因素：

（一）祭祀制度方面：疏于祭祀、不敬天。

（二）对外政策方面：推行武力、不知怀柔。

（三）用人政策方面：不用故旧、重用逋逃、吏治败坏。

（四）法律制度方面：姑息罪人、废弃法典。

三、社会因素：统治内部分歧、民心背离、社会动荡。

四、自然灾害与饥荒发生。

综观之，商代末年，商王朝面临以上诸多的问题，最终导致商人政权的覆灭。

第三节　商王朝制度方面的缺陷

商王朝是中国的第二个王朝，处在国家形成的重要时期，商代虽已经是集权的王朝国家，但是，国家制度尚处于建设阶段，还存在众多缺陷，这些缺陷导致商王朝的统治不稳固。商朝灭亡的原因，更多是因为其制度上的缺陷，而帝辛也正是为了调整这些制度，决策出现失误，反而加速了商朝的衰落与灭亡。

一　王权尚处于发展过程中

商代处于国家建设的早期阶段，王权尚未能完全集中。夏朝是和平建立的国家，没有出现复杂的权力结构。商王朝是第一个通过武力征服建立的王朝，产生了复杂的权力关系。而王权面对复杂的内外服官员、诸侯权力，尚未完全掌控权力。

商王朝在武丁时期出现过加强王权的改革，基本是通过祭祀权改革掌握了神权，通过提拔低层人士，加强王权。武丁时期，王权得到极大加强，成为商王朝王权发展的一个重要时期。但是，王权集中尚没有最终解决。

二　用人制度中的"用人惟旧"

商王朝实行世官制度，《尚书·盘庚》："古我先王亦唯图旧人共政"，"迟任有言曰：'人惟求旧，器则非旧，惟新。'古我先王，暨乃祖乃父，

胥及逸勤，予敢动用非罚？世选尔劳，予不掩尔善"，重要职位基本固定
于某些大族。商代虽然已经解决了王权的理论集中，但由于世官世族制度
的存在，商王在用人的支配权上还受到很大限制。实际上的用人权，依然
以"旧有位人"为主。这种世官世族的用人方式，成为商王施行权力的障
碍。世官世族制度导致的后果是，财富、权力固定地集中于某一些团体手
中，与随着社会发展正在日益集中的王权发生了矛盾。

三　基层事务过于依赖于族

商人以族为基层单位。族组织为基层单位，虽然可以通过族组织解决
许多问题，具有高效、成本低的特点，但王无法取得对基层的直接控
制权。

商人族势力非常强大，基层组织由族来担任，如《逸周书·商誓解》：
"告尔伊旧何父□、□、□、□、几、耿、肃、执，乃殷之旧官人序文
□□□□，及太史比小史昔，及百官里居献民……予既殄纣，承天命，予
亦休尔百姓、里居、君子……"即是把族长放于"殷之旧官人"之前，显
然是作为行政官员加以对待的。

由于基层过于依赖族组织，势力巨大的部族具有相对独立的力量，对
集权的国家体制构成阻碍。

四　分封制中的不成熟

商人最初建国，其控制范围不大。当时，夷人的势力达到今郑州地
区。那么，商人当时的实际势力范围局限于豫北、豫西地区。其中商人最
初的分封制是在豫西及晋南部分地区。而商所控制的相当大一部分地区是
在建国之后，通过征服开拓扩大的。分封是零散进行的。

即商人的分封制初建，基本是应付新征服地区的一种统治方式，后来
也是临事分封，具有较强的功利性与实用性。尚没有一种内在的融合性的
原则贯穿于分封制中。商人这种分封制是根据控制的实际需要而进行的，
其分封原则是实用性的。所以，对分封与外服，很大程度上依靠武力控
制，这些据点很容易从中央分离出去。

另外，分封虽然在各地实行，但没有系统的分封体系，没有爵阶统属
关系，各诸侯发生突发事件时，没有应变性的地方组织应对。基本还是要
依靠中央组织地方势力协调行动，从总体上说来，并不比夏朝单纯的内外

服制更加进步。

五　对外过分依赖武力

商王朝是通过武力开国的，而开国之初，其疆土不大。后世商人则通过武力不断开拓疆土，对外服的控制也主要依靠武力维持。为了征服新地区，震慑反抗者，商人处罚严厉，存在着许多杀戮行为。殷墟大量人祭与人殉当是这种对外扩张和武力开拓政策的产物。商人过分依赖武力，造成其与归服方国只是一种强力压迫结合，不能有效融合为一体，同时也造成周边关系紧张。"内奰于中国，覃及鬼方"，《史记解》："严兵而不仁者，其臣慑而不敢忠，不敢忠则民不亲其吏，刑始于亲，远者寒心，殷商以亡。"（图2—5）

图2—5　商代铜戈

（采自《河南出土商周青铜器》第18页）

周人的所谓的德，一方面是天命移易中的理论方式，一方面也是有针对性对抗商人的武力扩张理论。

第四节　商纣王完善制度的努力

面对制度上的不足，商王不断变革，以加强王权。尤其是帝辛采取了十分激进的措施，意图加强对内、外服直接控制。

一 变更用人制度

集中王权中最重要的步骤是剥夺各世家世族的任职权，将官职的任命权集中到王的手里。商纣王疏远旧贵族，任用自己的亲信为官，这在文献有大量记载，《尚书·微子》："咈其耇长旧有位人"，《尚书·牧誓》是周人战前的誓词，当是周人最直接的战争理由，其文有："（纣）昏弃厥遗王父母弟，不迪；乃惟四方之多罪逋逃，是崇是长，是信是使，是以为大夫，卿士，俾暴虐于百姓，以奸宄于商邑。"《诗·大雅·荡》："匪上帝不时，殷不用旧"，《尚书·立政》："其在受德，惟羞刑暴德之人，同于厥邦，乃惟庶习逸德之人，同于厥政"，从上可以看出，纣对旧贵族采取疏远的态度，而重用自己的亲信，这一点在甲骨文中也有反映，第五期卜辞内容和格式比较单一，任命职事的占卜很少，仅见于几版卜辞，如：

丁卯卜，在去，贞雷告曰：兕来羞，王隹今日衰。无灾，擒。（《合集》37392）

壬申卜，在攸贞，右牧臿告启，王其呼戌比宧伐，弗悔，利。（《合集》35345）

乙巳卜，在兮，隹丁未妇史众。

隹丙午妇史众。（《合集》35343）

□□卜，贞囊犬雍告……比隹戊申利，无（灾）。（《合集》36424）

但关于小臣任事的卜辞却有数版：

……贞翌日乙酉小臣𫟷其……右老曩侯，王其……以商庚川，王弗悔。（《合集》36416）

戊戌卜，王其巡𨳲马……小臣𫟍𣂷克。（《合集》36417）

弜殳其隹小臣临令，王弗悔。（《合集》36418）

辛卯……小臣醜其作圈于东对。王占曰：吉。（《合集》36419）

醜其至于攸，若。王占曰：大吉。（《合集》36824）

癸□卜……小臣其人有正……不其……辛（《合集》36420）

癸巳卜，贞王其……小臣……隹无……商……王弗悔。（《合集》36421）

甲申卜，贞翌日丁巳王其呼南小臣……裈薛……（《合集》36422）

……小臣墙比伐，禽危美……人廿人四，而千五百七十，矗百……两（四），车二两（辆），盾百八十三，函五十，矢……又伯慶于大乙，用雌伯印……矗于祖乙，用美于祖丁。僎日：京易……（《合集》36481）

可见，商代末年的确出现了重用小臣集团的现象。小臣是商王身边的附属团体，人员构成复杂，但大多数是地位较低的人。即商纣王重用小臣等身份较低的人做事，以摆脱旧贵族的限制。从《尚书·立政》中则可以看出，纣一方面用的是"暴德"之人，即帮助纣推行强硬政策的人，一方面用"逸德"之人，即帮助纣敛财挥霍的人。这与商纣表现出的频繁征伐、荒淫戏乐正符合。

很显然纣所任用的人才是实用主义的，一方面是听从指挥，另一方面符合自己的施政需要。

二 加强对外服的控制

为了改变商王朝在外服地区控制无力的情况，商纣加强在外服地区的权力，即位不久，即"以西伯昌、九侯、鄂侯为三公"[1]，将商王朝在西方的重要归服方国的首领皆羁縻于朝廷，接着又在东方举行大规模的军事演习，"纣为黎之搜"[2]。这些措施的目的显然是加强对外服诸侯的直接控制，尤其是东方带有扩大王畿和政治疆域的企图。

三 扩大直接控制人口的数量

为削弱各族势力，增加直接控制的人口，纣对内加强法律措施，以法律惩罚的形式将大量人口从族中脱离出来，置于国家的直接控制之下。对外则吸收各方国的罪犯和叛逃者。《尚书·微子》："凡有辜罪，乃罔恒获"，《尚书·牧誓》："乃惟四方之多罪逋逃，是崇是长，是信是使，是以为大夫卿士"。商代社会成员皆处在族组织当中，犯罪后则被逐出族群，沦为国家控制的罪犯。从商本族的微子指责罪人逃逸而不得，周人指责商

---

① 《史记·殷本纪》。

② 《左传》昭公四年。

纣重用"四方多罪逋逃"看，商纣王力图将畿内外的各族的人口吸纳入自己的直接掌握之中，加强自己的势力，削弱内、外服其他贵族的势力。《左传》昭公七年："昔武王数纣之罪，以告诸侯曰：'纣为天下逋逃主，萃渊薮。'故夫致死焉"，"纣为天下逋逃主"，显然是指收容各诸侯部族的人口。这既有扩大自己直接控制人口数量的目的，也有牵制诸侯的目的。周人在对抗商人的过程中，提出的重要政策是"有亡荒阅"，即逃亡的人口被获后，要交于原属部族，应该是针对商纣王窝藏其他部族逃亡人口的措施。

四　进行经济改革

推行商王的直接控制权，必然将原来由宗族和诸侯负责的事务纳入国家的行为体系当中，支出也会因此扩大。商纣王进行了财政方面的改革，加强敛财。商纣重用费仲，《史记·殷本纪》："费中善谀好利"，能够敛财。而商末又有名臣胶鬲，《孟子·告子章句下》："胶鬲举于鱼盐之中"，可能与鱼盐交易有关。而近年山东沿海地区考古发现也表明，商代在这一地区即有较集中的盐业生产，可能是商王朝在这一地区设立的食盐基地。①这些被重用的人，当都与加强商王朝的财政措施有关。《史记·殷本纪》复有纣王"厚赋税以实鹿台之钱，而盈钜桥之粟"的记载，可见商末改变原有的财政政策，加强了搜刮的力度。

五　推行法律改革

严格的法律与严格制裁，一方面是将族人口剥夺而置入国家控制之下的方法，同时也是镇压贵族反抗的重要措施。商纣王的改革都具有与旧贵族争权争利的性质，势必会引起他们的反对，为了推行改革，纣改进了法律，实行严刑峻法，《史记·殷本纪》："百姓怨望而诸侯有畔者，于是纣乃重刑辟，有炮烙之法"，《荀子·议兵》："纣为炮烙刑，杀戮无时，臣下憭然，莫必其命"。

六　祭祀改革

从上引文献我们看出，商人贵族和周人对商纣王重要的指责之一是疏

---

① 　燕东生、赵岭：《山东李怀商代制盐遗存的意义》，《中国文物报》2004 年 6 月 11 日。

于祭祀。但考察甲骨文和商铜器铭文，会发现事实并非如此，金甲文中有大量帝辛祭祀祖先的记载：

图2—6　《甲骨文合集》10405正

> 乙巳，王曰：障文武帝乙宜，在召大庭，遘乙翌日，丙午障，丁未煮。己酉王在椫，卿其赐贝。在四月，佳王四祀翌日。（《录遗》275）（图2—6）
>
> 丙辰，王令卿其兄□于夆，田洛宾贝五朋。在正月，遘于妣丙彡日大乙爽，佳王二祀。既卿于上下帝。（《二祀卿其卣》）

甚至出征途中，也不忘祭祀祖先：

> （乙）亥，王……自今春至……翌人方不大出。王占曰：吉。在二月，遘祖乙彡，佳九祀。（《合集》37852）
>
> ……贞舍巫九备，作余酒朕禾……伐人方。上下敭示，受余有佑……于大邑商，亡壱在肷。（《合集》36507）
>
> 囚告于大邑商无……在肷。王占曰：吉。在九月，遘上甲飙佳十祀。（《合集》36482）

综观商代末年占卜记录可以看出，商纣祭祀改革主要是严格推行周祭制度，严格祭祀范围，非商王的祖先很难再进入祭祀系统。这样，上帝、自然神以及其他贵族或同姓低级贵族的祖先就不再享有国家的祭祀。致祭神灵范围的固定和缩小，使商代先王之外的其他同姓宗族的祖先神，不再被列入商王的祭祀。在表面上这只是祭祀制度的变革，在现实政治生活中则实际是将旁系远支划出王室以外，使之远离最高政治权力，最终导致旧贵族被疏远，得不到重用。即纣王祭祀改革的目的在于为"播弃黎老"奠定精神、理论上的依据。

第五节　对内决策方面的失误与后果

为了完善制度，推行变革，商纣王在对内、对外都采取了强硬的措施。

对内吸引非世官世族的人员进入决策机构，成为朝廷政策的主要执行者。《荀子·成相》："飞廉知政任恶来"，《史记·殷本纪》："（纣）而用费中为政，费中善谀，好利，殷人弗亲。又用恶来。恶来善毁谗，诸侯以此益疏"，《史记·龟策列传》："纣有谀臣，名为左彊，夸而目巧"，《逸周书·世俘解》："陈本命新荒蜀磨至，告禽霍侯、俘艾侯、佚侯小臣四十有六"，这些小臣应该是纣王的亲信。可以看出，纣王重用的主要有两种人，一是善谀好利之臣，一是地位较低的附属之人。《尚书·立政》："其在受德，惟羞刑暴德之人，同于厥邦，乃惟庶习逸德之人，同于厥政"，从这里看，纣一方面用的是"暴德"之人，即帮助纣推行严刑峻法、武力征伐的强硬路线的人，一方面用"逸德"之人，即帮助纣搜刮敛财、荒淫挥霍的人。这些人都是纣王根据自己的个人喜好和形势需要而提拔的人员，其出身也都较低。

古代教育体系不发达，许多行政技能的掌握是依靠家族的传授，所以世官世族制度一直被奉行。直到春秋时期，随着诸侯兼并和社会发展，大量世族没落，大批有专业知识的人员流落于社会，才出现了真正打破世官制度的人才条件。而在商代尚不具备这种任官条件。

所以这些新提拔人员对商王朝的典章不熟，行为与旧体制的正常运转不合符节，《尚书·微子》："卿士师师非度"，《尚书·西伯戡黎》"不迪率典"等应当是指官吏的败坏而言。同时这些人员地位较低，对旧典和政习不熟悉，缺乏政治经验，没有独立的政治主张。所以，唯纣王之首是瞻。这导致商王朝固有的制度运转不畅，破坏了政治体系的稳定性。

大批世官大族被生硬地排挤出政治权力体系，引起了他们强烈的不满。《尚书·微子》、《麦秀》之歌都是这种情绪的反映。商纣的强硬措施导致商旧贵族的反抗，他们依托于自己的世族，与商纣王与新生的贵族对抗。由于商代族组织发达，各地的统治实际是以族为单位进行的，族起着王朝基层机构的作用。商纣王任用新贵，排斥旧贵族的做法，导致新、旧贵族之间的对立，也演变成为整族的对抗，商王朝内部的分歧已经十分严重，整个社会呈现出"小民方兴，相为敌仇"，"如蜩如螗，如沸如羹，大小近丧"的危机局面。

商纣王认为变革不能推行是压力不够大，不足以畏众，"罚轻诛薄，威不立耳"，为了打击旧贵族的反对，推行自己的意志，商纣王采取了强硬的手段，《史记·殷本纪》："百姓怨望而诸侯有畔者，于是纣乃重刑辟，有炮格之法"，"杀王子比干，囚箕子"①，"杀戮无时，臣下憯然"②。

在商纣的高压政策下，旧贵族的对抗情绪更加高涨，他们有的逃亡，有的武装叛乱，商王朝内部纷争严重。

根据文献记载，这一时期有大量商人逃往周地。《史记·殷本纪》："殷之大师、少师乃其祭、乐器奔周"，《史记·周本纪》："太师疵、少师彊抱其乐器而奔周"，《吕氏春秋·先识览》："殷内史向挚出亡之周，武王大说……守法之臣，出奔周国"。《史记·周本纪》集解引刘向《别录》："辛甲初事纣，七十五谏而不听，去之周"，《汉书·艺文志》注："纣臣，七十五谏而去，周封之"，《史记·周本纪》载："伯夷、叔齐在孤竹，闻西伯善养老，盍往归之。太颠、闳夭、散宜生、鬻子、辛甲大夫之徒，皆往归之。"从伯夷、叔齐归周看，连远在外服的商人同姓也不再同纣王合作，可见旧贵族与纣王之间的矛盾很深。

大量旧贵族逃亡的同时，有实力贵族开始进行公开反抗。《韩诗外传》："商容尝执羽籥，冯于马徒，欲以伐纣而不能，遂去，伏于太行。"经过数百年的建设，商代的王权已经十分专断，商王掌握着广大的王畿，指挥着强大的军队，拥有丰富的储备。旧贵族零散的反抗，很快就被打败，被迫逃亡。

商人旧贵族反对商纣王的另一重要举措是联合周人，希望用周人的力量推翻纣王的统治。

《吕氏春秋·诚廉》："昔周之将兴也，有士二人，处于孤竹，曰伯夷、叔齐。二人相谓曰：'吾闻西方有偏伯焉，似将有道者，今吾奚为处乎此哉？'二子西行如周，至于岐阳，则文王已殁矣。武王即位，观周德，则王使叔旦就胶鬲于次四内，而与之盟曰：'加富三等，就官一列。'为三

---

①　《史记·周本纪》。

②　《荀子·议兵》。

书，同辞，血之以牲，埋一于四内，皆以一归。又使保召公就微子开于共头之下，而与之盟曰：'世为长侯，守殷常祀，相奉桑林，宜私孟诸。'为三书，同辞，血之以牲，埋一于共头之下，皆以一归。伯夷、叔齐闻之，相视而笑曰：'嘻！异乎哉！此非吾所谓道也。昔者神农氏之有天下也，时祀尽敬而不祈福也。其于人也，忠信尽治而无求焉。乐正与为正，乐治与为治，不以人之坏自成也，不以人之庳自高也。今周见殷之僻乱也，而遽为之正与治，上谋而行货，阻丘而保威也。割牲而盟以为信，因四内与共头以明行，扬梦以说众，杀伐以要利，以此绍殷，是以乱易暴也。吾闻古之士，遭乎治世，不避其任，遭乎乱世，不为苟存。今天下暗，周德衰矣。与其并乎周以漫吾身也，不若避之以洁吾行。'二子北行。"武王与胶鬲、微子开密盟，许以富贵，使为在殷地的内应。结盟之后，胶鬲和微子返回了殷国。结合当时大量商人奔周的事实，与周形成这种盟约的旧贵族当不在少数。只是因为这种盟约本是秘密，不宜公开，所以留记录的较少。胶鬲、微子的结盟被伯夷、叔齐看见，很可能是周人想让与商人同姓的伯夷、叔齐也加入密盟中来，所以让他们也参加这次结盟仪式。

商末这种离心离德的事件非常普遍，《孟子·公孙丑上》："纣之去武丁，未久也。其故家遗俗，流风善政，犹有存者。又有微子、微仲、王子比干、箕子、胶鬲，皆贤人也，相与辅相之，故久而后失之也。尺地莫非其有也，一民莫非其臣也。"孟子所列举的商末贤能辅臣当中，除比干忠谏被戮外，微子、微仲不与纣合作，箕子佯狂，胶鬲暗中与周人交通。商王朝有势力的旧族重臣大都背叛了纣王（图2—7）。

这种内部的背叛，导致商人对周人的武备形同虚设。从武王灭商的战争看，武王在进攻的过程中，渡过黄河后，五天即进到牧野，没有遭到任何抵抗。占领商都之后，主要向南征略，《礼记·乐记》："始而北出，再成而灭商，三成而南，四成而南国是疆"，据《逸周书·世俘解》的记载，武王在牧野之战后，分兵追剿，一路由吕望追击殷将方来，其余六路皆是向南进军。[①] 而对西部则基本没有军事行动，商人在豫西的力量好像根本不存在一样，是难以理解的。因此，很可能在西伯伐崇、戡黎之后，豫西已经落入周人之手，商人从此没有能在西部建立起有效的防线；或者西部诸侯已经与周人达成妥协。从甲骨文研究我们知道，商人在洛阳地区很早

① 杨宽：《商代的别都制度》，《杨宽古史论文选》，上海人民出版社2003年版，第151页。

图 2—7 四祀邲其卣铭文

（《殷周金文集成》5413）

就开始分封，安置大量商人贵族，"从商代晚期商人重要族氏分布的地理位置看，其地域分布从总体上看还是比较集中的，包括：A. 豫北，B. 豫西北、豫西，C. 晋东南部，大致在黄河与沁水两条水系的流域。其中 A、B 包括商王畿地区与所谓沁阳猎区，系商王国政治、经济的核心。C 隔太行与殷都相望，是商人经营晋地的主要基地，亦是商王国西部的屏障。以上几块地域对商王国来说在政治与军事上均至关重要，乃其命脉所在，故卜辞所见商人强族多聚于其间"①，豫西地区很早就是商人重点经营的地带，所以这些人应该是商朝的旧贵族，而纣王恰恰"不用老成人"。所以这些人可能与周人暗中联合，放弃抵抗，放周人进入王畿。而《韩诗外传》："商容尝执羽籥，冯于马徒，欲以伐纣而不能，遂去，伏于太行"，可见商容在伐纣失败后，即逃亡在太行一带。而武王克殷后，他又出现在商都，《帝王世纪》："商容及殷观周君之入"，《史记·周本纪》："命毕公

---

① 朱凤瀚：《商周家族形态研究》，天津古籍出版社 2004 年版，第 81 页。

释百姓之囚，表商容之闾"，《世说新语·德行第一》："武王式商容之闾，席不暇暖"，罗祖基认为："周武王所以要表商容之闾，大概就因为他是反纣活动的积极参与者。"① 商容很可能即在豫西为武王开道的商旧贵族之一（图 2—8）。

图 2—8　采薇图

　　周人对商朝的进攻也得到商人旧贵族的接应。《吕氏春秋·贵因》："武王至鲔水，殷使胶鬲候周师，武王见之。胶鬲曰：'西伯将何之？无欺我也！'武王曰：'不子欺，将之殷也。'胶鬲曰：'曷至？'武王曰：'将以甲子至殷郊，子以是报矣！'胶鬲行。天雨，日夜不休，武王疾行不辍。军师皆谏曰：'卒病，请休之。'武王曰：'吾已令胶鬲以甲子之期报其主矣，今甲子不至，是令胶鬲不信也。胶鬲不信也，其主必杀之。吾疾行，

---

① 罗祖基：《对商纣的重新评价》，《齐鲁学刊》1988 年第 3 期。

以救胶鬲之死也.'武王果以甲子至殷郊，殷已先陈矣。至殷，因战，大克之。"陈奇猷认为胶鬲是微子与周武王约定攻纣的信使，即周人的进攻其实是在与商人旧贵族里应外合的情况下进行的[①]。牧野之战中，商人兵力占绝对优势，《史记·殷本纪》："帝纣闻武王来，亦发兵七十万人距武王"，《诗·大雅·大明》："殷商之旅，其会如林"，《帝王世纪》曰："纣有亿兆夷人，起师自容闾至浦水，与同恶诸侯五十国，凡十七万人距周于商郊牧野"。但结果却是商人惨败，"纣师虽众，皆无战心，心欲武王亟入。纣师皆倒兵以战，以开武王"，商人的士兵反而成为周人灭商的先锋。其他文献也有类似记载，《国语·周语上》："商王帝辛，大恶于民，庶民不忍，欣戴武王，以致戎于商牧"，《墨子·明鬼》："众畔百走，武王逐奔入宫"。另外，从记载看，牧野之战只是一天的战斗，商人依然拥有广阔的后方和雄厚的实力，一天的战斗虽然会有所损失，但绝不至于到纣王绝望自杀的地步，但"纣走，反入登于鹿台之上，蒙衣其殊玉，自燔于火而死"[②]。纣王之所以未能逃出商都，重新集结力量，很可能是因为众人叛离，已经没有退路可走的缘故。所以《荀子·儒效》说："鼓之而纣卒易向，遂乘殷人而诛纣。盖杀者非周人，因殷人也。"

　　周人进入商都后，对商人的政策以怀柔为主。《逸周书·武寤解》："王赫奋烈，八方咸发。高城若地，商庶若化。约期于牧，案用师旅，商不足灭。分祷上下，王食无疆。王不食言，庶赦定宗。尹氏八士，太师三公，咸作有续。神无不飨。王克配天，合于四海。惟乃永宁。"这首诗是歌颂武王的诗，其中《逸周书·武寤解》："高城若地，商庶若化"，在"约期于牧"之前，有学者认为或为简册错乱，其本应在"分祷上下，王食无疆"之后。但事实上这两句的次序并没有错。商纣王"播弃黎老"，不任用旧贵族，而商王畿本部却多是旧日王室宗族所封[③]。从上面的分析我们知道，西部商人旧贵多对纣的政策不满，对周人采取不抵抗政策，所以周人才得以在五日内从孟津直达牧野。"纣卒易向"，

---

　　①　陈奇猷：《读江晓原〈回天〉后——兼论周武王何以必须在甲子朝到达殷郊牧野及封微子于孟诸》，《古籍整理研究学刊》2002年第1期；陈立柱：《微子封建考》，《历史研究》2005年第6期。

　　②　《史记·殷本纪》。

　　③　朱凤瀚：《商周家族形态研究》，天津古籍出版社2004年版，第81页。

则是商人旧贵族发动的对纣的叛乱行为，而这些旧贵族与武王事先有所约定，所以有"约期牧野"之辞，而武王也有所许诺，所以在胜利后，"王不食言，庶救定宗"。

但是，我们也应该看到，商人旧贵与周人暗中联系的原意，并不是要放弃商天下共主的政权与地位，可能只是要赶纣王下台。所以，纣死后，周人复立武庚，"反商政，政由旧"，这大约就是《逸周书·武寤解》："王不食言，庶救定宗"中的许诺。但周人得逞之后，乘势祭天衅社，祭告上天，宣示全国自己取代天下共主的地位，取代了商人的中央政权。这则是商人旧贵族不想看到的，但已经无力阻止。

商人本拥有超过周人的人口和资源，但由于商人内乱，所以失败。商人的失利，与清朝入关相像。吴三桂在给皇太极求救的信中说："乞念亡国孤臣忠义之言，速选精兵，直入中胁、西胁，三桂自率所部，合兵以抵都门，灭流寇于宫廷，示大义于中国，则我朝之报北朝者，岂惟财帛？将裂土以酬，不敢食言"，目的是灭流寇，将我朝与北朝并称，并无引清代明之意，但最终还是使清朝借机取得了对全国的统治。

周人对商人亡国中这一教训十分重视。其中周人建立后重要的政策就是恢复旧商、周甚至先代诸王的地位，这固然有斗争策略的需要，但任用旧贵族尤其是封建大批宗室子弟建国，显然是要以宗族亲属的力量巩固统治的。很显然，周人对于商人灭国中众叛亲离的教训也是深刻反思过的。周人用宗亲，用旧贵的用人原则，与这种教训的总结有关。

第六节　对外决策的失误与后果

商纣王力图加强对外服的直接控制，同样是采取强硬手段达到目的。

商纣即位之后，即将西方有实力的诸侯召进朝廷，命为三公，名为提拔任用，实则羁縻。《竹书纪年》："（帝辛）九年，命九侯、周侯、邢侯"，《史记·殷本纪》："以西伯昌、九侯、鄂侯为三公"。随后，又找借口将三人杀害或逮捕，"九侯有好女，入之纣。九侯女不憙淫，纣怒，杀之，而醢九侯。鄂侯争之强，辨之疾，并脯鄂侯。西伯昌闻之，窃叹。崇侯虎知之，以告纣，纣囚西伯羑里。"[①] 这样，就使西方有影响力的国族失去了主

---

① 《史记·殷本纪》。

持者，有利于削弱西方诸族的实力，加强商人在西方的统治。其在东方的战略则更进一步，试图直接扩充领土，所以在东方采取军事行动，《竹书纪年》："（帝辛）四年，大搜于黎"，黎当不是山西之黎，而是在商王朝的东方，是帝辛为在东方扩张而进行的军事演习和威慑活动。

同时商纣王还极力吸收各族的离散人员和叛逃者，《左传》昭公七年："昔武王数纣之罪，以告诸侯曰：'纣为天下逋逃主，萃渊薮。'故夫致死焉"，这有两重含义：一是可以把族成员直接变为王直接控制的成员，扩大人口；二是可以依靠这些部族的人员对原部族的上层人士构成威胁。商纣收容包庇各部族的人口的做法，激起了各归服方国的愤怒。

商纣对外扩张的结果是引起了各国的反抗。在东方，《左传》昭公四年："商纣为黎之搜，东夷叛之"，商纣为向东方扩展，对东夷进行大规模的战争。甲骨文中记载了帝辛十年和十五年征人方、林方等东方部族的过程，其战争历时数月，远征到达淮水流域。帝辛最终征服了东方地区，但也消耗了大量资源，同时也加深了与东方部族之间的矛盾。所以文献中说"纣有亿兆夷人，离心离德"[1]，"纣克东夷，而陨其身"[2]。

在西方，各国也武装对抗。商人在西方存在着一个缺陷，即以防御为主。商人的疆域基本是沿平原分布，所以其在西方基本以太行山为界。商人在武丁时期曾向西方开拓，《周易·既济》九三："高宗伐鬼方，三年克之。"但打败鬼方之后，商人在西方的攻势就停滞了，再也没有取得进展。在西方实际上处于守势，虽然在汾、涑建立了统治据点，但总体在太行山以西的力量很小。所以，对西方不是直接控制，而是间接控制。这为周人的兴起留下了巨大的空间。商纣无力同时东、西两线作战，于是释放被囚禁的武王，让他负责平定西方的叛乱。《上海博物馆楚简》有相关记载：

（纣）溥夜以为淫，不听其邦之政。于是乎九邦畔叛之：丰、镐、郍、鄗、于、鹿、耆、宗、密须氏。……夏台之下而问焉，曰："九邦者其可来乎？"文王曰："可。"文王于是乎素端襃裳以行九邦，七邦来服，丰、镐不服。文王乃起师以向。（《上海博物馆藏楚简》二）第

---

[1]　《尚书·泰誓》。

[2]　《左传》昭公十一年。

45、46、47简（图2—9）

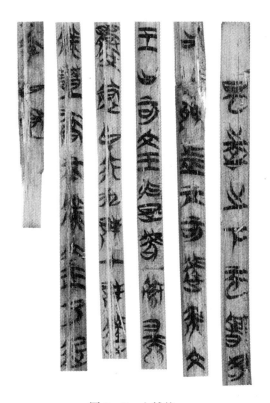

图2—9   上博简

可以看出，上引简文所载的是纣王不道，九邦叛乱，纣王要求文王帮助平定的事情。

由于商人内政和外交的失误，导致内外不满，《诗·大雅·荡》："咨女殷商……内奰于中国，覃及鬼方"，遭到内外的反对。可以说，在周人灭商战争之前，商王朝已经处于内外交困的情境，统治已经开始动摇。

从上分析可以看出，商王朝的政治中抚柔、顺势的部分较少，而注重强力推行其措施，这种缺乏灵活性的政策，是导致商王朝灭亡的重要原因，《左传》宣公十五年："夫恃才与众，亡之道也；商纣由之，故灭。"

第七节 统治者的个人行为原因

一 听信妇言

商纣听信妇言只见于《尚书·牧誓》，"今商王受，惟妇言是用"，其他资料少见。所以"听信妇言"大约也是纣王用人方法的一种，有依靠姻族摆脱旧贵族统治的意思。所以很多时候被包含在不用故旧的声讨中的，而文化有异、对妇女社会地位有着不同看法的周人，则将其作为一条重要的罪证。

二 生活骄奢

前述各种问题多起因于对制度缺陷弥补采取措施的不当，同时，商纣王和商王朝的贵族自身也的确存在一些不足。

从武丁之后，商朝疆域基本确定，以后各王基本以守成为主。在生活上骄奢淫逸，《尚书·无逸》："自时厥后立王，生则逸，不知稼穑之艰难，不闻小人之劳，惟耽乐是从。"至纣王情况更加严重，"纵欲长乐，以苦百姓，珍怪远味，必南海之荤，北海之盐，西海之菁，东海之鲸"[①]；铺舍华丽，"锦绣被堂，金玉珍玮"[②]；而且穷奢极欲，使乐师师涓"作新淫声，北里之舞，靡靡之乐"，"大冣乐于沙丘，以酒为池，县（悬）肉为林，使男女倮相逐其间，为长夜之饮。"[③]《史记·龟策列传》："纣有谀臣，名为左彊，夸而目巧，教为象郎，将至于天，又有玉床，犀玉之器，象箸而羹。"（图2—10）

同时又大兴土木，建筑各项娱乐设施，《荀子·成相》："飞廉知政用恶来，卑其志意，大其园囿高其台"，《孟子滕文公下》："弃田以为园囿"，《晏子春秋·谏下》："殷之衰也，其王纣作为顷宫灵台。"古本《竹书纪年》："纣时稍大其邑，南距朝歌，北距邯郸及沙丘，皆为离宫别馆。"

商人尤其爱酒，《尚书·酒诰》："在今嗣王酗身"，《尚书·无逸》："无若殷王受之迷乱，酗于酒德哉"，《诗·大雅·荡》："文王曰咨！咨女

---

① 《尸子》。

② 《说苑》。

③ 《史记·殷本纪》。

图 2—10　商代玉凤

殷商！天不湎尔以酒，不义从式。既愆尔止，靡明靡晦。式号式呼，俾昼作夜”，《大盂鼎》：“我闻殷坠命，惟殷边侯甸，与殷正百辟率肄于酒”。

第八节　其他因素

商朝末年，大范围内发生了自然灾害。《国语·周语》：“商之亡也，夷羊在牧”，《史记·周本纪》：“维天不飨殷，自发未生于今六十年，麋鹿在牧，蜚鸿满野。天不享殷，乃今有成”，关于这段话，有两种理解，一是《正义》：“蜚音飞，古‘飞’字也。于今犹当今。于今六十年，从帝乙十年至伐纣年也。麋鹿在牧，喻谗佞小人在朝位也。飞鸿满野，喻忠贤君子见放也。言纣父帝乙立后，殷国益衰，至伐纣六十年闲，谄佞小人在于朝位，忠贤君子放迁于野。故诗云'鸿雁于飞，肃肃其羽，之子于征，劬劳于野'。毛苌云'之子，侯伯卿士也'。郑玄云'鸿雁知避阴阳寒暑，喻民知去无道就有道'"，认为夷羊、蜚鸿是比喻。《集解》徐广曰："此事出《周书》及《随巢子》，云'夷羊在牧'，牧，郊也。夷羊，怪物也。"《索隐》："高诱注'蜚鸿，蠛蠓也。'言飞虫蔽田满野，故为灾，非是鸿雁也。随巢子作'飞拾'，飞拾，虫也。"以后者的解释为是，应是指发生蝗灾。即商代末年发生自然灾害，导致各地人口流失，土地荒芜，广大地带尽为飞禽走兽所居。

其他文献中也有相关记载，《淮南子·俶真训》："逮至夏桀、殷纣……峣山崩，三川涸"，《览冥训》："故峣山崩而薄落之水涸"，《竹书纪年》："（帝辛四十三年）峣山崩"，可见至少在随后的几年里，商朝地区发生了旱灾。《淮南子·本经训》："是以松柏箘露夏槁，江、河、三川绝而不流，夷羊在牧，飞蛩满野，天旱地坼，凤皇不下，句爪、居牙、戴色、出距之兽，于是鸷矣"，是江河绝流，禽兽占有了人民之居地。《竹书纪年》："（帝辛五年）雨土于亳"，《墨子·非攻下》："逮至乎商王纣，天不序其德，祀用失时，兼夜中，十日，雨土于薄"，是发生了大风沙，导致十日不见天日。

关于这些自然对商王朝的影响，文献失载，但周人的情况有所反映。《竹书纪年》："（帝辛）三十五年，周大饥"，《逸周书·大匡解》："惟周王宅程三年，遭天之大荒。"这里只记载周的情况，据之推论，同在黄河流域的商人应当也有同类的遭遇。《国语·周语》有："昔伊洛竭而夏亡，河竭而商亡"，应该是对商末真实情况的描述。

第九节　周人的崛起

一　周已是大国

周人在灭商以前已经是经过百余年，四代王的经营，建立了相对完善的国家，具有成体系的制度和较强的军事力量。

从考古资料看，关中地区出土了大量先周时期的青铜器，其中有青铜礼器，也有剑、镞等武器。这说明在灭商以前，周人已经掌握了青铜冶铸技术，并用于制造武器。周人在灭商之前早已经进入了青铜文明时期。

从《尚书·立政》看，周人在立国之初即有"王左右常伯、常任、准人、缀衣、虎贲……立政：任人、准夫、牧、作三事。虎贲、缀衣、趣马、小尹、左右携仆、百司庶府、大都小伯艺人、表臣百司；太史、尹伯、庶常吉士；司徒、司马、司空、亚旅，夷、微、卢、烝、三亳、阪尹"等较为完善的官制系统并各有所掌，这当不是临时建起的，而是周人长期建设的结果。《尚书·牧誓》更有"我友邦冢君，御事，司徒、司马、司空，亚旅、师氏，千夫长、百夫长"，王鸣盛认为："若《周礼》六卿之制当自武王时已定"，至少武王时期六卿已经建立起来。完善的官制使周人的国家机器可以高效地运转（图2—11）。

早在周人祖先公刘时期，周人已经建立起了有组织的军事力量，《诗·大雅·公刘》："既景乃冈，相其阴阳，观其流泉。其军三单，度其隰原"，杨宽认为"'其军三单'就是'其军三师'，如同殷代'王作三师'一样。'其军三单'是和上文'既景乃冈，相其阴阳，观其流泉'相连成文，说明驻屯大军的营地也曾经选择，是在郊外有高冈和流泉的地方"①。其后的季历、文王更是武功卓著，季历时期的战事有"太丁四年周人伐余无之戎，克之"，"太丁七年周人伐始呼之戎，克之；十一年周人伐翳徒之戎，捷其三大夫"。② 文王即位后，也在西方大力开拓，《书序》："（文王）二年伐邘，三年伐密须，四年伐畎夷……五年被释，克耆（即黎），六年伐崇"，《诗·大雅·皇矣》歌颂文王的武功说："密人不恭，敢距大邦，侵阮徂共。王赫斯怒，爰整其旅，以按徂旅。以笃于周祜，以对于天下。"攻伐不已的周军已经装备精良，建制完善。周军除装备青铜武器外，还拥有其他攻战装备，《诗·大雅·皇矣》："帝谓文王，询尔仇方，同尔兄弟，以尔钩援，与尔临冲，以伐崇墉。临冲闲闲，崇墉言言，执讯连连，攸馘安安"，这里出现了专门的攻城工具。到武王伐纣时期，周军已经建立了完善的六师建制，"六师未至，以锐兵克之殷于牧野"③，这里的"锐兵"不是指精锐部队，而是指先头而言。从《逸周书·世俘解》所载武王与商人的战争过程看，"太公望命御方来，丁卯，望至，告以馘、俘……吕他命伐越戏方。壬申，荒新至，告以馘、俘。侯来命伐靡集于陈。辛巳，至，告以馘、俘。甲申，百弇以虎贲誓，命伐卫。告以馘、俘……庚子，

①　杨宽：《西周史》，上海人民出版社1999年版，第36页。

②　《竹书纪年》。

③　《吕氏春秋·古乐》。

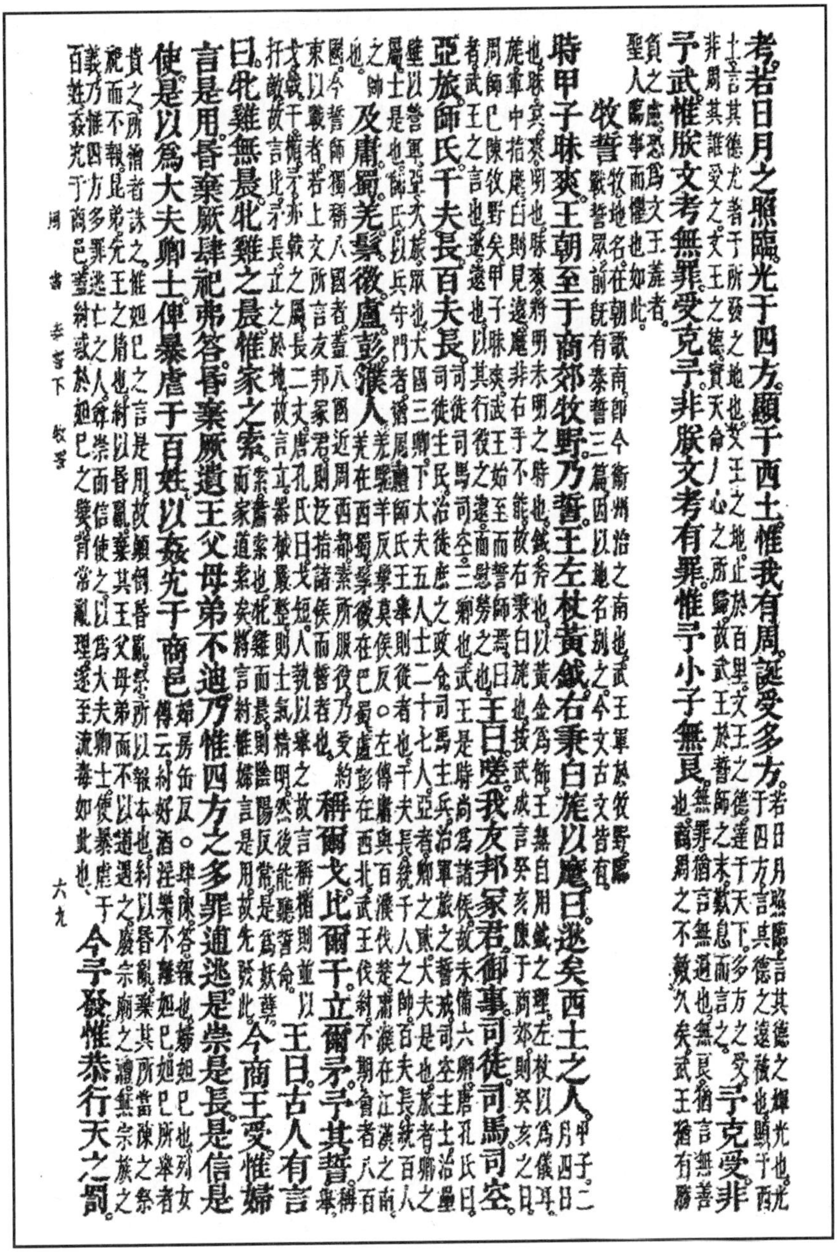

考。若日月之照臨。光于四方。顯于西土。惟我有周。誕受多方。若日月照臨言其德之輝光也光于四方言其德之遠被也顯于西
土言其德尤著于所發之地也文王之地止於百里文王之德達于天下多方之受非周其誰受之文王之德實天命人心之所歸故武王於誓師之末歎息而言之。予克受。非
予武。惟朕文考無罪。受克予。非朕文考有罪。惟予小子無良。無罪猶言無過也無良猶言無善也商周之不敵久矣武王猶有勝
負之慮恐爲文王羞者聖人臨事而懼也如此
牧誓　牧地名在朝歌南即今衛州治之南也武王軍於牧野臨戰誓衆前既有泰誓三篇因以地名別之今文古文皆有
時甲子昧爽。王朝至于商郊牧野。乃誓。王左杖黃鉞。右秉白旄以麾曰。逖矣西土之人。甲子二月四日
也昧爽將明未明之時也鉞斧也以黃金爲飾王無自用鉞之理左杖以爲儀耳旄軍中指麾白則見遠麾非右手不能故右秉白旄也按武成言癸亥陳于商郊則癸亥之日
周師已陳牧野矣甲子昧爽武王始至而誓師焉曰者武王之言也逖遠也以其行役之遠而慰勞之也。王曰。嗟。我友邦冢君。御事。司徒。司馬。司空。
亞旅。師氏。千夫長。百夫長。司徒司馬司空三卿也武王是時尚爲諸侯故未備六卿唐孔氏曰司徒主民治徒庶之政令司馬主兵治軍旅之誓戒司空主土治壘
壁以營軍亞次旅衆也大國三卿下大夫五人士二十七人亞者卿之貳大夫是也旅者卿之屬士是也師氏以兵守門者周禮師氏王舉則從者也千夫長統千人之帥百夫長統百人之
帥也。及庸蜀羌髳微盧彭濮人。羌墟羊反髳莫侯反○左傳庸與百濮伐楚庸濮在江漢之南羌在西蜀叟髳微在巴蜀盧彭在西北武王伐紂不期會者八百
國今誓師獨稱八國者蓋八國近周西都素所服役乃受約束以戰者若上文所言友邦冢君則泛指諸侯而誓者也。稱爾戈。比爾干。立爾矛。予其誓。稱舉
戈戟干楯也矛亦戟之屬長二丈唐孔氏曰戈短人執以舉之故言稱楯則並以扞敵故言比矛長立之於地故言立器械嚴整則士氣精明然後能聽誓命。王曰。古人有言
曰。牝雞無晨。牝雞之晨。惟家之索。索蕭索也牝雞而晨則陰陽反常是爲妖孽而家道索矣將言紂惟婦言是用故先發此。今商王受。惟婦
言是用。昏棄厥肆祀弗答。昏棄厥遺王父母弟不迪。乃惟四方之多罪逋逃。是崇是長。是信是
使。是以爲大夫卿士。俾暴虐于百姓。以姦宄于商邑。婦房缶反○肆陳答報也婦妲己也列女傳云紂好酒淫樂不離妲己妲己所舉者
貴之所憎者誅之惟妲己之言是用故顛倒昏亂祭所以報本也紂以昏亂棄其所當陳之祭祀而不報昆弟先王之胤也紂以昏亂棄其王父母弟而不以道遇之廢宗廟之禮無宗族之
義乃惟四方多罪逃亡之人尊崇而信使之以爲大夫卿士使暴虐于百姓姦宄于商邑蓋紂惑於妲己之嬖背常亂理遂至流毒如此也。今予發。惟恭行天之罰。

周書　泰誓下　牧誓　六九

图 2—11　《尚书·牧誓》书影

陈本命伐磨，百韦命伐宣方，新荒命伐蜀。乙巳，陈本命新荒蜀磨至，告禽霍侯、俘艾侯、佚侯小臣四十有六，禽御八百有三百两，告以馘、俘。百韦至，告以禽宣方，禽御三十两，告以馘、俘。百韦命伐厉，告以馘、俘"，除太公是太师之职外，另有六名将领为吕他、侯来、百弇、陈本、百韦、新荒，"这六个将领都是师氏之职，就是当时周的六师的长官"[1]。说明在灭商之前，周人已经建立了六军。甲骨文中有"王作三自右中左"，据学者研究，商人到文丁时期也建立起六师[2]。这说明周人虽自称小邦，但其在军事上，则已经建立起与商人相抗衡的军队。周人军队体系也很成熟，《尚书·牧誓》："我友邦冢君，御事，司徒、司马、司空、亚旅、师氏，千夫长、百夫长"，已经形成师、千人队、百人队的层阶编制。这时的兵种也十分完备，《史记·殷本纪》载周武王伐商时"戎车三百乘，虎贲三千，甲士四万五千人"，《孟子·尽心下》载："武王之伐殷也，革车三百两，虎贲三千人"，《战国策·魏策》载："武王卒三千人，革车三百乘，斩纣于牧之野"，《诗·大雅·皇矣》则说："牧野洋洋，檀车煌煌，驷騵彭彭"，车兵已经是战场的主力兵种，与步兵联合作战。

由上可知，周人在灭商之前已经是制度开明、军备充足的国家，而不是蕞尔一邑的小国和未曾开化的蛮邦。

二 周人实力的扩展

远在灭商之前，周人既已经窥图中原的意图，《诗·鲁颂·閟宫》："后稷之孙，实维大王。居岐之阳，实始翦商"，这虽然不一定是事实，但说明从很早开始，周人就有入主中原的野心，而在历代周王的治理的拓展中，确实采取了对商人有目的的争夺。

周人开拓的战线明显可以分为东、南、西、北和远东五个方面。周人在各个方向发展的决定因素是实力对比的结果，大多数时候避开商朝的正面，注重侧面发展，但综合分析则会发现，周人的开拓领土的过程，是有目的性的步骤，那就是力图形成对商人势力的包围。

在东线，周人直面商王朝的中心区域，面对商王朝的强大力量，周人采取了稳固推进，步步蚕食的策略。先是通过虞、芮争地事件，将虞、芮

---

① 杨宽：《西周史》，上海人民出版社 1999 年版，第 100 页。

② 杨升南：《略记商代的军队》，《甲骨探史略》，生活·读书·新知三联书店 1982 年版。

纳入周国，《史记·周本纪》："西伯阴行善，诸侯皆来决平，于是虞、芮之人有狱不能决，乃如周。入界，耕者皆让畔，民俗皆让长。虞、芮之人未见西伯，皆惭，相谓曰：'吾所争，周人所耻，何往焉？只取辱耳。'遂还，俱让而去。""盖受命之年称王而断虞芮之讼"，正义云："二国相让后，诸侯归西伯者四十余国，咸尊西伯为王。"即虞、芮及其附近方国皆归服周人，掌握虞、芮之地具有非同寻常的战略意义，其地控陕、晋交流的咽喉要道，占领这一地区周人的势力可以前进到晋南，占领涑水流域，直接与商人的王畿隔太行相望，取得了战略上的主动权。芮、虞的臣服对于周人来说是一件重要的大事，《诗·大雅·绵》："虞芮质厥成，文王蹶厥生"，虞、芮归服之年，被周人认为是文王受命之年。接着又攻黎国，《史记·周本纪》记为"败耆国"，正义云："即黎国也……《尚书》云'西伯既戡黎是也。'"黎国在今山西长治，此地既紧邻商王朝的畿辅，又是"太行八陉"之太行陉和白陉的交汇点，北距滏口陉也不远，战略地位十分重要，占领山西西南部。占领黎地，使周人可以切入商人王畿，又占领了战略通道，可以随时进入商人王畿地区。随后，周人向商王朝的王畿边缘蚕食，《史记·周本纪》载文王"明年，伐邘"，集解云："邘城在野王县西北"，在今河南沁阳博爱县一带。又载"明年，伐崇侯虎"，[1]崇地是商王朝的亲密盟邦，力阻周人东进，《诗·大雅·皇矣》："帝谓文王，询尔仇方，同尔兄弟，以尔钩援，与尔临冲，以伐崇墉。临冲闲闲，崇墉言言，执讯连连，攸馘安安"，战斗非常激烈。《左传》僖公十九年也记载了这次战事，"文王闻崇德乱而伐之，军三旬而不降，退修教而复伐之，因垒而降。"即经过再次战争才攻下崇国。关于崇的地望，《史记·周本纪》集解云："崇国盖在丰、镐之间"，即在今西安附近[2]。也有学者认为崇在今河南嵩县[3]。从当时的对峙态势看，应该以嵩县为更合理。当周人占领邘、崇之后，势力已经进抵商人的王畿西缘，可随时兵临商畿。为了进一步向东方扩展，文王把都城向东迁到丰，"（文王）伐崇侯虎，而作丰邑，自岐

---

① 《史记·周本纪》。

② 参见李学勤《沣西发现的乙卯尊及其意义》，《文物》1986 年第 7 期。

③ 参见许倬云《西周史》，生活·读书·新知三联书店 1994 年版，第 89 页；杨宽：《西周史》，上海人民出版社 1999 年版，第 76—79 页。

下而徙都丰"①,《诗·大雅·文王有声》:"既伐于崇,作邑于丰。"使周邦的重心向东迁移,更便于发动向商中心地区的开拓。

在南线,有山峦阻隔,又缺乏适于农业部族扎根发展的平原,所以周人最初向南方发展的目的并不是开拓疆域,而是为了取得战略上的主动。商代末年,南方诸侯也开始叛离商王朝,商王命周文王帮助镇抚,郑玄《诗谱》:"文王之道,被于南国",《毛诗谱》:"至纣,又命文王典治南国江汉汝旁之诸侯"。周人可能在南方地区进行过军事征略,出土凤雏H11的周原甲骨文有:

图2—12 《合补》附45

伐蜀。(《合补》附88)
克蜀。(《合补》附48)

可见,经过战争后,蜀地被征服。但南线偏僻,不是周人的用兵重点,所以主要应该是通过结盟方式进行的,西周甲骨文中(凤雏H11:83)还有:

曰今秋楚子来告……(《合补》附45,图2—12)

楚子"只可能是鬻熊,而'楚子来告'的刻辞,就是鬻熊投奔西周的原始记录"②(图2—12 周原甲骨H11:83)。据文献记载,鬻熊归附周人是在文王时期③,说明文王时期南部楚地已经纳入周人的势力范围。即文王时期南方诸国已经脱离商王朝而服事周人。武王伐纣时,南国诸侯是周人联军的重要力量,《尚书·牧誓》:"庸、蜀、羌、髳、微、卢、彭、濮"八国,其中庸在今湖北竹山县一带,蜀在湖北郧县一带,卢在湖北南

① 《史记·周本纪》。

② 王宇信:《西周甲骨探论》,中国社会科学出版社1984年版,第92页。

③ 参见《史记·周本纪》、《史记·楚世家》。

漳县一带，彭，在湖北房县，濮，在湖北枝山县一带，都是南方的方国。南线方国的加盟，使商王畿通向江汉平原的通道被遮蔽，既阻断了商人南部地区与王畿的联系，又隔绝了商王朝获取南方青铜资源的通道。

　　西线是周人的后方，是生存地域的争夺，所以注重使用武力。周人向西征伐的主要对象是密须和犬戎，《史记·周本纪》载文王"伐犬戎"，犬戎为西北少数民族，《史记·匈奴传》正义云："颜师古云，混夷也，韦昭云，春秋以为犬戎"，犬戎分布很广，在东起渭水流域，西达甘肃西部，其中心地区在甘肃静宁一带。周人伐犬戎的目的在于威慑犬戎不再东犯，而不在于扩展疆域。在解除了犬戎东侵的危险之后，文王又征服了不肯归服的密须，《诗·大雅·皇矣》："密人不恭，敢距大邦，侵阮徂共。王赫斯怒，爰整其旅，以按徂旅，以笃于周祜，以对于天下。"《史记·周本纪》载文王五年"伐密须"，正义引《括地志》云："阴密故城在泾州鹑觚县西，其东接县城，即古密国"，即今甘肃灵台一带。在西周甲骨文中，也有对这一事件的记录，陕西岐山凤雏H11：136：

　　　　今秋王凶克往密。（《合补》附20）
　　　　王其往密。
　　　　山甹……（《合补》附11，图2—13）

即文王五年秋往攻密须[1]。打败密须和犬戎，周人的后方稳固了下来。

　　周人在北线的经营，确切地说是向西北方向发展，即主要在山西境内。周人与山西的联系很密切，有学者认为先周族最早来源于山西，钱穆先生首先提出，后来王玉哲、陈梦家、邹衡、晁福林等先生都赞成这种说法，并作了进一步的考证和补充[2]。虽然关于周人起源问题尚有争论，但

　　① 参见王宇信《西周甲骨探论》，中国社会科学出版社1984年版，第92页；徐锡台：《周原出土的甲骨文所见人名、官名、方国、地名浅释》，《古文字研究》第1辑，中华书局1979年版。

　　② 钱穆：《周初地理考》，陈梦家：《殷虚卜辞综述》，科学出版社1956年版，第292页；王玉哲：《先周族最早来源于山西》，《中华文史论丛》1982年第3期；晁福林：《夏商西周社会的变迁》，北京师范大学出版社1999年版。

图 2—13   《合补》附 20

周人在灭商之前即已经与山西发生密切联系则是可以肯定的。

《竹书纪年》："武乙三十五年，周王季伐西落鬼戎，俘二十翟王也。"陈梦家认为周王季所伐的西落鬼戎即西落的鬼方之戎，在今山西潞城县东北四十里[1]。《竹书纪年》还有："大丁二年，周人伐燕京之戎"，《后汉书·西羌传》："太丁之时，季历复伐燕京之戎"，燕京之戎在太原以北至管涔山一带[2]。《竹书纪年》："太丁四年，周人伐余无之戎，克之"，《后汉书·西羌传》："（燕京之戎大败周师）后二年，周人克余无之戎。于是太丁命季历为牧师。"《竹书纪年》："太丁七年，周人伐始呼之戎，克之；十一年，周人伐翳徒之戎，捷其三大夫。"上述地区皆在今山西地区，北至宁武，南到屯留的广大地区，都受到周人的武力征服。经过征伐，周人的势力已经达到太原、阳泉一线，其前锋则到达山西宁武，可以越过分水

---

①　陈梦家：《殷虚卜辞综述》，科学出版社 1956 年版，第 293 页。

②　杨国勇：《华夏文明研究：山西上古史研究》，第 154 页。

岭，沿桑干河直达北京地区。周人向西北方向发展的目的当是为了构成对商王畿的包围之势，虽然从记载看，周人的势力只到达山西东部，但实际上周人可能已经通过太行八陉之一的井陉进入华北平原，甚至向北沿桑干河到达北京地区，武王克商之后，在北京琉璃河建立燕国，当不是一个孤立的据点，应该是通过这条通道与周人的本部势力相连的。

周人在远东一线是指太王之太伯、虞仲在江苏南部建立了吴国。《史记·吴太伯世家》："吴太伯，太伯弟仲雍，皆周太王之子，而王季历之兄也。季历贤而有圣子昌，太王欲立季历以及昌，于是太伯、仲雍二人乃奔荆蛮，文身断发，示不可用，以避季历"，周人以让王位于季历的名义，派太伯、仲雍到吴地建立了勾吴，从而与淮夷、东夷建立了联系。从商人的政区结构和商考古文化分布可以看出，商人东南的势力，没有能获得大的进展，止于今徐州地区，这很可能是受东夷、淮夷势力阻击的结果。吴地正处于夷人势力的南缘，是商人势力所不达的地区，而周人在此建立了自己的附属政权，据《史记·吴太伯世家》记载："太伯之奔荆蛮，自号勾吴。荆蛮义之，从而归之千余家，立为吴太伯"，《舆地记》有记载："泰伯当殷之末，中国侯王数用兵，恐及于荆蛮，故起城，周三里二百步，外郭三十余里，在吴西北隅，曰故吴墟"，太伯在如此短的时间内在吴地建立起政权，显然不可能只是依靠个人魅力，而是有周的支持。徐中舒认为：太王之世，周国力尚弱，无法与商正面冲突，乃选择商的边缘地区着手经营[1]。《诗·周颂·閟宫》："后稷之孙，实维大王。居岐之阳，实始翦商"，太伯奔吴，当是太王翦商的策略之一。《诗·大雅·皇矣》有"帝作邦作对，自大伯王季。维此王季，因心则友。则友其兄，则笃其庆。载锡之光，受禄无丧，奄有四方"，将王季开疆与太伯相联系，"说明季历之所以能够开拓领土，是由于与太伯合作的结果"[2]。

从上面分析可以看出，周人的势力范围已经南过江汉，北到山西中部，呈半包围状态围困住了商人的疆域，而在远离其战线的东南地区，则建立了吴国，构成了对商王朝的战略合围，《论语·泰伯》谓文王"三分天下有其二，而服事殷"，当非虚言。

---

① 徐中舒：《殷周之际史迹之检讨》，《中央研究院历史语言研究所集刊》第 7 本第 2 分册，1936 年。

② 杨宽：《西周史》，上海人民出版社 1999 年版，第 63 页。

三　结盟分化

在发展自身实力的同时，周人也积极拉拢商人的联邦，充实自己，削弱商国。

周人在发展过程中，大力吸引商人知识分子。文王、武王卑服虚心，以招徕商朝的贤人。对于来投奔者，予以高官显爵。《吕氏春秋·先识览》："殷内史向挚出亡之周，武王大说"，《史记·周本纪》集解引刘向《别录》："辛甲初事纣，七十五谏而不听，去之周。召公与语，贤之，以告文王。事文王、武王为太史，封于长子"，"文王亲自迎之，以为公卿。"《左传》襄公二十四年："昔周辛甲为太史，命百官箴王。"既分化了商王朝的统治基础，又可以吸收商王朝先进的制度和经验。

周人采取各种措施分化商的与国。《史记·周本纪》："西伯积善累德，诸侯皆向之"，通过安抚各国，结成联盟。政治婚姻也是重要方式之一，《诗·大雅·大明》记载了周人的三桩政治婚姻，一是"挚仲氏任，自彼殷商，来嫁于周，曰嫔于京。乃及王季，维德之行。大任有身，生此文王，小心翼翼。昭事上帝，聿怀多福。厥德不回，以受方国"，当是文王之父季历娶商人女子；二是"大邦有子，伣天之妹。文定厥祥，亲迎于渭。造舟为梁，丕显其光"，记载了文王娶商王之妹的婚姻；三是"有命自天，命此文王，于周于京，缵女维莘。长子维行，笃生武王。保右命尔，燮伐大商"，则是文王娶有莘氏女的记载。《国语·周语》："昔挚、畴之国也，由大任"，韦注："挚、畴二国，任姓，奚仲、仲虺之后"，而有莘氏也是东方的古老氏族，他们都属于东方的夷族，只是融入商朝较早而已。周人与任氏的姻亲实际上是与东方的任氏结成婚姻联盟，加强自身的力量，削弱了商朝的实力，而表面上则是商王朝的外甥，减轻了商人的戒心。

周人的这些措施收到了很好的效果，《左传》襄公三十一年："纣囚文王七年，诸侯皆从之囚。纣于是乎惧而归之"，《逸周书·程典》亦云："文王合六州之侯，奉勤于商。商王用宗谗，震怒无疆，诸侯不娱，逆诸文王"，这说明与周结成与国的国家不在少数。

另外，对商都的商朝贵族也加以分化。今本《竹书纪年》："王使胶鬲求玉于周"，《韩非子·喻老》："周有玉版，纣令胶鬲索之，文王不与，费仲来求，因予之"，显然目的在于使商都贵族产生矛盾，以制造可乘之机。

四　积极准备

为了实现对商人的战略，周人积极探查商人的情况。《孙子兵法·用间》篇："周之兴也，吕牙在殷。故惟明君贤将，能以上智为间者，必成大功。"《孟子·离娄上》："太公辟纣，居东海之滨"，王玉哲先生认为"周人大概为了牵制纣王在西方的兵力，派遣打入商内部的间谍吕尚，入东夷之鼓动叛商"①，"吕尚本姜姓之族，当为周姬之党，明为事商，实为周间谍，跑到东夷，为周鼓动其叛商，因而文献有称他为'东夷之士也'"②。丁山先生也认为吕尚本为商都邑附近之人，后来逃往东夷，东夷叛商，实与吕尚有关③。从武王克殷后即封太公于齐，而从武王灭商和追剿商遗的战争看，武王直接征服的只是河南中、北部地区，周人的军事力量尚未达到山东地区，山东地区还不在周人的控制之下。所以，太公在灭商之后即封于齐，显然是在灭商之前已经与东夷达成某种协议。《吕氏春秋·首时》则直接称吕尚"东夷之人也"，可见上述推测是有道理的。通过姜尚等人的活动，既明了商王朝的动向，又在东夷建立了反商的阵线，与周人的其他战线构成了对商人的彻底包围。

周人势力的发展也引起了纣王的戒心，将文王囚于羑里。但由于商纣的对外政策过于强硬，引起西方诸侯的叛乱，"（纣）溥夜以为淫，不听其邦之政。于是乎九邦畔叛之：丰、镐、郍、邘、于、鹿、耆、宗、密须氏"，商纣王被迫起用周文平定西部，"夏台之下而问焉，曰：'九邦者其可来乎？'文王曰：'可。'文王于是乎素端褰裳以行九邦，七邦来服，丰、镐不服。文王乃起师以向。"④周文王成为西部的最高首领，"赐弓矢斧钺，使得征伐，为西伯"⑤。

周人在与商人对抗的过程中，进行了长期的准备。对商人的包围之势基本形成，所谓"三分天下有其二"，可以说，在文王时期，周人对抗商人的准备工作已经完成，从文献看，周人把灭商的主要功劳归于文王，

---

① 王玉哲：《中华远古史》，上海人民出版社 2000 年版，第 484 页。

② 同上。

③ 丁山：《商周史料考证》，龙门书局 1956 年版，第 191 页。

④ 《上海博物馆藏楚简》第 45、46、47 简。

⑤ 《史记·周本纪》。

"文王受命",《逸周书·祭公解》:"皇天改大殷之命,维文王受之,维武王大克之,咸茂厥功"。都把灭商的功劳归于文王,即文王时期,灭商的主要准备工作已经就绪。而从武王继位后的劳绩看,武王也在对外开拓方面,也确实只是对商一战而已。所以,说周人代商是一种侥幸是不正确的。

第十节 结语

从上述分析可以看出,商人灭亡的原因是由于商王朝尚在国家文明的发展阶段,尚有许多不完善之处,王权也尚未完全集中。商纣王为了集中王权,改革制度,采取了一系列的激进措施,导致内部纷争,外部叛离。而商纣本人的荒淫更加强了这种混乱。周人已经是西方的强国,商人既在西方的战略上有错误,给周人留下了发展空间。周人最终利用纣王急于稳定西方形势的机会,成为西方的霸主,确立了灭商的战略优势。

第 三 章

初失国家的殷遗

第一节　武王与殷遗

周人对商人的战争虽然预谋准备了很久，并且使众多商的外服地区叛离了纣王。但是，实际的灭商战争却十分短暂，在牧野之战中，商人因为内部矛盾，"纣师虽众，皆无战之心，心欲武王亟入，纣师皆倒兵以战，以开武王"[①]。所以周人在牧野迅速获胜，真正被消灭的商人并不多。关于牧野之战也有另一种说法，《古文尚书·武成》："前徒倒戈，攻于后以北，血流漂杵"，《古文尚书》后出，未必尽可信，但《孟子·尽心下》也有类似的记载："孟子曰：尽信《书》，则不如无《书》。吾于《武成》，取二三策而已矣。仁人无敌于天下，以至仁伐至不仁，而何其血之流杵也？"可以认定在孟子之前，已经有牧野之战十分惨烈、杀伤甚重的说法。但是，从著述的目的加以考察，《武成》是武王审述商人罪行、彰显周人武功的文告，所以有对战绩加以夸大是很自然的。所以，牧野之战绝不是如后世儒家所标榜的那样"前歌后舞"[②]，"兵不血刃"[③]，也不会像《武成》等篇所说的那样"血流漂杵，赤地千里"[④]。商人损失的大约只有紧密追随纣王的一部分人。

经牧野一战，纣王兵败自焚，微子出降，周人控制商都周围地区，随后对商人残余势力和同盟方国进行追剿。根据学者的整理，武王灭商的战

---

① 《史记·周本纪》。

② 《尚书大传》。

③ 《荀子·议兵》。

④ 《论衡·语增》。

争过程如下：

> 二月甲子（二十七日）牧野之战，商师溃败，纣王自焚。
> 三月丁卯（初一日）吕尚战胜殷臣方来，归来献俘。
> 三月戊辰（初五日）武王在牧野祭祀文王，宣布政令。
> 三月壬申（初九日）吕他奉命战胜戏方，归来献俘。
> 三月辛巳（十五日）侯来战胜殷臣靡集于陈，归来献俘。
> 三月甲申（十八日）百弇奉命率虎贲战胜韦，归来献俘。
> 四月庚子（十八日）武王命陈本伐磨、百韦伐宣方、归来献俘。
> 四月乙巳（初九日）陈本、新荒战胜磨、蜀归来。百韦战胜宣方
> 归来。百韦又伐厉，后胜而归。
> 四月辛亥（十五日）到乙卯（十九日）武王在牧野向祖先举行献
> 捷礼。①

从战争时间看，从二月甲子到四月乙巳或辛亥，持续时间50多天。从战争的空间看，战争的地域也集中在河南中北部。"由武王将分伐各国的情形看来，都只在数日之内即已奏厥功。论距离往返时日未有超过十天，扣去作战时间，则其地大率均在殷商附近。"② 通过商代的疆域研究，我们知道，商代的王畿大致范围为河南大部、河北中北部地区，所以，周人实际控制的地区只是商代王畿南部地区的中心地带，是商人最重要的聚居经营地区。商人的王畿北段及广大的外服地区尚没有真正归于周人的控制之下（图3—1）。

周人虽然灭掉了商国，但其所灭亡的只是商国的政权，商人的经济力量和人口资源以及军事后备力量依然存在。而且周人灭商很大程度上是因为战略和战术上的得当，而不是实际力量对比的结果。周人从太王到武王仅历四代，实际直接控制的地域也仅限于关中地区，与历经数百年的经营、"邦畿千里"③ 的商相比，依然处于弱势。周人也清醒地认识到这一

---

① 杨宽：《西周史》，上海人民出版社1999年版，第104—105页。

② 许倬云：《西周史》，生活·读书·新知三联书店1994年版，第112页。

③ 《诗·商颂·玄鸟》。

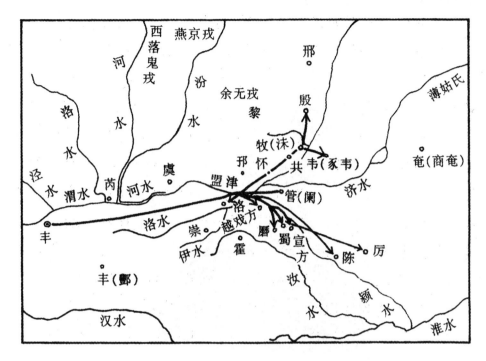

图 3—1　武王克商示意图

（采自杨宽《西周史》第 90 页）

点，自称"小邦周"。① 周人在占领商人王畿南部地区，其力量只能巩固战果，而无力继续向北向东推进。在这种情况下，武王设立三监，分封诸侯，以维持在新征服地区的统治，然后班师西归。

周人统治商遗民的重要措施是设立三监，分割原商人的王畿地区。

面对实力雄厚的商人，周武王力图将商人的主要聚居地王畿加以分割，以削弱其力量。关于周人分割商王畿的史实，学者多有研究，但基本认为商王畿被分为三部分，由三监控制，郑玄《诗谱》："邶、鄘、卫者，商纣畿内方千里之地。其封域在《禹贡》冀州大行之东。北逾衡漳，东及兖州桑土之野。周武王伐纣，以其京师封纣子武庚为殷后。庶殷顽民，被纣化日久，未可以建诸侯，乃三分其地，置三监。"但仔细考察，周人其实将原商人的王畿分为四部分，除上述的三监外，王畿的

① 《尚书·大诰》。

西南部被分封给周朝重臣苏忿生和檀伯达，以扼由关中进入华北平原的要冲（图3—2）。

图3—2　周武王像

苏忿生是周朝的重臣，《尚书·立政》："太史、司寇苏公，式敬尔由狱，以长我王国"，是周的司寇，掌握刑罚。檀伯达，也是武王的重臣，唐兰认为利簋的主人利即是檀伯达，"他显然是武王身边的重要人物之一，因此，他可能就是檀伯达，也很可能就是迁九鼎的南宫伯达"[①]。《左传》成公十一年："昔周克商，使诸侯抚封，苏忿生以温为司寇，与檀伯达封于河"，杜注："俱封于河内也"。苏忿生之封地在今河南济源、孟县、温县、沁阳、武陟、修武、获嘉一带，檀伯达之地在河南济源、孟州一带。正当原商代王畿的西南部，是从关中通往商人王畿的必经之地，处于东进的战略要冲[②]。苏忿生、檀伯达，控制了豫西地区，扼住了由关中进入华北平原的通道。

① 唐兰：《西周青铜器铭文分代史征》，中华书局1986年版，第11页。

② 杨宽：《西周史》，上海人民出版社1999年版，第122页。

　　周人在原商朝王畿的主体部分设立三监，负责管理原住的殷民。周人设立三监的目的十分明显，"武王推行以三监为主的分封制，目的在于把新征服的商朝王畿分割开来，以便对原来有统治势力的殷贵族加以安抚和监督，从而消除他们的顽强反抗，巩固对这个重要地区的统治。"[①] 原商王畿被分为三个部分，分别由武庚禄父、管叔、蔡叔主掌。关于武王设置的三监，文献中有多种说法。《逸周书·作洛解》：

　　　　武王克殷，乃立王子禄父，俾守商祀。建管叔于东，建蔡叔、霍叔于殷，俾监商臣。

是管叔在东，蔡叔、霍叔在殷。这里在地理上比较模糊，而管叔的封地在今郑州，正在周人正东，东当是以周人故地而看商朝方位而言。殷则是指商人故地，东与殷的地域都在商王畿地区。虽然地理位置表述不明，但管叔、蔡叔、霍叔三人为监则是明确的。《史记·周本纪》：

　　　　封商纣子禄父殷之余民，武王为殷初定未集，乃使其弟管叔鲜、蔡叔度相禄父治殷。

《史记·周本纪》的记载十分简略，说武王封纣子禄父，管叔、蔡叔只是"相禄父治殷"，既没有独立的地位，也没有相应的管理地域。《汉书·地理志》有：

　　　　河内，本殷之旧都，周既灭殷，分其畿内为三国，《诗·风》邶、庸、卫国是也。邶，以封纣子武庚；庸，管叔尹之；卫，蔡叔尹之：以监殷民，谓之三监。

《汉书·地理志》的记载十分详细，各有封域，但以武庚为一国之主，而没有提及霍叔。另外，郑玄《诗谱》记载：

　　　　邶、鄘、卫者，商纣畿内方千里之地。其封域在《禹贡》冀州大

① 杨宽：《西周史》，上海人民出版社1999年版，第134页。

行之东。北逾衡漳，东及兖州桑土之野。周武王伐纣，以其京师封纣子武庚为殷后。庶殷顽民，被纣化日久，未可以建诸侯，乃三分其地，置三监，使管叔、蔡叔、霍叔尹而教之。自纣城而北谓之邶，南谓之鄘，东谓之卫。

《诗谱》明确划分了三监的地域，但没有将人物与地区直接关联。《帝王世纪》云：

自殷都以东为卫，管叔监之；殷都以西为鄘，蔡叔监之；殷都以北为邶，霍叔监之：是为三监。

有学者根据各种记载，绘制表格如下[①]：

表 3—1　　　　　　　　武王分封殷遗简表

书名　　封国　　封君	管叔	蔡叔	霍叔	武庚
《逸周书》	东	殷		
《汉书》	鄘	卫		邶
《帝王世纪》	卫	鄘	邶	

综合分析，除去三叔与封国的对应有异外，并没有太大的不同，只是各书有繁有简，表述侧重点不同，但在设立三监这一点上并没有不同。武王在克商后设立了三监，设三监的主要目的是为了监视殷人，而不是分封诸侯。"武王为殷初定未集，乃使其弟管叔鲜、蔡叔度相禄父治殷"[②]，"周武王伐纣，以其京师封纣子武庚为殷后。庶殷顽民，被纣化日久，未可以建诸侯，乃三分其地，置三监，使管叔、蔡叔、霍叔尹而教之"[③]，皆认为三叔的主要任务在于"相禄父"，"可见周初的'监'实际是为王室镇抚民

①　杨宽：《西周史》，上海人民出版社 1999 年版，第 129 页。

②　《史记·周本纪》。

③　《诗谱·卷二》。

众的官，与独擅一国的'侯'是有区别的。"① 所以虽然设立三监，但只有管叔、蔡叔有自己的主管地域，而霍叔被直接安置在武庚左右，以起到监视商人旧族的作用，故霍叔无独立的主管地域。陈启源《毛诗稽古编》说"盖二叔监之于外，以戢其羽翼；霍叔监于之于内，以定其腹心。当日制殷方略，想应如此，厥后周公诛三监，霍叔罪独轻者，良以谋叛之事武庚主之"，大体如是。

关于三监的具体地望，《史记·管蔡世家》："武王已克殷纣，平天下，封功臣昆弟，于是封叔鲜于管，封叔度于蔡"，管在今郑州，蔡在今中牟，都在商都之南，只是郑州在西，中牟在东。所以当以管叔监原王畿的南部，蔡叔监原王畿东部为是。即《汉书·地理志》和《诗谱》的记载最为准确，大体是管叔在鄘，管理商王畿的南部；蔡叔在卫，管理商王畿的东部；霍叔与武庚居邶，管理商王畿的北部。

商代晚期的王畿东界大体在河南柘城、商丘以西和濮阳迄东一线，南界在淮阳、鲁山一线，西界在孟津和太行山以东②，北方达到曲阳、定州一带③。邶、鄘、卫正好将王畿基本分割。以其皆在殷故地的原因，有时总称，则为殷；又以其在周人故地的东方，有时又可以总称为东。分而言之，则是邶、鄘、卫。不同作者、不同书籍叙述的目的和侧重点不同，所用的称呼也有所不同，所以形成一定的混乱，导致后来的误解。

三监的具体界划，《诗谱》："自纣城而北谓之邶，南谓之鄘，东谓之卫"，即是朝歌（今河南淇县）或殷墟（今河南安阳）为中心，将原商王畿划分为北、南、东三部分。从上引武王征商的战争日程可以看出，周人主要对商王畿的都城附近和王畿南部进行了直接的征服，周人势力所达的范围局限于河南中北部地区。所以，鄘、卫二监所控制的是朝歌或殷墟以南的原商王畿，大致地区为北起朝歌或殷墟，东到柘城，南到淮阳、鲁山，西到武陟、获嘉。因为设立三监的目的在于监视殷遗，而不是真正的封邦建国，所以鄘、卫二监之间可能并没有严格的分界，而只是大体分别负责东西部。原商王畿的靠近周朝原疆域的河洛地区则由苏忿生、檀伯达

---

①　晁福林：《试论西周分封制的若干问题》，《第二次西周史学术讨论会论文汇编》1992 年。

②　宋镇豪：《论商代的政治地理架构》，《中国社会科学院历史研究所学刊》，社会科学文献出版社 2001 年版。

③　参见本书《社会与国家》卷第五章。

控制。原商王畿的其余部分，也即朝歌或殷墟以北地区，是周人兵锋未达之地，依然维持商时期的旧状，所以由纣子武庚主政，在霍叔的监督下维持对该地管理。至于邶的具体地域，《说文》："邶，故商邑，自河内朝歌以北是也"，《诗谱》："自纣城以北谓之邶"，即南起朝歌或殷墟。至于其北界，则很可能达到曲阳、定州一带，甚至更北的易水流域。清末光绪年间在河北涞水县出土北伯诸器，王国维认为"邶，盖古之邶国"，进而谓"邶即燕"①。王氏以北为古邶国，甚确，但以之为燕则非，这里实际上是商王畿的北界，在周灭商后，则被划为邶，在武庚的统治范围之内。所以邶的地域应该是指南起朝歌或殷墟、北至易水流域、西抵太行山，东跨古黄河两岸。

三监的划分，使周人控制了商王朝后期全力经营的南部王畿，控制了商人人口、经济、军事资源最丰富的地区。而邶地虽然广大，但在商王朝后期却不是经营的主要方向，缺乏强大的军事防卫和保障体系，而且西、北阻于太行山，东部阻于黄河，南部面临二监的阻挡，实际发展空间不大。商人在邶地的实际力量已经很难再与周人抗衡。

三监地域的划分，是周人实际控制能力的外现。商人的旧王畿虽然被分割，但毕竟是商人经营数百年的故地，其中心地带依然聚居大量商人，足以组织成强大的对抗力量；其在文化上也依然保持了相同的面貌。这在《诗经》中也有所反映，《诗经》中邶风、鄘风皆有名无诗，是邶、鄘与卫皆殷商故地，故合而为一。王国维认为"太师采诗之目，尚仍其故名。谓之邶、鄘，然皆有目无诗。季札观鲁乐，为之歌邶、鄘、卫，时犹未分为三。后人以卫诗独多，遂分隶之于邶、鄘"②，实未必然。实际的情况应该是周初人们尚沿用邶、鄘、卫的地名，所以诗分为邶、鄘、卫，但后来随着邶、鄘不再作为一个行政区，其诗绝少，名声渐淹。而卫却成为西周重要的封国，又同是殷商故地，所以常以卫代指商人故地。所以邶、鄘之诗也常被与卫诗视为同体，统以卫诗称之。导致人们认为邶、鄘之诗本属卫诗的误解。所以在分界不严密的三监体系下，商人依然有组织起来，形成强大反抗力量的可能。

周人显然也认识到了三监的不足，为了避免商人能够集结起来形成威

---

① 王国维：《北伯鼎跋》，《观堂集林》第3册，中华书局1959年版，第885页。

② 同上。

胁新建周朝的力量，武王在分割王畿的同时，也注意安抚商人的反抗情绪，并且采取实际措施，分化和迁置商的遗民，以分散商遗的力量。

周人对商人主要采取抚柔的政策，避免激起商人的反抗，同时采取措施分化商人，削弱其团结，使之不能凝聚成力量。

周人对商人实行了抚柔政策，竭力避免外来征服者的形象，力图以商人解救者的身份出现。《史记·周本纪》："武王至于商国，商国百姓咸待于郊，于是武王使群臣告语商百姓曰：'上天降休！'商人皆再拜稽首，武王亦答拜"，《逸周书·克殷解》也载："商庶百姓咸俟于郊，群宾佥进，曰：'上天降休！'再拜稽首。武王答拜，先入"，武王没有表现出征服者的威武和严厉，反而对迎接的商人还礼答拜，以示安抚。进入商都之后，武王针对商纣王"不用耆老"，引起商人旧贵族不满的情况，恢复了许多受纣王压制的商人旧贵族的地位。《左传》僖公六年载，武王伐纣，微子面缚衔璧前来投降，"武王亲释其缚，受其璧而祓之，焚其梓，礼而命之，使复其所"，善待来降的微子，并恢复了他原来的地位。"已而命召公释箕子之囚。命毕公释百姓之囚，表商容之闾……命闳夭封比干之墓"[1]，"封比干之墓，故封崇其墓，靖箕子之宫，士过者趋，车过者下。三日之内，与谋之士封为诸侯，庶士施政去赋"[2]，通过对遭到商纣打击贵族的尊崇，取得了商人旧贵族的认同。同时，"命南宫括散鹿台之财，发钜桥之粟，以振贫弱萌隶"[3]，"发钜桥之粟，赋鹿台之钱，以示民无私。出拘救罪，分财弃责，以振穷困"[4]，把商王积蓄的财物散发给商平民，减弱了平民的对抗情绪。同时，周人还保留了原商人的统治政策，《吕氏春秋·慎大览》："武王胜殷……命周公旦进殷之遗老，而问殷之亡故，又问众之所说，民之所欲。殷之遗老对曰：'欲复盘庚之政。'武王于是复盘庚之政"，使商人依然在原来的政策体系之下生活，削弱了他们的对抗意识。

还在实际安置中，周人将部分商人从人口聚居的商都地区迁往东南部的宋地，以分散商人的力量。《礼记·乐记》："武王克殷及商，未及下车，而封黄帝于蓟，封帝尧之后于祝，封尧舜之后于陈。下车而封夏后氏之后

---

① 《史记·周本纪》。

② 《吕氏春秋·慎大览》。

③ 《史记·周本纪》。

④ 《吕氏春秋·慎大览》。

于杞；投殷之后于宋"，郑注："投，举徙之辞也。时武封纣子武庚于殷墟。所徙者微子也，后周公更封之"，在武王克商之初，即分迁一部分商人随微子移居于宋地。据学者研究，武王对微子的初封并不是后来宋国所在的商丘地区①。其实曹、宋相去甚近，加之古代边境常有变化，所以最初宋地实际即在商丘、曹县一带，文献称宋并不是错误。其他文献也有类似记载，《吕氏春秋·慎大览》："武王胜殷……下舆，命封夏后之后于杞，立成汤之后于宋，以奉桑林"，《荀子·成相》："纣卒易乡，启乃下，武王善之，封之于宋"，《潜夫论·志氏姓》："微子开，武王封之宋"。这时，处在商人自己旧主统治之下的商人实际分为两部分，一部分在邶地，由武庚在霍叔的监督下管理，一部分则与微子迁居到王畿的东部边境。即在三监之乱之前，周人已经大规模地将商人迁徙出王畿的中心地带。

　　周人的这种分迁的意义，不仅在于分散商人的力量，而且还实现了对商人的分化，使之不能组织到统一的旗帜之下。微子早在商灭之前，就与周人有所联系，意图利用周人的力量推翻纣王的统治②。《吕氏春秋·诚廉》："伯夷、叔齐西行如周，至于岐阳，则文王已殁矣，武王即位。观周德，则王使叔旦就胶鬲于次四内，而与之盟曰：'加富三等，就官一列。'为三书同辞，血之以牲，埋一于四内，皆以一归。又使保召公就微子开于共头之下，而与之盟曰：'世为长侯，守殷常祀，相奉桑林，宜私孟诸。'为三书同辞，血之以牲，埋一于共头之下，皆以一归。伯夷、叔齐闻之，相视而笑曰：'谯，异乎哉！今周上谋而行货，阻兵而保威也。割牲而盟以为信，因四内、共头以明行，以此绍殷，是以乱易暴也。'"周人在灭商之后，遵守了诺言，武王封微子于宋。这样，商人内部就出现了两个对立的政权，一个是在殷商故都的武庚，"乃立王子禄父，俾守商祀"③；一个是原商王畿东边的微子政权，"守殷常祀，相奉桑林"，形成了两个政令和祭祀中心，商人在政治上统一行动的可能性被彻底瓦解了。

---

① 陈立柱：《微子封建考》，《历史研究》2005年第6期。

② 参见陈奇猷《读江晓原〈回天〉后——兼论周武王何以必须在甲子朝到达殷郊牧野及封微子于孟诸》，《古籍整理研究学刊》2002年第1期；陈立柱：《微子封建考》，《历史研究》2005年第6期。

③ 《逸周书·作洛解》。

　　另外，周人还默许箕子和一部分商人迁往东北地区。《尚书大传》中说："武王胜殷，继公子禄父，释箕子之囚。箕子不忍周之释，走之朝鲜，武王闻之，因以朝鲜封之"，《史记·宋微子世家》亦载："于是武王乃封箕子于朝鲜而不臣也"，《汉书·地理志》："殷道衰，箕子去之朝鲜，教其民以礼义，田蚕织作"。箕子走朝鲜是与部分殷人一同前往的，朝鲜史书《三国遗事》记载，朝鲜原居民檀君的后人在箕子来到之后，向南迁移，以免和箕子带来的人发生冲突，可见箕子部属的人数不少。但由于地势偏远，所以对箕子这种分封，只是一种名义上的承认，而不牵涉实际斗争问题（图3—3）。

图3—3　箕子像

　　在削弱商人反抗意志、分散商人力量的同时，周人也努力加强战略部署，防止商人图谋复国。其中最重要的是武王分封。《书序》："武王既胜殷，邦诸侯，班宗彝，作《分器》"，《史记·周本纪》："（武王）封诸侯，班赐宗彝，作《分殷之器物》。武王追思先圣王，乃褒封神农之后于焦，黄帝之后于祝，帝尧之后于蓟，帝舜之后陈，大禹之后杞。于是封功臣谋士，而师尚父为首封。封尚父于营丘，曰齐。封弟周公旦于曲阜，曰鲁。封召公奭于燕。封弟叔鲜于管，弟叔度于蔡。余各以次受封。"《史记·鲁周公世家》："（武王）偏封功臣同姓戚者。"《史记·管蔡世家》："武王已克殷纣，平天下，封功臣昆弟。于是封叔鲜于管，封叔度于蔡，二人相纣子武庚禄父，治殷遗民。封叔旦于鲁而相周，为周公。封叔振铎于曹，封叔武于成，封叔处于霍。康叔封、冉季载皆少，未得封。"关于武王分封的史实，学者有不同观点，有学者认为武王未进行分封[①]，有的认为武王进行过分封[②]。

　　文献记载十分简略，又各有异同，单纯文献分析难以确定。但分析商周之际的形势对比，可以肯定，武王分封是确实存在的。商周时期，国家文明已经进入相对成熟时期，商周之争已经不是平等的国与国之间的战争，而是以下代上的政权交替。周人继承了商人天下共主的地位，也继承了天下共主的疆域，"及武王克商，蒲姑、商奄，吾东土也；巴、濮、楚、邓，吾南土也；肃慎、燕亳，吾北土也"[③]。原来属于商人的外服，也被置于周人的附属地位，《逸周书·世俘解》："武王成辟四方，通殷命有国"，朱右曾注："武王既归，成天下君，乃颁克殷之命于列邦"，武王命人将代殷而立的事实向天下诸侯通告，同时要求原商人的诸侯向周人服职贡，《国语·鲁语下》："昔武王克商，通道于九夷百蛮，使各以其方贿来贡，使忘职业。"《逸周书·大匡》："惟十有三祀，王在管。管叔自作殷之监，东隅之侯咸受赐于王，王乃旅之，以上东隅。陈诰用《大匡》，朱右曾注："孔曰：东隅，自殷以东；旅，谒，各使陈其政事。愚谓东诸侯被纣化久，故训以正之，咸与维新也"，可见周人取代商人成为天下共主的事实已经得到了诸侯的承认。

　　周人天下共主的地位表面上已经建立起来。但周人实际的实力却不足以控制商人的领土遗产，为了维护天下共主的地位与疆域，武王进行分封，将武装力量分置到各战略要地，以实现对殷遗的分割、监视和威慑。

---

①　晁福林：《试论西周分封制的若干问题》，《第二次西周史学术讨论会论文汇编》，1992年。

②　彭邦本：《武王之世分封的初步探讨》，《第二次西周史学术讨论会论文汇编》，1992年。

③　《左传》昭公九年。

从上引《史记·周本纪》可以看出，武王之封主要是对先代之后和宗室子弟和功臣谋士的分封，从其安置的地域可以看出，这些分封体现出很明显的战略构想，形成了完整地控制商朝故地的体系。武王的这种分封安置方式，正与政权交替之际的商周形势密切相关。

有多种文献记载了武王分封的情况，《左传》昭公二十六年："武王既胜殷，邦诸方，康王息，并建母弟，以藩屏周"，《左传》昭公二十八年："昔武王克商，光有天下，其兄弟之国者十有五人，姬姓之国者四十人"，《荀子·儒效》："（周）兼天下，立七十一国，姬姓独居五十三人"，《史记·周本纪》："（武王）封尚父于营丘，曰齐。封弟周公旦于曲阜，曰鲁。封召公奭于燕。封弟叔鲜于管，弟叔度于蔡。余各以次受封"，《史记·管蔡世家》："武王已克殷纣，平天下，封功臣昆弟。于是封叔鲜于管，封叔度于蔡，二人相纣子武庚禄父，治殷遗民。封叔旦于鲁而相周，为周公。封叔振铎于曹，封叔武于成，封叔处于霍。"据研究，武王分封的诸侯主要有毛、郜、雍、滕、毕、原、酆、郇、荣、管、蔡、霍、曹、成、[1] 鲁、燕、齐等宗室子弟与功臣谋士之封，以及陈、杞、蓟、焦、祝先代圣王后裔的分封。

宗室子弟和功臣谋士之封有两类。

一类是安置在周王畿之内，如毛、荣、毕等，其封皆关中平原，"武王分封的同姓亲属，身居朝廷要职的，封邑都在王畿以内，而且都在周的祖先早就开发的地区"[2]，这一类分封主要是对宗室子弟的赏赐。

另一类是安置在原商朝地区的子弟和功臣，这类封国的安置体现出极强的策略性，是经过周密安排的。

商朝晚期的王畿，大致在北起定州曲阳，东到濮阳、商丘，南到柘城、鲁山，西到洛阳附近的范围，其政治疆域则向北达到河北涿州、北京地区，向东到达山东淄博、新泰，向南到达河南息县、罗山、桐柏山北麓，向西可达山西汾河流域[3]。对照商王朝的政治地理结构，就可以看出武王的分封具有非常明确的战略构想。

武王在原商人地区的分封明显分为四条战线，第一战线被安置于周人

---

[1]　杨宽：《西周史》，上海人民出版社 1999 年版，第 124—128 页。

[2]　同上书，第 125 页。

[3]　参见本书《社会与国家》卷第五章。

旧地与商王朝旧地之间，即原商、周的交界地区，如雍在今河南焦作西南，原在今河南济源西北，郇在今山西临猗南，与分封于此的苏忿生、檀伯达等重臣构成屏障周人故地的防线；第二战线被安置于原商王畿的管叔、蔡叔等三监，负责控制原商王朝的中心地区；第三战线被安置于原商王朝王畿东部边境，如曹在今山东定陶、成在今山东菏泽东北，郜在今山东成武东南，这一带是原商王畿的东缘，构成了切断商王畿与东部联络的防线；第四战线被封建于原商朝政治疆域边境，如太公之齐、周公之鲁和召公之燕，负责控制原商王朝的政治疆域的边界。通过这种安排，第二战线占领了商人的中心地区，第一战线和第三战线合成对原商人王畿区的包围，而第四战线则阻断了原商王朝政治疆域与外界的联系。三监控制了原商人王畿的南部地区，掌握了商王朝后期重点经营的资源最集中区域，同时也阻断了商人向南发展的空间，苏忿生、檀伯达、原、郇等封国，则阻断了商人向西发展的空间，而齐、鲁、燕则在原商朝的边境地区，扼住了商人向东、北两个方向发展的空间，完成了对商遗民的战略合围。

由上可以看出，武王分封具有明显的战略意图。商人习惯于平原地区生活和作战，其势力的扩张也以平原地区为主。西部则有太行山阻隔，商人难以远出。南方受秦岭、桐柏山、大别山阻挡，只能沿南阳盆地的孔道前进，势力薄弱。周灭商后，商人在商代后期主要经营的南部王畿区又被苏忿生、檀伯达及管叔、霍叔占领。所以，商人向西、向南已经没有发展的空间。而向北、向东则正是商人善于生存的平原地带，同时也是商人势力浸染时间较长的地区，完全有进一步扩张领土、重新对抗周人的机会。所以，周人在山东淄博一带建齐，曲阜一带建鲁，在北京琉璃河一带建燕，燕、齐、鲁恰好处于商人领土的北部和东部边缘地带，阻断了商人向东、向北的扩展空间。燕、齐、鲁分封的另一个重要原因是商人在北方和东方尚有巨大的力量。东北有燕亳、孤竹等国，还有箕子率的殷遗，商人的力量还十分雄厚，考古发现也证明这里商文化较为发达，如北京平谷刘家河商代墓地[①]、辽宁喀左出土孤竹国铜器[②]（图3—4）等带有强烈的商文化特征；而在东方，商代末年，商人曾大规模地向这一地区用兵，这一地区正是商人的战略基地，为了对抗东夷，扩张领土，商人在其政治边疆

---

①　北京市文物管理处：《北京市平谷县发现商代墓葬》，《文物》1977年第11期。

②　参见晏琬《北京辽宁出土铜器与周初的燕》，《考古》1975年第5期。

与东夷势力之间，建立了强大的边障重镇，使东方地区成为商人与东夷作战的基地，也具有很强的武备。最强的商奄、薄姑正在这一带，考古发现的桓台史家遗址、青州苏屯埠遗址、滕州前掌大商代遗址等表明，商人在这一带尚存在强大的军事力量。《史墙盘》云："素召圉武王，遹征四方，达殷，田允民永，不巩（恐）狄虐，屰伐尸（夷）童"，说明"武王时北方的边患未消，东夷也仍待征伐"[1]。而武王的三处分封，燕正好控制了东北与中原的通道，太公之齐与周公之鲁则正好安置在薄姑、商奄两个商人的军事重镇旁边。显然其作用与三监一样，起到对这些地区的殷遗的监视与防范作用，同时也阻隔了商人的对外联系。武王分封是很有针对性的政策，把最得力的三个助手，

图 3—4　孤竹国铜器铭文

（《集成》9810）

全部派到了商人有发展空间疆域边境。而商人晚期主要的攻略方向上，更派出了太公和周公。后来事态的发展也表明，东方的确是对抗周人最顽固的地区。

从文献记载可以看出，武王分封的诸国，与武王分割王畿、分裂商土、分化商遗的政策是完全相配合的。从这一点来说，武王分封是确实存在的。

但是，武王分封，尚不是严格意义上的分封。严格意义上的分封，应该伴随着土地、人口等资源的重新分配。但武王分封时，周人在中原地区的实际控制区尚局限于河南中、南部，根本不可能自由地支配其他地区的土地和人口资源。这时的分封完全是根据需要而设立的军事据点，重点在

---

① 许倬云：《西周史》，生活·读书·新知三联书店 1994 年版，第 115 页。

于控制战略要地，其更像是战略要塞，而不像"授民授疆土"的封国。在原商王朝疆域边界地区的封国表现尤其明显，《孟子·告子》："周公之封于鲁，为方百里也；太公之封于齐也，亦为方百里也"，周公、太公这样的重要人物所给予的封地也只在百里，可见分封只是有其名而无其实。同时，我们也看到，周公、太公、召公在鲁、齐、燕封地之外还有采邑，周公的始封地在周，据《左传》隐公六年杜注："周采邑，扶风雍县东北有周城"，司马贞《索隐》："周，地名，在岐山之阳，本太王所居，后以为周公菜（采）邑，故曰周公，即今扶风雍东北故周城是也"，在今陕西岐山北；召公封在周左近，《左传》僖公二十四年杜注："召，采邑，扶风雍县东南"，《括地志》："邵亭故城在岐州岐山县西南十里"，在今岐山西南[①]；而太公之采邑在吕，在今河南南阳地区。周、邵、吕才是武王对周公、召公、太公在灭商殷战争中的封赏，而给予的鲁、齐、燕的分封带有明显的军事堡垒性质，是他们的职责所在，而非单纯的因功受赐。但从"授民授疆土"的角度讲，周、邵、吕是赏地，鲁、齐、燕才是封地。所以，有学者根据周公、召公、太公曾封于周、邵、吕，从而否定武王时期有鲁、齐、燕之封，是不正确的。实际情况是，周公、太公、召公领有赏性质的采邑，同时也肩负镇戍的任务建立鲁、齐、燕，虽然这些地区最初只是在方百里的小范围内的军事据点，但其具有控制商遗的重大意义。而后来，他们也借三监之乱的时机，发展为方数百里的大国。

另外，否定周公封鲁，经常被引用的是《诗经·閟宫》："王曰叔父，建尔元子，俾侯于鲁"，由此认为"这里被成王称为叔父的自然是周公旦，始封于鲁的自然为周公旦元子伯禽无疑"[②]，但《閟宫》中句的焦点在于"建尔元子"，而不是"俾侯于鲁"，是周公已有鲁封之后，因要留京辅佐成王，不能就国，所以立嫡子伯禽，使就鲁为侯。《史记·鲁周公世家》"周公不就封，留佐成王，而使其子伯禽代就封于鲁"的说法，并没有错误。

在分封周本族贵族外，武王还分封了许多异姓之国。《史记·周本纪》："武王追思先圣王，乃褒封神农之后于焦，黄帝之后于祝，帝尧之后于蓟，帝舜之后陈，大禹之后杞"，《礼记·乐记》："武王克殷及商，未及

<hr />

①　杨宽：《西周史》，上海人民出版社 1999 年版，第 125 页。

②　何宏波：《蔡国始封及其始封年代考》，《郑州大学学报》2000 年第 2 期。

下车，而封黄帝于蓟，封帝尧之后于祝，封尧舜之后于陈。下车而封夏后氏之后于杞；投殷之后于宋"，《国语·晋语》载范宣子语："昔匄之祖，自虞以上为陶唐氏，在夏为御龙氏，在商为豕韦氏，在周为唐、杜氏"，韦昭注："周，武王之世。唐、杜，二国名。"《左传》襄公二十五年："昔虞阏父为周陶正，以服事我先王。我先王赖其利器用也，与其神明之后也，庸以元女大姬配胡公，而封诸陈，以备三恪"，杜注："周得天下，封夏、殷二王后，又封舜后，谓之恪。并二王后为三国。其礼转降，示敬而已，故曰三恪。"三恪之三大约是概言，不是实指，"其三非确指，乃古汉语备言其多的习惯用法，故三恪实通指'先圣王之后'"①。

　　商人的拓展主要是通过军事手段强硬进行的。所以，商人控制的范围虽广，但许多归服方国只是慑于其强大的军事压力，不敢叛离，但在思想上却有异志。"纣有亿兆夷人，离心离德"，说的不只是东方的情况，即使对于其他外服，也有相似之处。武王在无法直接控制诸侯之地的情况下，干脆以分封的形式，给予其部分的独立性。以此笼络各方国，使之怀惠周人，而不思旧主。"武王这样分封先代之后为诸侯，称为'三恪'，用来表示对先代君王的尊敬，用来团结有势力的异姓贵族，从而巩固周朝的统治基础。其政治目的，就是《论语·尧曰》所说的：'兴灭国，继绝世，举逸民，天下之民归心焉'"②，"这类'褒封'的着眼点在于兴灭国、继绝世。与其说武王此举是在实施分封制，毋宁说它只是招徕天下诸侯的姿态。"③ 但是，从各先王之后封国所处的地理位置上，我们也能看出，这类封国的安置与周人的战略也是有关联的，焦处在周人的第一战线，而陈、杞处于第三战线，蓟处于第四战线，这种正好处于周人战线之内的安排当不是巧合，而是将异族纳入封锁商人行动中的有意安排。

　　从上我们可以看出，武王在原商人地区分封的诸侯主要有四种，一种是对亲周的商人旧贵族的分封，以微子、箕子为代表；一种是赐予新征服地，建立的新诸侯国，其目的主要是监视、威慑商地，其中以苏忿生、檀伯达、三监为主要代表；一种是在商人的王畿边缘地区建立强有力的堡垒，防止商人势力向外扩大，以周公封鲁、召公封燕为代表；还有一种是

①　彭邦本：《武王之世分封的初步探讨》，《第二次西周史学术讨论会论文汇编》1992年。

②　杨宽：《西周史》，上海人民出版社1999年版，第122页。

③　晁福林：《试论西周分封制的若干问题》，《第二次西周史学术讨论会论文汇编》1992年。

对先王之后和归服者的确认分封。对商人旧贵的分封主要目的在于分化商人，对周人贵族、先王之后和归服者的分封，主要目的在于形成对商人的包围，防止商人反抗。

武王能进行的前提，一是周人在灭商之前，已经经过较长时期的疆域开拓，"三分天下有其二"，对商朝外服已经形成威慑力；二是周人在开拓过程中曾有分封，文王、武王灭商之前都曾建立封国，"文武成康之建母弟，以藩屏周"①，"文王在向东方发展，在'虞芮质厥成'之时，就封仲雍于虞，称虞仲。伐崇之后，又把崇地封虢仲、虢叔。虞、虢之君是太王之子，王季的弟兄，文王的伯叔，这说明在武克商之前，周人已经开始分封"②。异姓归服之国也很多，如周原甲骨文中有"楚子来告"，武王时期"不期而会者八百诸侯"，周人对这些方国的抚柔政策，使周代商而立后原商人的外服愿意接受周人的领导。这些封国有同姓也有异姓，既为武王分封积累了经验，又对原商代外服有说服力；三是周人对商人的分封没有受到阻挠和反抗，无论武庚、微子还是箕子，都对周人的分封予以了承认，这对于商人的外服来说，无疑具有巨大的感召力。所以，武王灭商后虽然武力没有达到商人的全部疆域，但商人疆域之内的政权却基本承认了周人的天下共主地位。还有一个前提就是，各诸侯对中央王朝的认同，从文献可以看出，商代时期的天下共主已经天下皆尊，如西周就称商地为"中国"，而周地为西土，可见，周人最初是站在商人的视角看视全国的。

虽然周人是通过战争取代的商朝，也对对抗者施以惩罚，《逸周书·世俘解》"荐殷俘士百人"，以示戒效尤。但面对强大的商人，周人表现出相当的谨慎，尤其对于军事力量的使用显得克制和低调。《吕氏春秋·慎大览》："然后济于河，西归报于庙。乃税马于华山，税牛于桃林，马弗复乘，牛弗复服，衅鼓旗甲兵，藏之府库，终身不复用"，《礼记·乐记》："武王克殷……济河而西，马散之华山之阳而弗复乘，牛散之桃林之野而弗复服，车甲衅而藏之府库而弗复用，倒载干戈，包之以虎皮，将帅之士使为诸侯，名之曰'建櫜'。"有志于天下的武王，在克商之后，所取得的只是天下共主的声名和商人的南部王畿，并未真正取

① 《左传》昭公九年。

② 徐中舒：《先秦史论稿》，巴蜀书社 1992 年版，第 145 页。

得商人的实际疆域和外服诸国。所以，囊甲束兵，显然不是真实的意图。而周人本非大国，兵力有限，在占领新征服地区又需要分兵屯戍，"将帅之士使为诸侯"，兵力不足，根本无力进一步征伐。为了不刺激商人及其原属国，周武王摆出一种弃武不用的样子，极力维持目前的现状，维护已取得的战果。这应当是周人的一种策略，为周人进一步强化力量争取时间，而不是真实情况。三年以后，周公能荡平东方，固然有分封取得一定资源的原因，也不否定武王克商后利用和平时期，"三年生聚，三年教训"的成果。

　　武王虽然在政策上以安抚为主，但在实际行动中，却极力加强周人的武力控制能力。周人都城在镐京，其统治的中心地区远在关中平原。而商人的领土主要在华北平原，周人想控制华北平原，不仅距离较远，而且有山河阻隔，交通不便，难以实现对商人领土的有效控制。为了能控制商人故地，武王计划在洛阳地区建立新都。《史记·殷本纪》："武王征九牧之君，登豳之阜，以望商邑。武王至周，自夜不寐。周公旦即王所曰：'曷为不寐？'王曰：'告女：维天不飨殷，自发未生于今六十年，麋鹿在牧，蜚鸿满野。天不享殷，乃今有成。维天建殷，其登名民三百六十夫，不显亦不宾灭，以至今。我未定天保，何暇寐。'王曰：'定天保，依天室，悉求夫恶，贬从殷王受。日夜劳来定我西土，我维显服，及德方明。自洛汭延于伊汭，居易毋固，其有夏之居。我南望三涂，北望岳鄙，顾詹有河，粤詹洛、伊，毋远天室。'营周居于洛邑而后去。"1963年陕西宝鸡出土的《何尊》也有类似记载："惟珷王既克大邑商，则廷告于天曰：余其宅兹中或（国），自之辟（乂）民"（图3—5），武王在洛阳地区对新城进行了初步规划，但仅两年之后，武王即死去。有学者认为，武王已经初步建设成周，《史记·卫康叔世家》有"管叔、蔡叔疑周公，乃与武庚禄父作乱，欲攻成周"。《索隐》："其时周公相成王，营洛邑，犹居西周镐京。管、蔡欲构难，先攻成周。于是周公东居洛邑，伐管蔡"，"成周是讨伐叛乱的基地，是武王在三年内建立起来的军事基地……在伐灭武庚时，成周已是巩固的军事中心，从而成为管、蔡和武庚叛乱不可逾越的障碍"[①]。

---

　　① 马承源：《西周金文和周历的研究》，《周公摄政和周初史事论集》，北京图书馆出版社1998年版。

图3—5　何尊铭文

（《集成》6014）

　　武王为了维护已经取得的战果，计划和采取的措施主要有分割商畿、分化和迁置殷遗、设立三监、分封诸侯、营建洛邑等。希望通过军事威慑、抚柔安慰、分割削弱、以敌攻敌等方式，取得维护战果的目的。可以说，武王分割王畿、分化殷遗、封建藩屏等政策为整个周代的商遗政策定下了基调。武王的这些政策取得了良好的效果，使力量较弱的周人得以有效地控制实力雄厚的商人。这些政策后来演化为周人对付商遗民的基本策略，周公、成王等继承并进一步加强，最终确立了周人稳固的天下共主地位。

第二节　三监之乱与周公东征

　　武王克殷后二年即去世，"武王克殷二年，天下未宁而崩"①，其许多

①　《史记·封禅书》。

战略构想还未来得及付诸实施，周人的巩固的根据地依然维持在关中地区，新征服地区处于动摇之中。

武王死时，成王尚年幼。如果以幼主君临尚未稳固的新邦，无疑会有巨大的危险。武王死时已经认识到这一点，叮嘱由周公继位主政，"今维天使予，维二神授朕灵期。予未致于休，予近怀于朕室。汝维幼子，大有知……乃今我兄弟相后，我筮、龟其何所即命，用建庶建"①，武王希望与周公"兄弟相后"，以年富力强的周公主持国事，以渡过国家新建的危机。周公也深恐新归服的诸侯趁机叛周，于是"践阼代成王，摄行政当国"②。

周公摄政，引起了同姓贵族的猜忌。当殷周之际，王位继承存在"父死子继"和"兄终弟及"两种形式，王位的兄终弟及并不违反常规③，所以他们大都怀疑周公有永占王位的意图，连与周公关系密切的召公也颇有疑虑，《史记·燕召公世家》："成王既幼，周公摄政，当国践阼，召公疑之"。同时周公践阼摄政，也超越了兄弟次序，"武王同母兄弟十人……其长子曰伯邑考，次曰武王发，次曰管叔鲜，次曰周公旦，次曰曹叔振铎，次曰成叔武，次曰霍叔处，次曰康叔封，次曰冉季载"，按次序应由管叔主政，这一点武王也曾考虑到，但为了更好地应付动乱的局势，选择了立贤不立长，"汝维幼子，大有知……乃今我兄弟相后"④。这种安排引起了周人的内部动荡，其中反对最激烈的是管叔，按兄弟相及的原则，应该由他继承王位，同时管叔又居东方监殷，拥有强大的军事实力，拥有继位称王的资本。于是，管叔联合蔡叔、霍叔与东方殷遗及原来的商朝外服发动了叛乱，即三监之乱，"管叔主谋发动叛乱，具有争夺王位的性质"⑤。

这场叛乱主要是由管叔、蔡叔发动的。《尚书·金縢》："武王既丧，管叔及其群弟乃流言于国曰：公将不利于孺子"，管叔联合诸弟以讨伐周公篡位为名，发动叛乱。为了扩充力量，管叔还联合对周人尚未完全归服的殷遗和东夷一起参加叛乱，《左传》定公四年："管、蔡启商，甚

---

①　《逸周书·度邑》。

②　《史记·鲁世家》。

③　参见王冠英《周初的王位纷争和周制礼》，《周公摄政称与周初史事论集》，北京图书馆出版社 1998 年版。

④　《逸周书·度邑》。

⑤　杨宽：《西周史》，上海人民出版社 1999 年版，第 142 页。

间王室"，杜预注："甚，毒也。管叔、蔡叔开道纣子禄父，以毒乱王室"，《后汉书·东夷传》："管、蔡畔周，乃招诱夷狄"。周公为平定叛乱而进行动员的《大诰》更明显地显示出这一点，《尚书·大诰》："有大艰于西土，西土人亦不静，越兹蠢。殷小腆，诞敢纪其叙。天降威，知我国有疵，民不康，曰予复，反鄙我周邦，今蠢今翌日，民献有十夫，予翼，以于敉文武图功"，在这里，周公认为西土不安宁，殷人之所以敢于图谋复国，是因为知道周人"有疵，民不康"。继而又说："肆予告我友邦君、越尹氏、庶士、御事，曰：'予得吉卜，予维以尔庶邦于伐殷逋臣。尔庶邦君、越庶士、御事罔不反曰：艰大！民不静，亦惟王官、邦君室，越予小考翼，不可征，王害不违卜？'"[①] 可以知道周公虽然以"伐殷逋臣"为名出征，但作乱的人其实主要是"亦惟王官、邦君室，越予小考翼"，即王室成员、诸侯以及许多朝臣的父辈，所以大部分人都不愿出征（图 3—6）。

图 3—6　周代兵器

我们看到，管叔、蔡叔所联合的人有三种，一是周人本身的群弟，对周公摄政心存疑虑或不满，目的在于维护成王的地位或窥伺王位；一是殷遗，刚被商人征服，尚有复国的渴望；一是东夷，处于周人鞭长莫及之地，既有与商人的长久融合、怀思旧主的情感，又有保持独立地位、趁势扩大地盘的意图。这些动乱因素由管叔的叛乱组合在了一起，造成了周初的大动荡。

---

① 《尚书·大诰》。

上述三种因素中，管叔与群弟是周人同族，只是王位之争，即使王位易手，也不会影响周人对外部的占领及其意图。殷遗和东夷则是周人的异族，与周人之间有政权和利益对立。但殷遗和东夷又是不同的群体，各有不同的特点，在三监之乱中也发挥了不同的作用，在随后的战争中也受到了不同的对待。

经过武王克商的战争和分割殷遗、分封诸侯等安置之后，天下的形势发生了巨大的变化。周人的大量武装被安置在东方，以巩固灭商取得的战果，管叔、蔡叔、霍叔应该都领有周人的军队。随武王返回周地的武装数量已经不多，又囊甲束兵，示以不用。所以三监之乱对于居于关中的周人来说，是极为危险的。

此时的殷遗民则被分为五大部分，一是朝歌以北今河南北部至河北中部的邶地殷遗民，由武庚在霍叔的监视下管理；二是朝歌以南今河南中、南部的鄘、卫地区殷遗民，处于管叔、蔡叔的控制之下；三在今河南商丘地区的微子之宋的殷遗，有当地的原居民，也有从北部王畿区迁来的殷人；四是商人原来在边境地区建立的重镇区，其中以与东夷接壤的山东地区最为典型；五是东北地区的殷人及箕子朝鲜殷遗。虽然从地域上看商遗的分布范围很广，而且商周更替的战争持续时间很短，商人的力量没有遭受重大损失，但事实上商遗民已经难以形成统一的有威胁的力量。邶地商人旧地，没有经过兵祸，基本保持了原来的状况，但在商代后期，商人的主要方向在于东方，这一带长期基本是作为后方基地，没有坚强的武备设施，很难迅速集结强大的武装；鄘、卫地区虽也是商人旧畿，但经受过武王灭商战争，相当一部分部族的原有统治者遭到周人的处罚，已经缺乏有组织力的上层贵族，而这里又是周人监控的重点，管叔、蔡叔率大量周人武装驻扎在这里，也难以组织起反抗力量。微子宋虽也是殷人的故地，但处于边境，面对东夷的威胁；箕子朝鲜则远离中原，在相当大的程度上只是名义上的归服者，已经很难以实际力量对中原事务产生大的影响。同时，这五个地区的殷人被周人安置的军事据点所阻隔，已经不联合成为一体。周人虽然内部有隙，但只是王位之争，并不希望因此输掉天下共主的地位，所以虽然联合殷遗，也必不会给殷遗真正自主的地位。分散的殷人在周人军事据点的监视之下，已经很难有所作为。

其中最主要的还是商人内部也有争端，"俾守商祀"的武庚和"以守桑森，奉商常祀"的微子形成了两个地位相似的政令中心，导致殷遗根本不可能统一组织起来。在三监之乱的有利形势中，武庚作为商遗的核心，本该负起复国的重任。但武庚是在纣王自杀后，骤然间被立为王，其职守只是"以守商祀"，并没有实际上的政治功能。同时，纣王时暴虐殷旧贵族，没有给他留下可亲近的有实力的商人贵族，他本人也是由周人所立的傀儡，没有取信于人的政治资本。所以，武庚面对周人自乱阵脚的有利时机，心有余而力不足。微子是商人旧贵族的代表，在拥有实力的贵族中间拥有非凡的影响力，"微子故能仁贤……故殷之余民甚戴爱之"①，本来具有发动殷遗复国的实力。但殷遗复国，王位的归属即成为问题，一旦商人复国，所有的政权和祭权就会重新回复到武庚手中，微子会失去现有的独立地位。同时，宋又是新建之国，立足未稳，又处于周人封国、先王之后和东夷的夹处之下，自身尚有生存忧虑。所以，微子也没有利用这次有利时机。可以说，周初时期，殷遗与周人所面临的情况是一样的，都是重臣和幼主，而重臣在政治事务上取得了优势。但周公能及时调整策略，弥合矛盾，最终进行东征并取得胜利，而商人则各有所图，过于分散，最终没有能趁机复国。

所以，综观之，商人遗民在三监之乱中并没有大的作为，周公东征的主要对手也是管、蔡和东夷。但是，商人是前朝的天下共主，作为打击对象会产生更强的号召力和影响力，同时以商人为主要打击对象也可以团结那些不愿意东征的周人贵族。所以在周人的文诰和记载中，殷遗被作为主要的对手之一。

三监之乱中的另一支重要力量是东夷。东夷指分布于河北、山东、江苏等沿海地区的夷族。东夷部族力量很强，是商、周之际中原王朝在东南地区的主要敌手。

东夷与商人的关系久历时日，错综复杂，既有相互融合、相互影响的一面，又有相互对立、相互排斥的一面。商人自灭夏以前即已经与东夷建立起密切的联盟关系，商汤灭夏很可能就是利益于商、夷联盟②。成汤主要辅佐者伊尹和奚仲也是东夷人，其后的数代国王也都以东夷为重要官员，《尚书·君奭》载："我闻在昔成汤既受命，时则有若伊尹，格于皇天。在太甲，时则有若保衡。在太戊，时则有若伊陟、臣扈，格于上帝；

①　《史记·宋微子世家》。

②　张国硕：《论夏末早商的商夷联盟》，《郑州大学学报》2002 年第 2 期。

巫咸乂王家。在祖乙，时则有若巫贤。在武丁，时则有若甘盘"，伊陟、臣扈、巫咸、巫贤等皆是东夷之人①。但商人扩大领土又必须向东扩展，所以与东夷又产生激烈的领土矛盾。从商人的建国史可以看出，商朝初建时，疆域局限于豫北、豫西及晋南地区，从大戊开始，向东开拓，《竹书纪年》："王（仲丁）即位，自亳迁于嚣"，"六年，征于蓝夷"，商人的势力扩展到山东中西部，"从商文化的分布范围来看，仲丁时期是商文化东向大扩展时期，白家庄期遗存东向分布于山东济南市至滕州市一线，整个泰沂山脉以西的山东西部地区皆已纳入商文化的分布范围，商文化在这些地区取代了东夷文化"②。仲丁的继任者外壬，也与东夷进行了激烈战争，"外壬元年，邳人、侁人叛"③，《左传》昭公元年："于是乎虞有三苗，夏有观、扈，商有姺、邳，周有徐、奄"，是商人历史上一次重要的战争。这场战争到河亶甲时取得胜利，"侁人来宾"④。商人对东夷的战争，甲骨文中也有征东夷的记载，如征伐人方的卜辞，见于甲骨文一、四期：

　　　　……人方不出。（《合集》6456）
　　　　佳人方受佑。（《合集》20612）
　　　　辛巳卜，更生月伐人方。八月。（《合集》33038）
　　　　乙卯卜，贞：王其征人方，亡弐。（《屯南》2370）（图3—7）

从商人的壮大过程可以看出，商人的大片领土，是通过征伐东夷取得的。这一向东发展的过程，到帝辛时期，依然继续着。帝辛曾大规模攻打人方，并取得胜利，《左传》昭公十二年言"纣克东夷"。根据《竹书纪年》，帝辛在位50余年⑤，而文献中的东夷叛乱是帝辛四年，《竹书纪年》："四年，大搜于黎"，《左传》昭公四年："商纣为黎之搜，东夷叛

---

　　① 《唐书·表十三》："十二世孙奚仲为夏车正，禹封为薛侯，其地鲁国薛县是也。奚仲迁于邳，十二世孙仲虺，复居薛，为汤左相。臣扈、祖己皆其胄裔也"；《史记·殷本纪》正义："巫咸，吴人。今苏州常熟县西海虞山上有巫咸、巫贤"；《越绝书》："虞山者，巫咸所出也。"

　　② 张国硕：《论夏末早商的商夷联盟》，《郑州大学学报》2002年第2期。

　　③ 今本《竹书纪年》。

　　④ 同上。

　　⑤ 《夏商周断代工程1996—2000年阶段成果报告》认为帝辛在位30年。

图 3—7　《屯南》2370

之”，而甲骨文中的帝辛对人方、林方的战争，发生在帝辛十祀和十五祀[①]，都在帝辛在位期间的前期，所以在"纣克东夷"之后，战败的夷人可能重新承认了商人的天下共主地位。考古文化证明，弥河、沂水以东的地区，保证了较单纯的岳石文化，说明商人并没有完全占领山东地区。

　　商人虽然与东夷有领土争端，但商、夷之间的关系还是十分密切。而且也可以看出，战争总是维持在最前沿的分界处，而早先被商人占领地区的东夷，则逐渐与商人融合了。如山东济南大辛庄，"那里虽是以

---

① 参见罗琨、张永山《夏商西周军事史》，《中国军事通史》第一卷，1998 年 10 月。

商文化为主体的，但部分岳石人及其后裔也同时生活在那里，而且长达
'三期'之久，为此也留下了较多的遗物，唯因未发现他们单独活动的
遗迹，我们暂称其为第二类遗存。它大约是商人殖民者从四面八方虏获
的夷人，被集中、分散（各家）管理并沦为商人的奴隶、附庸后，久而
久之便成为商文化的一个特殊部分"①。这些地区小型遗址更能说明问
题，如山东青州赵铺商代遗址，虽有商文化因素，同时也具有浓厚的东
夷文化因素，这说明一般的平民居住遗址依然是由原居民居住的②。即
商人在东进的过程中，取得了大片的领土，同时也控制了这些土地上的
大量夷人，而这些夷人被商人征发，为商王朝服务，成为商人的重要力
量。商代末年，商人的军事力量中，应该有相当部分一部分是由夷人所
构成，所以武王说"纣有亿兆夷人"③。夷人实际是一种通指，凡商王朝
兼并地区的东部夷人皆可称之，而不是单指商王朝以外的夷人而言。从
考古文化可以看出，东夷部族有相当部分已经融合入商文化④。所以，
东夷地区与商人实际处于交错状态，早期联盟和征服地区已经归化商王
朝，而东部地区则继续保持原有文化，即商人与东夷之间的界线是一种
动态的界线，东夷的土地和人口在不断地融入到商人的体系当中，商、
夷无论在地理上还是在文化上都处于一种交错的状态，互有你我，而未
征服地区的夷人则保持了独立性。

　　山东地区的商文化基本可以泰沂山脉为界分为南北两部分，以淄博新
泰一线为界分为东西两部分。商人山东地区的推进是逐渐的，二里岗上层
时期到达济南大辛庄附近，殷墟一期到达淄博桓台一带，殷墟三期前后到
达弥水西岸⑤。而在泰沂山脉南侧，二里岗上层时期即前进到今山东泗水、
曲阜、济宁一带，前锋则进至今山东滕州地区。到武丁以后，则推进到沂

　　①　徐基：《关于济南大辛庄遗存年代的思考》，《夏商文明研究——'97 山东桓台中国殷商文
明国际学术研讨会》，中国文联出版社 1996 年版。

　　②　任相宏：《泰沂山脉北侧商文化遗存之管见》，《夏商文明研究——'97 山东桓台中国殷商
文明国际学术研讨会》，中国文联出版社 1996 年版。

　　③　《左传》昭公二十四年。

　　④　徐基：《从大辛庄第二类遗存看岳石文化的去向》，《辽海文物学刊》1990 年第 1 期。

　　⑤　参见任相宏《从泰沂山脉北侧的商文化遗存看商人东征》，《中国文物报》1997 年 11 月
23 日。

水流域。商人早期占领的地区的考古遗址基本是以商文化取代当地的岳石文化为主，而后期占领的地区的考古遗址都出现商、夷文化混合的现象，说明商文化与夷文化是共处的，并不是毁灭性的征服。有学者认为，夏商时期的夷人文化可以分为东夷文化和淮夷文化，东夷文化主要指分布在山东和苏北地区的夷人文化，淮夷文化主要指分布在安徽江淮一带的夷人文化[①]。其实山东和苏北的东夷文化还可以细分，即东夷文化也应该相应地以泰沂山脉为界，划分为南北两部分，北部以山东半岛为主要活动地域，而南部则以苏鲁平原为主要活动地域。经过商王朝的征伐之后，半岛地区的东夷被压缩于弥河以东，地域有限，又有大片丘陵地带，难以形成与商文化抗衡的力量。而苏鲁平原的东夷则有广阔的苏鲁平原为基地，后又有淮夷作为依靠，可以组织强大的力量，所以到商代末年和商周之际，中原王朝与东南部族的战争主要是对泰沂以南的东夷和江淮一带的淮夷的战争。《史记·齐太公世家》："及周成王少时，管、蔡作乱，淮夷畔周"，《史记·鲁周公世家》："管、蔡、武庚果率淮夷而反……宁淮夷东土，二年而毕定，诸侯咸服"，《书序》："鲁侯伯禽宅曲阜，徐戎并兴，东郊不开"。

商末帝辛与东夷的战争很可能是商人的统治有所巩固之后，帝辛企图加强对夷人的直接控制导致的。但帝辛对于东夷的控制并不是完全依靠武力，而是包含拉拢和利用夷人的企图。这从纣王重用的大臣可以看出，纣王重用的大臣大抵可以分为西部诸臣和东部诸臣，其中西部诸侯为西伯昌、鬼侯（九侯）、鄂侯，《战国策·赵策三》："昔者，鬼侯、鄂侯、文王，纣之三公也"，《史记·殷本纪》："（纣）以西伯昌、九侯、鄂侯为三公"，《史记·鲁仲连传》："昔者九侯、鄂侯、文王，纣之三公也"。东部有费仲、胶鬲等，《史记·殷本纪》："而用费中为政。费中善谀好利，殷人弗亲"，《韩非子·逾老》篇："周有玉版，纣令胶鬲索之，文王不予；费仲来求，因予之"，《吕氏春秋·贵因》："武王至鲔水，殷使胶鬲候周师"。西部诸臣最终都被纣王镇压，"九侯有好女，入之纣。九侯女不喜淫，纣怒，杀之，而醢九侯。鄂侯争之强，辨之疾，并脯鄂侯。西伯昌闻之，窃叹。崇侯虎知之，以告纣，纣囚西伯羑里。"[②] 而东部诸臣，则一直

---

① 王迅：《东夷文化与淮夷文化研究》，北京大学出版社 1994 年版。

② 《史记·殷本纪》。

受到重用。地位比较特殊的是恶来与飞廉，《史记·殷本纪》："纣又用恶来。恶来善毁谗，诸侯以此益疏"，《史记·秦本纪》："蜚廉生恶来，恶来有力，蜚廉善走，父子俱以材力事纣"，飞廉、恶来本少昊之后，其祖居在今山东曲阜一带，大约在飞廉祖父时才迁到西方①。而根据文献的记载，费仲与飞廉、恶来实为一族，《史记·秦本纪》："秦之先，帝颛顼之苗裔……女华生大费，与禹平水土……（舜）乃妻之姚姓之玉女，大费拜受，佐舜调驯鸟兽，鸟兽多驯服，是为柏翳。舜赐姓嬴氏。大费生子二人：一曰大廉，实鸟俗氏；二曰若木，实费氏。其玄孙曰费昌，子孙或在中国，或在夷狄。费昌当夏桀之时，去夏归商，为汤御，以败桀于鸣条。大廉玄孙曰孟戏、中衍，鸟身人言。帝太戊闻而卜之使御，吉，遂致使御而妻之。自太戊以下，中衍之后，遂世有功，以佐殷国，故嬴姓多显，遂为诸侯。其玄孙曰中潏，在西戎，保西垂。生蜚廉。蜚廉生恶来。恶来有力，蜚廉善走，父子俱以材力事殷纣"，《索隐》云："殷纣时费仲，即昌之后也"，另《百家姓·费姓》亦云："系出嬴姓。伯益治水封于大费，裔孙昌仕商，以国为氏。纣臣有费仲，鲁有费伯"。纣王任用的飞廉、恶来、费仲皆是一家，费仲是其族在东方的一支，而恶来则是其族在西方的一支。纣可能想通过同族的关系，使之同时发挥在东西方的影响，后来"周公相武王诛纣，伐奄三年讨其君，驱飞廉于海隅而戮之"②，可见飞廉与东方诸族依然有密切联系。

东夷诸族既保持有强大的实力，又与商王朝有着密切的关系，所以在周人建国初期成为周王朝强大的对手。

面对风雨飘摇的局面，周公迅速弥合内部矛盾，率军东征。

周公根据形势向周人分析利害，"有大艰于西土，西土人亦不静，越兹蠢。殷小腆，诞敢纪其叙。天降威，知我国有疵，民不康，曰予复，反鄙我周邦"③，指出周人的内乱，导致商遗随之发难，会带来商人复兴而周再次沦为商人边地的严重后果；极力弱化周人本身之间的对立，把斗争的矛头指向商人，"予得吉卜，予惟以尔庶邦于伐殷逋播臣"④，利用"伐殷

---

① 参见白国红《飞廉考》，《学术月刊》2005 年第 6 期。

② 《孟子·滕文公下》。

③ 《尚书·大诰》。

④ 同上。

逋播臣"的名义团结周人；同时极力强调文王之功和天命，"予惟小子，不敢替上帝命。天休于宁王，兴我小邦周……尔知宁王若勤哉！天閟毖我成功所，予不敢不极卒宁王图事……爽邦由哲，亦惟十人迪知上帝命越天棐忱，尔时罔敢易法，矧今天降戾于周邦……天亦惟休于前宁人，予曷其极卜？敢弗于从率宁人有指疆土？矧今卜并吉，肆朕诞以尔东征。天命不僭，卜陈惟若兹"①。周人强调商人的复国意图，把主要矛盾转化为对商人斗争，同时强调周人的天命地位和文王的功业，使周人为避免失去天下共主地位而团结起来。

同时，周公还极力联络有影响的大臣，以求共同面对所临的危机，最重要的是召公和太公。

《史记·燕召公世家》："成王既幼，周公摄政，当国践祚，召公疑之，作《君奭》。"周公首先向召公说明目前所面临的严重危机，"我有周既受。我不敢知曰厥基永孚于休。若天棐忱，我亦不敢知曰其终出于不祥……天难谌，乃其坠命"，对周人的政权能否经受住生存考验表示十分忧虑。然后表明自己并无野心，"在今予小子旦非克有正，迪惟前人光施于我冲子"，只是要把前人光荣延施于成王身上。又历述商、周历史中君臣团结取得成功的事例，"我闻在昔成汤既受命，时则有若伊尹，格于皇天。在太甲，时则有若保衡。在太戊，时则有若伊陟、臣扈，格于上帝；巫咸乂王家。在祖乙，时则有若巫贤。在武丁，时则有若甘盘……惟文王尚克修和我有夏；亦惟有若虢叔，有若闳夭，有若散宜生，有若泰颠，有若南宫括……武王惟兹四人，尚迪有禄。后暨武王诞将天威，咸刘厥敌。惟兹四人昭武王惟冒，丕单称德"，同时表示只有团结起来才能渡过面临的危机，巩固周人天下共主的地位，"今在予小子旦，若游大川，予往暨汝奭其济。小子同未在位，诞无我责收，罔勖不及。耇造德不降我则，鸣鸟不闻，矧曰其有能格……天休兹至，惟时二人弗戡……笃棐时二人，我式克至于今日休？我咸成文王功乎！不怠丕冒，海隅出日，罔不率俾"。从《尚书·君奭》看，周公对召公的解释十分恳切，推心置腹。召公对周公怀疑消失，与周公一起平定叛乱，"周公、召公内弭父兄，外抚诸侯。元年夏六月，葬武王于毕。二年，又作师旅，临卫政殷"②，成为平定三监之乱中的

---

① 《尚书·大诰》。

② 《逸周书·作洛解》。

主要决策者之一。

　　周公竭力联络的另一个重要人物是太公。武王克商后，把太公封于齐，都营丘，在今山东淄博一带。这一带是商王朝实际控制疆域的边缘地带，既有商人建立的边防重镇，又邻近势力尚强的东夷。《左传》昭公九年：“及武王克商，蒲姑、商奄，吾东土也；巴、濮、楚、邓，吾南土也；肃慎、燕、亳，吾北土也”，考古资料也表明，潍河以东保持着单纯的岳石文化。太公封齐，是武王出于军事目的所作的安排。当时的齐地尚未得到充分开发，《史记·货殖列传》记载：“太公望封于营丘，地泻卤，人民寡”，地薄人寡。而且太公封齐并没有真正获得疆土和人民，《孟子·告子》：“周公之封于鲁，为方百里也；太公之封于齐也，亦为方百里也”，东夷对新来的周人分封代表尚不接纳，《史记·殷本纪》载：“于是武王已平商而王天下，封师尚父于齐营丘。东就国，道宿行迟。逆旅之人曰：‘吾闻时难得而易失。客寝甚安，殆非就国者也。’太公闻之，夜衣而行，黎明至国。莱侯来伐，与之争营丘。营丘边莱。莱人，夷也，会纣之乱而周初定，未能集远方，是以与太公争国”。莱人争营丘，说明山东东部尚是夷人之地。

　　三监之乱，周公充分发挥了太公与齐的军事作用。《史记·齐太公世家》：“及周成王少时，管、蔡作乱，淮夷畔周，乃使召康公命太公曰：‘东至海，西至河，南到穆陵，北至无棣，五侯九伯，实得征之’”，《集解》服虔说：“是皆太公受封土地疆境所至也”，穆陵在今山东临朐沂山南，无棣在今河北南皮、盐山、山东庆云一带，即周公将泰沂山脉以北，东起大海西到黄河之间的地域分给太公，而同时将这一地区的治安任务交给太公，“五侯九伯，实得征之”。由是，齐由“为方百里”一跃而成为地域广阔的东方大国。还有另一种可能，即《索隐》所说：“旧说穆陵在会稽，非也。按：今淮南有故穆陵门，是楚之境。无棣在辽西孤竹。服虔以为太公受封境界所至，不然也，盖言其征伐所至域也”，这一区域所包括的范围很大，北到辽宁卢龙，南到河北麻城，西到河南北部，东到大海，这显然不可能是封予齐的疆域。参照当时的形势，应当是成王、周公命令太公维护东部地区的稳定，给予他在这一带行动的权力，从地域看，是把整个东部地区都作为齐国征伐的范围。所以，这里所指的不是齐的分封疆界，而是征伐范围。这一点从后来齐桓公征伐楚国时的说辞中也可以看出，《左传》僖公四年：“管仲对曰：昔召康公命我先君大公曰：‘五侯九伯，女实征之，以夹辅周室。'赐我先君履，东至于海，西至于河，南至于穆陵，北至于无棣。尔贡包茅不入，王祭不共，无以缩酒，寡人是征。昭王南征而不复，寡人是问"，如果只是齐地之界，大不必在征伐楚国时提及。所以，今山东地区的无棣、穆陵等地名，很可能是在齐国国土稳定后，为彰显武功，将征伐四至地名安置在域内而形成的。而太公利用这次机会，将山东半岛纳入齐境。也就是说，山东半岛的真正纳入中央王朝，是在西周以后，应该是齐太公的功劳。

可以看出，周公竭力联络的依然是武王克商战争中有功的重臣。这些重臣不仅具有极高的威望，而且都是封镇一方的将领，拥有强大的军事力量。

经过周公的努力，消除了同宗兄弟的猜忌，又联络了没有与管、蔡同流的外在封国，稳定了自己的阵营。在"内弭父兄，外抚诸侯"之后，周公开始了东征。

周公平定叛乱用了三年时间，《尚书大传》："周公摄政，一年救乱，二年克殷，三年践奄。"第一年消弭内乱，第二年平定三监和武庚的叛乱，第三年攻克奄地。周公摄政的第一年采取防御态势，是巩固西部领土，同时努力消除宗贵族的猜疑，联合所有未与管、蔡同流的诸侯，统一周人力量。第二年率兵出击，向东征伐，打击叛乱者。第三年进攻商、夷交错的奄地，将天下共主的疆域恢复到商时的情况。《逸周书·作洛解》："周公立，相天子，三叔及殷、东、徐、奄及熊、盈以畔。周公、召公内弭父兄，外抚诸侯。元年夏六月，葬武王于毕。二年，又作师旅，临卫政殷。"周公的战略是很明显的，先是"救乱"，"内弭父兄，外抚诸侯"，统一和整合内部力量，然后"临卫政（征）殷"，取代三叔和武庚，控制原商王畿。在全部占领原商人的王畿地区之后，才"践奄"，即立足于商的旧地征服原商人的东方外服地区。周公在战略上由西向东，逐次推进。在控制东方的战略上，则沿袭了商人的老路。

从上可以看出，周公第一年在巩固阵线，第二年才开始东征，所以真正东征只用了两年时间，《尚书·金縢》云："周公居东二年，则罪人斯得"，《史记·鲁周公世家》亦载："周公乃奉成王命，兴师东伐……宁淮夷、东土，二年毕定。"周公东征基本可以分为两个阶段，一是对三监和武庚所管理的商人王畿区和当地殷遗的征服，一是对原商王朝东部疆域殷、夷交错地区的殷遗和东夷人的征服。

由于管叔、蔡叔所率本皆武王克商时的旧部，没有与周公对抗的坚强意志，而殷遗又地域分散、各有所图，难以组织统一力量，所以三监和武庚很快被周公击败，其首领人物也被处罚，"殷大震溃，降辟三叔，王子禄父北奔，管叔经而卒，乃囚蔡叔于郭凌"①。

根据当时东方周人立足未稳，商人势力深固的特点，周公东征采取了稳扎稳打的策略。周公征服殷人旧地后，即将所对抗的殷遗集中管理，今本《竹书纪年》："三年，王师灭殷，杀武庚禄父。迁殷民于卫。遂伐奄。灭蒲姑"，迁殷民于卫在伐奄、薄姑之前。《逸周书·作洛解》："二年又作师旅，临卫政（征）殷，殷大震溃，降辟三叔，王子禄父北奔，管叔经而卒，乃囚蔡叔于郭凌。凡所征熊盈族十有七国，俘维九邑。俘殷献民，迁于九里"，杨宽先生认为："《作洛解》说周公在击溃殷的叛乱后，在征熊盈族十七国的同时，'俘殷献民迁于九里'。"②《史记·周本纪》也有类似记载："成王既迁殷遗民，周公以王命告，作《多士》、《无佚》。召公为保，周公为师，东伐淮夷，残奄，迁其君薄姑。"关于周初史事，周公称王、成王征淮夷等史事，《史记》记载多有自相矛盾之处，学界也多有争论，兹不作详细讨论。但对奄地的征服应当是在周公东征期间完成的，所以在征伐商奄、东夷之前，周公为了巩固在殷地的统治，很可能已经迁置了部分殷遗以集中控制，而且成周等地已经成为周公东征的军事基地，有条件集中征服的殷遗民。在迁置殷遗民的同时，周公也开始设立据点，在征服地区安置周人的力量，《潶嗣徒簋》："王来伐商邑，延令康侯啚于卫"，此处"伐商邑"指"二年克殷"期间，"'延令康叔啚于卫'，即封康叔于卫也"③，与前引今本《竹书纪年》"三年，王师灭殷，杀武庚禄父。迁殷民于卫"正相印证。周公在"克殷"过程中很可能是步步为营，每征服一地，即建立周人自己的据点，使周人在当地扎下根去。歌颂周公东征的《诗·豳风·破斧》云："既破我斧，又缺我戕。周公东征，四国是皇。哀我人斯，亦孔之将。既破我斧，又缺我锜。周公东征，四国是吪。哀我人斯，亦孔之嘉。既破我斧，又缺我銶。周公东征，四国是遒。哀我人斯，亦孔之休。"斧为椭銎之斧；戕为方銎之斧，锜，《说文》："钼金御

①　《逸周书·作洛解》。

②　杨宽：《西周史》，上海人民出版社1999年版，第158页。

③　顾颉刚：《周公执政称王》，《周公摄政和周初史事论集》，北京图书馆出版社1998年版。

也"，是有齿的金属工具；铱，《经典释文》："《韩诗》云：凿属也。一解云今之独头斧"，这里所使用的不是武器，而是生产用的工具，有学者认为"与深入到山林地区作战有关"。① 但实际上应该是周人的征服伴随着殖民据点的建立，征服过程也是巩固统治的过程（图 3—8）。

图3—8 周代青铜工具

周公东征步步为营，很快在原商王畿地区建立了稳定统治，随后征伐原商人的边疆和外服地区。对这一地区的征服主要针对两类人：一类是商遗民的残余势力，《孟子·滕文公下》："周公相武王，诛纣伐奄，三年讨其君，驱飞廉于海隅而戮之，灭国者五十，驱虎、豹、犀、象而远之，天下大悦。"另一类是当地的东夷部族，《后汉书·东夷传》："管、蔡畔周，乃招诱夷狄。周公征之，遂定东夷"，《逸周书·作洛解》："王既归，乃岁十二月崩镐。周公立，相天子，三叔及殷、东、徐、奄及熊、盈以畔……二年，又作师旅……凡所征熊、盈十有七国"，"所谓熊盈族就是指嬴姓的东夷和淮夷"。② 其中势力最大的是薄姑和奄，这两个地区是商王朝巩固边疆重点依赖的对象，《左传》昭公元年："周有徐、奄"，杜注："二国皆嬴姓"。但或者其本身即是商人，是商王朝在边地建设的边陲重镇，奄曾是商人的首都，《竹书纪年》："（南庚）三年，迁于奄"，《太平御览》卷八十三引《竹书纪年》："南庚自庇迁于奄"，而且文献直

---

① 参见杨宽《西周史》，上海人民出版社 1999 年版，第 157 页。

② 同上书，第 134 页。

接称之为"商奄"①、"商盖"②。即使不是商人自建的重镇，其关系也与商王朝十分密切，《尚书大传》："奄君、薄姑谓禄父曰：'武王既死矣，今王尚未幼，周公见疑矣，此百世之一时也，请举事。'"以复兴商国为目的而劝武庚叛乱，显然与商人关系非同一般。周公对奄地的战争进行得十分艰难，采取先枝后干的战略，最终取得了胜利。《韩非子·说林上》："周公旦已胜殷，将攻商盖。辛公甲曰：'大难攻，小易服。不如服众小以劫大。'乃攻九夷而商盖服矣"，商奄以各部夷人为后盾，九夷即败，则商奄亦降。辛甲原为纣王之臣③，熟悉商王朝东部边境的情况，故能提出有针对性的有效战略。西周铜器也有相关记录，《禽簋》："王伐盖侯，周公某，禽祝。禽又敱祝，王易金百寽。禽用乍宝彝"，《冈劫尊》："王征盖，易冈劫贝朋"，古奄与盖通用，盖、商盖即奄、商奄④（图3—9）。奄在今山东曲阜一带，征服商奄后，周人在泰沂山脉以南的最主要敌对据点被击破，周人的实际控制范围扩大到了山东西南部。周公征伐的另一重要据点薄姑，《盩方鼎》："佳周公于征东尸，丰伯、尃古咸弋。公归，荐于周庙。戊辰，饮秦饮，公赏盩贝百朋，用乍尊鼎。"薄姑在今山东淄博一带，征服薄姑，则商王朝在泰沂山脉以北的控制疆域为周人所接受。至此，周人完全继承了商人的领土遗产。

周人对东夷的战争同样伴随着迁民和殖民开发，《史记·周本纪》："召公为保，周公为师，东伐淮夷，残奄，迁其君薄姑"，即是在商奄、薄姑征服后，将商奄之民迁置于薄姑，以集中控制。同时，殖民开发也随着征服进行，《孟子·滕文公下》："灭国者五十，驱虎豹犀象而远之"，《吕氏春秋·古乐》："成王立，殷民反。王命周公践伐之。商人服象，为虐于东夷，周公遂以师逐之，至于江南"，当是迁置大批农业人口在东部开发的结果。

周人对东夷的战争，是周开国史上的重要篇章，使周人的政令可以

---

　①　参见《左传》昭公九年、《左传》定公四年等。

　②　参见《墨子·耕柱第四十六》。

　③　《史记·周本纪》集解引刘向《别录》："辛甲初事纣，七十五谏而不听，去之周。召公与语，贤之，以告文王。事文王、武王为太史，封于长子"，"文王亲自迎之，以为公卿"。

　④　参见陈梦家《西周铜器断代（二）》，《考古学报》第10册；唐兰：《西周铜器断代中的"康宫"问题》，《考古学报》1962年第1期。

图 3—9　禽簋

（《集成》4041）

推广到边远地区，最终成为名副其实的中央王朝。《左传》昭公元年：
"王伯之令也，引其封疆，而树之官。举之表旗，而著之制令。过则有
刑，犹不可壹。于是乎虞有三苗，夏有观、扈，商有姺、邳，周有徐、
奄。"《史记·五帝本纪》正义云："自古诸侯不用王命，虞有三苗，夏
有观扈"，周人对东夷的征服与前代对三苗、观扈的征服一样，是国家
建设过程中的重要标志。在灭商之前，经过周人的经营，周人已经掌握
了西方和南方的诸侯，其在北方也达到山西中部地区，可能通过太行八
陉之一的井陉，到达石家庄一带，甚至可能前进到北京琉璃河一带。周

初召公封燕，决不是孤立的一个据点。唯独在东方，原先有强大的商朝和力量雄厚的夷人，周人一时无力直接征服。通过周公东征，先是将整个原商王朝的疆域纳入直接控制之下，获得了原商人王畿区丰富的资源。然后以此为基础，向东夷进攻，最终重新恢复了强大的中央王朝，并有进一步的拓展。

三监之乱，最初是周人王位争夺的战争，最后演变为周完成从事实上确立其天下共主地位的战争，继之发展为对东夷的战争。由是而进行的周公东征既是周人稳固统治、实现其天下共主地位的战争，也是中原国家稳定边疆、拓展疆域的战争。周人与东夷的战争实际上是中央王朝与周边方国的争夺资源的战争，是对商王朝对东南方夷人战争的继续。从商周交替的角度说，周人继承的商王朝的天下，也要控制商王朝的天下，天下共主的地位不容许周人安于偏居一隅的现状。所以，从某种意义上说，周人东征是必然的事情，即使没有三监之乱为契机，周人也会为其天下共主的实际内容而完成其未结束的征服。

周公东征在周人立国历史上具有重要的意义。

首先，周公东征的胜利真正确立了周人天下共主的地位。在周公东征之前，周人只是名义上的天下共主，尚未能真正继承商王朝的疆域，势力局限于周人故地和原商王畿的南部。周公东征之后，周人完全控制了中原地区，使周人的中央王朝得到广大范围内的认同。

其次，周东征的胜利进一步拓展了中央王朝的疆域。周公东征之后，周人不仅控制了商人的王畿和政治疆域，而且把周人的势力进一步扩充东部沿海，中原王朝的控制范围得到了拓展。

第三，周公东征的胜利为完善的分封制产生提供了条件。分封制度产生很早，商代初年就有分封的出现。但由于国家掌握的资源有限，一直没有形成规范的制度。周公东征将大量殷遗、叛乱贵族及东夷贵族消灭或迁移，获得了大量可以自由支配的土地和人口，使分封制度可以成熟地建立起来。

第四，周公东征的胜利为建立统一的礼乐制度奠定了基础。夏是和平建立的国家，不具备强制推行统一的成体系的制度的条件。商王朝初建时，其控制的领土也局限于晋南、豫西，大片领土和大量人民是在逐渐征服过程中获得的，制定的对策也是不同时间根据不同情况做出的，没有可能制定体系的统一的规范制度。而周公东征的胜利，使周人一下子继承了商王朝从领土、人口到制度的所有政治遗产，可以建立全国通行的规范制度。周公制礼作乐正是在这个基础上进行的，极大地推进了中国国家文明的进程。

第四章

周代的殷遗

第一节　殷遗的处置

周人虽然一战而克商，又取得东征的胜利，但周人代商毕竟是"小邦周"代"大邑商"，商人失败和没有趁三监之乱复国，只是商人战略错误和内部纷争，并不是周人拥有优势力量。所以，虽然殷人已经不能形成有组织的力量对抗周人，但其反抗情绪依然存在，"今惟民不静，未戾厥心，迪屡未同"[①]，"尔乃迪屡不静，尔心未爱。尔乃不大宅天命，尔乃屑播天命，尔乃自作不典，图忱于正"[②]，对周人取得天下共主地位尚不服气，不能安分地接受统治。

为了能安定被征服的地区和人民，巩固周王朝在广大地域内的统治。周人在东征胜利之后的相当长的一段时间，都采取各种措施镇抚新征服地区的殷遗民。周人处置殷遗的手段十分高明，以安抚怀柔为主，同时又加以惩戒和监控，防止叛乱的发生。从周公到成王、康王的几十年间，周人迁移了大批殷遗，同时也建立了许多封国，在原商王朝的疆域内，建立起了周人的统治体系。

一　对殷遗的迁置

关于周人对殷遗的处置，学者多有研究，"东征以后殷民族以五种方式析分各处：一是被称'殷顽'者迁于成周，置于周王朝的直接统治之

①　《尚书·康诰》。

②　《尚书·多方》。

下；二是分配到各国成为被统治者，如鲁国分有殷民六族，卫国分得殷民七族等；三是滞留在郑、曹、祭、温、胙、邬（后来的郑）等中原国家中的下层民众；四是逃散于四方者，尤其是随武庚北逃以及与淮夷一起南下者；五是集中于宋国的，由微子后人统治，以守殷祀"①。殷遗民实可以分为三类：第一类是被迁置于各地的殷遗，周人较为集中地安置殷遗的地区主要有成周、宗周、燕、鲁、齐和宋，这些被迁置于各地者又各有不同，如迁置成周和齐地者，多为参与叛乱或对周怀有对抗情绪的殷遗，是"殷顽民"，迁置于宗周者，多是有专门知识能够为周王朝的朝政服务的高级贵族，迁置于宋者则是与微子亲近与周人较为合作的部族，迁置鲁和齐者则是分封给各诸侯国的臣民，多是有特殊技能的殷遗；第二类是留居原地的殷遗，如康叔封卫，从数量上说，留居于原地的殷遗是最多的，但是这类殷遗大多数是原先地位不高，无缘于政治事务或不关心政治事务的部族，没有较强的组织能力和号召力，对周人的统治构不成威胁的人群，虽然数量最多，但在研究中不被重视；第三类是逃居于边地的殷遗，如箕子奔朝鲜、武庚北奔等事件中随行的部族，这些部族有的避居偏僻，有的部族分散，已经与中原政治事务关系疏远。周人认真对待的是前两类殷遗，其中最重视的是殷遗民中的上层，他们由于具有社会影响力和组织能力而被周人所畏忌，从《多方》、《多士》等文献可以明显看出，针对的主要对象是"殷遗多士"、"商王士"、"殷侯尹民"等贵族。周人对于第三类逃居于边远地区的殷遗只维持名义上的主从关系，并没有实际的控制权。

迁置于各地的殷遗，以成周、宗周、鲁、齐、宋等地为多。

（一）成周

对于参与三监之乱和对周人怀对抗意图的殷遗，周人主要把他们集中到洛邑，并在此建立大城，形成了周人在东部的重要据点。

洛阳地区在地理位置上十分特殊，虽然处于原商王朝的王畿之内，但却是由北部的黄河与东南部的嵩山、南部的熊耳山、西部的崤山围合成一相对独立的特殊单元。商遗被安置在这一地区，一方面依然在商人的旧王畿之内，不会激起被迁离故土的反抗情绪；一方面对受地理阻隔，很难与其他地区的商人形成联合。

在征服商王朝的过程中，周人即将被征服的商人迁往成周。《逸周

---

①　陈立柱：《微子封建考》，《历史研究》2005 年第 6 期。

书·作洛解》："周公立，相天子，三叔及殷、东、徐、奄及熊、盈以畔。周公、召公内弭父兄，外抚诸侯。元年夏六月，葬武王于毕。二年，又作师旅，临卫政殷。殷大震溃，降辟三叔，王子禄父北奔，管叔经而卒，乃囚蔡叔于郭凌。凡所征熊、盈十有七国，俘维九邑，俘殷献民，迁于九毕。""九毕"有的文献作"九里"，关于"九里"和"九毕"的地望，有成周和宗周两种观点，① 参考周初的多种记载和历史情况，周人在克殷之初即计划在洛邑营建新邑并可能进行了初步的施工，文王在克殷西归时表示"自洛汭延于伊汭，居易毋固，其有夏之居。我南望三涂，北望岳鄙，顾詹有河，粤詹洛、伊，毋远天室"，乃"营周居于洛邑而后去"，即周人在洛邑初步建立了据点，后来周公将东征中俘获的众多殷俘徙置于成周。但从当时的情况看，成周还没有大规模兴建，能够容纳的殷遗民应当不会太多。而宗周一带作为周人传统的势力区，统治巩固，更便于对殷遗民的监视和控制，符合迁置殷遗的条件，所以有相当数量的殷遗民迁入宗周一带也是合理的。在周公东征的过程中，成周和宗周都有殷遗民迁入，成周"九里"和"宗周"九毕，很可能是不同文献相互混淆的结果。迁殷遗于"九毕"和"九里"的记载表明，迁置殷遗民在战争进行的过程中即已经开始，"在征熊盈族十七国的同时，'俘殷献民迁于九里'。"② 这些殷遗应当主要是有政治地位的大族以及部分战俘，迁置的目的是削弱殷地反抗力量的基础。

更大规模的迁置殷遗民到洛邑，是在东征胜利以后。随着战争的进行，众多的殷遗被集中到洛邑，为了能够有效控制，周人也增加在洛邑的监管力量，《尚书·洛诰》："惟以在周工，往新邑。伻向即有僚，明作有功，惇大成裕，汝永有辞"，王国维谓："此周公承王之意，使在宗周之百官，皆往新邑，助王行祀礼也"。这些前往新邑的周人，有许多人留在洛邑，参与新邑管理。随着大批周人聚集到洛邑，洛邑成为人口集中的大邑。原有的城邑已经不能适应需要，需要新建城邑，于是周人"五年，营成周"③。

大批殷遗民和周边部族被安置到洛邑，建筑成周，今本《竹书纪年》：

---

①　参见黄怀信等《逸周书汇校集注》，上海古籍出版社 2007 年版，第 518—520 页。

②　杨宽：《西周史》，上海人民出版社 1999 年版，第 158 页。

③　《尚书大传》。

"（成王五年）夏五月，王至自奄。迁殷民于洛邑。遂营成周"，《尚书·洛诰》："惟太保先周公相宅，越若来三月，惟丙午朏。越三日戊申，太保朝至于洛，卜宅。厥既得卜，则经营。越三日庚戌，太保乃以庶殷攻位于洛汭。越五日甲寅，位成"。即迁移大批殷遗民到成周，并役使他们参加筑城的劳役。从相关资料看，成周主要是利用殷遗民的力量建成的。周人对此加以监管，周原甲骨文凤雏 H11：83 有：

见工于洛。（《合补》附 73）

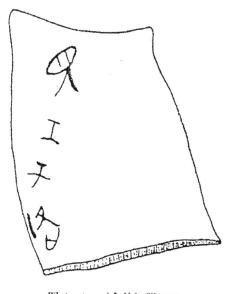

图 4—1　《合补》附 73A

即是周王占卜到成周视察工程进展情况的占卜。周人营洛邑时，已经控制了原商王朝的全部政治疆域，所以所迁置于此地的人员的范围和成分较为复杂。

在成周建成之后，周人复以天命的名义，再次将原居于商王朝控制地区的大批殷遗迁到洛邑，"告尔多士，予惟时其迁居西尔，非我一人奉德不康宁，时惟天命。无违，朕不敢有后，无我怨"①。这次东迁应该是最大

---

① 《尚书·多士》。

规模的迁移。《尚书·多士》孔颖达疏："成周之邑既成，乃迁殷顽民，令居此邑。顽民，谓殷之大夫、士从武庚叛者，以其无知，谓之顽民。"自此成周殷遗的构成也基本稳定下来。周人对成周殷遗的统治也开始进入较正规的管理阶段，《尚书序》："成周既成，迁殷顽民。作《多士》"，孔安国注曰："殷大夫心不则德义之经，故徙于王都，迩教诲也。"

　　成周的殷遗构成很复杂，各地对周人怀有反抗情绪的部族都集中于此。《书序》："成王归自奄，在宗周，诰庶邦，作《多方》"，《多方》："王若曰：猷告尔四国多方，惟尔殷侯尹民"，"四国多方"当指各方国而言，"殷侯尹民"则指殷遗，《尚书·召诰》："越七日甲子，周公乃朝用书命庶殷：侯、甸、男、卫、邦伯。厥既命殷庶，庶殷丕作"，也表明有商王朝的外服侯、甸、男、卫、邦伯参加洛邑的营建事务，不全是殷畿内的内服人员，"当时迁移到洛邑的殷贵族中包括许多'外服'的贵族，就是分封在外的诸侯及其所属的贵族"①。但最多的应该是商畿贵族，《尚书·多士》："惟尔知，惟殷先人有册有典，殷革夏命。今尔又曰：'夏迪简在王庭，有服在百僚。'予一人惟听用德，肆予敢求于天邑商，予惟率肆矜尔。非予罪，时惟天命"，成王称安排给商贵族职事，不是自己的率性而为，而是天命，"肆予敢求于天邑商"表明，多士多是来自商人的王畿区。有学者认为"迁移到洛邑的殷贵族，也包括一部分殷的'内服'贵族，在人数比例上，恐怕只占少数"，依据为"《多士》一篇……第一段诰命是'猷告尔四国多方，惟尔殷侯尹民'，明确指'四国多方'的殷贵族；第二段诰命是'猷告尔有方多士，暨殷多士'，把'有方多士'放在'殷多士'的前面。'有方多士'是指殷所封方国的贵族，也就是'外服'的贵族；'殷多士'是指'内服'的贵族"②。但在《尚书·康诰》中还有这样的内容："惟三月哉生魄，周公初基作新大邑于东国洛，四方民大和会。侯、甸、男邦、采、卫，百工播，民和，见士于周"，《尚书大传》云："（周公）然后营洛，以观天下之心，于是四方诸侯率其群党，各攻位于其庭。周公曰：'示之以力役，且犹至，况导之以礼乐乎！'"可见营洛过程，周人还动用了原非安置于洛邑的殷遗或其他部族的人员，《多士》应是针对所有参与营建工程的人员而言，而不是只针对迁置于洛邑的殷遗而言。所

---

① 杨宽：《西周史》，上海人民出版社 1999 年版，第 161 页。

② 同上。

以，《多士》的语言对象并不能作出安置于洛邑的殷遗主要来自外服的结论。另外，从周初的总体安置看，成周主要集中反抗意识较强的殷遗，同时在其他诸侯国如齐、鲁、燕等地也设有安置归服者的据点，商王朝的外服应该就近安排在其他诸侯国中，只有少量地位较高的贵族才会被安置到成周。

作为控制东方的枢纽，成周的规模很大。《逸周书·作洛解》："南系洛水，北因于郏山，以为天下之大凑。""城方千七百二十丈，郛方七十里。"孔晁注："郛，郭也"，"西周营洛邑决不可能建方七十里之郭。要之，方七十里实指其郊。由此可见，洛邑的营建，其占地范围，包括城、郊在内"①，即成周的规划和营建是将城池和郊、野一同进行的，这应该是对成周所有居民包括周人、殷遗和其他部族居住者的统一安排。殷遗被安置在成周的东郊地区，《书序》："周公既殁，命君陈分正东郊成周，作《君陈》"，是周公之子君陈继周公管理成周殷遗。另外，《书序》还有："康王命作册毕，分居里，成周郊，作《毕命》"，而伪古文《尚书·毕命》："惟十有二年，六月庚午，朏。越三日壬申，王朝步自宗周，至于丰。以成周之众，命毕公保釐东郊"，负责管理殷遗的官员特别注意东郊，说明殷遗当居住在成周之东郊。

考古工作者在洛阳发现了大量殷遗民的墓葬和遗物，为文献记载周人迁殷遗民于成周提供了实物证明。从1952年开始，考古工作者在洛阳发掘殷遗民墓葬数百座，为研究殷遗民的情况提供了丰富资料。1952年考古人员在洛阳东郊发掘了二十座殷遗民墓，其中有两座带南北二墓道的大墓。这些墓葬大部分都有腰坑，腰坑内葬有殉犬，墓室内填土经过夯打，大墓有棺有椁，有熟土二层台。随葬器物有青铜、铅制礼器，陶瓷器等。其中M101二层台上有殉人骨架一具，M105则随葬有马车轮两个。这些殷人墓葬的形制、随葬器物都与安阳殷墟商代墓葬相似②。1953年在洛阳老城东门外发掘两座殷人墓，皆为长方形竖穴墓，有腰坑，一墓棺底铺朱砂，另一墓出土成套的铅质礼器，带有强烈的商文化特色③。1983年在洛阳东花坛南发现殷人墓五座，也均为长方形竖穴墓，都带有腰坑，出土了

---

① 李民：《〈尚书〉与古史研究》，中州书画社1983年版，第192页。

② 郭宝钧、林寿晋：《一九五二年秋季洛阳东郊发掘报告》，《考古学报》1955年第9册。

③ 河南省文化局文物工作二队：《洛阳东关五座西周墓的清理》，《文物》1984年第3期。

鬲、簋、豆、罐、瓿、觯、罍等陶器①。另外，从 60 年代到 90 年代，还在洛阳东关外塔湾地区发掘了一百多座殷遗民墓葬，这些墓葬基本都是带有腰坑的长方形竖穴墓，有的墓出土簋、甗、爵、瓿等铜礼器，有的则有戈、矛、刀、镞等铜兵器，还有的墓有殉人②。发现的这些西周墓葬，墓制与葬制与殷墟同类墓十分相似，熟土二层台、腰坑、殉狗等商人习俗完备。在较大的型墓中，在二层中上安置殉人，墓底铺朱砂，墓壁或二层台置画幔，这些都与安阳同类墓相同。考古资料表明，文献所载殷遗民主要居住在瀍水以东地区是正确的，"殷人之迁洛邑，确居洛邑的瀍东地区，也正是在《逸周书·作洛》所说的'郛（郭）方七十里'的成周范围以内"③（图 4—2）。

除瀍河以东的普通殷遗民外，还有部分从事手工业的殷遗民居住瀍河以西的王室手工业作坊周围。考古人员在洛阳老城北瀍河西岸王室铸铜作坊遗址内发现了近百座殷遗民墓。1971 年，在洛阳北窑发掘了一座殷遗民墓，出土了鼎、卣、尊、斝、瓿、爵、觯等青铜礼器，其中爵上铭有"戈父己"，觯腹内铭"戈"④，戈是商代甲骨文常见的氏族。1973 年这一地区发现一处面积达 20 万平方米的铸铜遗址⑤，该作坊主要铸造青铜礼器、车马器和兵器，为周王朝宗室控制的手工业作坊。此后，考古工作者在作坊遗址周围发现和清理了大量殷遗民墓葬和其他遗迹，其中 1973 年到 1974 年清理了 31 座殷遗民墓葬，大部分为大、中型墓，出土铅、陶器⑥，可能是殷遗民手工业者的上层管理人员的墓葬。1975 年至 1979 年清理数十座殷遗民墓，这些墓主要为小型墓，随葬品很少⑦，当是贫穷手工业者的墓葬。

洛邑是殷遗最集中，也是反抗精神最激烈的殷遗的集中地，所以周人

①　洛阳市文物工作队：《洛阳东关五座西周墓的清理》，《文物》1984 年第 3 期。

②　傅永魁：《洛阳东郊西周墓发掘简报》，《考古》1959 年第 4 期。

③　李民：《〈尚书〉与古史研究》，中州书画社 1983 年版，第 200 页。

④　洛阳博物馆：《洛阳北窑西周墓清理记》，《考古》1972 年第 2 期。

⑤　洛阳博物馆：《洛阳发现西周前期青铜器铸造遗址》，《文物特刊》第 35 期，1977 年。

⑥　洛阳博物馆：《洛阳北窑村西周遗址 1974 年发掘简报》，《文物》1981 年第 10 期。

⑦　洛阳市文物工作队：《1975—1979 年洛阳北窑西周铸铜遗址的发掘》，《考古》1983 年第 5 期。

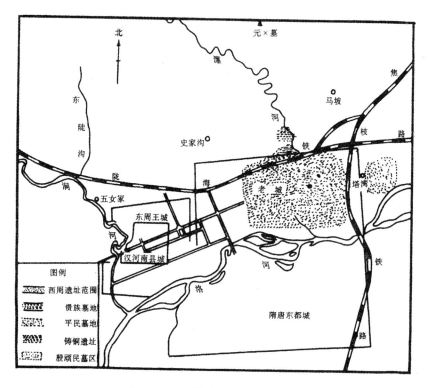

图4—2　西周洛邑城址平面示意图

（采自《20世纪河南考古发现与研究》第408页）

十分重视。周公、成王、召公等多次在洛邑发布文诰。著名的《多方》、《多士》即是对洛邑殷遗发布的文诰，对殷遗进行恩威并施的劝诫。同时，在成周建成后，成王命令德高望重的周公负责管理成周地区。《尚书·洛诰》即记载成王命周公留居洛邑的命令："公，予小子其退，即辟于周，命公后。四方迪乱未定，于宗礼亦未克敉，公功迪将，其后监我士师工，诞保文武受民，乱为四辅"，"公定，予往已。以功肃将祗欢，公无困哉！我惟无斁其康事，公勿替刑，四方其世享"，"王命作册逸祝册，惟告周公其后"，"王命周公后，作册逸诰"，将监控殷遗的任务交给了周公，"成王给予周公监督百官、'保民'以及'司为四辅'的大权，就是统治东都的大权。"[①] 周公受文王之命的答词："予旦以多子越御事笃前人成烈，答其

---

　①　杨宽：《西周史》，上海人民出版社1999年版，第179页。

师，作周孚先"，从"其后，监我士师工"及"予旦以多子越御事笃前人
成烈"看，同留的还有周人的部分官吏和贵族。周公之后，由周公之子君
陈继续掌管成周地区，《书序》："周公既殁，命君陈分正东郊成周，作
《君陈》"，君陈是周公次子，"周公死后，成王重视对成周东郊所住殷贵族
的管理工作，所以继续命令君陈在成周'分正东郊'"①。康王时期，则将
管理成周的任务托于毕公，《书序》："康王命作册毕，分居里，成周郊，
作《毕命》"，《史记·周本纪》："康王命作策毕公分居里成周郊"。"'分居
里'当指编制殷贵族分别居住的乡里簿册，以便加强管理。"②《尚书·毕
命》："惟文王、武王敷大德于天下，用克受殷命。惟周公左右先王，绥定
厥家，毖殷顽民，迁于洛邑，密迩王室，式化厥训。既历三纪，世变风
移，四方无虞，予一人以宁，道有升降，政由俗革，不臧厥臧，民罔攸
劝。……今予祗命公以周公之事，往哉！旌别淑慝，表厥宅里，彰善瘅
恶，树之风声。弗率训典，殊厥井疆，俾克畏慕。申画郊圻，慎固封守，
以康四海。"《毕命》虽系晚出，但其材料有一定可信性，"伪古文《毕
命》，其语调与今文《周书》不协，文字显系晚出。尽管如此，它的原始
素材，却不能全盘否定，即是说，它的基本历史线索仍是可信的。"③ 从
"殊厥井疆，俾克畏慕。申画郊圻，慎固封守"看，殷遗的居住区不仅有
固定的区划，而且有严格的界线，必须定期勘定，不得随意逾越。可见，
周人对成周地区的殷遗防范很严。

（二）西周王畿

西周王畿主要指宗周所在的关中平原地区及其周边地区，西周王畿也
是殷遗主要的迁置地区。关于迁入西周王畿地区的殷遗民，一直没有引起
学界的关注，日本学者白川静最早进行了研究，认为"殷之遗民，亦不仅
在洛阳一地，盖移往宗周者亦夥"④。

《逸周书·作洛解》："周公立，相天子，三叔及殷、东、徐、奄及熊、
盈以畔……二年，又作师旅，临卫政殷。殷大震溃……凡所征熊、盈十有
七国，俘维九邑。俘殷献民，迁于九毕。"关于"九毕"的地点，学者多

①　杨宽：《西周史》，上海人民出版社 1999 年版，第 165 页。

②　同上书，第 166 页。

③　李民：《〈尚书〉与古史研究》，中州书画社 1983 年版，第 248 页。

④　白川静：《甲骨文金文学论丛五·殷代雄族考》。

有争论，有学者认为是"九里"，乃成周地名，也有的学者认为是宗周地名①。从周人迁置殷遗的目的看，是为了使之置于周人的监视之下，当时洛邑还没有兴建，所以不可能将安置数量众多的殷遗，有相当一部分直接迁置于周人本土还是可信的。陈逢衡《逸周书补注述略》言："毕即比原，在今陕西西安府长安、咸宁二县西南。《九经注》引三秦记曰：'长安城北有平原，广数百里。'即此九毕也。今考在万年县西南者，即文、武、周公所葬，在长安、咸阳西北者，乃毕公高所封。据此，则地之广阔可知，故谓之九毕。"西周时在今关中地区带毕字的地名很多，有毕国、毕陌、毕程、毕郢、毕道等。另有毕原，在今长安县祝村、郭杜镇一带，是西周天子陵寝区②。九毕可能是毕原、毕道、毕国等的合称，这一地带是周人势力强大的地区，可以安置殷人，并对其加以监视和镇抚。

西周王畿出土大量殷遗的青铜器，如 1954 年长安普渡村出土的"长囟盉"及诸器③，当是商代长族迁于此地的后裔。1980 年长安花园村出土发掘的 M15、M17 和两座马坑，出土的铜器上铭有"✦"的族徽④，✦族习见于殷墟甲骨文和商金文，是殷人的一个大族，所以此处的墓葬和马坑应该也是殷遗民的遗留。类似的例子还很多，如 1960 年陕西扶风县齐家村出土的中氏家族铜器⑤，1972 年在甘肃省灵台县白草坡墓出土的㵸伯和暖族铜器⑥，1975 年、1976 年先后在扶风县庄白村出土的伯袭家族和微氏家族铜器等⑦（图 4—3），1982 年张家坡、新旺村等地发现的窖藏青铜器⑧，这些铜器"有一个非常引人注目的现象，那就是很多铜器上都铸有殷商氏族的族徽。这些铜器并不是周人灭殷而从殷那里缴获的战利品，因为其中绝大多数都是殷王朝灭亡以后的产物……从这些器群的族徽和铭文

---

① 参见黄怀信等《逸周书汇校集注》，上海古籍出版社 2007 年版，第 518—520 页。

② 卢连成：《西周丰镐两京考》，《中国历史地理论丛》1988 年第 3 辑。

③ 陕西省文物管理委员会：《长安普渡村西周墓的发掘》，《考古学报》1957 年第 8 期。

④ 陕西省文物管理委员会：《西周镐京附近部分墓葬发掘简报》，《文物》1986 年第 1 期。

⑤ 陕西省博物馆、文管会：《扶风齐家村青铜器群》，文物出版社 1963 年版。

⑥ 甘肃省博物馆文物组：《灵台白草坡西周墓》，《文物》1972 年第 12 期。

⑦ 罗西章等：《陕西扶风出土西周伯诸器》，《文物》1976 年第 6 期；陕西周原考古队：《陕西扶风庄白一号西周铜器窖藏发掘简报》，《文物》1978 年第 3 期。

⑧ 中国社会科学院考古研究所沣西发掘队：《陕西长安县新旺村所出西周铜鼎》，《考古》1983 年第 3 期。

内容判断，他们的家族都属于殷灭后西迁的'东土之人'。"① 杜正胜也认为大量东方殷人遗物出土于关中，尤其是扶风、岐山一带，说明周原地区是殷人移居的集中地之一②。许倬云也认为"武王建新都的意愿一时未能实现，仍以宗周为基地，遂有不少殷人旧族迁入陕西。陕西各地出土殷器甚多，其著名者如宝鸡斗鸡台的几群柉禁，及父辛卣，凤翔出土的散氏诸器，郿县出土的大盂鼎小盂鼎，均与䣛尊相同，当是克殷以后渐移入陕"。持同样观点的还有白川静等："殷之遗民，亦不仅在洛阳一地，盖移往宗周者亦夥。"③ 即中氏家族、㵢伯家族、暧氏之族、𢆶伯家族和微史家族等都是从东方迁入西周王畿的殷遗。

图 4—3　伯𢆶簋
（采自《扶风文物志》）

迁置于西周王畿的殷遗还有商王亲族的奠族。商代有奠族，甲骨文中有"子奠"和"侯奠"：

① 吕文郁：《西周王畿殷商遗考略》，《第二次西周史学术讨论会论文汇编》1992 年。
② 杜正胜：《周代城邦》，台北联经出版事业公司 1979 年版，第 506—510 页。
③ 白川静：《甲骨金文学论丛五·殷代雄族考》。

庚寅卜，争，贞子奠隹令。（《合集》3195甲）

辛卯卜，争，勿呼取奠女子。（《合集》536）

奠示十屯。（《合集》18654白）

称以"子奠"并参与整治甲骨的工作，应该是商王室的亲族。而西周时期陕西地区也有名奠的地方，许倬云认为这是因为"克殷之后，郑人中有一部分当在西迁之列，地名随着迁徙的人群而在陕西有名为奠的地点"[①]。即另外，商代的侯奠之族也被迁置于关中地区（图4—4）。

图4—4 《合集》3195甲

被迁置于西周畿的殷遗是经过精心挑选的，大量殷遗都有青铜礼器，说明他们的地位很高。而从相关铜器铭文可以看出，这些殷遗大多是原商王朝中担任一定职务，具有一定知识的贵族。扶风庄白出土了一百多件西周微史家族的铜器，其中的《史墙盘》记载了西周诸王及微史家族历代祖

---

① 许倬云：《西周史》，生活·读书·新知三联书店1994年版，第117页。

先的事迹，其铭云："静幽高祖，在微灵处。雩武王既戈殷，微史剌祖乃来
见武王，武王则令周公舍圖，于周卑处。燕毐乙且，徕匹厥辟，远猷匹乎
辟，远猷匍心子。明亚祖祖辛，毓子孙，多犛，角光，义其祀。文考乙
公，屯无諌，襲嗇戈隹辟。孝史，夙夜不窬，其日蔑。弗敢狙，对扬天子
丕显休令，用乍宝彝。剌且文考，弋受尔。福襃录，黄耇弥生，毚事乎
辟，其万年永宝用。"微史家族显然是殷遗，徐中舒认为微氏的高祖即是
商末的微子，烈祖则是殷后宋国在周的质子①。他们一直受到周王朝的重
用，甚至被视为心腹之臣。同出的另一件铜钟铭云："武王既殷，微史剌
祖乃来见武王，武王则令周公舍，以五十颂处。"关于"五十颂"，有不同
的意见，有学者读颂为容貌之容，是指礼容而言，礼容即威仪，"以五十
颂处"就是掌五十种威仪的意思②。而同窖的第9、10号钟铭则有："丕显
高祖、亚祖、文考克明厥心，疋尹叙厥威仪，用辟先王"，那么微史家族
即担任周王朝掌礼容威仪的礼官。所以有学者认为颂是指卦辞，是殷人占
筮卦辞的方法。微史实际是商王朝掌握占卜知识的神职人员③，可能世代
担任周王朝的史官。夐伯家族亦然，也是投靠周人的殷遗：

> 佳王正月，辰在庚寅。王若曰：录伯夐，自乃祖考有爵于周，有
> 辟四方，佳弘天命，女肇不坠，余赐女巨鬯一卣……录伯夐敢拜稽首，
> 对扬天子丕显休，用乍朕皇考厘王宝尊簋。④ （《录伯夐簋》）

其家族十分显赫，甚至母亲都可以参与军务：

> 夐曰：呜呼！王佳念夐烈考甲公，王用肇使乃子夐率虎臣御淮戎。
> 夐曰：呜呼！朕文考甲公、文母日庚弋休……使乃子夐万年辟事天子，
> 毋有戁于厥身…… （《夐鼎》）
>
> 六月初吉乙酉，在圣自，戎伐馭，夐率有嗣（嗣）师氏徛（奔）追
> 鄼（禦）戎于臧林，搏戎馘，朕文母竞敏啻行，休宕厥心，永袭厥身，

---

① 徐中舒：《西周墙盘铭文笺释》，《考古学报》1978年第2期。

② 裘锡圭：《史墙盘铭解释》，《文物》1978年第3期。

③ 刘翔：《"以五十颂处"解释》，《学习与思考》1982年第1期。

④ 参见唐兰《西周青铜器铭文分代史征》，中华书局1986年版，第397—398页。

俾克厥啻（敌）……（《㦷簋》）

“㦷的父母很受周王重用，地位相当显赫……㦷的母亲日庚很可能是一位出众的女将军。㦷也担任周王朝的武官：

> 㦷曰：呜呼！王隹念㦷烈考甲公，王用肇使乃子㦷率虎臣御淮戎……（《㦷鼎》）
>
> 王令㦷曰：叡，淮夷敢伐内国，女其以成周师氏，戍于古丰师。伯雝父蔑录历，赐贝十朋……（《录㦷卣》）

从铭文看，㦷是地位极高的军事长官。㦷伯虽然被安置于周人畿内，但很可能做过成周的师氏，即可能是殷八师的长官。

所以，迁往宗周及其周围地区的殷遗的身份以及迁置目的与其他殷遗不同，迁往关中的殷遗主要是地位较高，熟悉商王朝各种制度的贵族，他们担任一定职务，为周王朝服务。这当与宗周的首都地位有关，需要接收商王朝的有知识的大臣，为周王朝服务。这种迁置的规模不会太大，但所迁置的殷遗的层次很高。所以，关于西周王畿内殷遗文献记载很少，但畿内出土的青铜器等殷式礼器却很多。许倬云认为“大约庶殷之西移……不外乎以东方旧殷儁彦放在周人王室耳目可见处，一则强干弱枝，安东方的反侧；二则也借重殷文化孕育的人才，为新王朝服务”[1]，有一定道理。

（三）鲁国

鲁国是商王朝在东方的边疆区域，商人曾在此地建有重镇，与当地夷人的关系也十分密切。所以，鲁国是监控殷人的重要地区。《左传》定公四年：“昔武王克商，成王定之，选建明德，以蕃屏周。故周公相王室，以尹天下，于周为睦。分鲁公以大路，大旂，夏后氏之璜，封父之繁弱，殷民六族，条氏、徐氏、萧氏、索氏、长勺氏、尾勺氏。使帅其宗氏，辑其分族，将其类丑，以法则周公，用即命于周。是使之职事于鲁，以昭周公之明德。分之土田倍敦，祝、宗、卜、史，备物、典策，官司、彝器。因商奄之民，命以《伯禽》，而封于少皞之虚。”分与鲁国的殷民六族是来自原商人中心地区的宗族，《逸周书·商誓解》载武王训诫殷遗民说：“王

① 许倬云：《西周史》，生活·读书·新知三联书店1994年版，第117页。

若曰：告尔伊旧何父□□□几、耿、肃、执"，几、耿、肃、执等都是原商都及其附近的大族，其中的肃即殷民六族中的萧氏①。所以，可以肯定鲁国殷遗民中相当一部分是来自商王朝的中心统治区域②。

从记载看，鲁地殷遗的构成很复杂，一是分封迁置的"殷民六族"，一部分是当地的"商奄之民"，后者包括商人和已经商化的夷人。即鲁国殷遗民中既有外来和当地的殷遗，也有部分已经商化的夷人。

由于受商文化影响时间较长，鲁地殷遗的势力很强。文献中有鲁地亳社的记载，《左传》定公六年："阳虎又盟公及三桓于周社，盟国人于亳社，诅于五父之衢"，《左传》昭公十年："平子伐颛取郓，献俘，始用人于亳社"，《左传》哀公七年："师宵掠以邾子益来，献于亳社"，傅斯年据此认为"鲁之统治者是周人，而鲁之国民是殷人"③。另外《春秋》哀公四年记载宋国亦有亳社，"亳社灾"，杜注云："亳社，殷社。诸侯有之，所以戒亡国"④，《穀梁传》也说："亳社者，亳之社也。亳，亡国也。亡国之社以为庙屏，戒也。"亳社即是商人之社，但以之为亡国之社或戒社，则未必然。从《左传》记载鲁国的情况看，亳社不仅还发挥功能，而且是与国人盟的地方，说明亳社是当地的主要土地之神的祭所。这说明，鲁国的上层统治者接受了当地的社神，许倬云认为："'盟公及三桓于周社，盟国人于亳社'，更明白表示了姬姓公室属周人系统，国人则仍保有亳社的信仰，是以鲁的社稷是以两元为基础……大约正因周代在东方封建，或在殷商旧地，或在其他族群久居的地方，这种二元的现象遂为礼仪之常了。"⑤这说明当地的殷遗不仅势力强大，而且拥有较高的社会地位。

20世纪70年代考古人员在曲阜鲁国故城发掘了128座两周时期的墓葬，墓葬的形制、葬俗、随葬品等都明显不同，考古工作者将之区分为甲、乙两组。其中乙组墓确定为周人墓葬，甲组墓的族属则有不同意见，

① 裘锡圭：《关于商代的宗族组织与贵族和平民两个阶级的研究》，《文史》第17辑。
② 参见朱凤瀚《商周家族形态研究》，天津古籍出版社2004年版，第262页。
③ 傅斯年：《周东与殷遗民》，《国立中央研究院历史语言研究所集刊》第4本第3分，1934年。
④ 《春秋·哀公四年》杜注。
⑤ 许倬云：《西周史》，生活·读书·新知三联书店1994年版，第127—128页。

有人认为甲组墓属于当地土著墓，属于夷人墓①，有人则认为甲组属于"殷民六族"的墓葬②。从墓葬的特点看，甲组西周墓的腰坑、殉狗与安阳殷墟墓葬相同，所随葬的簋、豆等器物也带有强烈的商文化特点，应该是商遗民墓葬。更重要的是在曲阜附近地区，没有发现西周以前的腰坑墓，所以这些墓葬很可能是外来商人遗留的结果。即鲁国都城居住从外地迁徙而来的殷遗民。

其实，无论甲组墓为夷人墓还是商人墓，从总体而言，都可以称为"殷遗民"。从记载与考古资料看，商人在鲁西南地区建立统治的时间较早。商人自大戊时代始即向东开拓领土，中丁时代向东方大举进攻，到河亶甲时代已经大体稳定了东方的疆域，南庚则将都城迁到鲁西南，《竹书纪年》载"南庚更自庇迁于奄"，奄地即在今曲阜地区。从考古资料看，商人势力自二里岗上层进入山东，很快就达到鲁西南，"仲丁时期是商文化东向大扩展时期，白家庄期遗存东向分布于山东济南市至滕州市一线，整个泰沂山脉以西的山东西部地区皆已纳入商文化的分布范围"③。在此后的数百年中，这一地区都处于商人的统治之下，商化十分明显。山东滕州前掌大商代遗址表明，商人在鲁南的根基是十分深厚的。所以，到周人灭商后，与武庚等联系最紧密、反抗周人最坚决的也是这一地区的居民。

从总体上看，鲁国的殷遗以当地居民为多，周王朝所封赐的"殷民六族"多是具有特殊技能的部族，这应该是对鲁的奖赏，所以构不成殷遗的主要部分。

（四）齐国

齐国也是商人影响长久及东夷势力强大的地区，齐国封建接受了大量当地的原居民，包括殷遗，即齐地的主要所遗是留居当地的原住民。

但齐也有迁置的殷遗。齐地殷遗较集中的地区是薄姑，《书序》云："成王既践奄，将迁其君于蒲姑，周公告召公，作《将蒲姑》"，《史记·周本纪》亦载："东伐淮夷，残奄，迁其君薄姑"。奄在今山东曲阜，曾是商

---

① 张学海：《试论鲁城两周墓葬的类型、族属及其反映的问题》，《中国考古学会第四次年会论文集》，文物出版社 1985 年版。

② 参见魏训田《鲁城"甲组墓"族属考》，《文物春秋》1998 年第 4 期；杨锡璋：《殷墟的年代及性质问题》，《中原文物》1991 年第 1 期。

③ 张国硕：《论夏末早商的商夷联盟》，《郑州大学学报》2002 年第 2 期。

王南庚建都之地，商文化气息浓厚，所以文献与金文也称"商奄"或"商盖"。周人将奄地之民迁于薄姑，当是将参与对抗周人的大族集中迁置于薄姑。薄姑是商人在山东的另一重要据点，其地在临淄以北的博兴境内，临当时太公所封的营丘很近，将奄地的殷遗与夷人迁于薄姑，当是利用太公对此二地的殷遗予以监控。

另外，黄县归城还出土铜器启卣、启尊，其铭云：

> 王出兽（狩）南山，甪逦山谷，至于上侯，滺川上，启从征堇不
> 夔，乍且丁宝旅障彝，用匄鲁福，用夙夜庭事。戈箙。（《集成》
> 5410）
> 　　启从王南征，更山谷，在洀水上，启乍且丁旅宝彝。戈箙。（《集
> 成》5983）

启卣盖则铭"帀父辛"。"戈箙"族徽在商代铜器中常见，其对祖先的称呼又以日干为名，"启的祖父用丁辛名号，似是殷遗。"[①]

另外，1951 年黄县还出土了八件曩族铜器，曩姓虽然学者认为其为姜姓[②]，但曩在商代甲骨文和铜器中常见，所以其与商人的关系也十分密切。或许是姜姓中的曩姓已经部分商化，在太公封齐后，这部分商化的姜姓曩族也被安置在了山东地区。

面对商人的深厚影响、殷遗和东夷的强大实力，太公没有表现出征服者的威严，而是"因其俗，简其礼"[③]，遵循当地的风习。《史记·齐太公世家》记载了齐国的各代王："盖太公之卒百有余年，子丁公吕立。丁公卒，子乙公得立。乙公卒，子癸公慈母立。癸公卒，子哀公不辰立"，皆从殷人之俗，称以日干，"姜姓而袭子姓的命名习惯，殆为东土多旧族，齐公室也'从其俗'之故。"[④]

（五）燕国

燕国也有大量殷遗。北京琉璃河出土的克罍盖铭文云：

---

① 许倬云：《西周史》，生活·读书·新知三联书店 1994 年版，第 136 页。
② 同上；陈絜：《试论殷墟聚落居民的族系问题》，《南开学报》2002 年第 6 期。
③ 《史记·齐太公世家》。
④ 许倬云：《西周史》，生活·读书·新知三联书店 1994 年版，第 137 页。

　　王曰：太保，隹乃明，乃鬯享于乃辟。余大对乃享，命克侯于
匽。旋羌、马、𩦂、𩁹、驭、𢼸，克宧匽，入土暨厥司（图4—5）。

图4—5　克罍

（《集成》2703）

羌、马、𩦂、𩁹、驭、𢼸等皆是周王朝分给燕的属民。羌，应该即是商代
甲骨文中的羌方，卜辞常见：

　　　　王叀次令五族戍羌方。(《合集》28053)
　　　　乙丑王卜，贞禽巫九禽，余作障遣告侯、田册叡方、羌方、羞方、
　　	嬜方，余其比侯、田甾戋四邦方。(《合集》36528 反)

马方，也见于商代甲骨文：

　　　　癸未卜，宾，贞马方其征。在沚。(《合集》6)
　　　　甲辰卜，争，贞我伐马方帝受我佑。一月。(《合集》6664 正)

叡，即叡方，也见于殷墟甲骨文：

　　　　乙丑王卜，贞禽巫九禽，余作障遣告侯、田册叡方、羌方、羞方、
　　	嬜方，余其比侯、田甾戋四邦方。(《合集》36528 反)
　　　　戍及叡方戈。
　　　　戍弗及叡方。
　　　　戍甲伐戋叡方佼。(《合集》27995)

商代青铜器中有叡稟卣，其铭文作：

　　　　子赐叡稟珏一，叡稟用乍丁师彝。(《集成》5373)

此铭的稟，即商代卜辞中的盂，甲骨文有：

　　　　丁卯，王卜，贞禽巫九禽，余其比多田于多伯征盂方伯炎。叀衣
　　	翌日步……左自上下于叙示，余受有佑，不曹戋……于兹大邑商，亡
　　	虫在畎。引吉。在十月遘大丁翌。(《合集》36511)

盂是商代的一个方国。驭，亦当是一个方国的名称[1]。羌、马、稟、叡、
驭，这些都受商人征伐后归服商王朝的异姓方国和部族。微，商代和西
周都有微国，有学者甚至认为其中的微即子姓微族，是商纣王之兄微子

---

①　殷玮璋：《新出土的太保器及其相关问题》，《考古》1990 年第 1 期。

的本族①。

另外，琉璃河 M52 还出土了复鼎和复尊，都是西周初器，都铸有铭文②。复鼎铭曰：

> 侯赏复贝三朋，复用作父乙宝尊彝。举。

复尊铭文曰：

> 匽侯赏复絅衣、臣、妾、贝，用作父乙宝尊彝。举。

"举"族徽的出现，说明复属于举族。举族是商代重要的部族之一，商代青铜器中举族的器物非常多，如：

> 癸巳，钺赏小子暐贝十朋。在上鲁。佳钺令伐人方，暐宾贝用作文父丁尊彝。在十月四。举。（《集成》4183）
> 甲寅，子赏小子省贝五朋，省扬君赏，用作父己宝彝。（《集成》5394）
> 王赐小臣缶湡积五年，缶用作享太子乙家祀尊。举，父乙。（《集成》2653）

商代举族铜器出土地点较复杂，涉及事情亦较多，关于其家族的归属与地位，也有多种意见，或以为其为西北部族③，若以为东夷部族④，或以为殷人八大姓氏之一⑤，或以为属于商王室宗族⑥。无论举族是异姓还是子姓，其归服于商王朝并在商王朝占有举足轻重的地位是毋庸置疑的。燕地的复

---

① 尹盛平：《新出太保铜器铭文及周初分封诸侯授民问题》，《第二次西周史学术讨论会论文汇编》1992 年。

② 北京市文物考古研究所：《琉璃河西周燕国墓地》，文物出版社 1995 年版。

③ 丁山：《说冀》，《历史语言研究所集刊》第 1 本第 2 分，1930 年。

④ 史树青：《无敄鼎的发现及其意义》，《文物》1985 年第 1 期。

⑤ 秦建明、张懋镕：《说甇》，《考古与文物》1984 年第 6 期。

⑥ 刘士莪、尹盛平：《微氏家族青铜器群研究》，文物出版社 1992 年版，第 58—78 页。

应该是举家族的一员，是被迁徙到燕地的殷遗民或其后裔。

琉璃河 M251 还出土了一件鼎，铭文作：

亚矣妣作彝。（《集成》2035）

《三代吉金文存》14.10.7 著录了一件盉，为周初器，其铭曰：

矣侯亚妣，匽侯赐亚贝，用作父乙宝尊彝。

铭文内容为燕侯对矣侯亚妣赏赐。北京顺义牛栏山出土了成组的矣亚妣铜器，计有鼎、尊、卣、觯各一件，爵、觚各 2 件，上都铸有矣亚妣氏族徽号[①]。矣亚妣的铜器在殷墟多有出土，为殷商重要的部族[②]，有学者甚至认为矣即箕子之箕[③]，那么矣亚妣之族应属于商王朝的王族。出土于北京一带的矣亚妣诸器表明，一部分矣族殷遗也被安置到了燕国。

此外，北京昌平白浮西周墓出土铭文铜器，有学者认为其铭文是"箕"，是商人的族徽，"该墓主，极有可能是因周初武王既已把商代箕族旧封蓟邑封于他人而作为箕族之遗民而被迫稍作北迁者。"[④] 但白浮墓的整体特征符合周人的埋葬习惯，应该不是殷遗民之墓。所以，其中出现的少量殷人特征，只是受当地浓厚殷遗影响的结果。

北京房山琉璃河遗址被认为是西周时期燕国的都城，考古工作者在此发掘了部分西周墓葬，并划分为 I 区墓和 II 区墓两部分，其中 I 区墓为殷遗民墓，II 区墓为周人墓。I 区墓葬都有腰坑，腰坑中有殉狗，其中有 7 座墓葬还有殉人，"这些现象都和商代晚期的殷人埋葬习俗相同"，"墓主很可能是殷的遗民。"[⑤]

从上述可知，燕地迁置而来的殷遗民中，既有很早就归服于商的异姓宗族，又有商王朝的王室宗族。封燕在克殷之后，召公奭又是克殷的功

---

①　程长新：《北京市顺义县牛栏山出土一组周初带铭青铜器》，《文物》1983 年第 11 期。

②　参见曹定云《"亚其"考》，《殷墟妇好墓铭文研究》，云南人民出版社 2004 年版。

③　唐兰：《西周青铜器铭文分代史征》，中华书局 1986 年版。

④　陈平：《燕史纪事编年汇按》，生活·读书·新知三联书店 1995 年版，第 123 页。

⑤　琉璃河考古队：《1981—1983 年琉璃河西周燕国墓地发掘简报》，《考古》1984 年第 5 期。

臣，所以所授予的人群中有大量殷遗，目的在于使殷遗大族远离故地，置于封建重镇燕国的监控之下。

燕国的封地最为特殊，在封建之初，它本身在殷人的传统势力范围内，既远离周人的统治范围，又南与武庚主管的邶为邻。燕处于商人原来的政治疆域边缘，北则是孤竹等商人的久服之国以及箕子朝鲜等殷遗之国。所以燕国的殷遗，并非全是分所遗民所得，而是本地的原居殷民①。

燕国文化的殷遗特色也最浓厚，考古发掘和传世铜器中有很大一部分带有浓厚商人色彩，除上举的各器外，还有：

图 4—6   《伯矩鬲》
（《集成》2703）

燕侯令堇馈太保于宗周，庚申太保赏堇贝，用作太子癸尊鬶。（《堇鼎》）（琉璃河 M253）（图 4—6）

在戊辰，燕侯赐伯矩贝，用作父戊尊。（《伯矩鬲》）（琉璃河 M251）

侯赏攸贝三朋，攸用作父戊宝尊彝。启作禖。（《攸簋》）（琉璃河 M53）

燕侯旨作父辛尊。（《燕侯旨作父辛鼎》）（《恒轩》16）

侯赐宪贝、金，扬侯休，用作召伯父辛宝尊彝，光用太保。（《宪鼎》）（《录遗》94）

从上述铭文可以看出，燕地流行殷人的日干称名风俗，而"燕侯旨作父辛尊"、"召伯父辛"等称呼的出现表明，即召公家族也用日名。燕国殷遗的势力影响都很大。

（六）卫国

《尚书·康诰》称"成王既伐管叔、

---

①   印群：《试析琉璃河遗址商代陶器分期及其殷遗民之来源》，《2004 年安阳殷商文明国际学术研讨会论文集》，社会科学文献出版社 2004 年版。

蔡叔，以殷余民封康叔"，西周初年的青铜器《谋駧徒簋》也记录了当时的分封情况：

> 王来伐商邑，诞令康侯啚于卫，谋駧土（徒）疑罘鄙，乍厥考尊彝。(《集成》4059)（图 4—7）

图 4—7　《谋駧徒簋》

(《集成》4059)

康叔被派到卫地，管理当地的殷遗。

卫国处于商王朝的中心地区，居住着大批殷遗民。卫国的殷遗民可以分为两部分，一部分是原本地居民，由于大批上层居民被迁出原居地，所以卫地的殷遗民当主要是留居在当地的下层商人。这些人与政治关系疏远，不会参与到反周斗争中去。

另外，卫地也接受了一批周王授予的殷遗。《左传》定公四年："昔武王克商，成王定之，选建明德，以蕃屏周……分康叔以大路、少帛、绮茷、旃旌、大吕，殷民七族，陶氏、施氏、繁氏、锜氏、樊氏、饥氏、终葵氏；封畛土略，自武父以南，及圃田之北竟，取于有阎之土，以共王职。取于相土之东都，以会王之东搜。聃季授土，陶叔授民，命以《康诰》，而封于殷虚。皆启以商政，疆以周索。"这些殷遗与鲁所受的殷遗民一样，也主要是有技能的手工业部族，他们可能是周王从征服地区内挑选出的精壮族群，作为赏赐而分封给卫国的。

殷遗民构成卫国人口的主要部分，所以，《尚书·康诰》称康叔"汝乃以殷民世享"。

（七）宋国

宋是微子所封，宋是商人的旧地，在商王朝政治疆域之内，所以宋地有大量原有居民。在周灭商后，又从王畿地区迁来大批殷遗民。

《荀子·成相》："纣卒易乡，启乃下，武王善之，封之于宋"，《潜夫论·志氏姓》："微子开，武王封之宋"。《乐记》载武王"投殷之后于宋"，郑注："投，举徙之辞也。时武封纣子武庚于殷墟。所徙者微子也，后周公更封之。"这是在三监之乱前的事情，即在分命武庚主持邶地商人旧畿的同时，也将大量商人迁徙到宋地。

三监是周人争夺王位的动乱，商人完全有复国的机会，不幸的是商人也面临同样的王位争端，即复国战争以及复国后，该由武庚还是微子执掌国家政权的问题。武庚显然是最有力的王位继承者，所以微子宋采取了观其变的政策。没有发动其影响下的殷遗参加到复国战争中来。

周公东征之后，又对宋进行了重新分封，《史记·宋微子世家》："周公既承成王命诛武庚，杀管叔，放蔡叔，乃命微子开代殷后，奉其先祀，作《微子之命》以申之，国于宋。微子故能仁贤，乃代武庚，故殷之余民甚爱戴之。"这次重封也给予了微子大量人民，《史记·管蔡世家》载："而分殷余民为二：其一封微子启于宋，以续殷祀；其一封康叔为卫君，是为卫康叔"，这里宋国所得"分殷余民为二"的殷遗民当不是指宋已经有的人口而言，应该是周人重新把畿内一批较顺服的人口充实到宋国。

宋地虽是商人旧地，但却处于其政治疆域的边缘，是商人与淮夷交错的地区，而淮夷是商代末年商王朝讨伐的主要对象之一。将商人安置于宋，就具有突出的战略意义。即把商人与其旧敌安置为邻，使商人处于周人和淮夷的夹击位置，不敢轻举妄动。而宋国在周初的动荡中也确实求安自保，没有出现反抗周人的举动。

作为原来中央王朝商朝的后继者，宋国在西周的封国中占有特殊的地位。《吕氏春秋·诚廉》载："又使保召公就微子开于共头之下，而与之盟曰：'世为长侯，守殷常祀，相奉桑林，宜私孟诸。'""世为长侯"的长，是一种此处的长为居长之长①，是指让宋成为诸侯中最首要的诸侯。

（八）其他地区的殷遗

其他地区也有殷遗的遗迹。

河北中、南部属于商王朝旧畿，又是商人传统势力深厚地区，《史记·殷本纪》载"祖乙迁于邢"，商王祖乙曾都于此②。邢台地区有数十处早于殷墟的大面积商代遗址，其考古学文化为"祖乙迁邢"提供了依据③。在武王灭商之后，这一地带也被分给武庚管理，是殷遗较集中的地区。三监之乱中，这里的殷遗很可能参与了叛乱。在三监之乱被平定之后，参与叛乱的大族或者被消灭或者被迁置到成周，但众多下层商人则留在原地，依然是周人需要重点监控的地区。河北元氏县发现邢侯铜器，其铭有"赐臣三品：州人、重人、鄘人"，"所谓的州、重、鄘三品，即为殷时的旧族"。④ 封邢国于此，有监控殷遗的目的（图4—8）。

邢台南小汪西周遗址中有明显的商文化特征，"在南小汪遗址工商局区下层所出土的器物具有明显的早期特征，如陶鬲、簋等。陶鬲折沿方唇，沿面较窄，上面没有凹弦纹，多在唇下内侧有一周凹槽，分裆三袋足，裆较高，通体饰绳纹，此种陶鬲形制接近于殷墟第四期，是典型的商式鬲……从器物组合和墓葬形制上分析，这些器物较多继承了殷商风格，鬲、簋、罐与殷墟四期为接近"⑤。

---

① 林沄：《长子口墓不是微子墓》，《黄盛璋先生八秩华诞纪念文集》，中国教育文化出版社2005年版。

② 参见杨升南《"殷人屡迁"辨析》，《甲骨文与殷商史》第二辑，上海古籍出版社1986年版。

③ 参见郑绍宗《河北考古发现研究与展望》，《文物春秋》1992年增刊；唐云明：《试论邢台夏商文化遗址及其相关问题》，《邢台历史文化论丛》，河北人民出版社1990年版。

④ 刘顺超：《初论西周邢国史及其相关问题》，《西周文明论集》2004年。

⑤ 同上。

图4—8　《邢侯簋》

河南鲁山、上蔡、襄县、信阳等地也发现过殷遗民的墓葬和铜器。

1951年，河南鲁山仓头村出土了一批青铜器，该批青铜器出土后散失，后追回5件，有尊1、提梁卣1、觯1、爵2。其中卣器底有铭文"□作父乙尊彝□"，尊上有铭文"子孙父庚"，爵铭为"人祖辛"，其他铜器的铭文由于漫漶不清无法辨认①。这批器物属于西周初期，应该属于当地殷遗民的遗物。

1956年，河南上蔡县田庄村出土了一批西周初期铜器，计有鼎、甗、尊、簋、卣、觯、瓡各1件，爵2件，还有陶罐、簋等6件②。其中铜瓡圈足内有铭文"作父辛障亚妣"，铜爵有铭文"□父己卜"。这批青铜器具

① 裴琪：《鲁山县发现一批重要铜器》，《文物参考资料》1958年第5期。

② 刘东亚：《河南上蔡出土的一批铜器》，《文物参考资料》1957年第11期。

有明显的晚商特征，又有周初特点，时代应属于西周初期。属于殷遗民的遗物。

1976 年，考古人员在河南襄县霍庄村发掘了一座西周初期墓葬，其形制为长方形竖穴墓，墓底有腰坑，腰坑内有殉狗一只。出土铜器 10 件，计有鼎 1、簋 1、尊 1、卣 1、觯 1、爵 2、铃 1、镙 2。其中 5 件铜器带有铭文，其铭为"父辛叟矣"、"叟矣父辛宝彝"、"矣父辛"等①。此墓葬器物重酒器组合，器物形制和纹饰保留着商代晚期风格，铭文则有西周初期的作风，是一座殷遗民的墓葬。

南方也有辗转迁封的殷遗民。出土于江苏丹徒的《宜侯矢簋》："赐在宜王人□又七姓，赐奠七伯，厥□□又五十夫，赐宜庶人六百又□六夫。"杨宽先生认为"所谓'宜在王人'是以前商王之人，原为贵族，所以有姓而以姓计数。'王人□又七姓'，如'殷民六族'或'怀姓九宗'一样，是分给封国的旧贵族以便用作'国人'的"②，即江苏丹地区也有已经成为"宜在王人"的殷遗民存在（图 4—9）。

从上述讨论可以看出，殷遗分散在各个地区内。下层商人因为宗族势力较小，与政治中心权力关系疏远，不会产生强烈的复国情绪，所以大多留在当地。而有势力和反抗情绪与能力的大族和上层贵族，则多被迁往各地，以消弭隐患。

从殷遗的分布可以看出，周人对殷遗的安置不是随意的，而是与其对全国的控制布局紧密相关。除处于诸姬围困之中的宋之外，其余都是周初封建的重地，宗周为周人源地、成周为新建都邑、卫为康叔之国、齐为太公之国、燕为召公之国，皆周人势力最强、地位最高最精干的大臣所封之国。大量安置殷遗的地方，同时也是周人封建的重镇，这显然是威慑殷遗控制全国的政策之一。

据研究，商代晚期商王朝控制的疆域大致为北至河北涿州、北京地区，南到河南柘城、鲁山，西到山西汾水流域，东到山东淄博，东南方向到达枣庄、江苏徐州地区。这一地区的边缘会因为地形、自然环境、商王朝的经营策略等因素影响而前后推移。根据这一地理范围，综合周初殷遗民的分布状况，可以看出，周人安置殷遗民基本集中于三种地区，一是周

图4—9　《宜侯夨簋》

（《集成》4320）

人力量集中的地区，如宗周、洛邑；二是商人原有的传统势力区，如卫、邢；三是原商王朝疆域的边缘地带，如燕、鲁、齐、宋以及考古发现的襄县、鲁山、上蔡殷遗民遗留。三者的安置重点和目的各有不同，周人力量集中地区主要为地位较高、能量较强的殷商大族，迁置的目的在于使其脱离原来的民众基础，消除其反抗周人统治的能力，同时利用其掌握的礼乐知识为周王朝服务；商人原有势力区主要是当地的殷遗民，上层贵族多被迁徙到其他地区，留居下来的主要是下层宗族，受到周人封国势力的监视和控制；商王朝边疆地带的殷遗民包括两部分，一部分是当地已经商化了的部族，另一部分是迁徙而来的商人贵族以及已经商化了的其他部族的上层贵族，将他们安置于边境地区，一方面可以充实周人的边疆，为周人巩固边土开拓疆域提供力量，一方面可以使他们迫于外来的压力而放弃与周人的对抗，从而减小殷遗复辟的危险。

与迁置殷遗民相适配的政策是分封诸侯。将因迁置而失去上层贵族的原商王朝的土地和人口分配给宗室子弟、功臣谋士和归服的权贵，以巩固在各地的统治。其中重要的分封有卫、唐、齐、燕、鲁、宋等。其中齐、燕、鲁、宋等实是武王时期已建立，但并没有实际的"授民授疆土"，二次分封则补充了人民与土地的实际内容，使之成为真正掌有一方的政治实体。分封依然具有明确的战略设想，卫占领商人王畿，而唐、燕、齐、鲁对商人旧畿形成包围，宋则处于卫、鲁以及其他同姓、异姓封国及淮夷的夹翼之间。值得注意的是，二次分封中周人在商王朝旧畿的北部也分封了诸侯，即是邢侯，河北出土邢侯之器，表明周人在邢台一带建立了邢侯封地，"这次元氏铜器的出土，铭文明确记载戎人大多出于今元氏县境的泜水流域，有力地证明邢的初封就在今河北邢台"[①]。邢侯不仅领受了土地和殷遗，而且具有征伐的权力，"传世康王时的铜器《麦尊》铭文称邢侯为'元侯'……联系到麦尊与臣谏簋铭文，则邢侯主管的王之命令，亦莫于方伯的职掌了。"[②]

另外，《诗·大雅·韩奕》中说："溥彼韩城，燕师所完。王锡韩侯，其追其貊，奄受北国。"《左传》僖公二十四年："富辰谏曰……邗、晋、应、韩，武之穆也"，杜注："四国皆武王子……在河东郡界"，杨伯峻认为："其本封当在今河北省固安东南之韩寨营"，沈长云也认为："诗《韩奕》之梁山、韩城该当燕地之梁山、韩城"[③]，二韩国一在今陕西韩城县，一在今河北固安县，均姬姓。即在北京左近也出现了周人的封国。

这样周人就弥补了从卫到燕之间的商人旧地的空隙，完全控制了商人的全部政治疆域。

周人的分封一直持续到康王时期，基本确立了周人的统治体系。

东征之后的分封与武王分封有很大的不同，武王时期的分封实际是军事据点，目的在于实现军事战略，也在于宣布天下共主的名位，并没有"授民授疆土"的实际内容。东征之后的分封，则是在取得了可支配的土地、人口资源后，实行的资源重新分配，目的在于稳定疆域巩固统治。自

---

① 李学勤、唐云明：《元氏青铜器与西周的邢国》，《考古》1979 年第 1 期。

② 沈长云：《邢台历史文化论丛》，河北人民出版社 1990 年版。

③ 沈长云：《西周二韩国地望考》。

"授民授疆土"角度而言，武王时期没有分封，但自"屏藩周"角度而言，武王实行了分封。真正成熟的分封，则是在东征胜利之后才进行的。由于东征胜利进行的分封具有实际内容，规模大，数量多，所以成为后人认识分封和引述分封的典范，被与武王分封合而言之，如《左传》定公四年："昔武王克商，成王定之，选建明德，以蕃屏周"，即将武王分封与周公分封合而言之。

二　殷遗的状况

周人虽然取代了商人的政权，但并没有力量完全控制全部商人。商人依然保留着相当的力量，《史记·周本纪》："维天建殷，其登名民三百有六十夫，不显亦不宾灭"，《集解》引徐广曰"一云'不顾亦不宾成'，一又云'不顾亦不恤也'"，《索隐》引《随巢子》说："天鬼不顾，亦不宾灭"。这说明，即使没有上天保佑，这些族氏也能够存在。针对这种情况，周人采取宽松的统治政策，给予殷遗以很大的自由空间。

（一）殷遗民依然保留了宗族组织

《左传》定公四年："昔武王克商，成王定之，选建明德，以蕃屏周。故周公相王室，以尹天下，于周为睦。分鲁公以大路、大旂、夏后氏之璜、封父之繁弱、殷民六族，条氏、徐氏、萧氏、索氏、长勺氏、尾勺氏。使帅其宗氏，辑其分族，将其类丑，以法则周公，用即命于周……分康叔以大路、少帛、綪茷、旃旌、大吕，殷民七族，陶氏、施氏、繁氏、锜氏、樊氏、饥氏、终葵氏……"这些被迁置的商人都是以族为组织整族迁徙的。考古资料也表明各地的殷遗留在了原有的宗族当中，曲阜故城和北京房山琉璃河都有独立的殷遗墓地，保持着合族而葬的传统，其中比较典型的曲阜县城西北角的殷遗民墓地，墓群各墓出土铜器中都有铙，随葬陶器中皆有罐。而墓群排列整齐，墓向基本一致。该墓群的同期墓属于同一个群体，是一处贵族家族墓地[①]。

同时，从西周时期的大量具有殷人特点的青铜器铭文看，有相当的殷遗民氏族依然保留下来，依然使用本族的徽号，如员鼎、旅鼎、旃鼎等依然使用"举"族的徽号（图4—10），启卣、启尊依然使用"𣪘"徽号等。

---

① 印群：《从墓葬制度看殷遗民文化特色嬗变之不平衡性》，《中国历史文物》2004年第4期。

图4—10　旂鼎

（《集成》2670）

　　殷遗民保持族组织，各族族长担当起基层组织长官的责任，负责对本族的治理。西周铜器中有相关的记载：

　　　　……在五月既望辛酉，王令士上眔史寅殷于成周，眚百生豚，眔赏卤鬯、贝，用作父癸宝尊彝。臣辰册夨。（《集成》5421）（见图4—11）

　　殷即殷见，此铭大意为，王令士上与史寅到成周殷见百生，同时赏赐给百生以卤盛的鬯酒和贝。"'百生'即百姓，与殷墟卜辞中的'多生'意近，是指众多个家庭的族长。在本铭中即是指从殷墟迁至成周的殷遗民诸宗族

图 4—11　士上卣

（《集成》5421）

之族长们。"[1]

（二）殷遗保留了自己的财产

周人维护了殷遗的基本生存条件，《尚书·多士》："亦惟尔多士，攸服奔走臣我，多逊。尔乃尚有尔土，尔用尚宁干止，尔克敬，天惟畀矜尔；尔不克敬，尔不啻不有尔土，予亦致天之罚于尔躬！今尔惟时宅尔邑，继尔居"，给予殷遗民以田、宅，使其生产和生活。考古资料表明，商人不仅拥有生产资料，而且拥有相当的财富。曲阜故城、洛阳北窑、房山琉璃河等殷遗墓地中，许多殷遗民的墓都有丰富的随葬品，形成一定的器物组合，如琉璃河墓属于殷遗民墓的Ⅰ区墓地中，M50、M52、M53铜

---

① 朱凤瀚：《商周家族形态研究》，天津古籍出版社 2004 年版，第 279 页。

器中都有爵、觯、尊的组合，而 M52 和 M53 还各有车马坑，其中 M52 随葬两套车马①，陕西长安花园村出土发掘的 M15、M17，属于殷遗民族的墓葬，除随葬大批铜器、玉器及部分漆器外，还各附葬一座车马坑②。其他各地有大批殷遗的铜器出土，这些铜器不仅属于殷遗，而且带有强烈的殷人特征，彭裕商在分析成周殷遗器物时说，"他们不仅带去了已有的铜器，同时还带去了百工，在洛阳继续铸造殷式铜器"③。可见，殷人不仅能从事农业，而且还从事铸造业等各个行业的经营。

（三）殷遗保留了自己的风习

维护商人的固有习俗是周人的重要策略之一。《左传》定公四年："昔武王克商，成王定之，选建明德，以蕃屏周……分鲁公以大路、大旂、夏后氏之璜、封父之繁弱、殷民六族，条氏、徐氏、萧氏、索氏、长勺氏、尾勺氏……分康叔以大路、少帛、綪茷、旃旌、大吕，殷民七族，陶氏、施氏、繁氏、锜氏、樊氏、饥氏、终葵氏……皆启以商政，疆以周索"，《仪礼·士冠礼》解释说："是以定四年祝佗云，殷人六族，在鲁启以商政。亦不变本国之俗，故开商政示之"，即利用当地的风俗治理。曲阜故城、房山琉璃河、洛阳北窑殷遗民墓地皆遵循了商人的故习，保留了腰坑、殉狗等惯例，与同地的周人墓形成明显区别。其中琉璃河 M202 中甚至还出现了人殉或人牲，这是明显的商人遗风。同时，各地的殷遗墓随葬器物组合中，大都带有明显的重酒器特点，如曲阜故城殷遗民墓，"据以上的铜器组合来看，殷遗民墓与周人墓的相异之处从西周早期就显而易见，而且当时殷遗民铜器基本组合中以酒器为多的特点，到鲁国故城墓地甲组墓中发展为以酒器觯为铜器基本组合。这殷遗民文化特色的又一重要方面"④，正与殷人爱酒的习性相符合。《尚书·酒诰》表明，周人对本族严格禁酒，有敢犯酒禁者，"汝勿佚，尽执拘以归于周，予其杀"，但对于

---

① 印群：《从墓葬制度看殷遗遗民文化特色嬗变之不平衡性》，《中国历史文物》2004 年第 4 期。

② 陕西省文物管理委员会：《西周镐京附近部分墓葬发掘简报》，《文物》1986 年第 1 期。

③ 彭裕商：《周代的殷代遗民》，《纪念殷墟甲骨文发现一百周年国际学术研讨会论文集》，社会科学文献出版社 2003 年版。

④ 印群：《从墓葬制度看殷遗遗民文化特色嬗变之不平衡性》，《中国历史文物》2004 年第 4 期。

殷遗民饮酒，则予以宽容，"又惟殷之迪诸臣惟工，乃湎于酒，勿庸杀之，姑惟教之。"殷遗民墓葬重酒器的随葬组合，正可以与文献的记载相印证。

（四）殷遗保留了自己的宗教信仰

《左传》定公六年："阳虎又盟公及三桓于周社，盟国人于亳社，诅于五父之衢"，鲁地建有亳社，而且是国人公共活动的场所，这说明亳社的功能一直被保留了下来，亳社依然是当地土地之神的代表。另外，《左传》昭公十年："平子伐莒取郠，献俘，始用人于亳社"，《左传》哀公七年："师宵掠以邾子益来，献于亳社"，献俘于社是殷人的习俗，《尚书·汤誓》："不用命，戮于社"，即是将战斗中的逃跑者杀戮于社。

铜器中有《我鼎》，其铭云：

> 佳十月又一月，丁亥，我作御祭祖乙妣乙，祖己妣癸，诞祄毇。二母咸兴，福二，贝五朋，用作父己宝尊彝。亚若。（《集成》2763）

彭裕商以我鼎为殷遗之物[①]，如是，则殷遗保留了完善的祭祀制度，可以自由祭祀自己的祖先（图4—12）。

（五）殷遗保留了自己的武装

商人还保留有自己的武装。殷八师、成周八师是西周的重要武装力量，学者认为其中相当的兵力是由殷遗民组成的，"周人把一部分被征服的殷人编成军队，并非暂时现象，而此制差不多和西周王朝相终始"[②]，是周王朝维护治安和对外征伐的重要依靠力量，说明殷遗拥有参加军队的权力。

另外，从全国考古发现的殷遗民墓看，殷遗民大多持有自己的武器，在陕西周原、北京琉璃河、河南洛阳、山东淄博等地发现的西周殷遗民墓中，殷遗民随葬武器的墓占相当大的比例，如房山琉璃河殷遗民墓中有8座随葬青铜兵器戈，另外还有刀、剑、矛、镞等兵器，还有一座车马坑，内埋两匹马拉的战车和青铜戈。鲁国故城殷遗民墓中也有2座墓出土铜戈，还有铜剑，1座墓出土镞，7座墓出土石戈，还有1座既出铜戈又出

---

①　彭裕商：《周初的殷代遗民》，《纪念殷墟甲骨文发现一百周年暨殷商文明国际学术研讨会论文集》，社会科学文献出版社2003年版。

②　吴荣曾：《有关西周"六师"、"八师"的若干问题》，《西周文明论集》2004年。

图 4—12　《我鼎》

（《集成》2763）

石戈以及铜镞的墓。这些现象说明，殷遗民拥有自身的武装力量。

（六）殷遗保留了部分殷人的旧法

《尚书·武成》记载武王克商后"反商政，政由旧"。周公东征胜利后，周人继续了这一政策，对鲁、卫的分封即要求他们"启以商政"①，

----

① 《左传》定公四年。

《尚书·康诰》："往敷求于殷先哲王，用保乂民，汝丕远惟商耇成人，宅心知训。别求闻，由古先哲王，用康保民"，是求教于商人遗老，继用商人先王的治世之法。《康诰》还有"外事，汝陈时臬，司师……汝陈时臬，事罚蔽殷彝，用其义刑义杀"，孙星衍《尚书今古文注疏》云："此言外朝听狱之事，汝陈列是法，以司察其众。此商家刑罚有伦理可从也"，康叔封于卫，乃商人旧地，沿用商人旧法。

（七）殷人可以担任周王朝的官职

周人大量攫用殷遗民中的人才。《尚书·多方》："尔乃自时洛邑，尚永力畋尔田，天惟畀矜尔，我有周惟其大介赉尔，迪简在王庭。尚尔事，有服在大僚"，说周人要简拔殷遗中的优秀者，使之在周的王庭服事。《诗·大雅·文王》：

> 穆穆文王，于缉熙敬止。假哉天命，有商孙子。商之孙子，其丽不亿。上帝既命，侯于周服。
>
> 侯于周服，天命靡常。殷士肤敏，祼将于京。厥作祼将，常服黼冔。王之荩臣，无念尔祖。

可见殷人已经成为周王祭祀的助祭者。西周时期，有大量殷遗在周王朝的政治事务中担任职务，其供职情况，可以分四种情况：在周王室供职、在卿士大夫贵族家族供职、在诸侯国供职、受封为诸侯①。

在金文中可以找到很多这方面的例子，在周王室任官的有举族、长族、□族、微史族、录𢦚族等。举族是殷商时代一个大族，其族传世的铜器有𠭯卣、小臣缶鼎等。𠭯卣盖铭为"举，母辛"，器铭为：

> 乙巳，子令小子𠭯先以人于堇，子光赏𠭯贝二朋。子曰：贝，唯蔑汝历。𠭯用作母辛彝。在十月二。唯子曰：令望人方霉。（《集成》5417）

小臣缶鼎铭为：

① 何景成：《族氏铭文资料所体现的西周王朝对殷遗民的政策》，《古文字研究》第26辑，中华书局2006年版。

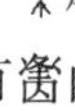

　　王锡小臣缶湄积五年，缶用作享大子丁家祀尊。举。父乙。(《集成》2653)(图4—13)

图4—13　《小臣缶鼎》

(《集成》2653)

器物和铭文表明举族是商王朝的大族，有学者认为是王室王子之族[1]。举

---

　　① 杜正胜：《殷遗民的遭遇与地位》，《中央研究院历史语言研究所集刊》第53本第4分，1988年。

族在周王朝建立后，有一部分迁入周朝的王畿区，为周王室服务，西周金文有：

> 惟正月既望癸酉，王兽于昏廪，王令员执犬，休善，用作父甲鼎彝。举。（《集成》2695）
>
> 惟八月初吉辰在乙卯，公易旂仆，旂用作文父日乙宝尊彝。举。（《集成》2670）

身为殷遗民的员、旂等人都在西周王朝中参与政务，其中旂很可能即是西周金文中出现的师旂、伯旂，有伯旂鼎：

> 伯旂作宝鼎。（《集成》2040）

另有师旂鼎：

> 唯三月丁卯，师旂众仆不从王征于方雷，使厥友引以告于伯懋父，在芳，伯懋父廼罚得㠱古三百孚，今弗克厥罚，懋父令曰：义播，厰厥不从厥右征，今毋播，其有内于师旂，引以告中史书。旂对厥贸于尊彝。（《集成》2809）

师旂鼎记载了师旂没有率军配合周王朝的军事行动受到惩罚，说明师旂是拥有军事权力的将领。殷遗民长族中亦有人在周王朝供职：

> 唯三月初吉丁亥，穆王在下减位，穆王飨醴，即井伯、大祝射，穆穆王蔑长囟以徕即井伯，井伯氏贲不奸，长囟蔑历，敢对扬天子丕丕休，用肇作尊彝。（《集成》9455）

长囟参与了穆王与井伯的飨礼，并受到赏赐，可见殷遗民长囟可以参与周王朝的朝聘事务。1980 年长安花园村出一批铜器，上铭"✤"族徽[1]，《归俎鼎》云：

---

① 陕西省文物管理委员会：《西周镐京附近部分墓葬发掘简报》，《文物》1986 年第 1 期。

唯八月辰在乙亥，王在莠京，王易益帛䌛偬金，肆㪚，对扬王休，用作父辛宝盨。亞。（《集成》2726）

《厚趠方鼎》铭云：

唯王来格于成周年，厚趠又𧸒于濂公，趠用作氒文考父辛宝尊盨，其子子孙孙永宝。亞。（《集成》2730）

亞族习见于殷墟甲骨文和商金文，是殷贵族，这应该是服务于西周王畿的殷遗民。《史墙盘》记载了殷遗民微史家族的历史：

曰古文王初𤔲龢于政……雩武王既𢦏殷，微史剌祖乃来见武王，武王则令周公舍㝢，于周卑处。燮史乙且，徕匹厥辟，远猷匹乎辟，远猷匄心子。明亚祖祖辛，毓子孙，多釐，角光，义其祀。文考乙公，屯无諫，農嗇戉佳辟。孝史，夙夜不窬，其日蔑。弗敢狙，对扬天子丕显休令，用乍宝尊。（《集成》251）

记载了微史家族从剌祖到乙公在西周任职的历史。另有《作册折》尊：

佳五月，王在干，戊子，令作册折兄见土于相侯，锡金、锡臣，扬王休，佳王十又九祀。用乍父乙尊，其永宝。木羊册。（《集成》9303）（图4—14）

作册折即《史墙盘》中的亚祖祖辛[1]，是西周王朝的史官，参与王朝事务。除参加周王朝的礼仪、朝聘等事务外，殷遗民还是西周军事力量的重要组成部分，最明显的例子是录𢒫家族，1973年，陕西省扶风县庄白村出土了一批青铜器，器主为伯𢒫[2]，这批器物与《攈古录》、《三代吉金文存》录𢒫

---

[1]　参见杜正胜《殷遗民的遭遇与地位》，《中央研究院历史语言研究所集刊》第53本第4分，1982年。

[2]　周原考古队：《陕西扶风出土的西周𢒫伯诸器》，《文物》1976年第6期。

图4—14　作册折觥

（《集成》9303.2）

尊、彔戓簋、彔伯戓簋等器，与庄白出土器物属于同属彔戓家族。据学者考证，是商灭亡后迁置于关中地区的殷遗民，其在商末周初的世系为：

父丁—彔子圣—乙公—甲公—伯戓

彔戋原本属于商王室宗族，甚至可能是商王嫡系后裔①。在西周王朝，彔戋家族依然拥有较高的地位，是重要的军事将领。戋鼎铭云：

> 佳六月初吉，乙酉，在堂师，戎伐叡，戋率有司、师氏奔追御戎于棫林，博（搏）戎獣。（朕）文母竞敏行，休宕乓心，永袭乓身，卑（俾）克乓啻乓敌，隻（获）馘百，执讯二夫，俘戎兵、盾、矛、戈、弓、箙、矢、裨、胄，凡百又卅又五款，捋戎，俘人百又十又四人。卒搏，无斁于戋身。（《集成》4331）

记载了戋率军在棫林之战中获胜，大败戎人。另记录录戋军事业绩的器铭还有：

> 戋曰：乌虖！王唯念辟剌考甲公，王用肇使乃子戋率虎臣御淮戎。（《集成》2824）
> 王令戋曰：淮夷敢伐内国，汝其以成周师氏戍于叶师。伯雍父蔑彔历，锡贝十朋。（《集成》5420）

是周王让戋率成周之师征伐淮夷和南夷的记录。

以上资料表明，殷遗民中有相当一部分贵族保持了较高的地位，并参加到周王朝中央政府的军、政事务当中，起着重要的作用。

殷遗民在西周公卿、诸侯处服务的记载也多见，如《能匋尊》：

> 能匋赐贝于乓夲公矢🐾五朋，能匋用作文考父日乙宝尊彝。举。（《集成》5984）

能匋受到夲公的赏赐，应该是夲公的下属。另有出于北京琉璃河的《复鼎》和《复尊》：

> 侯赏复贝四朋，复用作父乙宝尊彝。举。（《集成》2507）

---

① 参见杜正胜《殷遗民的遭遇与地位》，《中央研究院历史语言研究所集刊》第53本第4分，1982年；吕文郁：《西周王畿商遗民考略》，《第二次西周史学术讨论会论文汇编》1992年。

匽侯赏复䌽衣、臣、妾、贝，用作父乙宝尊彝。举。（《集成》5978）

此二器出于琉璃河 M52，墓主为复，应该是燕侯的臣下。

受封为诸侯的殷遗民贵族，最重要的就是微子之宋国。另外，殷遗民中的长、黿等族也可能被封为诸侯。河南鹿太清宫长子口墓，是一座拥有南北两墓道的中字型大墓，长达 47.75 米、宽 7 米，规模很大，出土器物丰富，仅铜礼器即达 85 件，其地位远远高于一般贵族，应"为一地的封君"①。另有铜器献侯鼎、丁侯鼎，其器铭为：

唯成王大桒在宗周，赏献侯𪔂贝，用作丁侯尊彝。黿。（《集成》2626）

勅𪔂作丁侯尊彝。天黿。（《集成》2346）

黿族是商代即存在的大族，北京平谷刘家河商代墓地即发现这一徽号。两鼎中的"丁侯"，为商代诸侯，武王时期归服周王朝②。丁侯、献侯使用侯的称号，说明是周朝的诸侯国。献侯、丁侯都同属天黿族，献侯又为丁侯做器，献侯很可能是丁侯的后继为侯者。

周人还利用商人贵族作为低层管理者，《尚书·多方》："王若曰：猷告尔四国多方，惟尔殷侯尹民"，殷侯指殷之诸侯，尹民，或尹氏之误，指殷原来的官吏。《尚书·召诰》："越七日甲子，周公乃朝用书命庶殷：侯、甸、男、卫、邦伯"，很显然，殷遗民的原来管理机构被大体保留了下来，原来的贵族依然负有管理的责任。《尚书·洛诰》："拜手稽首，旅王若公，诰告庶殷，越乃御事"，也是保留了原商人的管理者。《士上鼎》云：

……在五月既望辛酉，王令士上眔史寅殷于成周，䢔百生豚，眔赏卣鬯、贝，用作父癸宝尊彝。臣辰册𠁥。（《集成》5421）

---

① 河南省文物考古研究所等：《鹿邑太清宫长子口墓》，中州古籍出版社 2001 年版，第 210 页。

② 于省吾：《释黾、黿》，《古文字研究》第 7 辑，中华书局 1982 年版。

王令士上与史寅到成周殷见百生，"'百生'即百姓，与殷墟卜辞中的'多生'意近，是指众多个家庭的族长。在本铭中即是指从殷墟迁至成周的殷遗民诸宗族之族长们。"① 即殷遗民各族族长是周王朝认同的基层组织的领导者。

总的看来，殷遗虽是被征服者，但并没有沦为种族奴隶，依然具有相当的独立性和较高的社会地位。这当与周人以"小邦周"代"大邑商"，力量不足以奴役商人，所以侧重抚柔政策以及加强与商人的同化交融有关。《左传》定公六年："阳虎又盟公及三桓于周社，盟国人于亳社，诅于五父之衢"，周贵族盟于周社，国人盟于亳社，说明商人之社是当地土地之神，而商人也取得了国人的资格。

三　殷遗承担的义务

殷人失国之后，成为周朝的臣民，作为被征服的民族，他们并没有被奴役，而是享有相对宽松的政策，对周王朝承担义务。

（一）服兵役

周王朝武装中的重要组成部分殷八师，即是主要由殷遗民组成的。"周人把一部分被征服的殷人编成军队，并非暂时现象，而此制差不多和西周王朝相终始。"② 金文中也有利用殷八师进行征伐的记载。《小臣谏簋》铭载："东夷大反，伯懋父以殷八师征东夷。"（图 4—15）

相当多的殷遗贵族在周王朝担任军事职务，为周服兵役，如西周时期的彔威家族。他们是殷遗民，属于商王族的后裔③。在前一节引的铭文中记载了他们为周王朝服兵役参加战争，帮助周人平定戎人、夷人侵叛的事情，特别是《彔鼎》中有：

> 佳六月初吉，乙酉，在堂师，戎伐馭，彔率有司、师氏奔追御戎于棫林，博（搏）戎馘。（朕）文母竞敏行，休宕氒心，永袭氒身，卑

① 朱凤瀚：《商周家族形态研究》，天津古籍出版社 2004 年版，第 279 页。
② 吴荣曾：《有关西周"六师"、"八师"的若干问题》，《西周文明论集》2004 年。
③ 杜正胜：《殷遗民的遭遇与地位》，《中央研究院历史语言研究所集刊》第 53 本第 4 分，1988 年。

图 4—15　小臣谏簋

（《集成》4238.2）

（俾）克乓啬乓敌……（《集成》4331）

从"（朕）文母竞敏行"的记载看，不仅身为殷遗民的戋在周王朝中担任军事要职，参与征伐戎、夷的战争，而且戋的母亲也参加了战斗，并取得了辉煌的战绩。这种女子为将出征的习俗，是殷人遗风，甲骨文中的妇好即是商王朝的重要将领。商人重妇，允许妇参与各种宗教、军政事务[①]，与周人"牝鸡无晨"，排斥妇女干预政务的思想不同。从戋母参与战斗看，戋率领的军队完全按照商人的习俗行动，戋率领的这部分武装当是完全由殷遗民组成，而不是与周人武装的混编。

周王朝利用殷遗民武装征伐异族是很普遍的情况，大量西周青铜器都

---

　　① 参见徐义华《甲骨刻辞诸妇考》，《殷商文明暨纪念三星堆发现七十周年国际学术研讨会论文集》，社会科学文献出版社 2003 年版。

有殷遗民征伐东夷、淮夷以及江汉一带蛮夷的记录。利用殷遗民对抗东方和南方的敌对势力，当是一种"以夷制夷"的策略，一方面打击了东方和南方的敌人，另一方面又削弱了殷遗民的势力，更破坏了历史上商王朝作为中央王朝与边疆地区异族曾经有过的联盟关系。

（二）承担粮赋

周人取得全国统治地位后，对被征服区居民征收粮赋，《左传》定公四年："昔武王克商，成王定之，选建明德，以蕃屏周……（鲁、卫）皆启以商政，疆以周索……（唐）启以夏政，疆以戎索。"杜预注："疆理土地以周法。索，法也。"学者认为，"根据文献，周索可能就是孟子所谓'周人百亩而彻'。"[①] 即鲁、卫等殷遗民聚居的地区，虽然风习上沿用商人旧政，但土地管理和赋税方面，要实行周人的方法。

至于殷遗民具体的粮赋负担，没有直接的记载，但先秦文献关于周代制度的内容可资参考。《孟子·滕文公》说："夏后氏五十而贡，殷人七十而助，周人百亩而彻，其实皆什一也。"即夏、商、周三代生产者向政府交纳的粮赋比例都是十分之一。《孟子·滕文公》又说："请野九一而助，国中什一使自赋"，杨向奎先生解释这句话说："是指在野实行助法，国中实行彻法；助法行于野人，而彻法行于君子……《周礼》中乡遂和都鄙田制不同，正是彻、助分头并行，而孟子主张从周，他所说的正是周制。"[②] 而"野人"很多时候是对殷遗民的称呼，《论语·先进》云"先进于礼乐，野人也；后进于礼乐，君子也"。傅斯年认为野人即先开化的失国沦为平民居于乡间的殷遗民，而君子是指后开化的居于国中的周人[③]。那殷遗民应该是"九一而助"，即九家合耕一份公田的劳役型粮赋。类似的记载还有《考工记·匠人》郑玄注："以《载师》及《司马法》论之，周制，畿内用夏之贡法，税夫无公田；以《诗》、《春秋》、《论语》、《孟子》论之，周制，邦国用殷之助法，制公田不税。"即王畿内实行贡法，而邦国内实行助法，也表明对周人和殷遗民的粮赋征收方式有所不同。毛奇龄《四书賸言》载："周制彻法但通贡、助。大抵乡遂用贡法，都鄙用助法，总是

---

① 杜正胜：《西周封建的特质》，《食货月刊》第 9 卷第 5、6 合期，1991 年。

② 杨向奎：《宗周社会与礼乐文明》，人民出版社 1997 年版，第 294 页。

③ 傅斯年：《周东封与殷遗民》，《中央研究院历史语言研究所集刊》第 4 本第 3 分，1934 年。

什一。"即西周时在不同地区实行不同的税法，有些地区保留着夏、商的税法。即虽然方式不同，但交纳的总量都是十分之一。

殷遗民的"九一而助"的助法，周王朝保留了殷遗民劳役地租的形式，更利于把殷遗民束缚于土地，便于实施控制。而对周人则实行"什一使自赋"的彻法，采取实物地租的方式，生产者享有的自由较殷遗为多。但殷遗与周人交纳的粮赋数量比例同一，并没有特殊的歧视。

从此也可以看出，助法和彻法的差别有二，一是丈量方法上助法为五十亩为单位，而彻法以百亩为单位；二是助法是共耕公田的劳役型赋税，而彻法是"自赋"的实物型赋税。所以，殷遗民的"疆以周索"，可能只是在丈量方式上改百亩为单位，而不是全盘采用与周人完全一致的方式。

（三）承担力役

资料中关于个体承担力役的记载很少，确定的只有周初营洛邑的记载，《尚书·康诰》中还有这样的内容："惟三月哉生魄，周公初基作新大邑于东国洛，四方民大和会。侯、甸、男邦、采、卫，百工播，民和，见士于周"，《尚书大传》云："（周公）然后营洛，以观天下之心，于是四方诸侯率其群党，各攻位于其庭。周公曰：'示之以力役，且犹至，况导之以礼乐乎！'"即是征集各地人力修筑成周，其中相当一部分是殷遗民。

大规模的力役主要是通过侯国、宗族组织的。《史记·定公元年》："孟懿子会城成周，庚寅，栽。宋仲几不受功，曰：'滕、薛、郳，吾役也。'薛宰曰：'宋为无道，绝我小国于周，以我适楚，故我常从宋。晋文公为践土之盟，曰：'凡我同盟，各复旧职。'若从践土，若从宋，亦唯命。'仲几曰：'践土固然。'薛宰曰：'薛之皇祖奚仲，居薛以为夏车正。奚仲迁于邳，仲虺居薛，以为汤左相。若复旧职，将承王官，何故以役诸侯？'仲几曰：'三代各异物，薛焉得有旧？为宋役，亦其职也。'士弥牟曰：'晋之从政者新，子姑受功。归，吾视诸故府。'"记载周王要筑城，向诸侯派遣力役，宋企图由滕、薛、郳代替出役。这种派遣给宋的力役，最终也将由国中平民承担，殷遗民也在其中。

（四）承担手工业劳动

《左传》定公四年记载了分给鲁、卫殷遗民的情况："昔武王克商，成王定之，选建明德，以蕃屏周……分鲁公以大路，大旂，夏后氏之璜，封父之繁弱，殷民六族，条氏、徐氏、萧氏、索氏、长勺氏、尾勺氏……是使之职事于鲁，以昭周公之明德……分康叔以大路、少帛、綪茷、旃旌、

大吕，殷民七族，陶氏、施氏、繁氏、锜氏、樊氏、饥氏、终葵氏；封畛
土略，自武父以南，及圃田之北竟，取于有阎之土，以共王职。"这十三
族中就有九族是"以事名官"或"以氏名官"：索氏为绳工氏族，长勺氏
和尾勺氏为酒器工氏族，陶氏为陶工氏族，施氏为旗工氏族，繁氏为马缨
工氏族，锜氏为锉刀或釜工氏族，樊氏为篱笆工氏族，终葵为锥工氏族。
这些以技术见长的氏族，为周王朝和各诸侯国提供手工业生产服务。

　　洛阳北窑西周王室青铜器作坊遗址为研究殷遗民承担手工业劳动提供
了资料。洛阳北窑铸铜遗址东西长 700 米，南北宽 300 米，总面积 20 多
万平方米，在遗址内发现了房基、柱础、道路、墓葬等遗迹，出土陶范数
以万计，这些陶范都是铸铜器用的，器型有鼎、簋、尊、卣、觚、爵、觯
等，花纹以兽面纹、凤鸟纹、圆涡纹、云雷纹等纹饰为主。还发现一处熔
炉遗迹，熔炉直径在 1 米左右，炉壁用泥条盘筑而成，下有 3 处鼓风口，
应是使用皮囊鼓风的遗迹[1]。此作坊以铸造礼器和兵器为主，"所出产品与
北窑西周贵族墓中出土的青铜器相同，可见这是周王室控制下的铸铜手工
业作坊"[2]。在铸铜遗址范围内，发现了百余座殷遗民墓葬，这些墓葬大体
可以分为两类，一类为大中型墓葬，形制较大，有二层台，随葬有铜器、
陶器，有的铜器有铭文；另一类为小型墓，随葬品很少，甚至没有随葬
品，有的死者还有捆绑痕迹，属于非正常死亡[3]。这些殷遗民墓葬，当是
在王室青铜作坊从事组织和劳动的殷遗民，属于服务于周王朝的技术工人
（图 4—16）。

　　在周人的王畿地区也发现了一些手工业作坊遗址。据统计，陕西周原
发现多处西周手工业作坊遗址，计有冶铜遗址 3 处、制玉遗址 3 处、制骨
作坊遗址 4 处、制陶作坊遗址 3 处、制瓦作坊遗址 1 处[4]，如云塘、张家
坡、白家庄等地有制骨作坊遗址，齐家遗址有铸铜遗址，召陈、任家有制
陶遗址。这些遗址与聚落相联系，规模很大，其中云塘制骨遗址东西长约

　①　洛阳博物馆：《洛阳北窑西周遗址 1974 年度发掘简报》，《文物》1981 年第 7 期。

　②　张剑：《洛邑成周殷遗民史迹考察》，《夏商文明研究》，中州古籍出版社 1995 年版。

　③　参见洛阳博物馆《洛阳北窑西周遗址 1974 年度发掘简报》，《文物》1981 年第 7 期；洛阳
博物馆：《洛阳北窑西周墓清理记》，《考古》1972 年第 2 期；洛阳市文物工作队：《1975—1979 年
洛阳北窑西周铸铜遗址的发掘》，《考古》1983 年第 5 期。

　④　辛怡华、刘宏岐：《周原——西周时期异姓贵族的聚居地》，《文博》2002 年第 5 期。

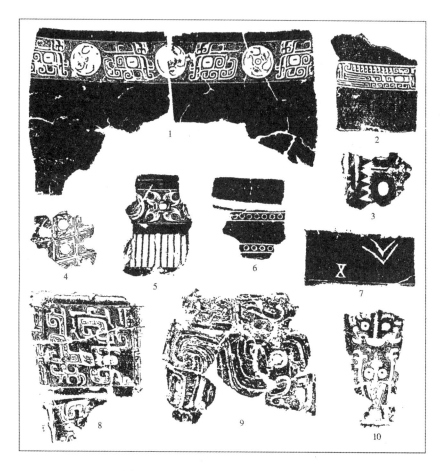

图4—16 洛阳北窑出土西周陶范残块

（采自《中国考古学·西周卷》第65页）

220米，南北宽300米，面积达6万多平方米，灰坑中埋有大量骨料，共出土骨料达2万多斤，还出土了铜刀、铜锯、铜钻、石刀、石斧、砺石等生产工具，出土的产品有骨笄、骨铲、骨凿、骨刀、骨锥、骨针等，其中骨笄最多，占半成品总数的9%，表明这个作坊以生产骨笄为主，这里是直接为西周王室及上层服务的手工业作坊[①]。有学者认为这些手工业作坊主要是迁居到周原的东方异姓氏族主持和劳作的，"迁居到周原的异姓贵

① 中国科学院考古研究所：《沣西发掘报告》，文物出版社1962年版。

族在当时都是拥有较高文化水平的人群，有先进的知识和技能，姬周统治者利用他们的长处，让他们在周原这块土地上发展手工业生产，既起到了打击异姓贵族势力和加强周王朝统治作用，又发展了社会经济。"①

山东曲阜鲁国故城遗址也发现了西周的铸铜冶炼遗迹，该遗迹位于鲁国故城西北，"残存的遗迹包括炉门、火膛、火道、炉床、烟囱等部分。炉身呈圆形，直径1.5米"，附近的灰坑出土陶范碎块、铜渣、烧土块等，很可能是烘烤陶范的烘炉②。另外还在确定为殷遗民的甲组墓M138中发现了一块铜镞范，此范"由两块形制相同的陶范组成，范呈椭圆形，内面各刻十一枚双翼短铤镞模"③。墓中随葬陶范说明墓主的身份应该是与冶铸青铜器有关，即殷遗民也是鲁国青铜冶铸业的重要力量（图4—17）。

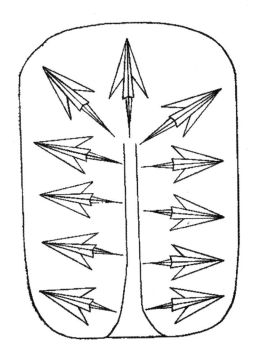

图4—17　曲阜鲁国故城甲组墓陶镞范

（采自《曲阜鲁国故城》第110页）

---

①　辛怡华、刘宏岐：《周原——西周时期异姓贵族的聚居地》，《文博》2002年第5期。

②　山东文物考古研究所：《曲阜鲁国故城》，文物出版社1983年版，第50页。

③　同上。

从当时的分封情况看，周王朝这种技术氏族的分配和迁置当是普遍的，充分继承了商人的技术经验。最能反映这一情况的是周代的铜器风格，周原铜器并不发达，但在周人灭商之后的短时期内，周人铜器变得成熟而发达，而且风格纹饰统一，这应该是发挥商人技术的结果。

先秦时期，税赋制度不完善，征收实物较少，主要是通过力役形式征取，包括耕种公田、承担劳役等，一些有技术、知识的殷遗民则承担手工业劳动、文化服务等。从周代历史看，殷遗民所承担的义务并不是特别地重，与周人平民的负担并没有太大差别，所以《荀子·议兵》认为："殷之服民所以养生之者也，无异周人。"

第二节　周人对商遗的控制措施

虽然周人对殷遗民的政策以抚柔为主，但周、商之间毕竟是征服与被征服关系，还存在强烈的对立。为了维护和巩固统治，周人还从思想精神上打击商人的反抗意志，在实际事务上监控商人的力量。

周人通过宣扬天命、加强认同等方式，既给殷遗以强烈的思想震慑，又对其进行安抚。周人对商的意识之战可以分为以下几个方面。

一　宣扬天命

周人承认商人之先王的功业，也承认商之前的先代圣王之功业。《尚书·多士》："自成汤至于帝乙，罔不明德恤祀。亦惟天丕建，保乂有殷，殷王亦罔敢失帝，罔不配天其泽"，《尚书·酒诰》："在昔殷先哲王迪畏天显小民，经德秉哲。自成汤咸至于帝乙，成王畏相惟御事，厥棐有恭，不敢自暇自逸，矧曰其敢崇饮？"对商人的先祖予以充分的肯定。同时也承认商之前各代先王的功业，《史记·陈杞世家》："杞东楼公者，夏禹之后苗裔也，殷时或封或绝，周武王克殷纣，求禹之后得东楼公，封之于杞，以奉夏后氏也。"《史记·陈杞世家》："陈胡公满者，虞帝舜之后也……至于周武王克殷纣，乃复求舜后得妫满，封之于陈，以奉帝舜祀，是为胡公"，《左传》襄公二十五年："庸以元女大姬配胡公而封诸陈"。

在承认各代功业的基础上，承认商革夏命合理，《尚书·多士》："上帝引逸，有夏不适逸；则惟帝降格，向于时夏。弗克庸帝，大淫泆有辞。

惟时天罔念闻，厥惟废元命，降致罚；乃命尔先祖成汤革夏，俊民甸四方”，“惟尔知，惟殷先人有册有典，殷革夏命。今尔又曰：‘夏迪简在王庭，有服在百僚。’予一人惟听用德，肆予敢求于天邑商，予惟率肆矜尔。非予罪，时惟天命。”①《尚书·多方》：“亦惟有夏之民叨懫日钦，劓割夏邑。天惟时求民主，乃大降显休命于成汤，刑殄有夏。惟天不畀，纯乃惟以尔多方之义民不克永于多享；惟夏之恭多士，大不克明保享于民，乃胥惟虐于民，至于百为，大不克开。乃惟成汤克以尔多方简，代夏作民主”，声称商人灭夏而立是按天命而行，符合上天的意志。

在承认夏商更替合理的基础上，寻找商人革夏命的原因和依据。说商人之所以能革夏命，是因为夏“有夏诞厥逸，不肯慼言于民，乃大淫昏，不克终日劝于帝之迪，乃尔攸闻。厥图帝之命，不克开于民之丽，乃大降罚，崇乱有夏。因甲于内乱，不克灵承于旅；罔丕惟进之恭，洪舒于民”②，最终导致“不集于享，天降时丧”，而革命的重任落到商汤的肩上，“天惟时求民主，乃大降显休命于成汤，刑殄有夏”。说明政权灭亡是自行不义，暴虐人民，最终导致上帝不佑，国家灭亡。

在确立国家灭亡原因的基础上，周人极力宣扬纣恶，以此说明周代商立是纣王为恶的结果，为周王朝的建立找到了合理性。《史记·周本纪》：“殷之末孙季纣，殄废先王明德，侮蔑神祇不祀，昏暴商邑百姓”，《尚书·多方》：“乃惟尔辟以尔多方大淫，图天之命屑有辞。……乃惟尔商后王逸厥逸，图厥政不蠲烝，天惟降时丧”，《尚书·多士》：“在今后嗣王，诞罔显于天，矧曰其有听念于先王勤家，诞淫厥泆，罔顾于天显民祇”，由于商王与诸臣不勤于政，荒淫闲逸，终于导致“惟时上帝不保，降若兹大丧”。周人通过天命，说明商人是自己作恶多端，导致上帝抛弃，才失去政权。为自己代商而立找到了合理依据，同时也将自己从主动的攻击商人的地位上开脱出来。

二　宣布代商而立

武王克商后，先后在牧野、殷都和周庙举行大规模的祭祀，将代表政权的九鼎迁出商都，同时在原商王朝的疆域内进行具有象征意义的分封，

---

① 《尚书·多士》。

② 《尚书·多方》。

并接见各地的诸侯，向天下宣示已经代商而成天下共主。

武王先是在牧野举行告捷礼，《逸周书·世俘解》："三月辛亥，荐俘殷王鼎。王乃翼，矢圭矢宪，告天宗上帝。王不革服，格于庙，秉语治庶国，籥入九终。王烈祖自太王、太伯、王季、虞公、文王、邑考以列升，维告殷罪，籥人造，王秉黄钺，正国伯。壬子，王服衮衣，矢琰格庙，籥人造王，秉黄钺，正邦君。癸丑，荐殷俘王士百人。籥人造王矢琰、秉黄钺、执戈，王奏庸，大享一终，王拜手，稽首。王定奏庸，大享三终。甲寅，谒戎殷于牧野，王佩赤白旂，籥人奏，王入，进万献。明明三终。乙卯，籥人奏崇禹生开三终，王定。"在这里，周王向太王、太伯、王季、虞公、文王、邑考等祖先告以灭商成功，在祭祀典礼中，有"正国伯"和"正邦君"的仪式，实际上宣布自己已经是代替商人的天下之王。

武王还在殷都举行社祭，《史记·周本纪》："其明日，除道，修社及商纣宫。及期，百夫荷罕旗以先驱。武王弟叔振铎奉陈常车，周公旦把大钺，毕公把小钺，以夹武王。散宜生、太颠、闳夭皆执剑以卫武王。既入，立于社南大卒之左，右毕从。毛叔郑奉明水，卫康叔封布兹，召公奭赞采，师尚父牵牲。尹佚筴祝曰：殷之末孙季纣，殄废先王明德，侮蔑神祇不祀，昏暴商邑百姓，其章显闻于天皇上帝。于是武王再拜稽首，曰：膺更大命，革殷，受天明命。武王又再拜稽首，乃出。"这种社祭在殷都举行，所有商都的百姓都知道周人的行动。随后，周人又在商都"命召公释箕子之囚。命毕公释百姓之囚，表商容之间。命南宫括散鹿台之财，发钜桥之粟，以振贫弱萌隶。命南宫括、史佚展九鼎保玉。命闳夭封比干之墓"[1]，把自己受天命，灭商祀的事情传布于天下。

班师西归后，武王又在宗庙举行祭祀，《逸周书·世俘解》："时四月，既旁生魄，越六日，庚戌，武王朝，至燎于周，维予冲子绥文。武王降自车，乃俾史佚繇书于天号。武王乃废于纣矢恶臣百人，伐右厥甲小子鼎。大师伐厥四十夫，家君鼎。帅司徒、司马初厥于郊号。武王乃夹于南门，用俘，皆施佩衣，衣先馘入。武王在祀，太师负商王纣，县首白旂，乃以先馘入燎于周庙"，依然是上告受命。

在频繁祭祀告天受命的同时，武王还做了其他宣布商王朝被周取代的事情。

---

[1] 《史记·周本纪》。

迁九鼎，分庙器。"迁九鼎于郏鄏"，"作《分器》"，这些器显然是宗庙之器。"取得了命南宫括、史佚展九鼎保玉"①。而在周公平定三监之乱之后，周人再次迁鼎，"成王在丰，使召公复营洛邑，如武王之意。周公复卜申视，卒营筑，居九鼎焉"②，周人通过迁置代表政权的九鼎，宣示自己已获得天下，商人已经神器失落，没有了执掌政权的权力。

召见各地诸侯，述职贡。《逸周书·世俘解》："武王成辟四方，通殷命有国"，朱右曾注："武王既归，成天下君，乃颁克殷之命于列邦"，《国语·鲁语下》："昔武王克商，通道于九夷百蛮，使各以其方贿来贡，使忘职业。"《逸周书·大匡解》："惟十有三祀，王在管。管叔自作殷之监，东隅之侯咸受赐于王。王乃旅之以上"，将代殷而立之事实向天下诸侯通告，同时要求原商人的诸侯向周人服职贡，确立自己天下共主的地位。

同时武王实行分封，将周王室子弟、功臣谋士分置到各地为诸侯。这既是维持疆域的战略安排，同时也是取得天下的象征性动作。武王分封并不是真正的"授民授疆土"，但武王分封的巨大政治意义在于向诸侯宣布自己是天下的共主。尤其是"褒封"及异姓之封，其军事意义并不大，但却向原商人外服传达了周人的宗主地位和抚柔政策，为他们归服商人奠定了政策基础。

周人对商人的宣传止于纣恶。事实上，商人自武乙，已经十分荒淫。《尚书·酒诰》甚至说"祖甲"以来即乱政。但是，周人在劝诫商人的文诰中，对纣王以前的商王却是称赞的口气。这与商人的宗族势力有关。即贵族中有大量旁系先王之后，他们不仅势力强大，而且在商末年反对纣王，勾结周人东进中起了很大作用。所以，周人对他们的祖先不加恶语。同时，极力宣扬周代商立也是上天的旨意，"尔殷多士，今惟我周王丕灵承帝事，有命曰'割殷'，告敕于帝。惟我事不贰适，惟尔王家我适。予其曰惟尔洪无度，我不尔动，自乃邑。予亦念天，即于殷大戾，肆不正"③。使政权易手变成一件非人力所为，不能再有变更的事情。

周人有一很策略的宣传方法，就是强调"小邦周"，以力量对比与胜负的反差，加强其取得政权的合理性。另外，周人极力宣扬"文王受命"，

① 《史记·周本纪》。

② 同上。

③ 《尚书·多士》。

《史墙盘》："曰古文王,初戫和于政,上帝降懿德大甹,甹有上下,迨受万邦。"使周人在"率四十叛国事纠"的文王,成为"奄有天命"的真命天子。文王是商人比较容易接受的形象,而文王又是以仁德的面貌出现,掩盖武力夺取政权的事实,使天命归周更有说服力。

三　加强认同

在以天命说服商人接受现实的同时,周人也极力安抚殷人。过分的歧视和孤立,必然激起殷遗的反抗情绪。对于以"小邦周"代"大邑商"的周人来说,这显然是竭力避免的事情。所以周人极力缓和与商人的关系,力图把商人融合到周人的统治体系中来。

周人力图将自己和商人在神灵体系上合而为一,"皇天上帝,改厥元子兹大国殷之命。惟王受命,无疆惟休,亦无疆惟恤"[1],把周灭商,是上帝"改厥元子"的结果,这样实际上是把商人和周人同处于一个上帝的血缘关系之下。而在实际的祷神行为中,也把周人和商人结合在一起,《尚书·洛诰》："孺子来相宅,其大惇典殷献民……伻来毖殷,乃命宁,予以秬鬯二卣,曰明禋,拜手稽首休享。予不敢宿,则禋于文王、武王。惠笃叙,无有遘自疾,万年厌于乃德,殷乃引考。王伻殷乃承叙万年",蔡注:"周公为成王祷也……子孙万年厌饱乃德,殷人亦永寿考也",即在为周人祈福中,将商人也一同纳入其中。许倬云认为"大惇典殷献民"即是礼敬殷遗的领袖,"协和殷人的目的在使殷商化而为周,'万年厌于乃德,殷乃引考。王伻殷乃承叙万年',两族永久合而为一。"[2] 其中,最明显的记载出现在《礼记·祭法》当中,"有虞氏禘黄帝而郊喾,祖颛顼而宗尧。夏后氏亦禘黄帝而郊鲧,祖颛顼而宗禹。殷人禘喾而郊冥,祖契而宗汤。周人禘喾而郊稷,祖文王而宗武王",殷、周皆禘祭帝喾,以喾为共祖。这种共祖当不是一种真正的血缘关系,而是一种政治性的认同,即这种血缘关系是政治认同基础上追溯出来的一种虚拟的共祖关系。正是这种追溯的共祖关系与商王朝吸收伊尹、学戊等非本族神建立起的国家神系统相比,使周人取得了与商王室相似的祭祀权力。周原甲骨文中有:

①　《尚书·召诰》。

②　许倬云:《西周史》,生活·读书·新知三联书店1994年版,第123页。

癸巳彝文武帝乙宵，贞王其邵祝成唐，鼍，御及二女，其彝血牲三豚三，凶又正。(《补编》附1)

贞王其蠡又大甲，曾周方伯，蠹，凶正，不左，于受又又。(图4—18)

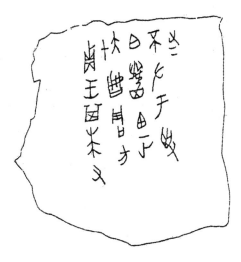

图4—18 《合补》附13

即周人在周原为商人祖先建立宗庙。在"民不祀非族"观念的限定下，周族不可能无故祭祀商人的祖先，而商王朝也不会容许异族祭祀作为国家之神具有特殊权能可以"宾于帝"的商人先王。周人地区出现商先王的宗庙，正是基于两点基础，一是商、周虚拟的血缘关系，同是帝喾之后；二是周对商的归属关系，商先王可以国家之神的身份立庙于周地。两者相结合，使周人跨越了"民不祀非族"这一障碍，能够在周地祭祀商人先王。这种祭祀权力的取得，表面上增强了商王朝的宗主国地位，实际上却使周人取得了代商而立的宗教资格。

周人对商人的这种拉拢一直持续，经常对商人表现出一定的平等。"周朝初年，刚刚灭商之后，两族关系比较紧张，征服关系比较强些。到了西周末年和春秋时期，两族和平相处了几百年，联盟关系就比较显著和突出了。宣王封其弟桓公友于郑时，商周关系已是靠'盟'来维持了。"①

---

① 何兹全：《中国古代社会》，河南人民出版社1990年版，第30页。

《左传》僖公二十四年："宋，先代之后也，于周为客，天子有事膰焉，有丧拜焉，丰厚可也"，依然承认宋为先代之后。齐《叔夷钟》："虩虩成唐，有严在帝所。敷受天命，翦伐夏后。颒厥灵师，伊少臣唯辅。咸有九州，处禹之都"。商人后裔依然追颂其祖先配祭上帝的功勋，而这种配祭上帝是王所特有的祭祀规格，可见直到春秋时期，商人曾经为天下之王的事实依然被认同，并可以继续祭祀其先王成汤。

在理论和精神上削弱商人对抗情绪，加强与之同化的同时，周人在实际的事务中，也注意加强与殷遗的联系，力图把殷遗融入到周人的统治体系当中。

给予殷遗以从事武装活动的权力。周王朝殷八师和成周八师很大部分兵力由殷遗民组成，"成周八师的大多数甲士，当是就地征发迁居洛邑的殷贵族编成"[①]。"周人把一部分被征服的殷人编成军队，并非暂时现象，而此制差不多和西周王朝相终始"[②]。"容庚先生曾指出：'八师则如汉军八旗欤？'这一见解极有见地，说明周人利用被征服的商人组成劲旅，如同满洲人建立蒙古、汉军八旗一样。所不同者是满洲人把蒙古人、汉人依照满洲人八旗制编制起来，而周人恐以殷人本来的八师而作出的建制。"[③] 而成周八师的师氏可能就由殷遗担任。商人编制殷八师部分地用于维护地方治安，更多的是利用殷八师征服外族。这显然对周人的统治具有十分重要的意义。一是利用战争削弱殷遗的实力，二是可以开拓疆土，更重要的是通过对外族的战争，尤其是对东夷的战争达到与商人融合的目的。

> 㲃东夷大反，伯懋父以殷八师征东夷。（《小臣谏簋》《集成》4239）
>
> 亦唯噩侯驭方，率南淮夷、东夷，广伐南国、东国，至于历内，王口命乃六师殷八师曰口伐噩侯驭方，勿遗寿幼，肆师弥宋旬匜弗克伐噩。（《禹鼎》《集成》2833）
>
> 王令戈曰：㲃淮夷敢伐内国，女其以成周师氏，戍于古丰师。（彔戈卣《集成》5420）

---

① 杨宽：《西周史》，上海人民出版社 1999 年版，第 160 页。

② 吴荣曾：《有关西周"六师"、"八师"的若干问题》，《西周文明论集》2004 年。

③ 同上。

既是扩张边疆的战争，又是对商人未完成战争的继续，殷遗与周人同为中原地区民族的同体感增强，产生同仇敌忾的意识，增强了其融合与认同（图4—19）。

图4—19　禹鼎

（《集成》2833）

为了实现与殷遗的和谐共处，周人没有把殷遗民完全排除出政权之外，而是给予商人一定的政治权利，提拔殷遗担任官职。《尚书·多方》："王若曰：猷告尔四国多方，惟尔殷侯尹民"，"'殷侯'指殷之诸侯，'尹民'可能是'尹氏'之误"①。《尚书·多士》："多士，昔朕来自奄，予大降尔四国民命。我乃明致天罚，移尔遐逖，比事臣我宗多逊"，将殷遗与本宗人士相比。《尚书·洛诰》："王先服殷御事，比介于我有周御事，节性惟日其迈。""召公也还主张做好使用殷中办事人员的工作，也就是使用好从殷贵族中选拔出来的官吏……这是主张对殷贵族采取争取选拔和促使

---

① 杨宽：《西周史》，上海人民出版社1999年版，第160页。

逐步转变其立场的政策。"①《尚书·多方》："尔惟克勤乃事","穆穆在乃位","尚永力畋尔田,天惟畀矜尔,我有周惟其大介赉尔,迪简在王庭,尚尔事,有服在大僚",只要顺应时势,勤于事务,就可以获得提拔任用,在王朝担任一定的职务。大量殷遗铜器,如史盘墙、癹伯簋等都说明商人的后裔在周王朝担任重要职务②。周人力图将殷遗民融入周人的政治体系当中。

在经济上生活上予殷遗民以充分的保障。《尚书·多方》："今尔尚宅尔宅,畋尔田,尔曷不惠王熙天之命","尔乃自时洛邑,尚永力畋尔田,天惟矜尔,我有周惟其大介赉尔。"《尚书·多士》："亦惟尔多士攸服奔走臣我多逊,尔乃尚有尔土,尔乃尚宁干止。"使殷遗民保留了原有的田宅,保留了其经济利益。

在精神上、政治上融纳殷遗的同时,在经济上予以保障,消弭了殷遗民的对立和反抗情绪。殷遗民基本承认了天命归周的理论,接受了周代商为天下共主的事实。

周人通过多种手段,加强对殷遗民的控制,取得了良好的效果。

四　威胁恫吓

任何统治都不可能只通过文治手段达到,周人在注重安抚同化的同时,也十分重视对殷人的防范和监控。

周人对于反抗周人统治者,予以严惩。《逸周书·克殷解》："武王答拜,先入,适王所,乃克射之,三发,而后下车,面击之以轻吕,斩之以黄钺。折,县诸太白。乃适二女之所,既缢,王又射之三发,乃右击之以轻吕,斩之以玄钺,县诸小白",《逸周书·商誓解》："其斯弗用朕命,其斯尔冢邦君、商庶百姓,予则肆刘灭之"。另一方面,对与纣关系密切的商朝贵族,予以惩罚,以示惩戒,《逸周书·世俘解》记载周人先是在牧野举行祭祀,"荐殷俘士百人"。返回宗周又举行祭祀,"武王乃废于纣共恶臣百人,伐右厥甲小子鼎大师伐厥四十夫家君鼎"。这些记载表明,周人对于妨碍其取得政权和威胁其政权生存的势力决不手软,周人的严杀和尚刑观念并不差。

---

① 杨宽:《西周史》,上海人民出版社1999年版,第175页。

② 许倬云:《西周史》,生活·读书·新知三联书店1994年版,第114页。

　　东征战争中，周人在商人旧畿也进行了严重的破坏。商亡后第四年，箕子朝周，路过殷墟，见宫室毁坏，生满禾黍，甚为伤感，《麦秀之诗》以之，其诗云："麦秀渐渐兮，禾黍油油，彼狡童（按指纣王）兮，不与我好兮。"殷民闻之，皆为流涕。可见这时留在殷地的自由民，已在无人居住的宫室区种上了庄稼。商人的势力和城防被彻底破坏，昔日繁华，尽为烟云。而石璋如根据小屯发掘所见的柱烬、铜柱经过火烧化的残余铜珠及基址的红烧土推测，殷都的废弃包括经过火焚的因素①。可见周人在平定三监之乱，一改往日的和平手段，进行了大规模的毁坏。《荀子·儒效》："武王崩，成王幼，周公屏成王及武王以属天下……杀管叔，虚殷国，而天下不称戾焉。"

　　周初的文献中也经常见到警告的文字，《尚书·多士》："尔不克敬，尔不啻不有尔土，予亦致天之罚于尔躬！"《尚书·多方》："尔乃迪屡不静，尔心未爱。尔乃不大宅天命，尔乃屑播天命，尔乃自作不典，图忱于正。我惟时其教告之，我惟时其战要囚之，至于再，至于三。乃有不用我降尔命，我乃其大罚殛之！非我有周秉德不康宁，乃惟尔自速辜！"

五　分割包围

　　除恐吓战略外，周人还在实际的战略部署上力图将殷遗民分割包围，使之失去反抗的空间和资源。

　　首先是将商王朝的土地、人口分割。这一政策在武王时期即已经执行，商人旧畿被分为西南部和邶、鄘、卫四部；而人口则析置于宋地。与分割土地和析置人口相伴随的是制造殷遗分化，使之分裂不能组合，即建立了邶和宋两个殷遗政令中心。周人的这种分割、析置和分化措施是十分成功的。在周人的政策下，商人很难形成有组织的力量。所以虽然拥有雄厚的实力，但却没有形成一支强有力的力量。三监之乱实际上是周人争夺王位的战争，殷遗并没有组成有威胁的力量。商遗中虽有部分人希望借机复兴，但由于过于分散，没有达成目的。在三监之乱中，商人的地位其实是附属的。《史记·管蔡世家》："武王既崩，成王少，周公旦专王室。管叔、蔡叔疑周公之为不利于成王，乃挟武庚以作乱"，武庚是被动者，所以殷人复国的希望十分渺茫。微子所在的宋地也保持了平定。《尚书·多

---

①　石璋如：《小屯的文化层》，《中国考古学报》1947 年第 2 期。

方》："今尔奔走，臣我监五祀，越惟有胥伯，小大多正，罔不克臬"，是劝勉之词，并非实情，但以之说宋地的殷遗，则正好符合。大批殷遗对三监之乱的坐视，为周公平定叛乱提供了极大的支持。

东征胜利以后，这种分割战略更加完善。商人旧畿由卫占领，分由康叔和康伯髦管理，其他商人领土也由各诸侯国占领。同时刻意将势力较大的商人宗族分割，分封到各个诸侯国去。文献和考古资料中可以见到很多这样的例子，如微子之族、举族、长族、🕇族、戈族等都是宗族被分割，分散安置到各地。

微子之族至少被分为三部分，一部分随微子就封于宋；一部分则被迁置于周人故地周原一带，成为一直服务于周王室的微史家族；还有一支则被迁置于燕国，成为召公燕国的下属。也有学者认为燕国之微族来自于周原一带的微族，"微史烈祖入周后，他的孙子辈分为两支：长孙复一支北上服事于燕侯；次孙旗一支仕于西周王室，世代任作册史官掌管威仪"①。不论燕地微族来自何地，微子之族被分置于宋、周、燕则是事实。

商王朝的另一大族举族也被分散安置到各地。北京琉璃河西周墓 M52 为一中型墓，出土了青铜鼎、鬲、尊、觯各一件，爵二，另有四戈，戟、矛、刀、剑各一，出土的鼎、尊都有铭文：

> 侯赏复贝三朋，复用作父乙宝尊彝。举。（《集成》2507）
> 匽侯赏复绷衣、臣、妾、贝，用作父乙宝尊彝。举。（《集成》5978）

表明器主属于殷遗民的举族。与 M52 同组的还有四墓，也带有明显的商文化特点，"从此一墓组情况可知，这是殷遗民中一个中层贵族的家族墓地。其仍使用旧宗族（冀）的名号，仍多有殉人、殉牲肢，皆保持商人旧俗。"② 陕西扶风庄白一号窖穴出土有商尊、商卣，二器同铭：

> 惟五月辰在丁亥，帝司赏庚姬贝卅朋，徙丝廿孚。商用作文辟丁

---

① 尹盛平：《西周微氏家族青铜器群研究》，文物出版社 1992 年版。

② 朱凤瀚：《商周家族形态研究》，天津古籍出版社 2007 年版，第 266 页。

宝尊彝。举。(《集成》5997)

图 4—20 商尊

(《集成》5997)

可见举族有一部分被迁到关中地区。河南鹿邑太清宫长子口墓出土 2 件方鼎，在方鼎内壁铭有"举"的族徽①。此外，在山东费县还发现 15 件带有举族族徽的铜器②，其中部分形制接近西周早期，也可能是殷遗民

---

① 河南省文物考古研究所等：《鹿邑太清宫长子口墓》，中州古籍出版社 2001 年版。

② 程长新、曲得龙、姜东方：《北京拣选一组二十八件商代带铭铜器》，《文物》1982 年第 9 期。

迁置于此地的遗留。甘肃灵台白草坡潶伯墓出土一件尊，铭为"子𡥖作母辛尊彝。举"①。由此可见，举族至少也被分为五部分，一部分在关中地区，一部分在甘肃灵台，一部分在燕国，一部分则在鲁地，一部分近宋地。

情况相同的还有长族。甲骨文中有长子：

其侑，长子惟龟至，王受佑。（《合集》26741）

另外殷墟花园庄 M54 出土大量铜器，在其中的鼎、甗、斝、觚、爵、铙、钺、矛、刀等器物上都有"亚长"、长的铭文②，这说明长当是居于商王都的大族。西周时期的长族器物发现于多个地区，1953 年陕西长安普渡村发掘了一座西周墓葬，出土多件铜器，其中 2 簋、一盘和一盉上都铭"长囟"，其中长为族名，囟为私名③。湖北黄陂鲁台山 M30 是一座单墓道甲字型墓，出土多件铜器，其中一件圆鼎，上有铭文"长子狗作父乙尊彝"④，学者认为这里是长族的族墓地⑤。两处墓葬都有明显的商文化特征，有学者考订长子狗、长囟都是箕子的后人，是殷遗民⑥。最著名的是河南鹿太清宫长子口墓，该墓为南北两墓道中字型大墓，出土铜礼器达 85 件，其中多件铭有器主的名字"长子口"。学者认为"长子口是殷遗民，生活在商末周初时期，在商为高级贵族，与商王朝关系密切，在周仍有很高的社会地位，为一地的封君"⑦。即商人中的长族被分散安置到陕西长安、湖北鲁山和河南鹿邑三个地区。

类似的例子还有很多，例如𠂤族，铸有其族族徽的铜器既见于长安花

① 甘肃博物馆文物工作队：《甘肃灵台白草坡西周墓》，《考古学报》1977 年第 2 期。

② 中国社会科学院考古研究所安阳工作队：《河南安阳市花园庄 54 号商代墓葬》，《考古》2004 年第 1 期。

③ 陕西省文物管理委员会：《长安普渡村西周墓的发掘》，《考古学报》1957 年第 1 期。

④ 黄陂县文化馆等：《湖北黄陂鲁台山两周遗址与墓葬》，《江汉考古》1982 年第 2 期。

⑤ 参见黄锡全：《黄陂鲁台山遗址为"长子"国都蠡测》，《江汉考古》1992 年第 4 期。

⑥ 张亚初：《论鲁台山西周墓的年代和族属》，《江汉考古》1984 年第 2 期。

⑦ 河南省文物考古研究所等：《鹿邑太清宫长子口墓》，中州古籍出版社 2001 年版，第 210 页。

图4—21　长子口墓析子孙铜方鼎

园村①，又见于洛阳塔湾②；ㄓ族铜器，既见于宗周地区，又见于成周地区。而戈族则广泛分布于陕西、甘肃、河南、山西、山东等地。

　　殷遗民同族的器物散见于全国各地，很多器物都是进入西周之后在当地铸造的。所以这种情况，应该是被分置于各地而造成的。将殷遗民中较大的宗族分割，是周人防范商人复辟的手段之一，"周人所以采取此种手段，或可能因其族久居一地，势力雄厚，根深蒂固，过于庞大，如不离析，终成大患，故决定分而治之。"③

　　与殷遗的分割析置相关联的，就是周人、殷遗及异族杂处。成周是最明显的例证，周人、殷遗、原商王朝外服等共同居住同一城邑。燕国的情况也是如此，"分给燕侯的除殷遗民外，还有西方的羌民和北方的方国，

　　①　陕西省文物管理委员会：《西周镐京附近部分墓葬发掘简报》，《文物》1986年第1期。

　　②　参见张剑《洛邑成周殷遗民史迹考察》，《夏商文明研究》，中州古籍出版社1995年版。

　　③　朱凤瀚：《商周家族形态研究》，天津古籍出版社2007年版，第263页。

授民的成分更加复杂"①，再加上本地的土著居民，呈现多族杂处的特点。各族杂处，有许多同是被征服的异族同住一地，一方面降低了殷遗背井离乡的孤立感，另一方面，有许多异族是周人征服的方国人民，同时也是商代末年攻伐的族群，将殷遗与异族安置在一起，使之互相监视牵制，分散对周人的抵抗情绪。

在实际的生活中，也尽量避免商人纠集在一起，以免形成组织。《尚书·酒诰》："群饮汝勿佚，尽执拘以归于周，予其杀。"对于群饮者予以严厉惩罚，大约是防范群饮者纠集成有组织的反抗力量。

六　监控威慑

与分割商人疆域、析置殷遗人口相匹配的是分封制度。周人的分封是经过精心安排的，考察周人分封制可以看出，大部分姬姓诸侯在原商王畿或靠近商王畿，大部分异姓诸侯则在原商王畿的边缘地区。这样商人被姬姓诸侯和异姓包围起来。"周公推行这种政策的目的，不仅是为了防止殷贵族发动叛乱，消除殷贵族在原住址的势力，减少他们对周朝的威胁，而且是为了利用殷贵族，作为加强周朝在东方以及分封出去的封君的统治力量。"②

周人分封中带有明显的武装震慑意图。如周公封鲁、太公封齐、召公封燕。分封的地区都是商人实力雄厚的地方，具有较强的反抗意识和反抗能力，而受封者又都是军事名将，其震慑的意图十分明显。随后接受分封和任命的康叔、伯禽也都是具有很高的军事才能，《史记·三王世家》："康叔亲属有十，武王继体，周公辅成王，其八人皆以祖考之尊建为大国。康叔之年幼，周公在三公之位，而伯禽据国于鲁，盖爵命之时，未至成人。康叔后捍禄父之难，伯禽珍淮夷之乱"，即康叔、伯禽都参加了平定三监之乱的战争，并且立下了功勋。

后来，周人还进行过徙封，徙封的目的在于把统治已经巩固的地区的人民迁徙到新征服的地区。一可以加强新征服地区的力量，维护稳定；二可以防止真正分封过大的封国发展为与中央王朝抗衡的大国。

---

① 尹盛平：《新出太保铜器铭文及周初分封诸侯授民问题》，《第二次西周史学术讨论会论文汇编》1992年。

② 杨宽：《西周史》，上海人民出版社1999年版，第161页。

　　分封制容易产生拥有巨大军事实力的集团，产生对中央王朝的离心力。分封的这种缺陷，在三监之乱中已经表现出来。但被商人、东夷的动乱所掩盖了。而且周人也无力实现对各地的直接控制，所以，只好继续实行分封制。但周公的分封制有所改善，即五等爵的出现，以爵制限定诸侯的地域和军队数，使之局限于一定地域之内，尤其是军队数量有严格的规定，以尽量减弱其独立性。

　　在分割析置商人领土人口、实行战略包围外，周人还注意顺应时势，采取灵活的统治政策，充分考虑不同地区不同部族的特点，采取适应各地的统治政策。如鲁、卫"启以商政，疆以周索"；晋国"启以夏政，疆以戎索"；齐太公"因其俗，简其礼"。周人的政策具有很好的适应性，优秀的战略安排加上灵活有效的政策，使周人维持了对拥有巨大实力的殷遗的统治。

　　综观之，周人统治殷人的策略可以概括为：安置上实行分割，使之不能形成统一力量；战略上实行威慑，使之不敢反抗周人。在日常事务中，则主要依靠安抚怀柔和交融同化，将殷人纳入周人的政治体系当中。

　　周人的政策是积极而富有实效的，如孔子虽自称为"殷人"[①]，但却自称"吾从周"，并以"久不梦周公"为憾，将周公作为楷模。顾颉刚先生认为周公为周族统治中原的奠基者，是殷族之压迫者，殷、周间实有民族仇恨。但周公利用巧妙的绥抚政策，其继任者又有巧妙的宣传，遂使殷遗民受其麻醉，忘记仇恨。孔子为殷人，而孔子对于周公始终以周族美化之周公作为基本之认识，遂以周族对周公之感情作为自己对周公之感情矣[②]。可见周人抚柔政策的有效。

第三节　商文化和殷遗对周人的影响

　　商王朝是地域广大、制度先进的中央王朝。在其统治的数百年间，既开拓了广阔的疆土，又吸纳了大量的人口，同时也建立了较先进的政治制度。周人本是归服于商的西隅一小邦，随着势力的兴盛最终灭商，但其文

---

　　① 《礼记·檀弓》："而丘也，殷人也。"

　　② 顾颉刚：《顾颉刚读书笔记》第 8 卷（下），台北联经出版事业公司 1990 年版，第 6390—6391 页。

化和制度的建设依然落于商人之后。商人虽然丧失了政治权力，但其制度和文化的力量和影响却是难以动摇的。所以周人取代商王朝的政权，既继承了商王朝的疆域和人口，也继承了商王朝的文化和制度，并在此基础上有所改进，"殷因於夏礼，所损益，可知也；周因於殷礼，所损益，可知也。其或继周者，虽百世，可知也。"①

作为文化后进的国家，周人重视利用商人中的知识分子。《史记·周本纪》："太师疵、少师强抱其祭、乐器而奔周"，《吕氏春秋·先识览》："殷内史向挚见纣之愈乱迷惑也，于是载其图法，出亡之周，武王大说……民大不服，守法之臣，出奔周国"，《史记·周本纪》集解引刘向《别录》："辛甲辛甲初事纣，七十五谏而不听，去之周。召公与语，贤之，以告文王。事文王、武王为太史，封于长子"，"文王亲自迎之，以为公卿。"重用商人知识分子是周人的传统，周灭商后，依然重用商人的贤者，《尚书·洛诰》："孺子来相宅，其大惇典殷献民"，《尚书·康诰》："往敷求于殷先哲王，用保乂民，汝丕远惟商耇成人，宅心知训。别求闻由古先哲王，用康保民"，请殷遗民中的贤者担任官职或孝以治道。这些商王朝的知识分子为周人的制度建设起了巨大作用。

周人继承了商王朝的多种制度及生产技术，极大地推动了周人社会的发展。

一　商人文化与殷遗的影响

（一）分封制度

商朝则是在战争和征服基础上建立起来的国家。征服和被征服者被纳入同一个国家，自然形成了立体的权力结构。同时，通过战争，商人掌握了大量可以自由支配的人口和土地资源，扩大了可掌握商王经济、军事力量的同时，为分封制提供了条件，商人在征服地区的边远地带进行了分封。分封制在日后商人开拓领土的过程被广泛采用，成为商王朝巩固疆域和向前开拓的有效工具。分封制与内外服制的建立，奠定了商代国家政治制度和统治方式的基础。

周王朝则继承了商王朝的领土疆域和政治经验，是在建国之初即建立制度齐备的国家，被认作中国历史上礼乐昌明的开端。

---

① 《论语·子张》。

（二）君位继承制度

周人与商人礼制最大区别之一是君位继承制，但周人立国初期却深受商王朝君位继承制的影响。

《逸周书·世俘解》："王烈祖自太王、太伯、王季、虞公、文王、邑考以列升，维告殷罪。""太伯、虞公（即仲雍）、王季皆太王子，为武王之祖辈。文王为武王之父，邑考为武王之兄。此祭不分嫡庶与直系、旁系"[1]，未立为王的太伯、虞公和邑考也同在受祭之列，"周时以嫡庶、长幼为贵贱之制，商我有也，故兄弟之中有未立而死者，其祀之也与已立者同……周初之制犹与之同，《逸周书·克殷解》曰：'王烈祖自太王、太伯、王季、虞公、文王、邑考以列升。'盖周公未制礼前，殷礼固如斯矣。"[2] "此太伯、虞公、邑考与三王并升，犹用殷礼。"[3]《逸周书·度邑解》："王□□传于后。王曰：'旦，汝维朕达弟，予有使汝……今惟天使予，惟二神授朕灵期，于未致予休，□近怀予朕室。汝惟幼子，大有知……汝幼子庚厥心，庶乃来班朕大环，兹于有虞意……乃今我兄弟相后。我筮龟其何所即？今用建庶建。'叔旦恐，泣涕共手。"本段是武王嘱托周公的话，多家对此段都有注释，（1）"王□□传于后"，潘振云："传于后者，传于武王之后，史终而弟及也。"（2）"乃今我兄弟相后"，庄述祖云："文家立子，质家立弟，武王忧难，故欲建庶也。"唐大沛云："兄先弟后，殷人传及之法也。"陈汉章云："此经，武王亦欲权用殷礼，兄弟相后，叔旦不敢当而摄政焉。"（3）"今用建庶建"，陈逢衡云："庶建，当作'庶达'，即所谓达弟也。今用建庶达者，言传位不必泥于嫡长，当选支子过者而建之。"朱右曾云："不传于子而传弟，故曰建庶。"卢文弨引惠半农云："王欲兄弟相后，传位于旦，故旦恐。"庄述祖云："建，立也。言用者，非周礼。"（4）"叔旦恐，泣涕共手"，庄述祖云："孔子不录之于经，殆以建庶非周礼也。"[4] 可见周人在立国之初，在君位继承方面，依然奉殷礼为常。到周公立成王、制周礼之后，才以确立嫡长子继承制。

---

① 顾颉刚：《〈逸周书·世俘篇〉校注》，《文史》第 2 辑，1963 年。

② 王国维：《殷卜辞中所见先公先王考》，《观堂集林》第 2 册，中华书局 1959 年版，第431—432 页。

③ 王国维：《殷周制度论》，《观堂集林》第 2 册，中华书局 1959 年版，第 455 页。

④ 参见黄怀信等《逸周书汇校集注》，上海古籍出版社 2007 年版，第 474—479 页。

　　但在实际的传承中，许多诸侯国并没有严格执行嫡长子继承制，而是奉行"父死子继"和"兄终弟及"并行的殷制，最明显的例子是鲁国，《史记·鲁周公世家》："鲁公伯禽卒，子考公酋立。考公四年卒，立弟熙，是谓炀公。炀公筑茅阙门。六年卒，子幽公宰立。幽公十四年。幽公弟晞杀幽公而自立，是为魏公。魏公五十年卒，子厉公擢立。厉公三十七年卒，鲁人立其弟具，是为献公。献公三十二年卒，子真公濞立……三十年，真公卒，弟敖立，是为武公……"基本都是每代都子继与弟及并行，《史记·鲁世家》载叔牙说："一继一及，鲁之常也。"殷人的传承方式在周人的政治生活中发挥实际作用。

（三）占卜制度

　　甲骨文是商周时期占卜的记录，西周甲骨与商代甲骨有许多相似之处，商、周甲骨都存在有意识埋藏的情况，殷墟 YH127 坑、小屯南地甲、花园东地甲骨等都是有意储存的，西周凤雏村宫殿遗址 H11 的大批甲骨，也是"有意识的储存"，而且在甲埋藏时都有明显的甲、骨分埋的特点；在钻凿形态方面，西周甲骨普遍使用的圆钻，在殷墟一期甲骨即已出现；在兆枝的排布上，西周甲的兆枝排布方式，殷墟武丁、祖甲时已见初形；在文字辞例方面，文字属于同一系统，西周甲骨在文字守兆、记事刻辞等方面也与殷墟甲骨颇有相似，"西周甲骨与殷商甲骨属于同一个系统"。[①]

　　西周甲骨文深受商甲骨文的影响。西周甲骨虽有许多自己的特征，王宇信先生根据西周甲骨的出土情况、钻凿形态、文字辞例等方面分析，认为西周甲骨的许多特征继承自商人，"这些特征不是独创的，而是早在殷人那里就始露端倪，加以继承和发展形成，是时代进步性的表现"[②]，西周甲骨与殷墟甲骨有许多共同性，它们是一脉相承的。我们认为这个推论是合理的。

　　周代的筮法明显受商人筮法的影响。商代已有筮法，"庖牺氏作，始有筮。其后殷时巫咸善筮。"[③]《吕氏春秋·勿躬篇》则说："巫咸作筮"，湖北江陵王家台秦简也有商代巫咸占筮的记载："昔者殷王贞卜其邦尚

---

①　参见王宇信《西周甲骨探论》，中国社会科学出版社 1984 年版，第 174 页。

②　王宇信：《西周甲骨探论》，中国社会科学出版社 1984 年版，第 174 页。

③　欧阳询等：《艺文类聚》卷七五，上海古籍出版社 1965 年版，第 1285 页。

图 4—22　西周甲骨

毋其咎，而枚占巫咸。巫咸占之，曰：不吉。"[1] 从甲骨文和已经出土的
商代遗物看，商人经常使用筮法与神灵沟通，在商代的甲骨文和青铜器
上见到多种筮卦的记录[2]。据学者研究，商代的筮法已经初具成熟形态，
已经有单体卦、重卦、互体卦等八卦变化，甚至出现了以爻画代替数字
的记录形式[3]，也已形成了"卜筮不过三"的筮占原则[4]，而这些都是后
来西周筮法中的重要内容。这说明周人的筮法从商人的筮法中吸取了许
多内容，从文王居羑里"演周易"看，当是在接受商人占卜经验基础上

---

① 荆州地区博物馆：《江陵王家台 15 号秦墓》，《文物》1995 年第 1 期。

② 参见张政烺《易辨——近几年根据考古材料探讨周易问题的综述》，《周易讨论会论文
集》，湖北人民出版社 1985 年版；蔡运章：《商周筮数易卦释例》，《考古学报》2004 年第 4 期；蔡
运章：《商周青铜器筮数易卦被释》，《黄盛璋先生八秩华诞纪念文集》，中国教育文化出版社 2005
年版。

③ 参见张政烺《易辨——近几年根据考古材料探讨周易问题的综述》，《周易讨论会论文
集》，湖北人民出版社 1985 年版；蔡运章：《论甲骨金文中的互体卦》，《第三届国际中国古文字学
研讨会论文集》，香港中文大学出版社 1997 年版。

④ 晁福林：《商代易卦筮法初探》，《考古与文物》1997 年第 5 期。

的改进。

商王朝灭亡后，有许多原商朝贵族和文化阶层依然在周王朝世袭和从事原来的职业，从而成为西周时期文化事业的重要力量。《左传》定公四年："昔武王克商，成王定之，选建明德，以蕃屏周……分鲁公以大路……分之土田倍敦，祝、宗、卜、史，备物、典策，官司、彝器。因商奄之民，命以《伯禽》，而封于少暤之虚。"对于其中的祝、宗、卜、史，备物、典策，官司、彝器等，过常宝认为："这些都是来自殷商的巫史人员和巫史器物。"陈梦家也认为："鲁国于周初分封时得典策彝器，其中或有商与周初的典策。"[①]《逸周书·克殷解》："乃用南宫百达、史佚迁九鼎三巫"，陈逢衡《逸周书补注》云："殷人尚鬼，故重巫。观巫咸、巫贤父子，并以大臣叠赞太戊之世，故全谢山云：'周以前巫官非细职也，其谓之三巫者，筮立三法，法立一人，俱吉则从，俱凶则避，在《洪范》曰：'凡卜，立筮，三人占从二人之言。'此殷法也，故箕子言之。周因立九筮，有筮参。'据此，则'三巫'即'巫参'无疑。是为殷家神明之重器，故并迁之，而特命史佚同往者此也。"即周人在迁鼎的同时，还将商王朝的占卜人员也一同迁走。周人迁置这些商王朝的卜人，目的是让他们继续为周王朝服务，商文化原有的占卜制度自然也就被周人吸取和继承。

掌握和继承商人文化主体与精髓的殷遗贵族有很多人在周王朝任职，有的家族一直是周王朝的重要文化官员，如微史家族，从铜器组群关系看，微史家族是商王直系后裔，其在西周世系如下：

高祖（微子启）—烈祖（微史）—乙祖（乙公）—亚祖祖辛（辛公）—文祖乙公（豐）—丁公（史墙）—微伯兴[②]

从相关金文看，他们所从事的也多是与记录、礼仪等相关的事务，如《作册折觥》：

---

①　参见叶修成《周公"制礼作乐"与〈尚书〉的最初编纂》，《求索》2007 年第 11 期。

②　杜正胜：《殷遗民的遭遇与地位》，《中央研究院历史语言研究所集刊》第 53 本第 4 分，1988 年。

佳五月，王在干，戊子，令作册折觥见土于相侯，锡金、锡臣，扬王休，佳王十又九祀。用乍父乙尊，其永宝。（《集成》9303）

以及《豐卣》：

佳六月既生霸，乙卯，王在成周，令豐殷大矩，大矩锡豐金贝，用乍父辛宝尊彝。（《集成》5403）（图4—23）

图4—23　《丰卣》

（《集成》5403）

所载都是与赏赐、朝聘等礼仪相关的事情。殷遗民在周王朝担任史、作册等文化官员，应该与周人继承了部分商礼，可以充分发挥殷遗贵族的专长有关。

（四）礼乐制度

周人的礼仪制度中有大量借鉴商人制度的地方。特别是在西周初年，周人制度尚不完善的情况下，有时就直接使用殷礼。

《逸周书·世俘解》："三月辛亥，荐俘殷王鼎。王乃翼，矢圭矢宪，告天宗上帝。王不革服，格于庙，秉语治庶国，籥入九终。王烈祖自太王、太伯、王季、虞公、文王、邑考以列升，维告殷罪，籥人造，王秉黄钺，正国伯"，接受祭祀的祖先有太王、太伯、王季、虞公、文王、伯邑考，"不分嫡庶和直系、旁系，也不分立为国君者或未立而早死者……这种祭祖制度，和商代完全相同。王国维认为武用的就是殷礼，'盖周公未制礼以前，殷礼固如斯矣。'"①

《尚书·洛诰》："王肇称殷礼，祀于新邑，咸秩无文"，王国维《洛诰解》："祀天改元之礼，殷先王即位时举之"②。有学者认为殷礼是殷见之礼。但从周人建立新邑的目的，以及有大量殷人参加看，周人在此举行"殷礼"的主要目的当是威慑和拉拢殷遗民。所以，举行殷人熟悉的礼节，既表明对商人的抚柔，又向商人宣布天命移易。具有两重功效。王国维的解释是合乎道理的。

商人的礼仪也被周人吸收。微史家族铜钟铭云："雩武王既戈殷，微史刺祖乃来见武王，武王则令周公舍𡧛，以五十颂处。"五十颂，为威仪，微史家族的祖先担任周王朝掌管威仪之官，其所掌握的"五十威仪"必然也会被周人接纳为周礼的内容。

商代的礼制已经相当成熟，在文献和考古资料中可以找到例子，如甲骨文有：

丙寅卜，丁卯子衣囗，再䍦合一、纻九，在𠚂，来狩自𣜩。（《花东》480）

丁卯卜，子衣（囗，再）䍦合，在𠚂，狩（自）𣜩。（《花东》363）

李学勤释"衣"为劳，"囗"为辟，指商王，"合"为圭，认为此二辞是子

---

① 杨宽：《西周史》，上海人民出版社1999年版，第108页。

② 王国维：《洛诰解》，《观堂集林》卷一，中华书局1956年版。

慰劳狩猎的商王，并进献玉圭和玉绁①。类似记载还见于《粹编》1000：

　　　　其娸，戈一、绁九，又……

商代青铜器铭文也有：

　　　　乙卯，子见，在大室，白□一、绁琅九，侑百牢……（《集成》
　　6000）

图4—24　子黄尊

（《集成》6000）

李学勤认为这些例子表明，"'殷礼'前后固然必有不少演变，但在很多方面是一贯的，具有明显的制度性。"② 这类以玉行礼的方式为周王朝所继承，在社会活动中广泛使用，《左传》庄公二十二年："庭实旅百，奉之以玉帛。"杨伯峻注："诸侯朝于天子，或互相聘问，必将礼物陈列于庭内，谓之庭实。"而"旅，陈也。百，举成数言之，以见其多也"。庭实多以车马等物为之，"另外加之以束帛玉璧。《吕氏春秋·权勋篇》所谓'荀息以屈产之乘为庭实，而加以垂棘之璧'是也。故云'奉之以玉帛'"。孔子则言"礼云礼云，玉帛乎云哉"③。

---

①　李学勤：《从两条〈花东〉卜辞看殷礼》，《吉林师范大学学报》2004年第3期。

②　同上。

③　《论语·阳货》。

　　商代一些具体的礼仪，也与周礼有传承关系。如射礼、饮酒礼也都滥觞于商代，到周代发展完善①。

　　青铜器是商、周时代重要的礼制实施的载体，铜器的演变体现礼制的发展。从青铜礼器的形制而言，周人基本全盘接收了商人的青铜礼器。先周文化中即有商式礼器，邹衡先生将先周铜器分为商式、商周混合式和周式三类，其中商式青铜器占大多数②。周人灭商之后，依然接受商式青铜礼器，周初青铜器从形制、纹饰上都与商代晚期青铜器十分相似，甚至难以区分。从青铜礼器的组合看，商代墓葬中的青铜礼器多是以觚、爵为核心组合，体现出"重酒"特色。西周初期，墓葬中的青铜礼器依然有觚、爵核心组合，同时出现于商代但当时较少使用的以觯、爵为核心的组合也大量出现，"因此西周初期的青铜礼器依然是以'重酒组合'为主"③。郭宝钧先生在综合研究商周铜器的基础上提出，早商至西周早期为"重酒组合"，西周中期至东周初年为"重食组合"④。

　　从"重酒"向"重食"演变似乎是商周的不同，但根据学者研究，食器组合地位的上升是从殷墟时代就已经开始了。从殷墟青铜器群的组合情况看，虽然总体上保持以觚、爵为核心的重酒组合，但食器组合日益增多，出现了重食的倾向。殷墟青铜礼器可以分为四期，第一期以"鼎、斝、觚、爵"为基本组合；第二期早段延续了"鼎、斝、觚、爵"组合，但铜甗大量增加，并出现铜簋；第二期晚段以"鼎、觚、爵"和"鼎、甗、簋、觚、爵、卣"为常见组合；第三期早段"鼎、觚、爵"依然是常见组合，新出现了"鼎、簋、觚、爵"组合，并十分流行；第三期晚段与三期早段基本相同，但在小型墓出现了单一用簋的食器组合；第四期承袭了三期晚段的基本组合，新出现了"鼎、簋"和"鬲"等单一炊食器组合⑤。这种单纯的食器组合虽不普遍，"但它们的单独存

---

① 参见宋镇豪《从新出甲骨金文考述晚商射礼》，《中国历史文物》2006年第1期；李凯：《试论作册般鼋与晚商射礼》，《中原文物》2007年第3期；杨宽：《西周史》，上海人民出版社1999年版，第748页。

② 邹衡：《夏商周考古学论文集》，文物出版社1980年版，第331—332页。

③ 中国社会科学院考古研究所编：《殷墟的发现与研究》，科学出版社1994年版，第468页。

④ 参见郭宝钧《商周青铜器群综合研究》，文物出版社1981年版。

⑤ 参见岳洪彬《殷墟青铜礼器研究》第5章，中国社会科学出版社2006年版。

在，不与酒器共出，这是对传统‘重酒组合’的一种突破，有着重要意义。"[1] 商周时代青铜礼器这种由重酒组合向重食组合的转变，发端于商代晚期，最终在西周中期完成（图4—25）。

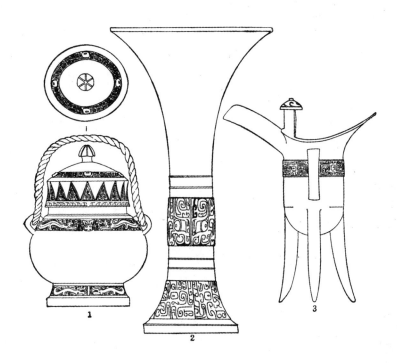

图4—25　殷墟第三期铜礼器

（采自《殷墟的发现与研究》第 292 页）

周代礼乐中重要的乐器甬钟、编钟与殷墟出土的铜铙也有一定的承袭发展关系。西周的乐制也受到商人的影响，早在商代末期，就有一些商朝乐师投奔周人，《史记·殷本纪》："殷之大师、少师乃其祭、乐器奔周"，《史记·周本纪》："太师疵、少师强抱其乐器而奔周"，与乐器同时带去的当还有商王朝的乐制。

（五）称用日名

殷人的日常生活习惯对周人影响也很深，其中重要一项是祖先称日名。关于周人称日名问题，学者有不同意见。但越来越多的资料表明，周

---

① 刘一曼：《安阳殷墓青铜礼器组合的几个问题》，《考古学报》1995 年第 4 期。

人包括贵族在内至少有部分人接受了商人的风习，祖先称日名。

燕的铜器中更有浓厚的殷人色彩，最有代表性的是"梁山七器"与北京琉璃河出土的燕国诸器，其中多有以日干为名者：

《堇鼎》："燕侯令堇馈太保于宗周，庚申太保赏堇贝，用作太子癸障鬻。"（琉璃河 M253）

《燕侯旨作父辛鼎》："燕侯旨作父辛障。"（《恒轩所见所藏吉金录》16）

《宪鼎》："侯赐宪贝、金，扬侯休，用作召伯父辛宝障彝，光用太保。"（《商周金文录遗》94）

《亚盉》："异侯亚疑，燕侯赐亚贝，作父乙宝障彝。"（传出卢沟桥）

《伯矩鬲》："在戊辰，燕侯赐伯矩贝，用作父戊障。"（琉璃河 M251）

《攸簋》："侯赏攸贝三朋，攸用作父戊宝障彝。启作祺。"（琉璃河 M53）

关于太保、父辛、太癸的具体身份，学者有不同意见[①]，但诸人皆是召公本族成员则是共识。也就是说，燕召公家族与商人一样用日干为名。

齐人也如是，《史记·齐太公世家》载："盖太公之卒百有余年，子丁公吕伋立。丁公卒，子乙公得立。乙公卒，子癸公慈母立。癸公卒，子哀公不辰立。"从丁公、乙公、癸公等称呼看，齐人也曾经用日干为名。

而近年新出土的《应公鼎》[②]铭文为：

应公乍尊彝，簟鼎珷帝日丁，子子孙孙永宝。

①　参见郭沫若《两周金文辞大系》，日本文求堂，1932 年版；陈梦家：《西周铜器断代》，《考古学报》第 10、11 册，1955—1956 年；晏琬：《北京辽宁出土青铜器与周初的燕》，《考古》1975 年第 6 期；唐兰：《西周青铜器铭文分代史征》，中华书局 1986 年版；陈公柔等：《北京琉璃河出土西周有铭铜器座谈纪要》，《考古》1989 年第 10 期；何幼琦：《召伯其人及其家世》，《江汉考古》1991 年第 4 期；张亚初：《太保罍、盉铭文的再探讨》，《考古》1993 年第 1 期。

②　参见《河南平顶山应国墓地八号墓发掘简报》，《华夏考古》2007 年第 1 期。

此器为应国器，根据文献记载，"邢、晋、应、韩，武之穆也"①，即应国是周武王之子的封国，是姬姓王族之后。虽然不能确定其中有许多问题需要进一步讨论，但周王室也偶尔用日干为名，也不是不可能（图4—26）。

图4—26　应公鼎

（采自《华夏考古》2007年第1期）

而西周青铜器有大量称以日干为名者，可能不完全是殷遗器，而是受殷风习影响的周人。

（六）文字

西周甲骨文和西周金文与商代甲骨文显然是一脉相承的文字。就西周甲骨文而言，"大部分文字在商代已经使用，说明西周与商代文字是属于

①　《左传》僖公二十四年。

一个系统"①。尤其是西周甲骨文字与殷墟甲骨文字基本相同，虽然其书写较殷墟甲骨文字潦草，但其书体结构、偏旁构成等与殷墟文字是一致的，而这种一致性不可能是两种文字的巧合，而只能是同一种文字的两个分支才可能出现的情况，周人的文字显然是自商人那里学习来的。

尤其是西周初期的铜器铭文，与晚商的青铜器铭文完全一致。西周文字是直接继承殷人的文字而来。

可见，周人对商人文化的接受是完全的和顺畅的，这当是长期接受商文化影响的结果。

（七）法律

周人的法律制度大量借鉴了商人的经验。《尚书·康诰》："王曰：外事，汝陈时臬，司师兹殷罚有伦……汝陈时臬，事罚蔽殷彝，用其义刑义杀"，孙星衍《尚书今古文注疏》云："此言外朝听狱之事，汝陈列是法，以司察其众。此商家刑罚有伦理可从也"，蔡沈注："言敷陈是法与事，罚断以殷之常法矣……"康叔封于卫，乃商人旧地，沿用商人旧法。后康叔成为周王朝的司寇，《史记·管蔡世家》："冉季、康叔皆有驯行，于是周公举康叔为周司寇"，熟悉殷法的康叔担任周王朝的司寇，掌握全国的法律事务，因为他对殷法有全面了解的缘故。后代称"刑名从商"，当是对商朝法律全面吸收的结果。

（八）墓葬制度

周人墓葬制度受商文化影响早在先周时期即已经开始。关中地区的郑家坡类型文化属于先周文化，郑家坡类型文化前期墓葬的随葬品、葬式与商文化明显不同，也少见腰坑、殉狗、殉人等现象。但到郑家坡类型晚期，有的墓葬开始出现腰坑、殉狗与殉人，并随葬商式青铜礼器②。西周初期，周人墓葬受商文化的影响更加明显，"西周初期的中小型墓皆为长方竖穴形，墓底四边有夯土二层台。墓底有腰坑，坑内殉狗（长安、洛阳、北京地区）。较大型的墓内有井字形椁室，墓底铺朱砂，椁上覆盖画幔。用人殉葬普遍，大墓亦殉车马。墓主人葬式多为仰身直肢，俯身葬亦有发现。随葬品一般旋转在两侧或脚端二层台上。西周亦盛行族葬，以血缘关系为结束的族成员，都有王室的族墓，一些贵族奴隶主还有他们的家

---

① 王宇信：《西周甲骨探论》，中国社会科学出版社1984年版。

② 参见胡进驻博士学位论文《殷墟墓葬研究》，第176页。

庭墓地。以上现象说明西周的埋葬制度是直接从殷代埋葬制度承袭而来。"① （图4—27）

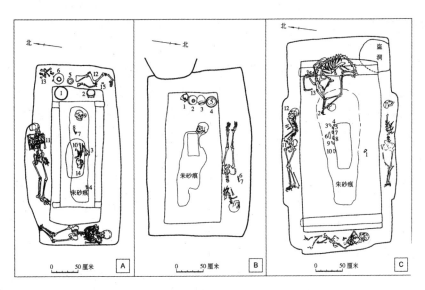

图4—27　长安张家坡西周墓葬中的殉人

（采自《中国考古学·两周卷》第74页）

商代墓葬中最有代表性的是殷墟发现的王陵与大型贵族墓葬，但至今尚未发现西周的王陵，所以无法将商、周王陵进行直接的比较研究。但通过商代王陵及贵族墓葬与周代封国诸侯墓葬比较，也可以发现期间具有明显的继承关系。礼永坪乡大堡子山秦公墓有双墓道，墓主头向与主墓道相反，随葬有车马坑，与殷代大型墓葬具有很大的相似性②。陕西凤翔雍城秦陵区发现墓葬多座③，这些墓葬以墓道多寡分出等级差别，有殉葬坑、祭祀坑、殉人等现象存在，不同陵区按时间顺序自东向西、自北向南依次排列，与殷墟西区墓葬排列规则相同。虽然有许多具体情况已经发生变化，但受商墓葬形式的影响依然明显，"秦大墓与殷大墓制度相近，其中

---

① 中国社会科学院考古研究所：《殷墟的发现与研究》，科学出版社1994年版，第468页。

② 参见戴春阳《礼县大堡子山秦墓地及有关问题》，《文物》2000年第5期；胡进驻博士学位论文《殷墟墓葬研究》，第64页。

③ 徐卫民：《秦公帝王陵》，中国青年出版社2002年版，第28—55页。

的继承或渊源关系是显而易见的"①。此外，山西天马曲村晋国墓地、北京琉璃河燕国墓地、河南三门峡虢国墓地等也都表现与商代墓制的符合，研究者认为，"可以看出两周诸侯国国君墓地制度与殷墟王室墓葬制度有直接或间接的承继关系，显示出中国古代高级贵族墓葬制度的较强的连续性"②。

在随葬车马制度上，商文化也影响了周人。西周前期保持了商代的传统，将随葬车马与主墓分开，另开一坑，将完整的车马埋入，舆后随葬殉人，如西安张家坡 M168 车马坑即采取这种方式③。而到西周中晚期，更多采取将车子拆散随葬的方式，这种毁车葬也是商代即已出现，如 1992 年发掘的殷墟刘家庄北地 M339 中的车子，即是将辕、轮、舆、轴全部拆散后埋葬，1995 年发掘的殷墟梅园庄 M40 中有两辆车，其中一辆也是拆开埋葬的。"西周时期车马坑中很多车子是拆开埋葬的，而这一葬俗在商代晚期已经出现了。"④

（九）手工业技术

从前引的《左传》昭公六年中关于周初分封可以看出，分给鲁、卫的"殷民六族"、"殷民七族"中有相当一部分氏族属于手工业氏族，他们的工艺和技术为周人所利用和继承，为周代手工业的发展奠定了基础。

1. 冶铸技术

西周青铜器完全接受了商人青铜器的风格。

周人灭商以前，已经有了青铜冶铸业，主要技术都来自于商人。在关中地区曾发现商时代青铜器，如兰田怀珍坊、扶风法门美阳、西安田王村等出土过二里岗时期青铜器⑤，岐山京当、扶风白家窑水库、西安老牛坡发现过殷墟前期的青铜器⑥。这些地区发现的陶器和铜器"与河南商文化中同阶段的器物在形制、花纹和风格上都是相同的"，即这些器物应该是

---

① 韩伟：《略论陕西春秋战国墓葬》，《考古与文物》1981 年第 1 期。

② 胡进驻博士学位论文《殷墟墓葬研究》，第 66 页。

③ 中国科学院考古研究所：《沣西发掘报告》，文物出版社 1962 年版。

④ 杨宝成：《殷墟的车马坑》，《殷墟文化研究》，武汉大学出版社 2002 年版。

⑤ 《陕西出土商周青铜器》，文物出版社 1979 年版。

⑥ 王光年：《陕西省岐山县发现商代铜器》，《文物》1977 年第 12 期；罗西章：《扶风白家窑水库出土的商周文物》，《文物》1977 年第 12 期。

商人的作品，而蓝田怀珍坊发现过铜渣和木炭，所以这些铜器应该是在要地铸造的①。关中地区发现的时代较早的商代铜器，是进入关中地区的商人铸造的。到商代晚期，铜器依然保持商文化特征，但陶器则改变为周式的，如1976年长安张家坡发掘的M85和M87，即是葬有商式青铜器和周式陶器，②同样的情况还见于耀县丁家沟、西安袁家崖等地的考古发现中③。从同出的周人陶器看，这些带有商文化风格的青铜器，有的应该是由周人铸造的。周人虽然学习了商人的技术，但在文化和观念上，依然继承了商人的传统，没有大的改变。

关中地区商时期青铜器虽有发现，但尚不发达。周人青铜器的兴盛是在灭商之后，大量西周铜器被铸造出来，形成了青铜文化的又一高峰。"从已发现的西周初期的青铜礼器、武器以及工具来看，其品种、形制、纹饰以及铭文字体，皆与殷代晚期青铜器十分相近。"④与周人取代商王朝的中央地位同时，周人的青铜文化也几乎是骤然成熟了，这种青铜业的突变，显然不是技术自然发展的结果。周人的青铜器技术成就，很大程度上是继承和吸收商人的青铜冶铸技术和从业族群的结果（图4—28）。

关中地区先周文化墓葬中就随葬有许多商式青铜礼器⑤，到周灭商后，周人的青铜器大量涌现，无论是铸造技术、纹饰风格还是文字都与商人的青铜器几乎完全一致。尤其是西周早期青铜礼器上的铭文，完全继承了商末商人青铜器铭文的风格，中间并没有出现突变现象。周原地区发现的手工业遗址，相当一部分是由殷遗民经营生产的⑥，洛阳北窑发现的铸铜遗址中有50多座殷遗民墓葬，这类墓葬与安阳苗圃北地铸铜作坊遗址发现的商代墓葬基本相同，应是殷遗民中手工业者的墓葬，即这些殷遗民正是

①　中国社会科学院考古研究所：《殷墟的发现与研究》，科学出版社1994年版，第459页。

②　中国社会科学院考古研究所陕西发掘队：《1976年长安张家坡西周墓葬的发掘》，《考古学报》1980年第4期。

③　贺梓城：《耀县发现一批周代铜器》，《文物参考资料》1956年第11期；巩启明：《西安袁家崖发现商代晚期墓葬》，《文物资料丛刊》第5集，1981年。

④　中国社会科学院考古研究所编：《殷墟的发现与研究》，科学出版社1994年版，第468页。

⑤　参见中国社会科学院考古研究所编《中国考古学·两周卷》，中国社会科学出版社2004年版，第41—42页。

⑥　辛怡华、刘宏岐：《周原——西周时期异姓贵族的聚居地》，《文博》2002年第5期。

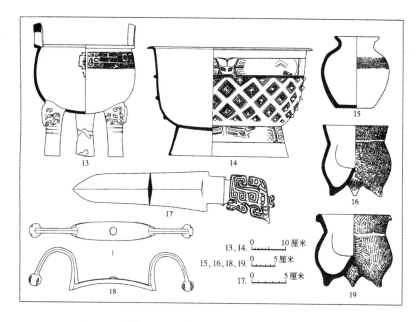

图 4—28　先周文化第五期遗物

（采自《中国考古学·两周卷》第 33 页）

青铜器作坊的生产者[①]，鲁国故城殷遗民中有 1 座墓出土镞范[②]，表明鲁地有殷遗掌握的冶铸工厂。这些资料表明，在周王朝和其下诸侯国的手工业生产当中，殷遗民是非常重要的力量。

2. 建筑技术

《召诰》："越七日甲子，周公乃朝用书命庶殷：侯、甸、男、邦伯。厥既命殷庶，庶殷丕作"，是周人利用殷遗民建造成周。甲骨文有建筑城邑的记载：

　　　乍邑于麓。（《合集》13505）

　　　贞我珤邑。（《合集》13499）

　　　……立邑墉商。（《殷缀》30）

---

①　洛阳博物馆：《洛阳北窑西周遗址 1974 年度发掘简报》，《文物》1981 年第 7 期。

②　山东省文物考古研究所：《曲阜鲁国故城》，文物出版社 1982 年版，第 110 页。

"乍犹言筑,'乍邑'可能指在已辟熟地上筑邑。'玨邑',或谓是在草莱丛生的荒地筑邑,但也可能是以玉奠基的筑邑仪式。'立邑'指攻位,测定邑的方位坐标。盘庚迁殷即曾'奠厥攸居,乃正厥位'。周人营城雒邑,也曾'以庶殷攻位于雒汭'。利用殷遗民攻筑成周洛邑[①]。从考古资料看,周代的城邑布局与商代的城市有很大相似性(图4—29)。

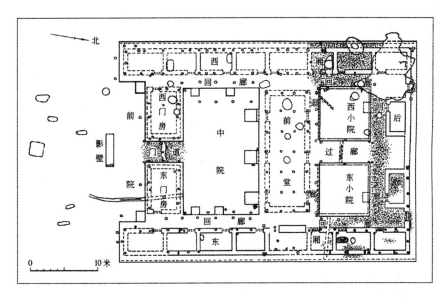

图4—29　岐山凤雏西周甲组建筑基址平面图及复原图

(采自《中国考古学·两周卷》第58页)

安阳发现了许多中商时期的四合院,这些院落规划结构完整,建筑技术十分成熟[②]。陕西岐山也发现了四合院的建筑形式,与商代四合院建筑有师承关系。最明显的是陕西岐山凤雏甲组宫殿宗庙遗址,该建筑为西周初期的建筑,南北长43.2米,东西宽32.5米,是一处由庭堂、室、塾、厢房和回廊组成的台式建筑遗存[③]。这处建筑是一处有夯土台基、中轴对称、前朝后寝的四合院,有网柱结构、木构框架、宽檐回廊等技术,与考古提示的商代遗址中的建筑具有很多共性(图4—30)。

---

① 宋镇豪:《夏商社会生活史》,中国社会科学出版社2006年版,第51页。

② 参见孟宪武《安阳殷墟考古研究》,中州古籍出版社2003年版。

③ 陕西周原考古队:《陕西岐山凤雏村西周建筑基址发掘简报》,《文物》1979年第10期。

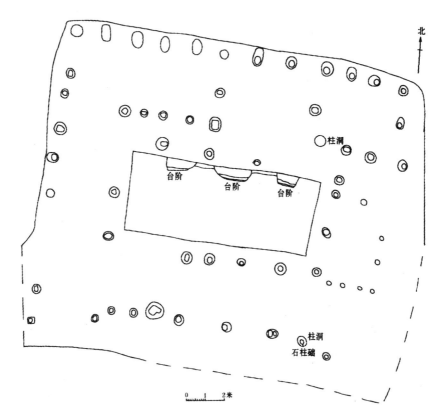

图 4—30　殷墟北徐家桥村北 4 号建筑基址平面图

（采自孟宪武《安阳殷墟考古研究》）

　　从文化现象可以看出，周人是大量接受商人文化的。一方面是周人的学习，一方面是商人的传授。尤其是占卜、筮法、文字等为上层集团所垄断的东西，大概是商人有意传授的。周代商后，周公在劝诫殷遗民的时候，对殷人的历史和祖先情况娓娓道来，如数家珍，对商人历史的了解很深。而周公称"惟汝先人，有册有典"，并称引其中的章句"夏迪简在王庭，有服在百僚"，可见周公对商人的史书非常熟悉，这些史书当是周人归服时期，由商人送给周人的。而文献中周人不仅承认商人的共主地位，更是对商人先代的功业赞颂有加，甚至周代商立，是上帝"改厥元子"的结果，将自己与商人并列为上帝之子。这些情况说明，周人其实已经与商人产生了认同心理。

可以看出，周人代商促进了中国政治文明的进步。商王朝处于国家形成的初期，其面临的许多问题，依靠其内部力量和自我完善，已经很难实现政治制度的飞跃。而周代商立，则可以以全新的开始，充分继承和改革商人的制度，建立起一种新生的制度。

3. 漆器技术

我国很早就开始生产漆器，河姆渡遗址就出土过一个漆碗[1]。到商代，漆器技术十分成熟，考古工作者在多处商代遗址发现漆器，湖北盘龙城商代墓葬中曾出土内外施漆外刻饕餮纹和云雷纹的木棺[2]，安阳殷墟 M1001大墓、武官村大墓、小屯 338 号墓以及其他墓葬中也出土过抬盘、鼓、盒等漆器[3]。其他地区如河北藁城台西、山东青州苏埠屯、河南罗山天湖等商代遗址，也出土了漆器，其中藁城台西的商代漆器绘有饕餮纹、云雷纹、蕉叶纹、夔纹等纹饰，并使用了贴金箔和镶嵌绿松石技术[4]。商代另一项重要的漆器工艺是螺钿技术，殷墟 1001 号大墓、1500 号大墓、1217号大墓、小屯 186 号墓、殷墟西区墓地、苗圃北地、山东青州苏埠屯、滕州前掌大等商代墓地都曾出土组成纹饰的蚌片，是商代螺钿工艺漆器的遗迹[5]（图 4—31）。但从出土漆器数量上看，主要出土于安阳殷墟。

西周时期的漆器业发达，各地西周遗址都有漆器出土，河南洛阳庞家沟、河南浚县辛村、河南三门峡上岭村、北京房山琉璃河、陕西长安张家坡、普渡村、湖北蕲春毛家嘴、安徽黄山屯溪等多处西周遗址都出土了西周漆器。分布地区大大增加，远远超过了商代漆器的分布范围。

西周漆器在雕刻、髹漆、镶嵌等方面，充分吸收了商代的漆器工艺，螺钿漆器十分兴盛，在陕西沣西、河南浚县辛村、北京琉璃河等地都有发现。学者认为，西周漆器工艺是对商代漆器技术的吸收和发展，"西周时

① 河姆渡遗址考古队：《河姆渡遗址第二期发掘的主要收获》，《文物》1980 年第 5 期。

② 湖北省博物馆等：《盘龙城一九七四年度田野考古纪要》，《文物》1976 年第 2 期。

③ 参见中国社会科学院考古研究所编《殷墟的发现与研究》，科学出版社 1994 年版。

④ 河北博物馆、河北省文管处台西发掘小组：《河北藁城县台西商代遗址 1973 年的重要发现》，《文物》1974 年第 8 期；河北省文物管理处台西考古队：《河北藁城台西村商代遗址发掘简报》，《文物》1979 年第 6 期。

⑤ 方辉：《商代螺钿浅说：从加拿大皇家安大略博物馆"蚌片兽面"谈起》，《华夏考古》2001 年第 2 期。

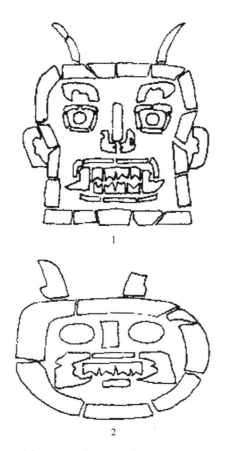

图4—31　出土于殷墟的螺钿兽面

（采自方辉《商代螺钿浅说》，《华夏考古》2001年第2期）

期的制作技术主要是继承了商代晚期的传统，在此基础上，又有所发展和创新"[1]，"西周时代的髹漆工艺应当继承了商代的传统又有新的发展。商代漆器上所用的彩绘、镶嵌等技术到西周时期运用得更普遍、更成熟了。"[2]

　　漆器在全国范围内得到推广和发展，而在技艺和风格上却具有很大的相似性，例如商代较晚才出现的螺钿技术在陕西沣西、河南辛村、北京琉

①　参见王巍《关于西周漆器的几个问题》，《考古》1987年第6期。

②　殷玮璋：《记北京琉璃河西周遗址出土的漆器》，《考古》1984年第5期。

璃河等地都在运用，而北京琉璃河出土的漆罍上的彩绘图案与湖北蕲春毛家嘴漆杯上的彩绘图案十分相似，这说明漆器的传播不是自发的自然传播，而应当是西周统一安置殷遗民手工业者的结果。

4. 车马技术

安阳殷墟遗址发现过多处车马遗迹，据统计自殷墟科学发掘以来，共发掘车马坑 31 座，出土各类车子 40 余辆[①]。另外，山东滕州前掌大商代墓地也发现两座车马坑[②]，西安老牛坡商代墓地 M27 也发现一座车马坑[③]。另外，在陕西、山西、山东等省的一些商代墓葬中也出土一些车马器。商代的车马技术已经十分成熟。商代马车主要由车架、车轴、车轮三部分构成，均为独辕、两轮、轴下辕上，上托方舆，辕前端置衡，上缚人字轭。大多数车由两马套驾，但也有四马一车的情况（图 4—32）。

西周车马坑发现较多，陕西沣西张家坡[④]、甘肃灵台白草坡[⑤]、北京琉璃河[⑥]、山东胶县西菴[⑦]、河南陕县上村岭[⑧]等地发现多处西周早中期车坑。西周所见马车大体相同，商代造车的各项技术也基本为西周所继承。在驾乘方式上也是如此，以两马和四马为多。曾有学者认为四马一驾方式最早出现于西周，其实殷代已经有驷车的实例，安阳殷墟小屯 M20 中的车马遗迹，有学者认为是两车四马[⑨]，但也有学者认为 M20 面积狭小，只能容下一辆车，所以是一车四马[⑩]。小屯 M45 中埋有一辆车、四匹马、三个人。这种一车四马三人的车制，与文献记载的周代车制"一乘四马，被甲

① 参见杨宝成《殷墟的车马坑》，《殷墟文化研究》，武汉大学出版社 2002 年版。

② 中国社会科学院考古研究所：《滕州前掌大墓地》，文物出版社 2005 年版。

③ 西北大学历史系考古专业：《西安老牛坡商代墓地的发掘》，《文物》1986 年第 6 期。

④ 中国科学院考古研究所：《沣西发掘报告》，文物出版社 1963 年版。

⑤ 甘肃博物馆文物工作队：《甘肃灵台白草坡西周墓》，《考古学报》1977 年第 2 期。

⑥ 中国社会科学院考古研究所、北京市文物工作队：《1981—1983 年琉璃河西周燕国墓地发掘简报》，《考古》1984 年第 5 期。

⑦ 山东省昌潍地区文物管理组：《胶县西菴遗址试掘简报》，《文物》1977 年第 4 期。

⑧ 中国科学院考古研究所：《上村岭虢国墓地》，科学出版社 1959 年版。

⑨ 参见石璋如《殷墟墓葬之一·北组墓葬（上）》，中央研究院历史语言研究所 1970 年版，第 16 页。

⑩ 杨宝成：《殷代车子的发现与复原》，《考古》1984 年第 6 期。

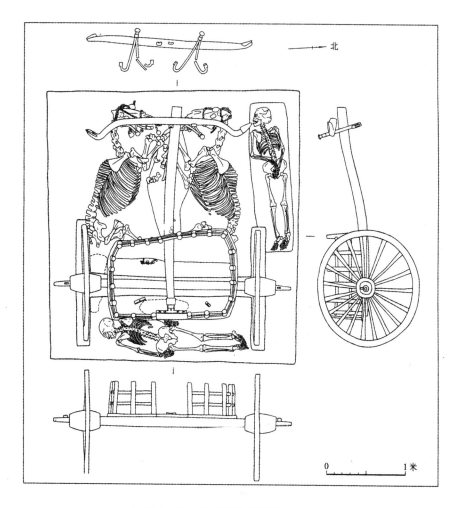

图 4—32　殷墟郭家庄车马坑 M52

（采自《中国考古学·夏商卷》第 413 页）

之士三人也"① 相同，所以学者认为，"四马为一乘，车兵三人，为周人之制，此制实源于殷人之车制。"② 所以，学者得出结论，"从长安、北京、洛阳所发现的西周车马坑中的车子遗迹来看，从其车的结构到马具的装

---

① 《左传》僖公二十八年。

② 杨宝成：《殷墟的车马坑》，《殷墟文化研究》，武汉大学出版社 2002 年版。

配，大体上是承袭了殷代的车制发展而来。"① "商周时期的马车是属于同一系统的，在发展序列上有明显的承袭关系。"②（图4—33）

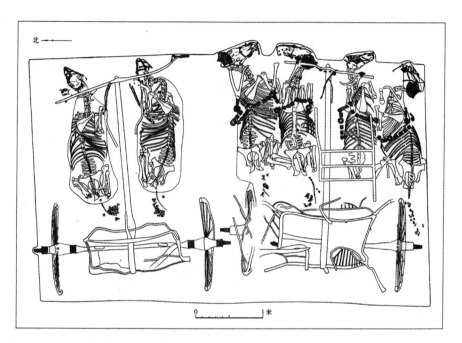

图4—33　长安张家坡57M168车马坑平面图

（采自《中国考古学·两周卷》第76页）

（十）殷遗与商业的发展

殷人具有从事商业活动的传统，《世本·作篇》："相土作乘马，王亥作服牛。"《易·系辞》云："服牛乘马，引重致远，以利天下。"《管子·轻重戊》记载说："殷人之王，立皂牢，服牛马，以为民利。"即是商人先祖驯服马牛使之引车，驱以贸易。商先公王亥即一开始与北方的有易氏进行贸易，《山海经·大荒东经》记载："王亥托于有易，河伯仆牛，有易杀王亥，取仆牛。"学者认为"这是一次长途贩运。可知商族早在先公时代以产品交换的贸易就很活跃"③。到商汤时，商人的贸易更加扩大，甚至被

①　中国社会科学院考古研究所编：《殷墟的发现与研究》，科学出版社1994年版，第468页。

②　翟德芳：《商周时期马车起源初探》，《华夏考古》1988年第1期。

③　孟世凯：《商人对西周社会经济的贡献》，《第二次西周史学术讨论会论文汇编》1992年。

利用作颠覆夏王朝的武器，《管子·轻重甲》："昔者桀之时，女乐三万人，端噪晨乐，闻于三衢，是无不服文绣衣裳者。伊尹以薄之游女工文绣纂组，一纯得粟百钟于桀之国。夫桀之国者，天子之国也，桀无天下忧，饰妇女钟鼓之乐，故伊尹得其粟而夺之流。此之谓来天下之财。"伊尹通过丝服文绣等奢侈品大量换取夏人的粮食，削弱了夏王朝的粮食储备，增强了自身的经济实力，为灭夏打下了基础。

商王朝建立以后，商业活动非常频繁。从考古资料看，殷墟出土的遗物十分丰富，有东部沿海的鲸鱼骨、贝壳，长江流域的稻类、硬陶、釉陶、龟甲，新疆出产的玉石[①]。商代遗址中除出土大量海贝外，还出土了铜贝，在殷墟大司空村商代墓葬曾出土 3 枚无字铜贝，殷墟西区墓地也出土 2 枚铜贝[②]，另外在山西保德林遮峪商代晚期墓葬中还出土了 113 枚铜贝[③]。这些铜贝应该是作为金属货币使用的（图 4—34）。

图 4—34　山西保德商代铜贝

周人来商后，依然鼓励殷人的商业传统，如《尚书·酒诰》有"妹土，嗣尔股肱，纯其艺黍稷，奔走事厥考厥长，肇牵车牛，远服贾，用孝

---

① 参见中国社会科学院考古研究所编：《殷墟的发现与研究》，科学出版社 1994 年版。

② 同上。

③ 吴振录：《保德县新发现的殷代青铜器》，《文物》1972 年第 4 期。

养厥父母"，提倡殷遗民进行商业活动。齐国地处东隅，深受商人风习影响，姜太公因地制宜，"通工商之业，便鱼盐之利"①。殷遗经商当是一种很普遍的现象，各地殷遗都有积极的经营者，《左传》昭公十六年记载郑国子产的话："昔我先君桓公，与商人皆出自周，庸次比耦，以艾杀此地，斩之蓬蒿藜藋，而共处之。世有盟誓，以相信也，曰：'尔无我叛，我无强贾，毋或匄夺。尔有利市宝贿，我勿与知。'恃此质誓，故能相保，以至于今。"这里的商人与郑人祖先"皆出自周"，当是迁置于王畿的殷遗后裔，"则'商人'的定义，大约正指周初西徙的殷商旧族。商贾的定义，反而可能是后起的了。"②因为殷人善于经商，所以周人习惯性地把贸易交换等职业称为"商业"③，而从事贸易的人也称作"商人"、"商贾"，"商贾之名，疑由殷人而起"④。

　　殷遗商人与殷遗手工业一起，构成了完整的工商生产与流通体系，对周王朝产生巨大的影响，成为周王朝重要的财政收入来源。周代关卡很多，《逸周书·大聚解》："辟关修道，五里有郊，十里有井，二十里有舍，远旅来至，关人易资。"关的重要功能即是收税，《管子·问篇》："关者，诸侯之阯隧也，而外财之门户也。"《周礼》中有"司关"之职，负责检查货贿，征取商税，"掌国货之节，以联门市，司货贿之出入者，掌其治禁与其征廛"。⑤其中最主要的来源当是殷遗商人。

　　商业的发展对社会构成产生了很大影响，商人成为社会重要力量，上引《左传》昭公十六年子产的话可以看出，商人已经具有足以与国君对话的地位与资格，并与之达成互不干涉的互惠契约。商业的发展，对社会风气产生了影响，开始出现重商之习，尤其是殷遗民聚居地区，表现出明显的重商风气。到汉代，原殷遗集中地区，商业风习已经成为民风的一部分，原成周一带，"周人以商贾为资"⑥，"巧伪趋利，贵财贱义，高富下

①　《史记·齐太公世家》。

②　许倬云：《西周史》，生活·读书·新知三联书店1994年版，第118页。

③　郭沫若：《十批判书》，人民出版社1954年版，第15页。

④　徐中舒：《从古书中推测之殷周民族》，《国学论丛》第1卷第1期，1927年。

⑤　《周礼·夏官·司关》。

⑥　《史记·游侠列传》。

贫，意为商贾，不好仕宦"①。而鲁国地方，"好贾趋利，甚于周人"②。

可以说，殷遗民在促进中国古代工商经济发展过程中起到了重要作用。学者认为，"殷墟文化在很多方面都曾给予周文化以极大的影响。周文明是建立在商文明的基础上的，并将其推进到一个新的高度。"③

二　殷礼的损益与周公"制礼作乐"

（一）三礼并用

商人文化和殷遗民对周代社会影响非常之深，虽然史书宣称周公"制礼作乐"，奠定万世圭臬，但实际考察起来，周代社会实际并非"周礼"的一统天下。

上文已经述及，周人本是西方边地民族，以"小邦周"代"大邑商"，所以实行了以抚柔为主的统治政策，一方面大量吸取商文化和制度为己所用，一方面宽容绥靖允许被征服民族保留自己的文化与风习。对鲁、卫实行"启以商政"，而对晋地实行"启以夏政"，在其他地方也相应尊重当地习俗，如《左传》僖公二十七年："杞桓公来朝，用夷礼。"与周王朝亲疏不同的诸侯，其礼仪也可以有所不同，《国语·周语中》："陈，我大姬之后也，弃衮冕而南冠以出，不亦简彝乎？是又犯先王之令也。"学者认为，"由此可知，非兄弟婚姻之国，则可'南冠'并可'简彝'，从蛮夷戎翟之习；而甥舅姻亲之国，则必须和姬姓兄弟之国同，严守周之常礼与先王之令。"④

夏、商作为两代正统王朝，其文化和制度在历史上产生过重大影响，周人保留了大量夏、商两代的风习与礼制。所以，西周的礼制表现出相当的复杂性，多种风习和礼制混合使用。前引燕、齐、应国的以日干为名，即是明显的周人用殷礼的情况。

直到春秋时期，多种礼制混用的情况依然十分明显，其中以《礼记·檀弓》记载最为丰富：

---

① 《汉书·地理志》。

② 《史记·货殖列传》。

③ 中国社会科学院考古研究所编：《殷墟的发现与研究》，科学出版社1994年版，第469页。

④ 王晖：《商周文化比较研究》，人民出版社2000年版，第140页。

孔子之丧，公西赤为志焉。饰棺墙，置翣，设披，周也；设崇，殷也；绸练设旐，夏也。

子张之丧，公明仪为志焉。褚幕丹质，蚁结于四隅，殷士也。

有虞氏瓦棺，夏后氏堲周，殷人棺椁，周人墙置翣。周人以殷之棺椁葬长殇，以夏后氏之堲周葬中殇下殇，以有虞氏之瓦棺葬无服之殇。

夏后氏用明器……殷人用祭器……周人兼而用之。

殷既封而吊，周反哭而吊。孔子曰："殷已悫，吾从周。"

殷练而祔，周卒哭而祔。孔子善殷。

《礼记·王制》则言：

凡养老，有虞氏以燕礼，夏后氏以飨礼，殷人以食礼，周人修而兼用之。

《论语·卫灵公》也有：

行夏之时，乘殷之辂，服周之冕。

《礼记·檀弓》：

掘中霤而浴，毁灶以缀足，及葬，毁宗躐行，出于大门，殷道也。学者行之。

夏后氏用明器，示民无知也；殷人用祭器，示民有知也；周人兼用之，示民疑也。

可见即使到了春秋时期，夏、殷的礼制依然在日常生活中被应用。

在周代，夏礼、殷礼、周礼并行的情况当是被认可的，三种礼都在社会上被有选择性地使用，也被人们所学习和传播，三礼并用的情况是非常普遍的。即使周王朝廷也是如此，实际活动中大量使用虞、夏、商时代的礼仪。关于周王朝廷的情况，我们可以用鲁国的情况加以推比。鲁因周公的勋劳，可以用天子之礼乐。《礼记·明堂位》："成王以周公为有勋劳于天下，是以封周公于曲阜，地方七百里，革车千乘，命鲁公世世祀周公以天子之礼乐。”所以，鲁国的礼乐大体同于周王朝的礼乐。

号称周礼最固的鲁国，并非单纯使用周礼。《史记·鲁世家》："鲁公伯禽之初受封之鲁，三年而后报政周公。周公曰：'何迟也？'伯禽曰：'变其俗，革其礼，丧三年然后除之，故迟。'太公亦封于齐，五月而报政周公。周公曰：'何疾也？'曰：'吾简其君臣礼，从其俗为也。'及后闻伯禽报政迟，乃叹曰：'呜呼，鲁后世其北面事齐矣！夫政不简不易，民不有近；平易近民，民必归之。'"研究者强调伯禽"变其俗，革其礼"，认为鲁革除当地旧俗而行周礼。但分析本段文字，可以看出，周公对伯禽的做法是颇有微词的，批评他"夫政不简不易，民不有近；平易近民，民必归之"，实际上要求他简政近民，反对他"变其俗，革其礼"。所以，伯禽的变革旧俗实际只维持了三年，在受到周公的批评后，应当不会再限制旧礼的使用，而是贯彻周初制定的"启以商政"。所以，鲁国依然保留了相当的殷俗，最明显的即鲁国的国君继承制度，据《史记·鲁周公世家》："鲁公伯禽卒，子考公酋立。考公四年卒，立弟熙，是谓炀公。炀公筑茅阙门。六年卒，子幽公宰立。幽公十四年。幽公弟晞杀幽公而自立，是为魏公。魏公五十年卒，子厉公擢立。厉公三十七年卒，鲁人立其弟具，是为献公。献公三十二年卒，子真公濞立。真公十四年……三十年，真公卒，弟敖立，是为武公……"《史记·鲁世家》载叔牙说："一继一及，鲁之常也。"《史记集解》引何休说："父死子继，兄死弟及。"《春秋公羊传》庄公三十二年："鲁一生一及"，可以看到鲁国长期实行子继父立和兄终弟及并行的王位继承制度。而父子相传和兄弟相及并行是商王朝的王位继承方式，是周礼与殷礼的重要区别之一[1]，"整个鲁国的继承制度反而深受商人的影响"[2]。

鲁用天子之礼乐，关于鲁用天子之礼乐的内容，《礼记·明堂位》有较详细而明确的记载，实际即是兼用三代正统王朝之礼与天下诸国之礼乐：

> 是以鲁君……季夏六月，以禘礼祀周公于大庙，牲用白牡，尊用

---

① 参见王国维《殷周制度论》，《观堂集林》，河北教育出版社 2003 年版，第 231 页。

② 杜正胜：《西周的封建特质》，《食货月刊》第 8 卷第 5、6 期合刊，1981 年。

牺象、山罍，郁尊用黄目，灌用玉瓒、大圭，荐用玉豆、雕篹，爵用玉琖、仍雕，加以璧散、璧角，俎用梡嶡。升歌清庙，下管象，朱干玉戚，冕而舞大武，皮弁素积，裼而舞大夏。昧，东夷之乐也。任，南蛮之乐也。纳夷蛮之乐于大庙，言广鲁于天下也……鸾车，有虞氏之路也。钩车，夏后氏之路也。大路，殷路也。乘路，周路也；有虞氏之旂，夏后氏之绥，殷之大白，周之大赤；夏后氏骆马黑鬣。殷人白马黑首，周人黄马蕃鬣。夏后氏，牲尚黑，殷白牡，周骍刚；泰，有虞氏之尊也。山罍，夏后氏之尊也。著，殷尊也。牺象，周尊也。爵，夏后氏以琖，殷以斝，周以爵；灌尊，夏后氏以鸡夷，殷以斝，周以黄目；其勺，夏后氏以龙勺，殷以疏勺，周以蒲勺；土鼓、蒉桴、苇龠，伊耆氏之乐也。拊搏、玉磬、揩击、大琴、大瑟、中琴小瑟，四代之乐器也……米廪，有虞氏之庠也；序，夏后氏之序也，瞽宗，殷学也，頖宫，周学也……夏后氏之鼓足，殷楹鼓，周县鼓；垂之和钟，叔之离磬，女娲之笙簧；夏后氏之龙簨虡，殷之崇牙，周之璧翣；有虞氏之两敦，夏后氏之四琏，殷之六瑚，周之八簋；俎，有虞氏以梡，夏后氏以嶡，殷以椇，周以房俎；夏后氏以楬豆，殷玉豆，周献豆。有虞氏服韨，夏后氏山，殷火，周龙章；有虞氏祭首，夏后氏祭心，殷祭肝，周祭肺；夏后氏尚明水，殷尚醴，周尚酒；有虞氏官五十，夏后氏官百，殷二百，周三百；有虞氏之绥，夏后氏之绸练，殷之崇牙，周之璧。凡四代之服、器、官，鲁兼用之。是故鲁，王礼也……

所以，即使号称遵从周礼最坚决，"周礼尽在鲁矣"的鲁国，也是多种礼仪并存的，即周王朝和鲁国是兼用先代的礼制，同时也兼用周边方国的礼乐，以此表明自己是既秉承前代正统王朝的天命又怀柔四方边远之国的天下共主。

　甚至在与各国的交往中也允许他国使用自己的礼仪，《左传》僖公二十七年："杞桓公来朝，用夷礼。"虽然认为这种"夷礼"不合于史书记载者的标准，但依然被鲁国主政者所容忍。《左传》隐公十一年鲁隐公说："周之宗盟，异姓为后。寡人若朝于薛，不敢与诸任齿。"更是承诺若如果到任姓的薛国会盟，则以任姓为主，遵从任姓的规矩。

　我们看到，周人的礼乐只是一种部分统一，至于具体问题和地域性的差别则予保留，不唯夏、商、周三代的礼制可以混用，而且有时"夷礼"也可以在正式场合采用。所以，"郁郁乎文哉"的周礼虽然被奉为圭臬，但并没有完全排斥其他礼仪的存在，只是占据主要地位，与其他礼仪混用。所以《礼记·明堂位》记载说："凡四代之服、器、官，鲁兼用之。是故鲁，王礼也，天下传之久矣。"这里的"王礼"，并非专指周王之礼而言，而是指四代之王礼并用，从这里也可以看出，周人所谓的"王礼"，实际也是继承了虞、夏、商前代的礼仪内容，所以文献说"三代之礼至周大备"①。

周人兼用先代之礼和包容四夷之礼，有兼怀天下的意思，是一种主动的包容各种礼仪的行为，目的在于抚柔各种政治势力，是为"小邦周"最终取得天下共主地位的政治策略。正是周人的这种宽容导致先代之礼得以保留，周代在处理事务中各种礼仪并行不悖。

（二）周因于殷礼

周礼不仅与其他礼仪共存，而且本身即是对夏、商之礼的继承与发展，《论语·学而》记孔子之言："殷因于夏礼，所损益可知也；周因于殷礼，所损益可知也。"即周礼是在殷礼的基础上发展而来的。

商代在中国历史上是一个非常重要的时期，其在疆域开拓、国家制度建设等方面都具有承前启后的地位，从制度发展而言，殷商进入了一个新的阶段，很多后世遵循的制度都是在殷商时代形成的，殷商时代国家礼乐建设开国家制度建设的先河，《礼记·表记》："虞夏之道，寡怨于民；殷周之道，不胜其弊。子曰：虞夏之质，殷周之文，至矣；虞夏之文，不胜其质，殷周之质，不胜其文。"将"虞夏之质"与"殷周之文"对言，即是从制度上把殷商作为"文"时代的开始。

周人起于西陲，文化远不及中央王朝，所以虽然武力取胜，但在制度和文化上则尚不完备，"于宗礼亦未克敉"。在周人建国的初期，基本没用殷礼。《尚书·洛诰》："王肇称殷礼，祀于新邑，咸秩无文。"伪孔传："言当始举殷家祭祀，以礼典祀于新邑。"王国维也认为："殷礼，礼天改远之礼，殷先王即位时举之……及洛邑既成，成王至洛，始举此礼。"即以殷礼祭天②。直到周公东征之后，周人在全国的统治日趋稳定，具备在

---

① 《论语·八佾》。

② 王国维：《洛诰解》，《观堂集林》第 1 卷，中华书局 1959 年版。

全国推行统一礼制的条件，于是周公乃勘定制度，《尚书·大诰》称：周公"五年营成周，六年制礼作乐"。但周公制礼作乐也非完全排斥殷礼，而是依然沿用了相当部分殷礼，"康王以前，还是建立时期，许多典章制度是沿袭殷代的"，"至少，一直到周康王为止，都是继承了商的制度和礼仪。"①

关于周公制礼作乐的主要内容，学者有所概括，王玉哲先生认为大体有制定嫡长子继承制、完善分封制度、作乐章等三种②；金景芳先生则概括为六种：畿服、爵谥、田制、法制、嫡长子继承制、乐③。细审其主要内容，可以发现大部分制度在商代已经初具规模。

分封制度是西周最重要的政治制度，有学者认为是西周的国家政体④，其实分封制度在商代已经出现并且发展到相当成熟的程度，只是由于商代分封制是在国家发展过程中渐次进行和发展起来的，所以作为一项制度没有凸显出来。

分封制度和畿服制商代已经实行。商人是通过战争征服建国的，"汤始征，自葛载；十一征而无敌于天下"⑤，最终灭夏立国。商人建国后，继承了夏朝政治遗产，须对夏商势力范围内的土地和人口进行管理，而商人自身力量不足以直接控制全部地区，不得不借助于各地原有势力，于是实行分封制。商王直接控制区、本族分封区、异族分封区自然形成分野，出现了最早的畿服雏形，到商代末年畿服制已经较成熟，《尚书·酒诰》："自成汤咸至于帝乙……不敢自暇自逸，矧曰其敢崇饮。越在外服，侯、甸、男、卫、邦伯；越在内服，百僚庶尹、惟亚、惟服，宗工；越百姓、里君、罔敢湎于酒"，《尚书·康诰》："周公初基作新大邑于东国洛，四方民大和会，侯、甸、男、邦、采、卫百工播民，见士于周"，《尚书·召诰》："周公乃朝用书，命庶殷侯、甸、男、邦伯"，可见内、外服划分已经十分清楚。

---

① 唐兰：《用青铜器铭文来研究西周史——综论宝鸡市近年发现了一批青铜器的重要历史价值》，《文物》1976 年第 6 期。

② 王玉哲：《中华远古史》，上海人民出版社 2000 年版，第 542—544 页。

③ 金景芳：《中国奴隶社会史》，上海人民出版社 1993 年版，第 122—128 页。

④ 参见黄中业《西周分封制是国家政体说》，《史学月刊》1985 年第 2 期。

⑤ 《孟子·滕文公下》。

　　爵、谥制度的萌芽也见于殷商时代。商代虽然有封建，但是还没有形成明确的爵制，侯、甸、男、卫只是商王朝派出的任务侧重不同的据点的长官，这些官职与后来的爵阶制度无关，"侯甸男卫诸称本指对王负有不同服事义务的诸侯，所以虽同是诸侯之称，周代的公侯伯子男诸称，乃是等级制下的爵称，殷代侯甸男卫诸称则主要类于服事的'职'称。二者间的这种区别很重要，应与商代无爵制有关"①，"爵制乃周人新创，原为商所无"②，但是，谥法却滥觞于商代③，从文献和甲骨文中可以看到，商代最后的商王有武乙、文丁、文武帝乙等称号，所以有学者认为"谥法的兴起应上溯到晚商文丁之时"，"殷人的谥法很快就被西方的周人所接受，于是就出现了周文王周武王这样的周人谥号。"④

　　法制前已述及，兹不赘述。

　　田制。《孟子·滕文公上》载："夏后氏五十而贡，殷人七十而助，周人百亩而彻。"毛奇龄《四书賸言》载："周制彻法但通贡、助。"即"周的彻法是兼采贡、助而用之"⑤。

　　嫡长子继承制。嫡长子继承制是殷、周最大区别之一⑥，但考察商王世系可以看出，自武丁之后，基本实行传嫡制，《史记·殷本纪》记载："帝乙长子曰微子启，启母贱，不得嗣。少子辛，辛母正后，辛为嗣。"而《吕氏春秋·当务》则说微子启与纣同母，但其母生微子启时尚为妾，而生纣时已为正妻。帝乙欲立启为太子，"太史据法而争之曰：'有妻之子而不可置妾之子。'纣故为后"。"太史据法而争"表明，传嫡制在商代晚期已经确立，并成为明确的法度。所以有学者认为"从康丁之后，殷王只传子不传弟，殷人嫡长子继统法建立起来了"⑦。但根据目前的资料，商末各王的长幼尚难确定，所以王位继承可以肯定是传嫡，还不能确定是传长。

---

　　①　葛志毅：《殷周诸侯体制比较》，《学习与探索》2000 年第 6 期。

　　②　金景芳：《古史论集》，齐鲁书社 1981 年版。

　　③　参见屈万里《谥法滥觞于殷代论》，《中央研究院历史语言研究所集刊》第 13 本，1948年。

　　④　彭裕商：《谥法探源》，《中国史研究》1999 年第 1 期。

　　⑤　金景芳：《中国奴隶社会史》，上海人民出版社 1983 年版，第 126 页。

　　⑥　王国维：《殷周制度论》，《观堂集林》，河北教育出版社 2003 年版，第 231 页。

　　⑦　王晖：《商周文化比较研究》，人民出版社 2000 年版，第 304 页。

而周代则明确为嫡长子继承制，强调传长与传嫡同时并重应是周人的创新。

"所谓礼，实际上包含上层建筑和经济基础的各个方面，而以政治制度和婚丧祭祀为主要部分。"① 西周的官制、礼仪也表现出对殷礼的继承与吸收。

周代重要的官制之一是三公制，而三公制在商代已经确立。商朝初年，即已经建立起双相制，《墨子·尚贤》言汤提拔伊尹"举以为己相"，《左传》定公元年："薛之皇祖奚仲以为夏车正，奚仲迁于邳……仲虺居薛，以为汤左相。""伊尹为丞相，仲虺为左相。"《孟子·尽心下》赵注："《春秋传》曰：'仲虺居薛，为汤左相'，则伊尹为右相，故二人等德也"，则是商汤时，实行左、右双相制。到武丁时期，则建立起了三公制，商代在武丁时期或其以前已经有保、师、傅的官名，但在武丁之前尚未联合成为在一起的三公，武丁时期对这三个官职的地位和权力进行了调整，合在一起作为朝廷的主要政务官员，称三公。到商代末年，三公已经是相当稳定的官职，《战国策·赵策下》："昔者，鬼侯、鄂侯、文王，纣之三公也"，《史记·殷本纪》："（纣）以西伯昌、九侯、鄂侯为三公"，《史记·鲁仲连传》："昔者九侯、鄂侯、文王，纣之三公也"。

可见周人的主要政治制度包括王位继承制、官制、分封制、谥法、土地制度等国家政治生活中的重要内容无不有殷礼的内容和影子，甚至构成其支撑的骨架，可以说，周礼实际上是对殷礼的成熟化和规范化，"周因于殷礼"，是确实可信的。周公"制礼作乐"实际上是对殷礼的规范、改良和补充。

商人在开拓疆域，在扩大中央王朝统治范围的同时，在各地推行商王朝的制度。到商代晚期，在北起河北、辽宁，南到湖北、湖南，西到关中地区，东到山东的广大地域内，商王朝政治控制和影响十分有力，初步确立了殷礼的主导地位。最能反映这一问题的是代表当时上层文化的青铜礼器，在这广大范围内出土了大量商代青铜器，表现出强烈的商文化特征。

北方是商人的传统势力区，很多地区都有商代遗址和器物的发现。1977年，在北京平谷刘家河商代墓葬出土一批青铜器，有鼎、鬲、甗、

---

① 王玉哲：《中华远古史》，上海人民出版社2000年版，第541页。

斝、爵、罍、瓿、盉、盘等容器和戈等兵器，其中鼎、鬲、甗等与二里岗上层器物相似，斝、瓿和罍等与殷墟三家庄期器物相似①。学者认为此墓墓主系商代"北土"的一位方国或诸侯和首领②。在辽宁西部、河北北部也发现过商代的青铜器，如河北卢龙发现的鼎、簋，文安县龙岗发现的铜爵，丰宁县的柱足鼎，辽宁朝阳发现的弦纹鼎等③，这些器物都具有明显的商文化特征。

　　从研究我们知道，商代主要经营旱作农业，其扩张和开拓也基本沿平原和河谷行进④。所以，其在南方的发展是点式前进，以控制主要资源分布区为主，商人在这一地区的统治也带有强烈的"入乡随俗"色彩，因此南部地区出土的青铜器有的与中原铜器相同，有的则带有较多的地方特色。湖北黄陂盘龙城是江汉地区一处重要的商代遗址，这里发现了商代的城墙、宫殿基址和大量墓葬与青铜器，其中的青铜器与中原地区同时期的器物相同⑤（图4—35）。这里被认为是商王朝在南方的一个封国的都邑⑥。江汉地区出土商代铜器的地点很多，湖北随县、应山县、鄂城等都有发现。湖南地区也有多处发现商代铜器，最重要的宁乡县，多处出土商代青铜器⑦。江西省也有商代铜器出土，清江吴城遗址出土了斝、锛、凿等青铜器，其中斝与殷墟同类器相同⑧。清江横塘、都昌乌云山等也发现过鼎、甗等器物⑨。江汉以南出土商代青铜器，许多与中原地区的青铜器相同，

---

①　北京市文物管理处：《北京市平谷县发现商代墓葬》，《文物》1977年第11期。

②　参见杨升南《北京平谷刘家河铜器墓墓主身份》，《北京平谷与华夏文明国际学术古诗会论文集》，社会科学文献出版社2005年版。

③　参见唐云明《河北境内几处商代文化遗存记略》，《考古学集》第2集，1982年；《文物考古工作三十年》，文物出版社1979年版，第39页。

④　参见《商代史》第4卷《国家与社会》。

⑤　参见湖北省博物馆《盘龙城》，文物出版社2001年版。

⑥　江鸿：《盘龙城与商朝的南土》，《文物》1976年第2期。

⑦　参见湖南省博物馆《湖南省博物馆新发现了几件铜器》，《文物》1966年第4期；高至喜：《商代人面方鼎》，《文物》1960年第10期；熊传新：《湖南宁乡新发现一批商周青铜器》，《文物》1983年第10期等。

⑧　江西省博物馆：《江西清江吴城商代遗址发掘简报》，《文物》1975年第7期；《江西清江吴城商代遗址第四发掘的主要收获》，《文物资料丛刊》第2集，1978年。

⑨　江西省博物馆：《近年江西出土的商代青铜器》，《文物》1986年第2期。

也有相当一部分带有强烈的地方特色。

图 4—35 盘龙城铜钺

山东是较早纳入商王朝统治的地区，济南大辛庄、青州苏埠屯、平阴朱家桥、长清、邹城、滕县、苍山、惠民、桓台等都出土过商代青铜器[①]。安徽阜南县、颍上县、嘉山县等地也发现了商代晚期青铜器[②]。这些地区

[①] 参见山东齐文涛《概述近年来山东出土的商周青铜器》，《文物》1972 年第 5 期；山东省博物馆：《山东益都苏埠屯第一号奴隶殉葬墓》，《文物》1972 年第 8 期；中国科学院考古研究所山东发掘队：《山东平阴县朱家桥殷代遗址》，《考古》1961 年第 2 期；王言京：《山东省邹县又发现商代铜器》，《文物》1974 年第 1 期；山东省博物馆：《山东长清出土的青铜器》，《文物》1964 年第 4 期；王思礼：《惠民志区几处古文化遗址》，《文物》1960 年第 3 期；韩明祥：《山东长清、桓台发现商代青铜器》，《文物》1982 年第 1 期。

[②] 参见葛介屏《安徽阜南县发现殷商时代的青铜器》，《文物》1959 年第 1 期；颍上县文化局文物工作组：《安徽颍上县出土一批商周青铜器》，《考古》1984 年第 12 期；阜阳博物馆：《安徽颍上王岗、赵集发现商代文物》，《文物》1985 年第 10 期；葛治功：《安徽嘉县泊岗引河出土的四件铜器》1965 年第 7 期。

出土的青铜器与殷墟青铜器非常相似，器形、花纹、铭文和组合等没有区别。

商人在西方的统治由于受到太行山、中条山、熊耳山等山脉的阻挡，势力范围延伸得不远。所以这一方向上铜器分布也是典型中原器物与地方特色器物并存。山西省长子县、忻县、灵石县、洪洞县出土了多件中原特色的商代铜器①。石楼、保德、永和以及陕西的绥德与清涧等地也出土了商时期的铜器②，这些铜器中既有中原特色器物，也有部分地方特点器物。陕西关中的岐山县、扶风县、长安县、耀县也有商代铜器出土③，汉中地区的城固、洋县也有商代铜器出土④，这批青铜器一部分属于商文化系统，一部分则带有明显的地方特色。

从出土的商代青铜器可以看出，就总体而言，各地发现的青铜器当中，"青铜礼器和部分兵器完全是商文化系统的"⑤。青铜礼器是商王朝礼制和文化的象征与代表，在"礼不可假人"的古代，青铜礼器代表的是在国家政治体系的身份与地位，非处于同一政治系统内，很难轻易取得。所以，青铜礼器的广泛分布和高度统一表明商代的制度和礼制的影响范围非常广大。

---

① 参见郭勇《山西长子县北郊发现商代铜器》，《文物资料丛刊》第 3 集，1980 年；王进先：《山西长治市拣选、征集的商代青铜器》，《文物》1982 年第 8 期；沈振中：《忻县连寺沟出土的青铜器》，《文物》1972 年第 4 期；戴遵德：《山西灵石旌介村商代墓和青铜器》，《文物资料丛刊》第 3 集，1980 年；陶正刚：《山西出土的商代青铜器》，《中国考古学会第四届年会论文集》，文物出版社 1985 年版。

② 参见郭勇《石楼后兰家沟发现商代青铜器简报》，《文物》1962 年第 4、5 期；杨绍禹：《石楼县发现古代铜器》，《文物》1959 年第 3 期等；吴振录：《保德县新发现的殷代青铜器》，《文物》1972 年第 4 期；石楼县文化馆：《山西永和发现殷代铜器》，《考古》1977 年第 5 期；绥德县博物馆：《陕西绥德发现和收藏的商代青铜器》，《考古学集刊》第 2 集，1982 年。

③ 参见王光年《陕西省岐山县发现商代铜器》，《文物》1977 年第 12 期；罗西章：《扶风白家窑水库出土的商周文物》，《文物》1977 年第 12 期；保全：《西安老牛坡出土的商代早期文物》，《考古与文物》1981 年第 2 期；中国社会科学院考古研究所陕西发掘队：《1967 年长安张家坡西周墓葬的发掘》，《考古学报》1980 年第 4 期；贺梓城：《耀县发现一批周代铜器》，《文物参考资料》1956 年第 11 期。

④ 赵丛苍主编：《城洋青铜器》，科学出版社 2006 年版。

⑤ 中国社会科学院考古研究所：《殷墟的发现与研究》，科学出版社 1994 年版。

商人这种在礼制上的统一性和广泛性为周人建立统一的周礼奠定了基础，同时也迫使周人在继承其政治和疆域遗产的同时，也不得不考虑商人的制度和文化影响，在礼乐制度上充分吸收商人的已有成果，形成了"周因于殷礼"的局面。

（三）周公"制礼作乐"的实质

一言制度，史家必言及周公"制礼作乐"，以为制度完善之始。但通过我们上述分析可以看出，周礼既非一统原则，又多由殷礼而来，为何自古史书盛称周公"制礼作乐"，却不见关于制度始于殷礼的记载。

这主要有两个原因：

1. 周公对礼制的完善

商代虽然建立和完备大多数重要的政治制度和礼仪，但由于商代处于国家建立的早期阶段，一直处于动态的扩张和发展之中，许多制度未能完全定型并适用于全体。我们可以用商代的分封制、内外服制、爵级制为例加以说明。

商王朝是灭夏建立的。夏朝的情况十分特殊，其国家架构主要是通过禹治水过程中对各部族的联合建立的，是以和平合作的方式对原有部族及其权力、社会结构的承认。这一成果为启所继承，进入"家天下"时代，建立了夏朝。因此，供夏王朝缺少支配的可用以支配的土地和人口，也不需要建立独立于王朝的外在组织维护王朝的统治，所以不可能建立起分封制。后来夏朝虽然经过启灭有扈、少康中兴等战争，可能会把一部分部族置于国家的直接控制之下，但总体的政治统治模式不会有大的改变。

商人通过征服建国的。"汤始征，自葛载；十一征而无敌於天下"①，"汤乃兴师率诸侯，伊尹从汤，汤自把钺以伐昆吾，遂伐桀"②，最终灭夏立国。作为一个新生的政权，商王朝具有重新划分地域建立统治机构的契机。经过激烈的战争，夏朝的上层建筑和贵族阶层被破坏，出现了可供支配的大面积的土地和大量人口。商人虽然取得战争胜利，但依然面临巩固的问题，夏人对商人还怀有强烈的敌意，如果建立单纯的军事据点，则无法解决后方支援、后勤供应、军事换防一系列问题。而把商人各武装宗族分置在夏人居地，建立武装据点，拥有独立的军政大权，形成防卫力量，

---

① 《孟子·滕文公下》。

② 《史记·殷本纪》。

能够有效地控制被征服地区。在被征服地区内"授民授疆土"，建立相对独立的军政单位，即是最初的分封制。在分封制下，不同地区采取的不同控制方式，有商王直接控制区、本族武装殖民区和归服的异族区，自然形成内、外不同地带，逐渐发展为内、外服制。

但商王朝初期的分封区，主要集中和局限于夏末夏人的中心统治区，大体为"北起山西汾水以南，南达河南汝水，西至华山以东，东迄郑州以西当夏王朝的中心区"①，地域有限。对于其他地区的统治，则依然依赖当地的权力机构。《逸周书》："汤放桀而归於亳，三千诸侯大会"，众多"诸侯"说明大量地方势力保留下来，除夏人中心区以外其他地区依然是由原部族自行管理。虽然名义上接受分封，但实际上只是对原有权力的认可，并不是真正的分封，中央王朝的影响力也较小。

从大戊时期开始，商人开始向东方发展，《竹书纪年》载大戊"五十八年，城薄姑"。后继商王继续扩张，《竹书纪年》："王（仲丁）即位，自亳迁于嚣"，"六年，征于蓝夷"，仲丁在东方的开拓，取得了成效，商人势力扩展到山东中部地区。经过长期争夺，到河亶甲时，商人控制了弥河以西的山东大部地区。与商王朝在东方的扩张相适应，山东地区出现了众多侯国。根据文献记载，商代在山东地区封国有来、薄姑、落姑、蒲侯、蒲如、姑幕、胶、黎、于陵等，这其中有属于商人封建的诸侯。

到武丁时期，商人开拓疆土进入一个高潮时期。伴随着武丁的开疆扩土，商王朝的边疆向外延伸，需要建立新的据点拱卫，同时也灭掉了部分当地方国，取得了可用于分封的资源，许多商族的诸侯在这些新地区建立起来。甲骨文中有大量商代侯、任、男的记录，其中大部分属于武丁时期。

在商人扩张和分封的过程中，主要的依据是军功，即受封者主要是征服军的首领。所以，分封的诸侯在人员构成上是复杂的。

由于商人的分封是随着征服和扩张逐次进行的，所以无论分封制度还是内、外服制度，都需要因时而异，因地而异，是变动的，很难确定何时建立分封制度，也很难确定何种分封方式是法定的分封原则。内外服制度也面临同样的动态问题，难以确定内、外服的地域疆界和内、外服的人员身份，更无法建立起固定的爵级，形成严格的等级秩序。商人的内外服制

---

① 郑杰祥：《试论夏代历史地理》，《夏史论丛》1985 年。

是在长期开拓过程中逐渐形成的，其所分封的诸侯是零散建立的，没有统一截然的划分，所以有学者甚至认为这依然是一种无意识的氏族分化的自然过程。

商虽兼天下，却是蚕食而得。异时异地之扩张，故商虽然有制度，但不是一而成之，也不能一而治之，很难被当作统一固定的制度。

周人则不同。周人继承了商人的政治制度和疆域遗产，可以在高起点上一次性地建立相应完善的制度。

首先，周人继承了商王朝开拓的以中原为中心的政治疆域。商人的政治疆域基本是北起燕山、南到长江、东到山东、西至陕西的广大地域。周人灭商之后，在较短时间内就控制了商人几百年内扩展来的疆土，《左传》昭公九年："及武王克商，蒲姑、商奄，吾东土也；巴、濮、楚、邓，吾南土也；肃慎、燕亳，吾北土也"，这一范围正是商王朝的政治疆域①。

其次，周人继承了商王朝天下共主的政治地位。商王朝经过数百年的征讨开拓，天下共主的地位早已建立起来并得到公认。即使是作为胜国代商而立的周人也不避讳这一点，周人在其文诰中多次提及和承认商王朝天下共主的地位，以商王朝是天命所归的中央王朝：

　　在昔殷先哲王迪畏天显小民，经德秉哲。（《尚书·酒诰》）
　　有殷受天命，惟有历年。（《尚书·召诰》）
　　乃惟成汤，克以尔多方简代夏作民主。（《尚书·多方》）
　　乃命尔先祖成汤革夏，俊民甸四方。自成汤至于帝乙，罔不明德恤祀。亦惟天丕建，保乂有殷，殷王亦罔敢失帝，罔不配天其泽。（《尚书·多士》）
　　率惟兹有陈，保乂有殷，故殷礼陟配天，多历年所。（《尚书·君奭》）

周人认为自己获得全国政权是对商王朝原有地位的继承：

---

　　①　宋镇豪：《论商代的政治地理架构》，《中国社会科学院历史研究所学刊》，社会科学文献出版社 2001 年版。

惟不敬厥德，乃早坠厥命。今王嗣受厥命，我亦惟兹二国命，嗣
若功。（《尚书·召诰》）

天惟式教我用休，简畀殷命，尹尔多方。（《尚书·多方》）

非我小国敢弋殷命。惟天不畀允罔固乱，弼我，我其敢求位？
（《尚书·多士》）

文王蔑德降于国人。亦惟纯佑秉德，迪知天威，乃惟时昭文王。
迪见冒闻于上帝。惟时受有殷命哉。（《尚书·君奭》）

周人对于作为先代之王的商人后裔给予特殊的地位。《左传》襄公二十五
年："昔虞阏父为周陶正，以服事我先王。我先王赖其利器用也，与其神
明之后也，庸以元女大姬配胡公而封诸陈，以备三恪。"杜预注："周得天
下封夏、殷二王，后又封舜后，谓之恪。并二王后为三国，其礼转降示敬
而已，故曰三恪。"周人对商人的这种认同与融纳几乎持续于整个周代，
《左传》僖公二十四年："宋，先代之后也，于周为客"，依然承认宋为先
代之后。齐《叔夷钟》："虩虩成唐，有严在帝所，敷受天命，剪伐夏后，
颠厥灵师，伊少臣唯辅，咸有九州，处禹之都"，商人后裔依然追颂其祖
先配祭上帝的功勋，而配祭上帝是王所特有的祭祀规格。即直到春秋时
期，商人曾经为天下之王的事实依然被认同。可见商王朝天下共主的地位
得到了当时周围方国的认同。

武王克商后，先后在牧野、殷都和周庙举行祭祀，武王先是在牧野举
行告捷礼，《逸周书·世俘解》："三月辛亥，荐俘殷王鼎。"武王向祖先告
以灭商成功，并举行"正国伯"和"正邦君"的仪式，宣布自己代商王天
下。还在殷都举行社祭，《史记·周本纪》："其明日，除道，修社及商纣
宫……散宜生、太颠、闳夭皆执剑以卫武王。既入，立于社南大卒之
左……尹佚筴祝曰：殷之末孙季纣，殄废先王明德，侮蔑神祇不祀，昏暴
商邑百姓，其章显闻于天皇上帝。于是武王再拜稽首，曰：膺更大命，革
殷，受天明命。武王又再拜稽首，乃出。"这种社祭在殷都举行，所有商
都的百姓都知道周人的行动。武王归周后，又在宗庙祭祀，《逸周书·世
俘解》："武王朝，至燎于周……乃俾史佚繇书于天号。武王乃废于纣矢恶
臣，百人，伐右厥甲小子鼎，大师伐厥四十夫家君鼎，帅司徒、司马，初
厥于郊号。武王乃夹于南门，用俘，皆施佩衣，衣先馘入。武王在祀，太
师负商王纣，县首白旂，乃以先馘入燎于周庙。"随后将代表政权的九鼎

迁出商都，并在商王朝的疆域内进行分封，并宣示取代商王成为天下共主。

周朝却继承了商王朝所有的政治遗产，不仅领有原来商王朝的疆域，而且继承了原来各地部族对商王朝的归服关系，原来属于商人的外服，也处于周王朝的附属地位，《逸周书·世俘解》："武王成辟四方，通殷命有国"，朱右曾注："武王既归，成天下君，乃颁克殷之命于列邦"，武王命人将代殷而立的事实向天下诸侯通告，同时要求原商人的诸侯向周人服职贡，《国语·鲁语下》："昔武王克商，通道于九夷百蛮，使各以其方贿来贡，使无忘职业。"《逸周书·度邑解》："维王克殷，国君诸侯，乃微厥献民九牧之师，见王于殷郊。"《逸周书·大匡解》："惟十有三祀，王在管。管叔自作殷之监，东隅之侯咸受赐于王。王乃旅之以上。陈诰用《大匡》"，朱右曾注："孔曰：东隅，自殷以东；旅谒，各使陈其政事。愚谓东诸侯被纣化久，故训以正之，咸与维新也"，可见周人取代商人政权而成为天下共主的事实已经得到了诸侯的承认。而周武王更在实际控制的地区进行了分封，《史记·周本纪》："（武王）于是封功臣谋士，而师尚父为首封。封尚父于营丘，曰齐。封弟周公旦于曲阜，曰鲁。封召公奭于燕……"鲁、齐、燕皆在商王朝政治疆域的边缘，周人的实际控制范围尚未达到这些地区，能在这些地区分封，说明至少在名义上周王朝拥有对这些地区的占有权。周人代替商人成为天下共主，即可以在实力所不能控制的地区行使指令，说明天下共主的地位不是一种虚名，而是一种实际权力。

周人在继承了商代政治制度与遗产的同时，也打破了阻碍商人制度建设的桎梏。先是于牧野一战而克，取代商王朝成为天下共主。然后经过周公三年东征，消灭了许多地方势力，"周公相武王，诛纣伐奄，三年讨其君，驱飞廉于海隅而戮之，灭国者五十，驱虎、豹、犀、象而远之，天下大悦"，"武王遂征四方，凡憝国九十有九国，馘历亿有十万七千七百七十有九，俘人三亿万有二百三十，凡服国六百五十有二"。这样，周人在短时期内就掌握了全国的名义统治权，和实际控制了大量的没有上层统治机构的人力和土地资源，为规模化的分封和制度推广提供了物质基础。在掌握大量资源的基础上，周人可以把全国总体分割封建，可以把所有受封者纳入到同一标准之下，所以周人能够"制五等之封，凡千百七十三国"，最终建立了完善的分封制度，形成差别明显的"畿服之制"，建立了由封建制、内外服制、爵级制共同构成的国家统治制度。

也就是说，在商代已有的制度和疆域基础上。周人可以在全国范围内，一次性制定适用于全国各势力的统一制度。所以，周人虽然有区别实行"启以商政"、"启以夏政"等抚柔、宽容政策，但周礼的颁行并不受到妨碍，主要施政原则依然以周礼为中心。伯禽"变其礼，革其俗"就说明周礼拥有对"商政"的优势地位，可以强制推行。

在全国范围内一次性建立广泛适用的国家制度，在中国历史上算首次，所以，虽然周公不是创新制礼而是规范旧礼，依然是对制度的突破性推动与发展，被作为礼乐制度的创立者尊崇。

周公制礼作乐是在天下初定，"四方迪乱未定，于宗礼亦未克敉"[①]，周公充分考虑了全国的形势和各地的差异，制定了具有适应性较广泛的规范。同时，周公还充分吸收和接收了前代的经验，《孟子·离娄下》云："周公思兼三王，以施四事；其有不合者，仰而思之，夜以继日，幸而得之，坐以待旦。"使周人的礼制更加完善和成熟，成为更完备的制度体系。

在制度规范和完善的同时，周公还面对新的社会变化，对礼乐制度作出了新的解释，使之更适应社会现实。这主要表现在三个方面，一是为天命思想加入"德"的概念，提出天命归依的依据是德，使政权运作由鬼神向人神转化；二是规范和加强宗法制度并提出"亲亲"，使国家与宗族更加有机地联系在一起，为国家与宗族的融合找到了统一适用的理论；三是充分继承和利用商人的政治遗产，在全国推行规范的制度。

天命观出现很早，商人已经有明确的天命观。《尚书·汤誓》："有夏多罪，天命殛之"，"予畏上帝，不敢不正"，《墨子·非乐中》："于仲虺之告曰：'我闻于夏人，矫天命，布命于下。帝伐之恶，龚丧厥师'"，《尚书·盘庚篇》中也多次提及天及天命，"天其永我命于兹新邑，绍复先王之大业，厎绥四方"，"先王有服，恪谨天命"，"今不承于古，罔知天之断命"，"天其永我命于兹新邑"，《尚书·西伯戡黎》："天既讫我殷命……故天弃我"，都是假借天命行事，天命观成为商人政治思想中的一个重要观念。

在商人的天命观中，天命归依最重要的依据是鬼神的意志与祖先的保佑，这从文献和甲骨文中可以看出，商人一面频繁祭祀取悦于鬼神，一方面试图建立与上帝的血缘关系。

---

① 《尚书·洛诰》。

商人认为商王及其祖先与至上神上帝有着密切的联系，商代先王具有侍于上帝身边的特权，如甲骨文中有：

贞咸宾于帝。
贞大甲不宾于帝。
贞大甲宾于帝。
贞下乙不宾于帝。
贞下乙宾于帝。（《合集》1402）（见图4—36）

图4—36　《合集》1402

则商人先王成汤、大甲、下乙等具有侍于帝左右的权力。《叔夷钟》亦有"虩虩成唐，有严在帝所。敷受天命，翦伐夏后"，可见商王的祖先可以在上帝左右活动，从而禀受天命，成为新政权的建立者。同样的情况还出现在周初的其他文献中，周人屡次称颂商人的先王上配于天，"自成汤至于帝乙，罔不明德恤祀。亦惟天丕建，保乂有殷，殷王亦罔敢失帝，罔不配天其泽"，"兹殷多先哲王在天"，"率惟兹有陈，保乂有殷，故殷礼陟配天，多历年所"。直到春秋时期的《叔夷镈》亦有"虩虩成唐，有严在帝所"，宣称成汤在帝庭。如果不是商人固有的观念，自认承有天命的周人不会允许商人将自己的祖先上升到配天的地位。

同时商人试图建立与上帝的血缘关系，《诗经·商颂·玄鸟》："天命玄鸟，降而生商"，《诗经·商颂·长发》："有娀方将，帝立子生商……帝命不违"，即将商人的起源与上帝联系起来。但这里上帝似乎依隔着"玄鸟"这一中介，并未确立明确的血缘联系，这可能是较早时期的情况。到商末，出现了"天子"一辞，《尚书·西伯戡黎》："天子！天既讫我殷命。格人元龟，罔敢知吉"，明确称纣王为天子。上述商代记载可能有后人加入的成分，未必反映商代的史实。但从周人的文献看，商王也已经是上天之子，《尚书·召诰》："皇天上帝，改厥元子兹大国殷之命。惟王受命，无疆惟休，亦无疆惟恤"，即周人认为商人曾是皇天上帝的"元子"，周人处于征服者的地位，不可能自己把被征服者的祖先上升到上帝之子的地位，所以这种上帝元子的地位不可能是周人新造后加给商人的，而只能是叙述商人的观点。所以，商代已经出现王为上帝之子的观念。

当商人与上帝的血缘关系建立之后，上帝意志与政权合理性就有了垄断性，其他部族自然地被排除在外。所以当即周人征伐黎国，打到商人王畿边界时，纣王依然可以说"我不有命在天"，反映的正是这种唯鬼神与祖先是仰的心态。在商人的天命观念中，鬼神意志与祖先保佑是天命归依的依据，取得鬼神和祖先的垂青是保证政权稳定的前提，所以"殷人尊神，率民而事神，先鬼而后礼"，重祭祀而轻人事。

周人本是商的属国，却最终代商而立，取代商的天下共主地位，如何解释"周革商命"，为周人政权建立提供合理性解释，是周人面临的问题之一。周人胜利后，一方面要借助天命为自己取得政权提供合理性，另一方面又要为取代商王朝提出新的解释，所以周人否定天命是固定的，提出"天命靡常"。周人提出"天命靡常"否定的并不是天命，而是天命归依的依据，即政权归属虽然是受命于天，但并非固定于某族——"靡常"，而天命归依的依据非鬼神意志与祖先护佑，而是人的德行，《尚书·康诰》："惟乃丕显考文王，克明德慎罚……惟时怙冒，闻于上帝，帝休，天乃大命文王"，《尚书·酒诰》："惟王受命，无疆惟休，亦无疆惟恤"，《尚书·君奭》："汝明勖偶王，在亶乘兹大命，惟文王德丕承，无疆之恤"，《尚书·蔡仲之命》："皇天无亲，惟德是辅。"把德与天命相提并论，为使德成为天命攫选的依据，为周革商命找到了合理依据。所以，周礼虽然也重视祭祀，但祭祀的目的已经发生变化，神灵对社会的影响也有所淡化。所以周人"事鬼敬神而远之"。

天命与德相联系是周人的创新，是政治重心从鬼神向人事转化的一个重要环节，这一理论创新对于中国历史产生了深远的影响。天命本身具有稳定性，权力或利益由上天赐予，不可剥夺，但德的出现，使天命的归属出现了可移易性，任何人都可以因为自己的行为获得上天的攫选。而中国自古以来的社会动荡和朝代兴衰几乎都伴随着天命思想的宣传，可以说，周人为自己取代商人建立政权所作的天命与德的解释，奠定了中国历史上朝代更替和政权革命的理论基础。

中国是一个宗族社会，如何将宗族与国家融合在一起，一直是中国政权要解决的问题。早期宗族势力的强大，使之一方面可以成为国家可以倚重的政治势力，另一方面也很容易发展成为与国家对抗的分裂势力。而将国家与宗族融合在一起，并不是一件简单的事情，国家是政权组织，以职能为原则，以在政权中的权势地位决定尊卑；宗族是血缘组织，以亲疏为原则，以在宗族中的辈分长幼决定尊卑。两者存在着组织和运行原则上的差异。

商代虽然已经建立起了相对完善的国家制度，但宗族与国家的融合问题依然未能解决。从商代的政治制度可以看出旧族对王权依然有相当的限制，《尚书·盘庚》可以看到盘庚虽然拥有高度的决断权，但其决定依然遇到强大的阻力，迫使盘庚不得不宣称"'人惟求旧，器非求旧，惟新。'古我先王暨乃祖乃父胥及逸勤，予敢动用非罚？世选尔劳，予不掩尔善。兹予大享于先王，尔祖其从与享之。作福作灾，予亦不敢动用非德"对旧贵族进行安抚和拉拢，有学者认为盘庚迁殷的原因在于摆脱旧贵族的势力[①]。

而商王朝的政务、军事活动中，宗族是最重要的执行者，大量旧族或者地方部族具有强大的权力，如甲骨文中有：

①　杨升南：《盘庚迁都的原因略说》，《中国历史大辞典通辞》，1982 年第 3 期。

己卯卜，允，贞令多子族比犬侯扑周，咎王事。（《合集》6812）
戊辰卜，宾，贞令永裒田于盖。（《合集》9476、9477）
丁亥，贞王令禽众、畓伐召方。（《合集》31974）（图4—37）
戊子卜，宾，贞令犬征族裒田于虎。（《合集》9479）

其中的多子族、永、禽、畓、犬征等皆是以族为单位行动，商王的命令止于族的首领，而不是个体的部族成员。

图4—37 《合集》31974

在商代国家控制方式中最重要的分封制度中，虽然有子、妇之封①，但更多的分封还是异姓之封，体现出强烈的事功色彩，大量外族首领和成员成为政治生活中的重要力量：

丁酉卜，殻，贞杞侯炬弗其骨凡有疾。（《合集》13890）
王其拜二方伯于师辟。（《合集》28086）

---

① 参见李雪山《商代分封制度研究》，中国社会科学出版社2005年版。

王其撰猷方伯臂，于之若。（《合集》28078）

（甲）戌卜，翌日乙，王其撰卢伯潒，不雨。（《合集》27041）

庚午卜，争，贞王佳易伯止矢戈戌。（《合集》7411）

辛巳卜，殷，贞王佳易矢戈比。（《合集》3381）

丁卯，贞今禽巫九禽，余其比多田多伯征盂方伯炎。佳衣翌日
步……左自上下于叙示，余受有佑，不曹戈……于兹大邑商，无壱在
甿。在十月遘大丁翌。（《合集》36511）

卜辞中的杞伯、二方伯、卢伯、易伯、多伯等都是非商本族的首领，他们
成为商王朝的重要地方政务首脑，进入商王朝的分封体制。

商代一方面子弟之封较少，另一方面政治婚姻尚未普遍，而分封中又
有强烈的尚事功色彩，将同姓子弟排除在外，使商人的国家与宗族很难融
合到一起，从而制定一种同时适用的原则。所以商代没有完成国家与宗族
的融合及其理论建设。

与商人的逐渐扩张和分封不同，周人的分封是迅速建立的，而主体是
周王的子弟，周公"立七十一国，姬姓独居五十三人"[1]，"昔周公弔二叔
之不咸，故封建亲戚以蕃屏周：管、蔡、成、霍、鲁、卫、毛、聃、郜、
雍、曹、滕、毕、原、酆、郇，文之昭也；邗、晋、应、韩，武之穆也；
凡、蒋、邢、茅、胙、祭，周公之胤也。"[2] 同时，周人还同其他受封的异
姓之国结成姻亲关系，使天下诸侯，实际上都成为了"兄弟甥舅"之国，
都可以纳入同一亲属体系当中。《左传》文公二年："凡君即位，好舅甥，
修昏姻，娶元妃以奉粢盛，孝也。"所说的虽是春秋时期的情况，但这种
情况正是继承自西周以来的故制。这种天下诸侯皆"兄弟甥舅"的体制，
使国家与宗族找到了极好的融合点，国家的职能地位与宗族的辈分长幼可
以有机地结合起来，从而形成国家和宗族皆可以接受的组织和运行原则。
而周公制礼作乐，提出的措施之一即是"亲亲"，《礼记·表记》："周人尊
礼尚施，事鬼敬神而远之，近人而忠焉，其赏罚用爵列，亲而不尊。"这
种"亲而不尊"的血缘原则本来不可以作为国家的组织原则，但由于天下
的政治实体皆通过"兄弟甥舅"关系组合起来，政治地位主要是由血缘关

① 《荀子·儒效》。

② 《左传》僖公二十四年。

系的远近决定,"尊"和"亲"融合在了一起,所以可以适用于同一原则。所以,周礼规范和加强了宗法制度,使之上升为国家组织原则,为国家和宗族的融合提供了理念支持。可以说,周代的国家统治方式就是以宗法制度为经姻亲关系为纬的血缘组织方式,形成了"族与国相表里"、"君统与宗统相表里"的政治格局。

从"殷道尊尊"到"周道亲亲"表面看是一种习俗的变化,但实际上是政治制度的重要变化。可以说,周代的这种国家组织原则奠定了后世中国政权组织原则的基础,使中国宗族社会与国家政权能够和谐地融合在一起,使中国"以孝治天下"等理论具有了政治基础,深远影响了中国历史的发展。

由于上述在政治理论和组织原则上的建树,周公的礼乐制度就为周人的革命行为和现行政策找到了合理解释,成为符合社会现实和发展的标准与原则,解决了国家与宗族的融合问题,为后世所尊崇。

前面已经叙述了商人在广大范围内形成统一,但尚未推广统一的制度。周人代商而立,继承了商人的疆域和政治遗产,具有了推广统一制度的条件。周人推广统一的制度并非是强制性的,而是具有相当的宽容性,允许各地保留自己的风习。但周礼依然作为正式场合的礼仪,被推广到各地。更重要的是,周人注重统一的文化教育,如《论语·述而第七》中说:"子所雅言,《诗》《书》、执礼,皆雅言也。"《论语骈枝·释雅言》曰:"夫子诵诗、读书、执礼必正言其音。"既孔子在读《诗》、《书》以及参与正式典礼的时代都要用周代的官方语言。贵族在正式的场合也使用雅言,《左传》庄公二十八年:"秋,子元以车六百乘伐郑……众车入自纯门,及逵市,县门不发,楚言而出。"子元伐郑入纯门,情急之下说了楚地方言,被记录下来,可见贵族在涉外事件中应该以雅言为准。而推广官方语言正是始自西周,《诗谱》载:"商王不风不雅,而雅者放自周。"推行统一的官方语言,应该是周人礼制的一个创新和发展。

至于周代雅言的语音,学者也有研究,阮元在《与郝懿行论〈尔雅〉书》中解释说:"正者,虞夏商周都之地之正言……正言者,犹今官话也。"即认为各代的雅言正音应该是各代首都所在地区的语言,那么周代雅言应该是当时的关中地区的语言。据研究,在甘肃与陕西接壤的周人起源地,至今有一些当地方言可以与《诗经》的语言相通,"凡操宁县方言的人,只要认得《诗经》中的字(批现代汉语废弃不用或极少用的),读

《诗经》不但容易理解所指事物，也能理解其语言情境。因为诗中有些词语今天还在口头语中使用着。"①

周人的这种语言推广的意义是巨大的，它为各地方国提供了一个交流平台，极大地推动了中央文化和制度的传播与推广，为思想交流和群体认同提供了工具，具有深远的历史影响。

综述前面的研究，我们可以得出以下结论。

从总体上而言，商代已经具备所有分封制制度的部件，但最终完成"组装"的是周人，即周公使国家制度成熟和规范化了。这是因为周人拥有商代遗留下的制度和疆域基础，商人已经对广大地域进行了扩张、征服和开发，建立了全国疆域基础。周人取得了天下，名义上可以支配全国的土地和人民，可以将全国视为一体，可以一次性颁布通行全国的礼乐制度。这种同时统一颁行的礼乐，虽然不一定完全得以实行，但在各国的心理认同上，却是以周礼为正统。

周公"制礼作乐"既对礼乐制度进行了实质性的发展与完善，又改进了其中陈旧的内容，为现实社会和后来的社会发展提供了基本原则，使相当一部分内容成为中国数千年遵循的圭臬。

所以，周公"制礼作乐"被浓重地记录和传颂，成为一种普遍性的历史认识。

三 春秋时期的再肯定

春秋时代兼并兴起。大量国家被灭，被统一到几个大国之内。原有的地方礼制失去了依附的实体，而渐趋消亡。而夏礼、殷礼、周礼等取得过全国传播的礼制得到大的发展，在民间具有较广泛的认同感，一直被传承下来。尤其是周礼，作为国家制度，受到官方的支持，一直是礼乐的中坚。

> 烝衎烈祖，以洽百礼。百礼既至，有壬有林。（《诗·小雅·宾之初筵》）
> 为酒为醴，烝畀祖妣。以洽百礼，降福孔皆。（《诗·周颂·丰年》）

---

① 于俊德、于德培：《先周历史文化新探》，甘肃人民出版社 2005 年版，第 262 页。

> 为酒为醴，烝畀祖妣，不洽百礼。有飶其香。（《诗·周颂·载
> 芟》）

这些礼乐制度对规范社会生活，维护稳定起到了重要作用。但随着社会的发展，礼制与社会现实的结合方面却越来越多表露出许多问题。

首先，繁杂的礼仪使人们难以学习掌握。

《礼记·中庸》云："礼仪三百，威仪三千，待其人然后行。"孔颖达疏："礼仪三百即《周礼》，威仪三千即《仪礼》。"《礼记·礼器》："经礼三百，曲礼三千。"郑玄注："经礼谓《周礼》，曲礼即《仪礼》。"章太炎在《经学略说》里论述说："今《仪礼》十七篇，约五万六千字，均分之，每篇得三千三百字。汉时，高堂生传《士礼》十七篇，合淹中所得，凡五十六篇，较今《仪礼》三倍。若以平均三千三百字一篇计之，则五十六篇当有十七万字，恐孔子时经不过如此。以字数之多，故当时儒者不能尽学。"由于礼制过于复杂，致使使用者难以掌握，《左传》昭公七年载："公至自楚。孟僖子病不能相礼，乃讲学之，苟能礼者从之。及其将死也，召其大夫曰：'礼，人之干也。无礼，无以立。吾闻将有达者曰孔丘，圣人之后也……我若获没，必属说与何忌于夫子，使事之，而学礼焉，以定其位。'故孟懿子与南宫敬叔师事仲尼。"连鲁国高级贵族孟僖子也不懂相礼，临终遗嘱其二人学礼于孔子。不仅贵族们难以掌握，即使专门讲习礼制的儒家也无法完全掌握，《礼记·檀弓》："孔子之丧，门人疑所服。"以学习礼制为务的孔门弟子，对于采取什么样的服制也心有疑虑，可见礼仪的繁杂。甚至像孔子这样对礼制颇有造诣的人，也需要不断求教和学习，《论语·八佾》："子入大庙，每事问。或曰：'孰谓邹人之子知礼乎？入大庙，每事问。'子闻之，曰：'是礼也？'"《史记·老庄申韩列传》："孔子适周，问礼于老子。"

其次，过于复杂礼制，难以实行，同时造成不必要的分歧和争论。

礼制琐细而苛刻，一不小心就会违反。《礼记·檀弓》："曾子袭裘而吊，子游裼裘而吊。曾子指子游而示人曰：'夫夫也，为习于礼者，如之何其裼裘而吊也？'主人既小敛，袒、括发，子游趋而出，袭裘带而入。曾子曰：'我过矣，我过矣，夫夫是也。'"孔门弟子尚且在这样的礼节犯错误，一般人就更难事事合制。

由于礼制引起的争论也不断发生。《礼记·檀弓》："仲宪言于曾子曰：

'夏后氏用明器，示民无知也；殷人用祭器，示民有知也；周人兼用之，示民疑也。'曾子曰：'其不然乎！其不然乎！夫明器，鬼器也；祭器，人器也。夫古之人，胡为而死其亲乎？'"《礼记·檀弓》："子思之母死于卫，柳若谓子思曰：'子，圣人之后也。四方于子乎观礼，子盖慎诸。'子思曰：'吾何慎哉，吾闻之，有其礼，无其财，君子弗行也。有其礼，有其财，无其时，君子弗行也；吾何慎哉。'"《礼记·檀弓》："小敛之奠，子游曰：'于东方。'曾子曰：'于西方，敛斯席矣。'"这些都是关于葬礼之制的争论，这种连学者都争论的礼仪，显然普通人更会无所适从。

即使在正式场合，在适用的礼仪上也时常发生疑惑和争执。《左传》昭公四年："楚子合诸侯于申。椒举言于楚子曰：'臣闻诸侯无归，礼以为归。今君始得诸侯，其慎礼矣。霸之济否，在此会也。夏启有钧台之享，商汤有景亳之命，周武有孟津之誓，成有岐阳之搜，康有酆宫之朝，穆有涂山之会，齐桓有召陵之师，晋文有践土之盟。君其何用？宋向戌、郑公孙侨在，诸侯之良也，君其选焉。'王曰：'吾用齐桓。'王使问礼于左师与子产。左师曰：'小国习之，大国用之，敢不荐闻？'献公合诸侯之礼六。子产曰：'小国共职，敢不荐守？'献伯、子、男会公之礼六。君子谓合左师善守先代，子产善相小国。王使椒举侍于后，以规过。卒事，不规。王问其故，对曰：'礼，吾所未见者有六焉，又何以规？'"椒举说自己"吾所未见者有六焉，又何以规"，既表现出对这种礼的陌生与轻视，又表现出对这种礼不知如何处置。类似的记载还有《左传》昭公十七年："夏六月甲戌朔，日有食之。祝史请所用币。昭子曰：'日有食之，天子不举，伐鼓于社；诸侯用币于社，伐鼓于朝。礼也。'平子御之，曰：'止也。唯正月朔，慝未作，日有食之，于是乎有伐鼓用币，礼也。其余则否。'大史曰：'在此月也。日过分而未至，三辰有灾。于是乎百官降物，君不举，辟移时，乐奏鼓，祝用币，史用辞。故《夏书》曰：'辰不集于房，瞽奏鼓，啬夫驰，庶人走。'此月朔之谓也。当夏四月，是谓孟夏。'平子弗从。"关于同一事物的适用礼仪，每人都有自己的说法，莫衷一是。

可以说，儒家后来的分裂与门派之争并不是传承后来才有的流变，而是原本就繁缛复杂礼制本身所导致的必然结果。

更重要的是，春秋时期政治形势发生了重大变化，王纲解纽，诸侯举起。周王朝已经无法履行天下共主的责任，出现了"礼崩乐坏"的局面，各国不再严格遵从周礼。《左传》闵公元年："仲孙归曰：'不去庆父，鲁难未已。'公曰：'若之何而去之？'对曰：'难不已，将自毙，君其待之。'公曰：'鲁可取乎？'对曰：'不可，犹秉周礼。周礼，所以本也。臣闻之，国将亡，本必先颠，而后枝叶从之。鲁不弃周礼，未可动也。君其务宁鲁难而亲之。亲有礼，因重固，间携贰，覆昏乱，霸王之器也。'"称因犹秉周礼，故不可取代。可见不秉周礼的国家应该不在少数。另《左传》哀公七年："夏，公会吴于鄫。吴来征百牢，子服景伯对曰：'先王未之有也。'吴人曰：'宋百牢我，鲁不可以后宋。且鲁牢晋大夫过十，吴王百牢，不亦可乎？'景伯曰：'晋范鞅贪而弃礼，以大国惧敝邑，故敝邑十一牢之。君若以礼命于诸侯，则有数矣。若亦弃礼，则有淫者矣。周之王也，制礼，上物不过十二，以为天之大数也。今弃周礼，而曰必百牢，亦唯执事。'吴人弗听。"则无论晋国还是楚国，在与鲁国的交往中都不遵守周礼，逾礼行事。

这种对礼制的破坏不唯表现在国家政事上，社会生活方面也不再守制。《左传》哀公二十四年："公子荆之母嬖，将以为夫人，使宗人衅夏献其礼。对曰：'无之。'公怒曰：'女为宗司，立夫人，国之大礼也，何故无之？'对曰：'周公及武公娶于薛，孝、惠娶于商，自桓以下娶于齐，此礼也则有。若以妾为夫人，则固无其礼也。'"

更重要的是，诸侯不仅行为破坏礼制，而且对制度本身加以破坏，《孟子·万章下》："北宫锜问曰：'周室班爵禄也，如之何？'孟子曰：'诸侯恶其害已也，而皆去其籍。'"则是将相关的典章制度加以毁坏。周礼无论从本身还是遵守上都面临危机。

但是春秋时代的社会又内在需要一种稳固的礼制。一方面，随着大国的兴起，尤其诸侯领袖的出现，大国领袖需要有一定的规章稳定目前的局势。春秋时期周王虽然已经没有了履行天下共主的实力，但在理论依然是诸侯的最高领袖，是道义上的天下共主。所以，诸侯争霸的一个重要旗帜即是"尊王攘夷"，"尊王"的重要体现与内容即是重要确定周礼的权威地位。

另一方面，随着兼并的进行，诸侯国数量减少，决断权落入少数几个国家手中，国家的交往简化，国际事务具有统一化的基础。这些国家的频繁交涉也需要一种稳定的规章。而利用已有制度无疑是最低成本的做法，这就为周礼的地位的恢复提供了条件。

但是，随着国家的兼并，原掌握各种礼仪的各国贵族沦为平民，不能参加国家政事与国间交往。而新上升的贵族，却没有受过礼制的传统教育，对复杂的礼仪十分陌生。根据文献记载，当时礼仪依然十分繁琐，许多贵族不知何从，不得不向职业人员求教。《左传》僖公二十四年："宋及楚平。宋成公如楚，还入于郑。郑伯将享之，问礼于皇武子。"《左传》文公六年："秋，季文子将聘于晋，使求遭丧之礼以行。"在参与事务之前，必须向有关人员请教。《左传》昭公二十五年："子大叔见赵简子，简子问揖让周旋之礼焉。"《吕氏春秋·当染》："鲁惠公使宰让请郊庙之礼于天子，平王使史角往，惠公止之，其后在于鲁，墨子学焉。"而有些时候，则对仪式的事件不了解，《左传》宣公十六年："冬，晋侯使士会平王室，定王享之，原襄公相礼，殽烝。武子私问其故。王闻之，召武子曰：'季氏，而弗闻乎？王享有体荐，宴有折俎。公当享，卿当宴，王室之礼也。'武子归而讲求典礼，以修晋国之法。"

同样，有时需要遇到问题时，不同人士的解释也各不相同，造成了分歧。《左传》昭公四年："公使杜泄葬叔孙。竖牛赂叔仲昭子与南遗，使恶杜泄于季孙而去之。杜泄将以路葬，且尽卿礼。南遗谓季孙曰：'叔孙未乘路，葬焉用之？且冢卿无路，介卿以葬，不亦左乎？'季孙曰：'然。'使杜泄舍路。不可，曰：'夫子受命于朝，而聘于王。王思旧勋而赐之路。复命而致之君，君不敢逆王命而复赐之，使三官书之。吾子为司徒，实书名。夫子为司马，与工正书服。孟孙为司空，以书勋。今死而弗以，同弃君命也。书在公府而弗以，是废三官也。若命服，生弗敢服，死又不以，将焉用之？'乃使以葬。"虽然南遗是受赂而为，但在礼制上也存在漏洞，导致解释的模棱两可。类似的记载还有《左传》昭公五年："仲子谓季孙曰：'带受命于子叔孙曰：'葬鲜者自西门。'季孙命杜泄。杜泄曰：'卿丧自朝，鲁礼也。吾子为国政，未改礼，而又迁之。群臣惧死，不敢自也。'既葬而行。"

面对"礼崩乐坏"的局面，礼制纷纭的局面给国家政治事务和国际交往造成不必要的麻烦，各国迫切要求能建立较统一的标准，以减少施政和外交的麻烦。而奉用周礼，是最为可行的方式。

贵族和知识分子适应了这一时代的要求，力图建立统一的社会规范。这种努力基本可以分两个阶段，前期有大量贵族参与，而后期主要是儒家学者。曹元弼先生在《礼经学·会通》中言："考之《左氏》，卿大夫论述礼政，多在定公初年以前，自时厥后，六卿知乱晋，吴越迭兴，而论礼精言，惟出孔氏弟子，此外罕闻。"这一努力的重要内容即是试图恢复周礼，孔子所谓"克己复礼"。从《春秋》可以看出，相当多的事件都附以"礼也"或者"非礼也"的品评，可以说，《春秋》在相当程度上是为了传播"礼制"而作。

　　孔子精通各国礼仪，在参与相关事务中也有所取舍和总结，为解决礼仪问题提供了一系列方法和思路。虽然孔子兼采诸礼，但主要则是依据周礼，作为处理事务的主要原则，"郁郁乎文哉，吾从周"。推崇周礼的孔子也十分尊崇周公，以"久不梦周公"为不祥。

　　但我们应该看到，这一时期的"复礼"并非对周礼的简单恢复，即注重周礼内容的基础上，更强调的是礼的实用性、规范性。

　　孔子和儒家的这种对周礼的整理和阐发，符合了时代发展的需要，随着社会的发展，越来越被权力日益集中需要规范制度的政权所看重，最终被认定为制度的范本（图4—38）。

图4—38　孔子像

可以说，周礼在春秋乱世中，经历了"礼崩乐坏"，却最终凤凰涅槃，重获新生，是乱世对规范原则的需求所致，但也有孔子因时势而整理的功劳。

孔子之所以成为圣人，原因就在于其对于夏、商、周礼皆有研究，为纷乱的礼制重新制定了较权威的标准。其作用和意义不在于制礼作乐的周公之下，所以被尊为圣人，称素王。周公"制礼作乐"，被当作中国制度的创立者，与孔子与儒家的提倡与宣扬有一定关系。

这一趋势延续到战国时期，《周礼》、《仪礼》等礼书的完成，说明周礼的重新规范和最终完成。

但也应该看到，春秋、战国之际的周礼，实际是对原有周礼取舍之后的周礼，应该也是"有所损益"的。

第 五 章

殷商亡国之鉴

周初建国以后，商周关系发生了根本性的变化，一方面，周人要维护自己的统治地位；另一方面，殷人千方百计地要报仇复国。面对这种情形，周人在"明德慎罚"的原则指导下，认真总结殷商亡国之鉴，采取了一系列有力的措施，对于缓和当时社会矛盾，安定人心以及发展生产，都起到了积极作用，从而奠定了西周初年社会初步繁荣的基础。

第一节 殷商亡国教训总结

应当指出，周初建国以后，标志着商周关系已经发生了一个根本性的变化，"小邦周"从臣服于"大邦殷"的方国，一跃成为统治四方的主宰者。这个时期，双方之间的矛盾与统治集团内部之间的矛盾交织在一起，不但没有云消雾散，反而变得更加错综复杂，给周初的统治者带来极大的困难，使之面临着严峻的考验。

据史记载，武王克商后，第二年去世。[①] 当时正值天下初定，成王年少，"周公恐诸侯畔周，公乃摄行政当国"（《史记·周本纪》）。于是，引起了管叔及其群弟的不满，他们散布流言飞语，说："公将不利于孺子。"（《尚书·金縢》）这样，矛盾首先在统治集团内部爆发。接着，殷朝的复辟势力也蠢蠢欲动，那"殷小腆，诞敢纪其叙"，并且还扬言要"予复，反鄙我周邦"（《尚书·大诰》）。结果两股黑暗的逆流，汇集到一起，直接

---

① 新近公布的清华简有《周武王有疾周公所自以代王之志（金縢）》一篇，其云："武王既克夐（殷）三年，王不瘳（豫）又（有）厇（遟）。"需要我们细心解读，加以研究。详见《清华大学藏战国竹简》（壹）一书，上海文艺出版集团有限公司中西书局 2010 年版。

威胁着周初政权的统治和安定。

原来武王进入朝歌，出于战略考虑，把殷畿内地划分为三个区域，分别建立起邶、鄘、卫三个政权。据王国维考证，"邶即燕、鄘即鲁"（《观堂集林》卷十八），殷、卫实为一地。随即封纣子武庚于邶，奉守先祀，不绝殷后，派管叔治鄘，蔡叔治殷，同时，管叔、蔡叔和霍叔为武庚傅相，号称三监。

由于三监以武庚叛，在征伐的问题上，统治集团内部出现了严重分歧。众多诸侯和朝廷大臣都忧虑忡忡，担心"艰大，民不静，亦惟在王宫、邦君室。越予小子，考翼，不可征，王害不违卜？"（《尚书·大诰》）他们一致认为，这事太艰巨了，会使老百姓不得安宁，而且参加作乱的人，又是我们的父兄，不可去征伐，王何不违背龟卜呢？对此，周公反复地告诫他们说："天惟丧殷，若穑夫，予曷敢不终朕亩？天亦惟休于前宁人，予曷其极卜？"（《尚书·大诰》）就是说，老天是要灭亡殷朝的，就好像农夫一样，我怎么敢不完成我这块田地的工作呢？老天是要造福给我们祖先的，我怎么敢还要屡次占卜呢？只有"以尔东征，天命不僭，卜陈惟若兹！"（《尚书·大诰》）所以我要和你们同去东征，老天的命令是不会有差错的，卜兆的指示应当遵从。这样，经过周公、包括召公"内弭父兄，外抚诸侯"的努力（《逸周书·作雒》），终于出师东征，"一年救乱；二年克殷；三年践奄"（《尚书大传》），取得了东征的伟大胜利，从而大大地巩固了新生政权。

但是，面对着广大的东方，如何吸取殷商亡国教训，治理殷商遗民，就成为周人亟待解决的大问题。从整个周初的历史来看，东征后，"殷顽民"的余势，尚不老实，"大邦殷"的威胁依然存在。据学者们研究，"商人在东方之潜蓄势力甚大"。[1] 周人对这一带的真正征服，是在周公还政成王以后，又经过多年大事挞伐，才彻底解决。[2] 所以，"周公以王命告，作《多士》、《无佚》"（《史记·周本纪》），告诫他们必须安分守己，服从统治，而东方侯国"惟逸惟颇，大远王命"（《尚书·多方》），他们的邪恶、放荡，以至成王临终时，还要强调"柔远能迩，安劝小大庶邦"（《尚书·

---

① 参见齐思和：《西周地理考》，刊于《燕京学报》1946 年第 130 期。

② 参见王玉哲：《周公旦的当政及其东征考》，刊于《人文杂志丛刊》第二辑《西周史研究》，陕西人民出版社 1984 年版。

顾命》），始终把一个"小邦周"如何统治"大邦殷"的问题摆在首位。在这里，一方面，周人挖空心思来进行统治；另一方面，殷人千方百计想报仇复国，双方之间展开了一场异常激烈的斗争。从这一意义上说，它不仅要求周初的统治者认真总结殷商亡国的教训，而且，还直接地决定了周初统治者制定政策的全部内容。

因此，我们完全有理由说，周人对商人的一切政策的出发点，最终归结到一点上，就是要维护和发展新生政权而已。

殷朝灭亡的事实，使周人开始对天命发生了动摇，他们大声疾呼："惟命不于常"（《尚书·康诰》），甚至直截了当地说："天不可信"，认识到"受命无疆惟休，亦大惟艰"（《尚书·君奭》）。他们鉴于"有夏"、"有殷"的历史教训，提出了"人无于水监，当于民监"的思想（《尚书·酒诰》）。这种思想的内涵，实质上就是要面对现实，不要盲目信从天命，"天畏棐忱"（《尚书·康诰》），只有依靠自己的努力，才能摆脱困境，解决矛盾。如是，在"明德慎罚"总的原则指导下，周初的统治者，注意处理和解决好以下几个主要问题：

一　"宅尔邑，继尔居"，"作新民"

入周以后的殷民农村公社组织及其所有制形式，得以继续保留着。西周的统治者，满足于征收贡赋。先是"封商纣子禄父殷之余民"（《史记·周本纪》），次之，在封藩建卫的过程中，把部分殷民分到各个藩国中去，比如分给鲁公的"殷民六族"；又如分给康叔的"殷民七族"等等，"皆启以商政，疆以周索"（《左传》定公四年）；再之，东征过后，又把一部分"殷顽民"迁徙到洛邑附近，令其定居下来。这些对待殷民的举措，不仅有利于社会安定，而且为促进生产的发展，也起到了积极的作用。有人以为，入周以后，这些殷遗民，包括一些原来的殷贵族，他们其中相当大的一部分，确实已沦为周人的奴隶，[①] 恐怕有些不妥。西周初年的统治者，主要着眼于社会安定，从缓和殷周关系的目的出发，对于殷民重在教育，重在改造，只有那些"顽民"，教而不改，尔后杀之。

当时，分康叔以"殷民七族"，周王还反复强调说："汝惟小子，乃服惟弘王，应保殷民，亦惟助王宅天命，作新民。"（《尚书·康诰》）可见，

---

① 参见李民《尚书与古史研究》（增订本），中州书画社 1983 年版。

西周初年的统治者，中心是要使殷民"作新民"的。

二　"非我小国敢弋殷命"

周人自己对天命信仰产生了危机，但是，在对殷人解释武王伐纣、周革殷命问题上，又不得不求救于天命，这在《尚书》诸篇中，我们可以看得很清楚。

如，《多士》篇开头，周公以王命告商朝遗留下来的众官吏，即云："弗吊，昊天大降丧于殷，我有周佑命，将天明威，致王罚，敕殷命终于帝。"不幸得很，老天严重地降下灭亡之祸给殷朝，我们周人秉承天命旨意，结束了殷朝的命运，同时，还进一步解释说："非我小国敢弋殷命，惟天不畀允罔固乱，弼我；我其敢求位？惟帝不畀，惟我下民秉为，惟天明畏。"（《尚书·多士》）言外之意，这不是我们周人好动干戈，是老天的扬善惩恶，"有命曰'割殷'！告敕于帝"（《尚书·多士》）。再如，《大诰》篇明言："予惟小子，不敢替上帝命。天休于宁王，兴我小邦周"，强调"天惟丧殷"、"天命不僭"，等等。

但是，用这种天命的思想宣传，总掩盖不住活生生的现实，"大邦殷"的确被"小邦周"所推翻。为此，周人又以历史上商汤革夏命，来说明周人革殷命的合理性。指出："'上帝引逸。'有夏不适逸，则惟帝降格，向于时夏。"至夏桀时，过度享乐，结果老天把惩罚给了他，"命尔先祖成汤革夏，俊民甸四方"。以后，从成汤到帝乙，都能够不违背上帝命令，配合天意行事。只是到了现今的纣王，他过度享乐，不勤政务，于是"上帝不保，降若兹大丧"，即周革殷命，并且，还由此得出："凡四方小大邦丧，罔非有辞于罚。"（《尚书·多士》、《多方》）经过这样一番论理，从而有力地说明，是天丧殷，是纣丧殷，"小邦周"不过是受上帝命令，对殷实行惩罚罢了。以使殷民减轻对周人的仇视，缓和反抗情绪，达到服从周人的统治目的。

三　"往敷求于殷先哲王，用保乂民"

在《尚书》中，我们可以看到，周人不止一次地称赞殷先哲王，而且还强调"惟殷先人有册有典"（《尚书·多士》），所以，特别注意吸取借鉴。据《洪范》篇记载："惟十有三祀，王访于箕子。王乃言曰：'呜呼！箕子。惟天阴骘下民，相协厥居，我不知其彝伦攸叙。'"余下所谈内容，盖系治国安邦之道。我们究其制作年代，各家说法不一，今抛而不论，唯武王访箕子，可故有之。

《书序》云："武王胜殷杀受，立武庚，以箕子归。作《洪范》。"又《史记·周本纪》记载："武王已克殷，后二年，①问箕子殷所以亡。箕子不忍言殷恶，以存亡国宜告。武王亦丑，故问以天道。"这件事本身，反映了西周初年的统治者，时刻以前车之鉴，注意总结历史经验教训，有愿意学习殷先哲王德治。据传，当年文王访贤遇太公望于渭水之南（《史记·齐太公世家》），这都说明周人有尊贤使能的好传统，当康叔受封时，王（或为武王）再嘱咐，要"绍闻衣（殷）德言，往敷求于殷先哲王，用保义民。汝丕远惟商耇成人，宅心知训"（《尚书·康诰》）；从殷先哲王、有德者的言论中，寻求政教的道理，判断案子时，还要"师兹殷罚有伦"、"罚蔽殷彝，用其义刑义杀"（《尚书·康诰》）。吸收和采用殷人合理的规范制度，用以治国安邦，这正如时王所说："我时其惟殷先哲王德，用康义民作求"（《尚书·康诰》），目的是在安康养民。洛邑既成时，因为"以庶殷，攻位于洛汭"（《尚书·召诰》）。所以，周公建议成王说："王，肇称殷礼，祀于新邑。"（《尚书·洛诰》）由此可见，周初的统治者，"往敷求于殷先哲王"，并非一句空话，确实是有行动的。

《尚书》中有关这方面的记载，我们似乎还可以看到这样一个特点："殷人以殷治"，当然这种"殷治"，更多的是保留殷制中的合理部分，其中也不妨要掺进一些周制的新东西，以适应殷人之特点。

四　"大惇典殷献民，乱为四方新辟"

"献民"即贤民，指有才能之人。从这个意义上说，所谓"殷御事"，也可以包括在内。传说历史上，殷革夏命之后，"夏迪简在王庭，有服在百僚"（《尚书·多士》），对有夏遗留下来的官员，商朝是进行选用的。周人鉴于有殷之故，同时，也为了更有效地统治，对有殷遗留下来的"献民"、"御事"，也是进行选拔使用的，其选择的标准，就是周人所谓的"德"字。这种"德"的思想内容，实际上就是"奔走臣我"、"比事臣我宗"（《尚书·多士》），要勤勉服从，亲近地侍奉周王朝。

从这种标准出发，周人对"献民"之"大惇典"，对"御事"之"大

---

① 此"后二年"即《尚书》"惟十有三祀"，因武王克商在十一年，故也。

介赉"。使用途径有二：一是选拔到王庭，"尚尔事，有服在大僚"（《尚书·多方》），给予高的职位，拥有较大的官职；二是"乱为四方新辟，作周，恭先"（《尚书·洛诰》），作为四方新诸侯，以藩屏周。这两种途径，为殷献民、御事开辟了仕途的道路，使他们忠实于周王朝，一心一意为周王朝服务。

五　"勿庸杀之，惟姑教之"

殷朝末年，酗酒之风大盛，纣王本身"酗身"、"荒腆于酒"，以致造成"庶群自酒"的局面（《尚书·酒诰》）。据《史记》载，纣王"大冣乐戏于沙丘，以酒为池，县（悬）肉为林，使男女倮相逐其间，为长夜之饮"（《史记·殷本纪》）。周朝初年，鉴于殷朝灭亡的教训，把戒酒与政权的巩固联系在一起，认为"我西土棐徂邦君、御事、小子，尚克用文王教，不腆于酒。故我至于今，克受殷之命"。由于酗酒，殷朝"腥闻在上，故天降丧于殷"（《尚书·酒诰》）。因此，采取了十分严厉的戒酒措施，这在《尚书·酒诰》篇中，有所记载。

康叔受封时，分给了殷民七族，商人酗酒之恶习，也必然带之，所以，戒酒显得尤为重要。以至对康叔本人，也要"刚制于酒"（《尚书·酒诰》），对于违反规定，随便自饮的周人，要"尽执拘以归于周，予其杀"，即不容任何申辩，一起抓来，都杀掉。相反，发现众商人及官吏酗酒时，既不抓，更不能杀，首先，要对他们进行教育，喝酒需在"明享"，即祭祀的时候，平常不可自饮；其次，不听告诫的，甚至"惟我一人弗恤，弗蠲乃事，时同于杀"（《尚书·酒诰》）。即不顾虑周王，不好好地处理此事，不改酗酒之恶习，只有这样的人，才能同样地把他们杀死。当然，这必须是教而后杀，谨慎行事，更何况周人十分强调要"义刑义杀"。周人对商人酗酒，实行"勿庸杀之，惟姑教之"的政策，与其对周人的政策，形成了鲜明对比。由此可见，在处理商周关系问题上，是多么的慎重，对殷人是重教育、重改造，以德治人。

西周初年，在认真总结殷商亡国的教训上，所实施的举措，应该说是得力的、成功的，有其一定的进步意义。它对于缓和当时社会尖锐、复杂的矛盾，安定人心，以及发展生产，都起到了积极作用，从而奠定了西周初年社会初步繁荣的基础。正如史载："成康之际，天下安宁，刑错四十余年不用。"（《史记·周本纪》）

当年武王伐纣时，指责纣王三大罪状，其一，是听信妇人的话；其二，是不祭祖宗和上帝；其三，是任用四方罪恶多端的逃亡者，而不任用同宗兄弟，使他们暴虐于商邑（《尚书·牧誓》）。西周初年的统治者，并非只把这三大罪状作为征伐的依据，而是时刻加以借鉴，避免重犯殷纣王的政治弊病。在第一方面，西周以后的几代王，都要"法文、武、成、康之遗风"（《史记·周本纪》），只是西周末年的幽王，听信爱妾褒姒之言，废申后及太子，以褒姒为后，立伯服为太子，最后被犬戎杀死于骊山之下。这种沉痛教训，时至春秋时期的首霸齐桓公，在葵丘之盟上，所定第一条即"初命曰：诛不孝，无易树子，无以妾为妻"（《孟子·告子下》），当是受商亡遗风之影响；在第二方面，周人十分强调祭祖尊宗、敬上帝的。如周公谈到建洛邑时，对成王说："其作大邑，其自时配皇天，毖祀于上下，其自时中乂。王厥有成命，治民今休。"（《尚书·召诰》）首先考虑到的是配合老天旨意，祷告祭祀天地之神灵。当洛邑建成以后，"伻来毖殷，乃命宁予；以秬鬯二卣，曰：'明禋，拜手稽首休享。'予不敢宿，则禋于文王武王"（《尚书·洛诰》）。成王告诉周公，要叩拜禋祭，周公不敢把酒留过一夜，就对文王武王举行了禋祀。反映这方面的材料，金文中也是多见的；第三方面，周初大分封中，初封七十一国，其中姬姓的四十国，武王兄弟辈的十五国，成王兄弟辈的十国，可见分封的诸侯中，多是任用兄弟叔侄，同姓贵族，余下是异姓亲戚和元老重臣等，达到"封建亲戚，以藩屏周"的目的。另外，《左传》昭公七年还有这样一条记载："周文王之法曰，有亡荒阅，所以得天下也。"杜注云："荒，大也。阅，搜也。有亡人当大搜其众。"这也和纣王收藏"四方之多罪逋逃"大不相同。

从以上三个方面的对比中，我们可以清楚地看到，周初统治者的成功，也就在于正确处理和解决好商周关系的同时，能够认真总结历史经验教训，"明德慎罚"则是其中最重要的内容。

第二节　设官分职用人之法

《史记·鲁周公世家》上说："成王在丰，天下已安，周之官政未次序，于是周公作《周官》，官别其宜；作《立政》，以便百姓。百姓说。"

孔安国以为："言周家设官分职用人之法。"①

正像我们前面已经指出的，当年武王伐纣，指责纣王三大罪状，其一是"惟妇言是用"；其二是"昏弃厥肆祀，弗答"；其三是"昏弃厥遗王父母弟，不迪。乃惟四方之多罪逋逃，是崇是长，是信是使，是以为大夫卿士，俾暴虐于百姓，以奸宄于商邑"。②商纣王三大罪状的核心就是用人问题。

最近，新出楚简《鲍叔牙与隰朋之谏》有这样一则故事，大意讲齐桓公与百有司即群臣讨论夏商周三代的"使"。所谓"使"，指"任贤使能"，即如何任用臣下，也就是用人问题。说夏人"观其容以使，及其亡也，皆为（伪）其容"。意思是说任用臣下只看容貌是不行的；到了殷人，"观其容，听其言，遄其所以亡，为（伪）其容，为（伪）其言"，"遄"读为"冯（凭）"，是依据的意思。任用臣下光看其容貌，听其言辞还是不够的；到了周人，除"观其容，听〔其〕言"之外，又加上"迵侚者使"。"迵"字疑读为同音的"侯"，意思是"惟"，"侚"即"治"字，《荀子·修身》篇云："不苟礼义之谓治。""侯治者使"，意谓只任用那些通礼义的人士。等周室之走向衰亡，是忘记了这样的原则。③

所以，在东征胜利以后，周人认真总结殷商亡国教训，从周邦百年大计着想，先后两次董正立官，就是要从根本上解决这个问题。

我们认为，通过对现存的《周官》篇和《立政》篇的对比分析，可以得出这样的结论，周公先后两次自上而下改革西周官制，先由公卿后到百官，即周公作《周官》，当在作《立政》之前，孔氏《正义》所言有误，郑注则本于《史记》，《周礼·地官》序官保氏下贾疏引《郑志》，亦可证明。周公"作《周官》，官别其宜"，主要解决西周王朝官制的结构问题；而周公"作《立政》，以便百姓"，则主要解决西周王朝官制的系统问题。以下我们作些具体地讨论。

一　太宰之职的设立

我们知道，克商后二年，武王即逝，嗣子成王年幼，依朱右曾考证，

① 《史记·周本纪》《集解》引。

② 《尚书·牧誓》篇。

③ 参见李学勤《试释楚简〈鲍叔牙与隰朋之谏〉》一文，刊于《文物》2006 年第 9 期。

是时成王也不过十二三岁左右①，根本就不能应付当时错综复杂的政治、军事局面。在这种情况下，是武王的母弟周公旦，毅然决然地肩负起历史的重任。

据《尚书·金縢》篇记载，周公的这一做法，直接引起了管叔包括群弟在内的不满，特别是管叔自以为是武王的次弟，周公之兄，若按兄终弟及之原则，本应该由他摄政，或者说称王，而不是周公旦。于是，他们就散布流言蜚语于国，说"公将不利于孺子"，面对着管叔等人的恶语中伤，周公曾坦然地对二公说：

> 我之弗辟，我无以告我先王。

司马迁作《史记·鲁周公世家》，完全采用了这段文字，并作了进一步地阐述，周公乃告太公望、召公奭曰：

> 我之所以弗辟而摄行政者，恐天下畔周，无以告我先王大王、王季、文王。三王之忧劳天下久矣，于今而后成。武王蚤终，成王少，将以成周，我所以为之若此。

这就明白无误地告诉我们，周公"之所以弗辟而摄行政者"，并非仅仅出于武王同母弟的缘故，更主要是从国家的根本利益出发，为了巩固新生的周王朝政权，而履行自己的神圣职责。所以，《韩非子·难二》篇更加明确地指出：

> 管仲非周公旦，周公旦假为天子七年，成王壮，授之以政，非为天下计也，为其职也。

不过，这个"职"是什么，韩非子本人倒没有说，它应是我们探讨问题的关键所在。

我们觉得，从《难二》篇的上下文意来看，这个"职"，当指"官职"而言。本来韩非子的主张，是驳难齐桓公之时所发的议论。他说：

---

① 可参见朱右曾《汲冢纪年存真》卷上。

　　且官职所以任贤也，爵禄所以赏功也，设官职，陈爵禄，而士自至，君人者奚其劳哉！

又说：

　　人主虽使人必以度量准之，以刑名参之，以事；遇于法则行，不遇于法则止；功当其言则赏，不当则诛；以刑名收臣，以度量准下；此不可释也，君人者焉佚哉？

并且，进一步地指出，齐桓公得管仲不难，"已得管仲之后，奚遽易哉！"他认为：

　　夫不夺子而行天下者，必不背死君而事其雠，背死君而事其雠者，必不难夺子而行天下，不难夺子而行天下者，必不难夺其君国矣。管仲，公子纠之臣也，谋杀桓公而不能，其君死而臣桓公，管仲之取舍，非周公旦[①]亦以明矣，然其贤与不贤未可知也。

言外之意，管仲之事齐桓公，乃有夺天下之志，而周公旦之所为，"非为天下计也，为其职也"已明。

　　那么，周公究竟以何为"职"呢？在这方面，《左传》定公四年为我们提供了有力的证据。皋鼬之盟，将长蔡于卫，卫侯使祝佗私于苌弘，辩论曲直，认为"以先王观之，则尚德也"，并列举史实，加以说明。其中就举出了周初的重要之官：

　　武王之母弟八人，周公为大宰，康叔为司寇，聃季为司空，五叔无官，岂尚年哉？

---

　　① 按原文为"非周公旦未可知也"，张榜曰：当云"非周公旦亦以明矣，然其贤与不贤未可知也"。王先慎以为张说是，未上当有脱文，今据以纠正。详见王先慎《韩非子集解》卷十五。

祝佗，杜注谓："大祝子鱼"，自称"臣展四体，以率旧职"①，当是继承先人之职。孔子说他善治宗庙②，必定谙习典章掌故，所以，他说："周公为大宰"，实属可信。包括"康叔为司寇，聃季为司空"在内，都有迹可寻，况且，还"藏在周府，可覆视也"③，是绝无问题的。《左传》说："苌弘说，告刘子，与范献子谋之，乃长卫侯于盟。"

讲到这里，我们觉得，有必要澄清两种误解。

一种是对祝佗即子鱼所言的误解，认为"此所言官制大致合乎春秋前期，似尚未尽合西周旧制"④。

这里有一个问题，子鱼所言是周初的重要之"官"，而不是述西周的"官制"，"官"与"官制"，显然是两个不同的概念，二者不能混淆。

本来子鱼所言的周初的重要之官，是仅就"武王之母弟八人"而言，旨在说明先王"尚德"，而非"尚年"，应长卫于蔡。如果把它权作西周的官制，"五叔无官"，只有三人，不但与"西周旧制"不符，就是"大致合乎春秋前期"，也是不可能的。

其实，这实在是童先生的误解，这从其所言"今存史料述西周官制之较详者，首推《书·立政》"⑤，就可以看出，他把《立政》篇与子鱼所言相比较，当然是小巫见大巫，无怪乎得出了错误的论断。

但是，有一点是十分清楚的，童先生亦认为，子鱼所言"周公为大宰，康叔为司寇，聃季为司空"，是可信的⑥，只是把他当作述"官制"来理解，是误解了子鱼的原意。

另一种是接续而来的误解的误解，即引证童先生这一错误论断，否定

---

① 参见《左传》定公四年。

② 参见《论语·宪问》篇。

③ 此为借语，以《左传》僖公二十六年展喜之言："昔周公、大公股肱周室，夹辅成王。成王劳之，而赐之盟，曰：'世世子孙无相害也！'载在盟府，大史（依阮说）职之"为例，像周初的这样重要册命，不但"周府"，诸侯国亦当藏之，故祝史可知，如《左传》昭公二年云："观书于大史氏"，即是。

④ 参见童书业《春秋左传研究》，上海人民出版社 1980 年版，第 302 页。

⑤ 同上。

⑥ 同上书，第 168—172、302—303 页。

"周公为大宰"① 这一重要历史事实。

如果说童先生是误解了子鱼所言的话，那么，这无疑是误解了童先生著述的本意。倘若能稍微认真地读一下童先生的《春秋左传研究》一书，就不难发现，童先生据《左传》定公四年记载，结合《令方彝》铭文，提出了"当时周室之相为大宰之官"，不仅如此，他还认为"大宰之官在西周时盖甚重要，实掌相职，在春秋初年亦尚重要，而春秋中叶以后此官地位渐降，是盖王室公室之地位下降之故"②。

我们认为，否定"周公为大宰"这一重要的历史事实，恐怕还是受了疑古遗风的影响，是孔子的所谓"君薨，百官总已以听于冢宰三年"作祟。

我们知道，孔子在回答子张问曰："《书》云：'高宗谅阴，三年不言。'何谓也？"曾说：

> 何必高宗，古之人皆然。君薨，百官总已以听于冢宰三年。③

由于孔子是用居丧礼作解，因而遭来了后世不少非议，以至于就连"百官总已以听于冢宰"，也成其问题了。

按子张所引《书》云："高宗谅阴，三年不言"，出自于《尚书·无逸》篇，原文为"其在高宗，时旧劳于外，爰暨小人。作其即位，乃或亮阴，三年不言；其惟不言，言乃雍。"殷武丁高宗何以"谅阴"或"亮阴"，而"三年不言"，历代注释家都在"谅阴"问题上大下功夫，其实大可不必，先秦文献早已说得明明白白。

《国语·楚语上》说：

> 昔殷武丁能耸其德，至于神明，以入于河，自河徂亳，于是乎三年，默以思道。卿士患之，曰："王言以出令也，若不言，是无所禀令也。"武丁于是作书，曰："以余正四方，余恐德之不类，兹故

---

① 参见彭林《〈周礼〉冢宰及周代辅相问题》一文，又见其书《〈周礼〉主体思想与成书年代研究》，中国社会科学出版社 1991 年版，第 192 页。下同。

② 参见童书业《春秋左传研究》，第 168—171 页。

③ 参见《论语·宪问》篇。

不言。"

《吕氏春秋·重言》篇亦说：

> 高宗，天子也。即位谅闇，三年不言，卿大夫恐惧患之。高宗乃言曰："以余一人正四方，余唯恐言之不类也，兹故不言。"古之天子，其重言如此。

至于孔子所说的冢宰即大宰，我们则根据《尚书·酒诰》篇的记载"自成汤咸至于帝乙，成王畏相"，认为商王之下确实设有辅相大臣，虽然还没见有大宰之名①，却已有大宰之实。汉人董仲舒说三代相官沿革时，就曾明确地指出，汤受命而王，名相官曰尹；文王受命而王，名相官曰宰②，谯周于《古史考》更言"舜居百揆，总领百事"③，其说者以为"百揆，尧初别置，于周更名冢宰"④。显然，尧舜时代，已是中国早期国家阶段，"百揆"之职的设立⑤，应该说是大宰之职的最初雏形。《尚书·君奭》篇，是周公告诫召公之辞⑥，所列举的商代诸王之中，有贤德的辅相大臣，基本上得到了殷墟卜辞的印证⑦，有的如伊尹，已见诸金文⑧。

因此，我们完全有理由说，周公为大宰，应本源于殷商旧制。

如是，我们可以推定，子鱼所言"周公为大宰"，至迟在武王病逝之

---

①　目前，在殷墟卜辞、金文中，已发现有称"宰"的职官。我们以为，此"宰"与"大宰"理应有所区别，详下所论。

②　参见董仲舒《春秋繁露·三代改制质文》。

③　参见谯周《古史考》。

④　引自《后汉书·百官志一》注［一］所云。

⑤　参见《尚书·尧典》篇，又《太平御览·职官部》引仲长统《昌言》直云："冢宰，尧官也。"

⑥　亦可参见《史记·燕召公世家》。

⑦　可参见陈梦家《殷虚卜辞综述》第十章第五节有关内容，中华书局1988年版。下同。

⑧　金文《叔夷钟》铭云："尸典其先旧……伊少臣佳辅"，即"伊小臣唯傅"。"伊小臣"，指的就是伊尹，文献上亦称"汤有小臣"（《墨子·尚贤下》篇）、"汤师小臣"（《吕氏春秋·尊师》篇），高注云："小臣谓伊尹"。按伊尹何以称"小臣"，诸家说法不一，当与伊尹"欲奸汤而无由"，情愿为有莘氏媵臣，职司膳宰有关，详拙著《伊尹何以称"小臣"》（待刊）。

前,《史记·周本纪》记载:"武王即位,太公望为师,周公旦为辅",当是初职,尔后,由大傅(辅)之职出任大宰,即所谓的"王官伯"①,按照《周礼》的说法,则叫做"上公九命为伯"②。郑玄谓:"上公,谓王之三公有德者",清人金鹗在《求古录礼说》中,说得更明白:"三公有二等。八命者,三公之常秩也。若有功德加一命……《大宗伯》所谓九命作伯也。"周公尝为三公,今作大宰,当属"上公九命为伯"无疑。《尚书·金縢》篇说到武王生病,"周公立焉,植璧秉珪",《史记》作"戴璧秉珪"③,《说文》谓"圭",古文作"珪"。《集解》引孔安国曰:"璧以礼神,圭以为贽。"杨宽先生认为,"贽",实际上就是一种身份证,是贵族中等级的标志④,周公"秉珪"就是其身为上公即大宰之职的标志⑤,所以,才能在武王去世,成王年少的情况下,以大宰身份摄政称王,应付当时错综复杂的政治、军事局面,挽救了周初政权的危机。古人似乎也看到了这一点,《帝王世纪》说:"周公为冢宰摄政"⑥,《蔡仲之命》说:"惟周公位冢宰,正百工",一语道破了问题的关键所在。

由此,我们可以得出这样的结论,周公"之所以弗辟而摄行政者",确确实实是"为其职也",这个"职"不是别的,正是大宰,诚如《公羊传》僖公九年所说:"宰周公者何?天子之为政者也。"何休注云:"宰,犹治也。三公之职号,尊名也,以加宰,知其职大尊重,当与天子参听万机,而下为诸侯所会。"毫无疑问,大宰作为总理朝政的最高长官,爵为上公,命为九节,在西周王朝官制结构中,应当占据首要的位置。

我们按照《周礼·天官·冢宰》职文的记载,其大宰的职掌范围,即云:

---

① 参见《左传》昭公十一年。

② 参见《周礼·春官·典命》。

③ 参见《史记·鲁周公世家》。

④ 参见杨宽《古史新探》,第 354 页。

⑤ 按《周礼·春官·大宗伯》云:"以玉作六瑞,以等邦国,王执镇圭,公执桓圭",郑玄谓:"公,二王之后及王之上公。双植谓之桓。"孙氏谓:"三公之挚有二:九命者执桓圭,故《书·金縢》说周公秉圭;八命者唯执璧,故《射人》云:'三公执璧'"(详见孙诒让《周礼正义》卷三十五)

⑥ 引自《艺文类聚》卷十二。

掌建邦之六典，以佐王治邦国。

"六典"，就是六卿的职事法则，所谓的"使帅其属而掌邦治"，郑司农云："'邦治'，谓总六官之职也"①；"邦国"，就是诸侯国，所谓的"以佐王均邦国"②，贾公彦疏云："《周礼》以'邦国'连言者，据诸侯也。单言'邦'，单言'国'者，多据王国也。……今言'邦国'，则举外可以包内也"③，是大宰的职掌范围，实则包括两大部分，即内政统属百官，外政掌治诸侯，与《左传》定公四年所言："故周公相王室，以尹天下"，与金文《令方彝》铭文所言："王令周公：'子明保尹三事、四方，受卿事寮'"④，正相吻合，前者"王室"与"天下"对举；后者"三事"与"四方"互文，正是内政与外政；百官与诸侯两大部分的真实写照。

具体来说：《周礼》把它划分为以下九项内容：

一是"以八法治官府：一曰官属，以举邦治；二曰官职，以辨邦治；三曰官联，以会官治；四曰官常，以听官治；五曰官成，以经邦治；六曰官法，以正邦治；七曰官刑，以纠邦治；八曰官计，以弊邦治"。

二是"以八则治都鄙：一曰祭祀，以驭其神；二曰法则，以驭其官；三曰废置，以驭其吏；四曰禄位，以驭其士；五曰赋贡，以驭其用；六曰礼俗，以驭其民；七曰刑赏，以驭其威；八曰田役，以驭其众"。

三是"以八柄诏王驭群臣：一曰爵，以驭其贵；二曰禄，以驭其富；三曰予，以驭其幸；四曰置，以驭其行；五曰生，以驭其福；六曰夺，以驭其贫；七曰废，以驭其罪；八曰诛，以驭其过"。

四是"以八统诏王驭万民：一曰亲亲；二曰敬故；三曰进贤；四曰使能；五曰保庸；六曰尊贵；七曰达吏；八曰礼宾"。

五是"以九职任万民：一曰三农，生九谷；二曰园圃，毓草木；三曰虞衡，作山泽之材；四曰薮牧，养蕃鸟兽；五曰百工，饬化八材；六曰商贾，阜通货贿；七曰嫔妇，化治丝枲；八曰臣妾，聚敛疏材；九曰间民，

---

① 可参见《周礼注疏》卷一。

② 参见金景芳师《周礼》一文。

③ 亦参见《周礼注疏》卷一。

④ 铭文从李学勤所释，见《令方尊、方彝新释》一文，刊《古文字研究》第16辑，中华书局1989年版。

无常职，转移执事"。

六是"以九赋敛财贿，一曰邦中之赋，二曰四郊之赋，三曰邦甸之赋，四曰家削之赋，五曰邦县之赋，六曰邦都之赋，七曰关市之赋，八曰山泽之赋，九曰币馀之赋"。

七是"以九式均节财用：一曰祭祀之式，二曰宾客之式，三曰丧荒之式，四曰羞服之式，五曰工事之式，六曰币帛之式，七曰刍秣之式，八曰匪颁之式，九曰好用之式"。

八是"以九贡致邦国之用：一曰祀贡，二曰嫔贡，三曰器贡，四曰币贡，五曰材贡，六曰货贡，七曰服贡，八曰斿贡，九曰物贡"。

九是"以九两系邦国之民：一曰牧，以地得民；二曰长，以贵得民；三曰师，以贤得民；四曰儒，以道得民；五曰宗，以族得民；六曰主，以利得民；七曰吏，以治得民；八曰友，以任得民；九曰薮，以富得民"。

其中前七项是属于内政部分；后两项是属于外政部分，我们则根据先秦等有关文献资料的记载，把它归纳为三个方面，即"八法"、"八则"、"八柄"为治官之要方面；"八统"、"九职"、"九两"为安民之道方面；"九赋"、"九式"、"九贡"为制国之用方面，借用孟子的话说，可谓"土地、人民、政事"①。

首先，最要紧的就是"政事"，它是大宰全部职掌中的主要内容，荀子曾明确地指出："本政教，正法则，兼听而时稽之，度其功劳，论其庆赏，以时慎修，使百吏免尽，而众庶不偷，冢宰之事也"，并且，认为"故政事乱，则冢宰之罪也"②，《大戴礼记·盛德》篇也有类似的看法，"是故官属不理，分职不明，法政不一，百事失纪，曰乱也，乱则饬冢宰"。

其次，应是"人民"，《礼记·内则》篇说："后王命冢宰，降德于众兆民"，"后王"，孙炎、王肃谓："君王也"③，即天子，《左传》闵公元年说："天子曰兆民，诸侯曰万民"，其职文则说："以八统诏王驭万民"、"以九职任万民"、"以九两系邦国之民"，不称"兆民"，而称"万民"或"民"，贾疏以为"不言兆民，而言万民者，但兆民据天子而言之，今言万

---

① 参见《孟子·尽心下》篇。

② 《荀子·王制》篇。

③ 参见《礼记正义》卷二十七。

民，以畿外封诸侯，惟有畿内不封，故以畿内据近而言"①，孙氏以为"非是"，当"散文得通"②，我们则以为，据《周礼》而言，称"万民"与称"民"，本有区别，前两称"万民"，是指内政部分之"人民"，后称"民"，则专指外政部分之"人民"，而总称可谓"天子曰兆民"，他们都在大宰的德教之列，故有"冢宰之官以成道"之说③。

再次，则是"土地"，这里的"土地"，显然是指制国之用，所以，《礼记·王制》篇说："冢宰制国用，必于岁之杪，五谷皆入，然后制国用"，"九赋"、"九式"、"九贡"，应属此类，而由大宰制之，是"无政事，则财用不足"④。

以上这三个方面，可以说是包括了内政与外政两大部分的应有内容，大宰正是通过内政统属百官，外政掌治诸侯，来行使其职掌范围的，所以，《令方彝》铭文记载，发布"三事令"，是及于"卿事寮"、"诸尹"、"里君"、"百工"，而发布"四方令"，则是及于"诸侯甸男"，即分别向内政百官与外政诸侯下达政令。

这种把朝政区分为内政与外政的基本做法，也可以说是殷商内、外服制的继续和发展，据《尚书·酒诰》篇记载，殷商时代，早已实行内外服制：

> 越在外服，侯、甸、男、卫、邦伯；越在内服，百僚、庶尹、惟亚、惟服、宗工，越百姓里居（君），罔敢湎于酒。

周初的《大盂鼎》铭文亦云：

> 我闻殷坠命，惟殷边侯甸，雩殷正百辟，率肆于酒，故丧师。

这里把"殷边侯甸"与"殷正百辟"相提并论，恰是"外服"与"内服"的很好说明，是内政本相当于"内服"；而外政则相当于"外服"，韦昭

---

① 参见《周礼注疏》卷二。

② 参见孙诒让《周礼正义》卷二。

③ 参见《大戴礼记·盛德》篇。

④ 参见《孟子·尽心下》篇。

《国语》注谓："服，服其职业也。"①"内服"就是对内政百官"职业"的具体规定；"外服"，就是对外政诸侯"职业"的具体规定，周继商后，"非复诸侯之长，而为诸侯之君"②，其"职业"的具体规定，必然要有所发展，有所变化，所以，郑玄《周礼》注又谓："服，服事天子也"③，"服事天子"，就是表明周代天子对内、外臣工"职业"的具体规定，又赋予了更新的内容。

大宰作为周代天子的副贰，爵为上公，命为九节，是总理朝政的最高长官，则颇似战国以后的"相"职，汉人董仲舒曾说过："人官之大者，不名所职，相其是矣"④，《周礼》大宰不以职事名，孙诒让就谓："大宰即王之相"⑤，童书业先生据"大宰之职，掌建邦之六典，以佐王治邦国"，更加明确地说："大宰即相职，其说自有所受"⑥，当不可移易。

二　三公之职的设立

按照我们以往的意见，西周王朝设有三公之职，即太师、太傅和太保，初当本于殷商旧制。也就是说，周初设立三公之制，正是在殷商制度基础上加以改造完成的。

我们据史记载，殷商晚期，纣王就曾以西伯昌、九侯、鄂侯为三公。《战国策·赵策三》中，鲁仲连反诘辛垣衍时，即举以为例，他说：

> 昔者，鬼侯、鄂侯、文王⑦，纣之三公也。鬼侯有子而好，故入之于纣，纣以为恶，醢鬼侯。鄂侯争之急，辨之疾，故脯鄂侯。文王闻之，喟然而叹，故拘之于牖里之车，百日而欲舍之死。曷为与人俱称帝王，卒就脯醢之地也？

---

① 《国语·周语上》。

② 参见王国维《观堂集林》卷十。

③ 《周礼注疏》卷三十三。

④ 参见董仲舒《春秋繁露·五行之义》。

⑤ 参见孙诒让《周礼正义》卷一。

⑥ 参见童书业《春秋左传研究》，第170页。

⑦ 按原文"鬼侯"之下有"之"字，今依鲍本删之。

其事亦见于《史记·鲁仲连邹阳列传》，《集解》引徐广语曰："'九'一作'鬼'"，而文王即指西伯昌，故《史记·殷本纪》又说：

> 百姓怨望而诸侯有畔者，于是纣乃重刑辟，有炮格之法。以西伯昌、九侯、鄂侯为三公。九侯有好女，入之纣。九侯女不憙淫，纣怒，杀之，而醢九侯。鄂侯争之强，辨之疾，并脯鄂侯，西伯昌闻之，窃叹。崇侯虎知之，以告纣，纣囚西伯羑里。西伯之臣闳夭之徒，求美女奇物善马以献纣，纣乃赦西伯。西伯出而献洛西之地，以请除炮格之刑。纣乃许之，赐弓矢斧钺，使得征伐，为西伯。

按说《史记》和《战国策》所言，不会有误的，但是否就是周人眼里的"三公"，似乎还有一定的距离。《国语·楚语上》说，昔殷武丁以象梦旁求四方之贤，"得傅说以来，升以为公，而使朝夕规谏"，其中的"升以为公"之"公"，《墨子·尚贤下》则作"三公"，谓"武丁得而举之，立为三公，使之接天下之政，而治天下之民"①，这当是以周制来说殷制。因此，我们怀疑，殷制所谓"三公"，当属外服官，而周制所谓"三公"，是变外服官为内服官，并寓于新的内容，即太师、太傅和太保，而这些职官，几乎是与殷制一脉相承的，以下我们就分别加以简要地考察。

先说太师。根据《尚书·微子》篇的记载，殷末纣王昏乱残暴，微子眼见"殷遂丧，越至于今"的危机形势，曾经询问过"父师、少师！我其发出狂？"还是"吾家耄逊于荒？"郑玄以为，这里的"父师者，三公也，时箕子为之奴。少师者，大师之佐，孤卿也，时比干为之死也"②。如果郑玄所言不误的话，也就是说，这是见于文献上殷代设有太师、少师之职的最早记录。

但是，这个问题，历来学者们就存有分歧。今文以为谋于太师、少师者，皆乐师之属；而古文以为谋于父师、少师者，皆三公之属。双方争执，相持至今。

现在看来，问题当与《史记》本身的记载有关。具体来看，我们认为《尚书·微子》篇中的"父师、少师"，即《史记》中的"太师、少师"，

---

① 亦见《墨子·尚贤中》篇。

② 引自皇侃《论语义疏》。

是三公之属，而《史记》中的"太师疵、少师强"，则是乐师之属，二者官名虽同，职司实异。这一点，我们在晚周的文献材料中，也可以找到相应的例证。《国语·鲁语下》说："昔正考父校商之名颂十二篇于周太师，以《那》为首"，这个"周太师"，韦注："乐官之长，掌教诗、乐。"我们依正考父的年代推定①，当为周宣王时人，而周宣王时的诗篇中，还有一位"太师皇父"，《诗·大雅·常武》篇说："赫赫明明，王命卿士，南仲大祖，太师皇父，整我六师，以修我戎"。这个"太师皇父"，孔疏云："太师，三公之名。复言太师皇父，一人。是公兼官，谓三公而兼卿士之官。"是宣王时本有二太师，一为乐师之属，一为三公之属，二者不宜混同，当是因袭了殷商旧制。我们再征之西周金文材料，金文中凡言"太师"者数例，是否一概视为三公之属，似需要慎酌。过去，杨树达先生曾经论定《师望鼎》铭文中的"太师"，应为《周礼·春官》之太师②。近年来，随着新出土的金文材料的不断增多，李学勤先生依据《师𧫓鼎》铭文的内容，订正这个"太师"相当于《周礼》通掌大学、小学的大司乐，并稽之以《尚书大传》所言："小师取小学之贤者登之大学，太师取大学之贤者登之天子"，证明《周礼》的大司乐，也称为太师③。这就等于告诉我们，金文中的"太师"，也不能全作三公解，从而为我们纠正西周官制研究中的一些错误偏见，提供了很好的帮助。

　　另外，殷虚卜辞中，尚有师般、师贮、师高、师山等诸师的记载④，亦可以补正地上文献资料之不足。据董作宾先生考证，其中的师般，即《尚书·君奭》篇的甘盘⑤。周公说："我闻在昔，成汤既受命，时则有若

---

　　①　按正考父的年代问题，历来有争论，或说为宋襄公时人，或说为宋戴公时人，二者相去一百六十有余岁。我们依《左传》昭公七年所云："及正考父，佐戴、武、宣、三命兹益共"，考证其具体生活的年代，都不出西周宣王、幽王以及东周平王三世，《毛诗序》谓："微子至于戴公，其间礼乐废坏，有正考父者，得《商颂》十二篇于周之太师，以《那》为首"。据此，我们把它划定在西周宣王时期，当是比较合适的。

　　②　参见杨树达《积微居金文说》卷三《师望鼎跋》。

　　③　参见李学勤《西周中期青铜器的重要标尺》一文，刊《中国历史博物馆馆刊》1979年第1期。

　　④　参见《缀合》23、《后下》18.8、《珠》193、《簠杂》72等。

　　⑤　参见董作宾《甲骨文断代研究例》一文，刊《历史语言研究所集刊》外编第一种：《庆祝蔡元培先生六十五岁论文集》，商务印书馆1933—1934年版；又见《历史语言研究所专刊之五十附册》，1965年。下同。

伊尹，格于皇天。在太甲，时则有若保衡。在太戊，时则有若伊陟、臣
扈，格于上帝；巫咸，又王家。在祖乙，时则有若巫贤。在武丁，时则有
若甘盘。"值得注意的是，这里周公把甘盘与伊尹、巫咸等诸贤臣列在一
起，说明其地位是很高的，而在卜辞中，甘盘本作"𠂤般"，师作"𠂤"，
或因字形近误，所以我们说甘盘为武丁时期的太师，应是没有问题的。
《汉书·古今人表》于甘盘下，师古注亦云："武丁师也"，其说必有所本。

次说太傅。说到太傅，我们自然会联想到武丁时期的另一位贤臣——
傅说。傅说之"傅"，是地名欤？抑亦官名欤？则是我们解决这个问题的
关键所在。

以往诸家相率认定傅说之"傅"为地名[①]，其说主要是根据《史记·
殷本纪》，如云：

> 武丁夜梦得圣人，名曰说。以梦所见视群臣百吏，皆非也。于是
> 乃使百工营求之野，得说于傅险中。是时说为胥靡，筑于傅险。见于
> 武丁，武丁曰是也。得而与之语，果圣人，举以为相，殷国大治。故
> 遂以傅险姓之，号曰傅说。

而事实上，《史记·殷本纪》这一说法，初当本于《墨子·尚贤》篇，其
文云："傅说被褐带索，庸筑乎傅岩"，又云："昔者傅说居北海之洲，圜
土之上，衣褐带索，庸筑于傅岩之城"[②]，明言傅说"庸筑乎傅岩"，即
"傅岩之城"，《史记》"傅岩"作"傅险"，当是音近字通的缘故[③]。不过，
我们细审墨子所云，并没有说明傅说之"傅"，就是地名，更没有说明傅
说之"傅"，得之于地名，而稍后的孟子也只是说："傅说举于版筑之
间"[④]，"版筑"，《韩非子·难言》篇又误作"转鬻"[⑤]，云："傅说转鬻"，
《吕氏春秋·求人》篇也仅仅是说："傅说，殷之胥靡也"，所以，皇甫谧

---

① 可参见《尚书正义》卷一〇、《墨子间诂》卷二等。

② 参见《墨子·尚贤中》篇、《尚贤下》篇。

③ 参见《墨子间诂》卷二。

④ 参见《孟子·告子下》篇。

⑤ 参见陈奇猷《韩非子集释》，上海人民出版社1974年版，第55页。

曾提出另一种说法："高宗梦天赐贤人，胥靡之衣蒙之而来。且云①：'我徒也，姓傅名说。天下得我者，岂徒也哉！'武丁悟而推之曰：'傅者，相也，说者，欢悦也。天下当有傅我而说民者哉！'"但是，他并没有把这一说法坚持到底，又说："明以梦视百官，百官皆非也。乃使百工写其形象求诸天下，果见筑者胥靡衣褐带索，执役于虞、虢之间，傅岩之野，名说，以其得之傅岩，谓之傅说。"对此，孔颖达批评说："谶言初梦，即云姓傅名说，又言得之傅岩，谓之傅说，其言自不相副。谶惟见此书传，会为近世之语，其言非实事也。"②

20 世纪初，刘师培始疑其非，他在《论历代中央官制之变迁》一文中，指出"若'傅'字之义近于辅，又古以傅姆并言，傅姆为随女之官，则傅说之'傅'，亦即随卫君主之官。"③尔后，随着殷墟甲骨的发现与研究，丁山先生依据地下出土的新材料，进一步论证了这一点。这里我们不妨先引证董作宾先生的一段议论，他说："卜辞中不但有武丁时的甘盘，并且有武丁时的傅说。一朝的良师贤傅，在三千年下，重复会面于残甲断骨片上，不能不推丁山先生发见之功。他认识了卜辞中的𦥑为瘝，举了占梦之辞二十余条。又举《菁华》第六叶𦥑，谓即梦父合文，疑即傅说"，其说云：

　　瘝父应作人名解，《尚书序》言"高宗梦得傅说，使百工营求诸野，得诸傅岩，作《说命》三篇"。今伪《说命》曰："王宅忧，亮阴三祀，梦帝赉予良弼，其代予言。"《殷本纪》亦谓"武丁夜梦得圣人，名曰说，以梦所见，视群臣百吏，皆非也。于是乃使百工营求之野，得说于傅险中，举以为相，殷国大治"。瘝父，岂犹伊尹之称保衡，师保之称保父，亦傅说之尊称与④？

董作宾先生又补充道，傅说疑即父说，傅，从尃，从甫，从父，与父本是

① "且云"之"且"，原作"曰"，今依宋版改。见《尚书注疏校勘记》卷一。

② 参见《尚书正义》卷一〇。

③ 《国粹学报》第 27 期，1907 年。

④ 参见丁山《释疾、释梦、释蒙、释冀》一文，刊《中央研究院历史语言研究所集刊》第一本第二分，1930 年。

一字。我们既知道父即是傅，就可以知道梦父即是梦傅了。傅说之来，由于一梦，所以呼为梦傅①。按卜辞中所见梦父，凡三处，实际上乃是梦之繁体，作𢌿形，或作𠦪、𠦪、𣦮、𣦮等形，应是一字的不同写法而已。丁氏所释，当有所误，今不从之。不过，这也启发我们，傅说之"傅"，本应作官名解，当为太傅之职。《国语·楚语上》说，武丁"既得道，犹不敢专制，使以象旁求圣人。既得以为辅，又恐其荒失遗忘，故使朝夕规诲箴谏，曰：'必交修余，无余弃也。'"过去诸家就很少注意这段文字，今以卜辞证之，这里所说的"得以为辅"之"辅"，也应作官名解，"辅"即"傅"，"得以为辅"，即"得以为傅"，故下文又云："使朝夕规诲箴谏"，当是其职掌范围。

在这方面，后来出版的丁山先生遗著《商周史料考证》一书中，作者又进一步修改了自己的意见，指出梦父应是傅说死后的尊号，我们且不管它，而其生称甲骨文又通作㞢，殷商金文中有《宰㞢簋》，即指其人，说明傅说的官职当为太宰②。我们以为，如果此说能够成立的话，恰好为我们找到了由太傅之职出任太宰的绝好证据。

这种情况，我们从殷商的历史来看，恐怕也并非始于武丁时期。早在殷商初年，伊尹就尝为太傅。《叔夷钟》铭文云："尸典其先旧，及其高祖，虩虩成唐，有严在帝所。敷受天命，剿伐夏后。颛厥灵师，伊少臣唯辅。咸有九州，处禹之都"，其中的"伊少臣唯辅"，即"伊小臣唯傅"，"伊小臣"指的就是伊尹。古文献中，亦称"汤有小臣"③，或"汤师小臣"④，高诱注云："小臣谓伊尹。"⑤ 是伊尹初本为太傅之职，《墨子·尚贤中》篇所说的汤"举以为己相"，当是后来的情况。今本《尚书》中，原有《伊训》和《太甲训》三篇，虽已亡佚，但我们观其篇名和《书序》所述，仍可知都是伊尹训诫太甲之词，伪古文《尚书·伊训》篇说："伊尹祠于先王，奉嗣王祇见厥祖，侯甸群后咸在，百官总已以听冢宰。伊尹乃

---

①　参见董作宾《甲骨文断代研究例》一文。

②　参见丁山《商周史料考证》，龙门联合书局1960年版，第75—76页。下同。

③　《墨子·尚贤下》篇。

④　《吕氏春秋·尊师》篇。

⑤　《吕氏春秋》卷四，诸子集成本。

明言烈祖之成德，以训于王。"孔传谓："伊尹制百官，以三公摄冢宰"①，其说应是有一定根据的。《左传》襄公二十一年就说："伊尹放太甲而相之，卒无怨色"，《国语·晋语四》亦说："伊尹放太甲，而卒以为明王"。

这样看来，我们以往所说的周公为太宰，应本源于殷商旧制②。现在，还应当补充一句，由太傅之职出任太宰，亦是殷商以来的历史传统。

最后说太保。比较而言，这个问题就相对地简单多了，不仅见诸于可靠的历史文献，而且，还得到了殷墟卜辞的印证，可以说是绝无异议了。

据《尚书·君奭》篇记载，殷商初年，就已设立了太保之职，"在太甲，时则有若保衡"，"保衡"之"保"，即为官名无疑，如同太保召公称"保奭"一样③，"衡"与"奭"，都属于私名。《诗·商颂·长发》篇说：

昔在中叶，有震且业，允也天子，降予卿士，实维阿衡，实左右商王。

这里"保衡"又作"阿衡"，而"阿"与"保"本名同义通④，说明"阿衡"或"保衡"确系官名和私名的合称，这也正好符合古人称谓之习用。

过去诸家多释"阿衡"或"保衡"为官名，当是错误的。郑笺以为："阿，倚。衡，平也。伊尹汤所依倚而取平，故以为官名"，孔疏又谓："伊尹名挚，汤以为阿衡，至太甲改曰保衡，阿衡、保衡皆公官"⑤，而《史记索隐》仍沿其误，其云："《孙子兵书》：'伊尹名挚。'孔安国亦曰：'伊挚。'然解者以阿衡为官名。按：阿，倚也，衡，平也。言依倚而取平。《书》曰：'惟嗣王弗惠于阿衡'，亦曰保衡，皆伊尹之官号，非名也。"⑥ 这里虽然纠正了伊尹并非名"阿衡"之误，但却把伊尹与"阿衡"

①　参见《尚书正义》卷八。

②　参见宫长为《周公何以摄政称王》，刊《西周史论文集》，陕西人民教育出版社1993年版；又收入《周公摄政称王舆周初史事论集》，北京图书馆出版社1998年版。

③　可参见《尚书·君奭》、《顾命》二篇。

④　参见陈梦家《古文字中之商周祭祀》，刊《燕京学报》第19期，1936年6月；又见《考古社刊》第5期，1936年12月。下同。

⑤　参见《毛诗正义》卷二〇——四。

⑥　参见《史记·殷本纪》《索隐》。

或"保衡"混为一谈，前人已指出了这一点①，陈梦家先生又列举三事，以证其误：

（1）《君奭》曰："成汤既受命，时则有若伊尹……在太甲，时则有若保衡"，是不但伊尹、保衡是两个人，而且一立于汤时，一立于太甲时；

（2）《长发》曰："昔在中叶……实维阿衡"，叙事于汤之后，是所谓中叶当指汤受命以后的商代中叶，阿衡即保衡，阿、保是其官名而衡是其私名；

（3）卜辞之黄尹、黄奭即《诗》、《书》之阿衡、保衡，因为阿、保即奭，而"黄""衡"古相通用②。

他们的这些说法，应该说是比较可信的。

我们在殷墟卜辞中，常见有"屮于保"的祭祀记录③，这个"保"，就是指先正保衡而言的，可以与《尚书·君奭》篇相互印证，所以，《记》曰："虞夏商周有师、保，有疑、丞，设四辅及三公，不必备，唯其人。"夏代以前久远，尚无文字可考，而商代已出土了殷墟甲骨文字，据说卜辞中，保字有两种用法：一是作动词用，有保护、保佑之意；二是作名词用，专指职官之名。关于后者，我们可以引用几例，如：

丙子，保𠂤示三屯。叙。（《合集》17634 白）
丙寅卜，大，贞叀甾又保自又尹，十二月。（《合集》23683）

又如：

丙寅卜，祝，贞，令保献亏。十月。（《合集》23536）

---

①　参见《崔东壁遗书》，上海古籍出版社 1983 年版，第 144—146 页。

②　参见陈梦家《古文字中之商周祭祀》，注 11；亦可参见丁山：《商周史料考证》，第 54—56 页。

③　参见《乙》5695。

以上都是一、二期的卜辞材料。张亚初认为，由第一条卜辞材料可知，在骨臼刻辞中，干支与示之间必是职官人名，"保 🔲" 之 "保"，为职官名；由第二条卜辞材料可知，"保" 与 "尹" 是相对并列的两种职官，这条卜辞是卜问由保来徇王事，还是由尹来徇王事；而第三条卜辞材料，与 "子献兮"（《后下》8.1）对照，可知 "保" 是职官名，这与亚和子对贞是相类似的（《前》7.39.2）①。这就是说，从商初乃至于商末，太保之职当是一种常设的职官。

现在，我们再附带讨论一下三公的职掌范围。

按照我们的意见，西周天子设有三公，应为太师、太傅和太保，初当本于殷商旧制，其主要目的，也就是为了辅佐天子秉政，《尚书》逸文说：

> 天降下民，作之君，作之师，惟曰其助上帝，宠之四方②。

是老天替人民降生了君主还不够，还替君主降生了辅佐，"君" 与 "师" 作为上帝在人间的代表，实质上就是治国安民之本，所以，《荀子·礼论》篇说："礼有三本：天地者，生之本也；先祖者，类之本也；君师者，治之本也"③，不但把 "君" 与 "师" 看作是 "治之本也"，而且，还把 "君" 与 "师" 放在同等重要的位置上。毫无疑问，这里所说的 "君"，自然包括天子、诸侯等等；这里所说的 "师"，自然也少不了 "天子有公，诸侯有卿" 之类，它们二者之间的关系，也正如师旷所说的那样，叫做 "有君而为之贰，使师保之，勿使过度"④，"贰" 即为 "君" 佐，是 "师" 之于 "君"，本负有师保的责任；同样，三公之于天子，亦起到 "以相辅佐"，"补察其政" 的作用⑤。《左传》僖公二十六年记载，齐孝公伐鲁，公使展喜犒师，齐侯问："……何恃而不恐？" 对曰：

> 恃先王之命，昔周公、大公股肱周室，夹辅成王。成王劳之，而

---

① 参见张亚初《商代职官研究》，刊《古文字研究》第 13 辑，中华书局 1986 年版。

② 引自《孟子·梁惠王下》篇，亦见于伪古文《尚书·泰誓》上篇，文字略有出入。

③ 亦可参见《大戴礼记·礼三本》篇。

④ 参见《左传》襄公十四年。

⑤ 同上。

赐之盟，曰"世世子孙无相害也！"

《国语·鲁语上》又作：

> 恃二先君之所职业，昔者成王命我先君周公及齐先君大公曰："女股肱周室，以夹辅先王。赐女土地，质之以牺牲，世世子孙无相害也。"

我们由此可知，《左传》所谓的"恃先王之命"，也就是《国语》的"恃二先君之所职业"。这个"职业"，不是别的，正是股肱周室，以夹辅天子，即三公的职掌范围。

由于三公这一职掌范围的规定，所以，太师、太傅和太保也就得以经常在天子左右，成为天子左辅右弼的重要朝臣了。古文献中，我们就时常发现这样的记载，把天子三公直接称之谓天子"左右"或比喻为天子"四圣"的，《大戴礼记·保傅》篇说，天子"选左右早谕教最急。夫教得而左右正，左右正则天子正矣，天子正而天下定矣"，《逸周书·明堂位》篇又说，天子有"四圣维之"，所谓前道后承、左充右弼，"是以虑无失计，而举无过事"①。因此，古《周礼》说竟至认为，天子三公，与王同职，故曰："坐而论道，谓之王公"②，"王"即为天子，"公"即为三公，伪古文《尚书·周官》篇，与此说略同。大体上看来，这个说法不误，只是诸家在解释上存有偏差，如郑玄以为"三公者，内与王论道，中参六官之事，外与六乡之教"③；韦昭以为"天子三公，佐王论道，泛监众官，不特掌事"④；贾公彦疏，则本诸郑说，以为"郑虽言天子、诸侯，公中亦含三公，是其内与王论道也"⑤；朱熹又以为，三公"本无职事，亦无官属，但以道义辅佐天子而已"⑥，等等。我们觉得，诸家的这些解释只能说是对了

---

① 参见朱右曾《逸周书集训校释》卷一和《大戴礼记·保傅》篇。

② 参见《北堂书钞·设官部》引《五经异义》，亦见《周礼·冬官·考工记》。

③ 参见《周礼注疏》卷九。

④ 参见《国语·鲁语上》韦昭注。

⑤ 参见《周礼注疏》卷九。

⑥ 参见秦惠田《五礼通考》卷二四〇嘉礼八七设官分职所引。

一半"与王论道"或"佐王论道"，是"以道义辅佐天子而已"，用荀子引《传》的话说，是"三公总方而议，则天子共已而止矣"。① 这基本上符合三公的"职业"，但说"不特掌事"或"本无职事"，似乎有些欠妥，具体来看：

（一）太师

太师，古文献中也称谓"师"②，原本应是武职，与《周礼·春官·大宗伯》属下之太师无涉。

在现存的《周礼》一书中，并没有太师的职文。不过，出土的西周金文材料已经告诉我们，太师是"师氏"的上司，这种上下级的统属关系，表明其职掌应是有一定联系的。《周礼·地官·师氏》职文云：

> 掌以媺诏王，以三德教国子：一曰至德，以为道本；二曰敏德，以为行本；三曰教德，以知逆恶。教三行：一曰孝行，以亲父母；二曰友行，以尊贤良；三曰顺行，以事师长。居虎门之左，司王朝，掌国中失之事，以教国子弟，凡国之贵游子弟学焉。凡祭祀、宾客、会同、丧纪、军旅，王举则从。听治，亦如之。使其属帅四夷之隶，各以其兵服守王之门外，且跸。朝在野外，则守内列。

这里，师氏之职除了"掌以媺诏王"之外，还要以"三德"、"三行"教国子，包括"国之贵游子弟"在内，更要率领"四夷之隶"，担负起保卫国王的重任，与西周金文材料所反映的实际情况，基本上是相符的。据研究，西周铭文中的师氏之职，其职掌范围相当宽，但主要还是以管理军事为主，包括管理教育的师保类官，以及管理王家事务的管家等等③，与《周礼·地官·师氏》职文的记载，并不相矛盾，说明太师的职掌，至少也应该包括这些内容。

同时，我们还要进一步地指出，《左传》襄公十四年记载，周灵王派

---

① 参见《荀子·王霸》篇，原文后句作"则天子共已而已"，今依王先谦说改正。详见王先谦《荀子集解》卷七。

② 如《史记·齐太公世家》说，文王得吕尚"立为师"，或谓"文武师"，《诗·大雅·大明》篇又说："维师尚父，时维鹰扬，凉彼武王，肆伐大商。"《毛传》即云："师，太师也。"

③ 参见张亚初、刘雨《西周金文官制研究》，第4—7页。

刘定公赐齐侯命，说"昔伯舅大公右我先王，股肱周室，师保万民。世胙大师，以表东海。王室之不坏，繄伯舅是赖"，是太师职掌，当主要负有保国安民的"师保"责任，所以，春秋时期的管仲，还以此职为口实，"五侯九伯，女实征之，以夹辅周室"，以诸侯之师伐楚，问"尔贡苞茅不入"、"昭王南征而不复"等等①。鲁展喜就认为，桓公是"以纠合诸侯，而谋其不协，弥缝其阙，而匡救其灾。昭旧职也。"② 值得注意的是，这个"昭旧职"之"职"，就是太师的具体职掌，可以与《诗经》上所说的"太师皇父，整我六师"，或"尹氏大师，维周之氐"③，相互得到印证。

（二）太傅

太傅，古文献中也称谓"傅"或"辅"④，相传为古官⑤，而据我们的考证，殷商初年就已经设置了。

从目前出土的殷周甲文、金文材料来看，太傅之"傅"，本应该作"辅"，"辅"当是"傅"之本字，二者可同声假借，其义也通。按"傅"有辅相之义⑥，而"辅"亦有相助之义，东汉时许慎作《说文解字》，曾引用《左传》僖公五年宫之奇的话说，叫做"辅车相依"，杜注以为"辅，颊辅；车，牙车"⑦，当不确切，段玉裁指出："辅为车之一物者矣"，谓"辅与车必相依倚也"⑧，应该说，这种解释是比较正确的。《礼记·文王世子》篇说，凡三王教世子，"太傅在前，少傅在后"，又说"入则有保，出则有师"，孔颖达疏就谓："外有傅相，内有师保"⑨。春秋时期，王室衰微，列国相继仿照王室，也设有太师、太傅和太保。如楚穆王商臣为太子时，以潘崇为师，即位以后，"使为太师，且掌环列之尹"⑩；又如齐灵公

① 参见《左传》僖公四年。

② 参见《左传》僖公二十六年。

③ 参见《诗·大雅·常武》篇和《诗·小雅·节南山》篇。

④ 可参见《大戴礼记·保傅》篇、《史记·周本纪》等。

⑤ 参见《汉书·百官公卿表》。

⑥ 如《左传》僖公二十八年说："郑伯傅王"，杜注云："傅，相也"，《说文》亦云："傅，相也。"

⑦ 同上。

⑧ 参见段玉裁《说文解字注》，上海古籍出版社 1981 年版，第 726 页。

⑨ 参见《礼记正义》卷二〇。

⑩ 参见《左传》文公元年。

时，"使高厚傅牙，以为太子，夙沙卫为少傅"①；再如晋悼公时，"乃召叔向使傅太子彪"②，平公（即太子彪）即位，"羊舌肸（即叔向）为傅"等等③，当都是西周旧制的延续。不过，无论是设置太师也好，还是设置太傅也好，多半是由新君即位，随之升迁而来，这种情况，在周初恐不尽然。

前引《大戴礼记·保傅》篇说："昔者周成王幼，在襁褓之中，召公为太保，周公为太傅，太公为太师"，又说："成王有知，而选太公为师，周公为傅，此前有与计，而后有与虑"，而《史记·周本纪》则说："武王即位，太公望为师，周公旦为辅，召公、毕公之徒左右王，师脩文王绪业"，这就清楚地表明，周公为太傅，包括太公为太师、召公为太保在内，当在武王即位之初，并非在成王设置之时，相反，我们倒可以看出，太师、太傅和太保作为天子的三公，同时也兼有教养世子的责任，而世子作为储君，是天子事业的法定继承人，自然也在三公的职掌范围之内。

在这方面，我们依据《左传》、《国语》中的有关记载，似乎还可以看出这么一点，就是太傅之职肩负有更为主要的责任。我们先来看一下《国语·晋语七》的记载：

> 君知士贞子之帅志博闻而宣惠于教也，使为太傅。

这就是说，太傅之职必须具备两个基本条件：其一是"帅志博闻"，可谓"多材多艺"方面④；其二是"宣惠于教"，可谓"日在君侧，以其善行，以其恶戒"方面⑤。这里既然强调太傅之职必须具备的条件之一，是"宣惠于教"，那么，我们也就可知，太傅的职掌应当与太师、太保的职掌有所不同，而它的前提条件，是"帅志博闻"，只有这样，才能"使为太傅"，所以，《左传》成公十六年又说，士贞子为傅，"使修范武子之法"，范武子即士会，曾以中军元帅兼太傅，我们据《左传》宣公十六年记载，

---

① 参见《左传》襄公十九年。
② 参见《国语·晋语七》。
③ 参见《左传》襄公十六年。
④ 参见《尚书·金縢》篇。
⑤ 参见《国语·晋语七》。

当年士会平王室回来，闻"王室之礼"，"归而讲求典礼，以修晋国之法"，《国语·周语中》说："归乃讲聚三代之典礼，于是乎修执秩以为晋法"。这个"晋法"，无疑就是晋国的根本大法，或叫"常法"，它应当包括"制事典，正法罪，辟狱刑，董逋逃，由质要，治旧洿，本秩礼，续常职，出滞淹"等一系列政治的、经济的有关方面的内容在内，并授权由太傅和太师颁布实施①。这就使我们不免联想到周初，周公尝为太傅，并自称"予仁若考，能多材多艺"②，而《尚书大传》又说，周公"制礼作乐"，据金景芳先生考证，它包括畿服、爵谥、田制、法制，以及嫡长子继承制、乐等六个方面的内容在内③，正好与太傅的职掌范围相当。

我们前文已经指出，周公为太傅，并由太傅之职出任太宰的。周公"制礼作乐"，作为进一步巩固周王朝政权而采取的一项重要措施，我们自另一个角度来看，也应是周公为太傅本身应尽职责，所以，我们认为，太傅的职掌范围，除了兼有教养世子的责任之外，则主要是掌有制定、修订和颁布国家典章制度的大权，至于参预武事，古代向来是兵刑不分，况且战国以前，又是文武不分，这里就不必多言了。

（三）太保

太保，古文献中亦称谓"保"④，"保"又一作"阿"，"阿"与"保"作为官职的称谓，可以说是从贵族家中保育人员的称谓发展来的，但并不等于说，由此发展形成的官职，也都具有"长老监护的性质"。⑤

我们知道，太保之"保"，甲骨文作"𤔎"形（《京津》20.64）；先周甲骨文作"𤔎"形（《周甲》50）；西周金文亦有作"𤔎"、"𤔎"等形的（见《太保簋》、《保卣》），原本为负子于背之意，后引申之，则负之者为保⑥。从这一意义上说，称谓"阿"或者称谓"保"，作为国君、天子的辅

---

①　参见《左传》文公六年。

②　参见《尚书·金縢》篇。

③　参见金景芳《周公对巩固姬周政权所起的作用》，刊《吉林大学社会科学论丛》历史专集1980年2月，现已收入《古史论集》一书；亦可参见《中国奴隶社会史》第三章第三节有关内容，上海人民出版社1983年版。

④　可参见《尚书·君奭》、《顾命》二篇，以及《史记·周本纪》、《礼记·文王世子》篇等。

⑤　参见杨宽《西周中央政权机构剖析》。

⑥　参见唐兰《殷虚文字记》，第44—45页。

佐，当与最初贵族家中保育人员的称谓有一定的联系的，而这种联系，严格地说来，应仅仅局限于原始称谓的起源上，至于后来政治意义上的"阿"与"保"，与最初、原始意义上的"阿"与"保"，是有着本质的区别的，在于前者已成为国君、天子的辅佐，并由男子来担任；而后者仍保留古意，并由女子来担任，正如陈梦家先生所指出的那样："师保之保最早是以女子担任的保姆，渐发展而为王室公子的师傅，至周初而为执王国大权的三公。政治上的太保与保已成为一专由男子担任的官职，而维持较古意义的保母之'保'仍同时存在，亦同时并见于一个时期的金文内"①，足以说明这一问题。

那么，关于太保的职掌范围，应如何看待呢？我们主要出于两种考虑：一种是贾公彦疏引《郑志》所云："周公左、召公右，兼师保，初时然矣"，前人均以为"圣贤兼此官也"②。退一步说，即便不是如此，至少也可以说，师氏和保氏二职之间有相互关系。另一种是《周礼·地官》师氏和保氏的职文，大体相当，一个是"掌以媺诏王"，一个是"掌谏王恶"；前者以"三德"、"三行"教国子，后者以"六艺"、"六仪"教国子；最后师氏守王门，保氏守王闱，依孙说，则师氏守库门之中门，保氏守库门之侧门③，当属官联。既然师氏的职文，与太师职掌范围有联系，同样，保氏的职文，亦应当与太保的职掌范围有联系。这里，我们不妨把《周礼·地官·保氏》职文，全抄如下：

> 掌谏王恶，而养国子以道，乃教之六艺：一曰五礼；二曰六乐；三曰五射；四曰五驭；五曰六书；六曰九数，乃教之六仪：一曰祭祀之容；二曰宾客之容；三曰朝廷之容；四曰丧纪之容；五曰军旅之容；六曰车马之容。凡祭祀、宾客、会同、丧纪、军旅，王举则从。听治，亦如之。使其属守王闱。

---

①　参见陈梦家《西周铜器断代》（二），刊《考古学报》第一○册，第98页。关于维持较古意义的保母之"保"，可见《双剑》1，1.12；《三代》12.12.4和6.45.5诸器。有的学者认为，此保当为女官，是王宫内的女性的师保类官，为了区别男性之称，亦可写成"保"，见张亚初、刘雨：《西周金文官制研究》，第2页。

②　参见《周礼注疏》卷九。

③　参见孙诒让《周礼正义》卷二六。

在我们看来，保氏的职掌，无外乎有三个方面，一是"掌谏王恶"；二是以"六艺"、"六仪"教养国子；三是担负起王宫保卫任务，而这三个方面，应该说都在太保的职掌范围之内，特别是"掌谏王恶"，当是太保的主要职责。

《尚书·召诰》篇记载，"惟太保先周公相宅"，而自"拜手稽首"以下，都是召公进戒成王之言，周公即将要还政于成王，太保召公则有责任、也有义务要向新君戒言，内容包括"惟王受命，无疆惟休，亦无疆惟恤"，要借鉴夏、商二代的历史经验教训，如何敬天保民，如何明德慎罚等等，王国维以为，全篇的中心思想"曰命、曰天、曰民、曰德四者，一以贯之，其言曰：'天亦哀于四方民，其眷命用懋，王其疾敬德'"，并且，还明确地指出："此篇乃召公之言，而史佚书之以诰天下，文、武、周公所以治天下之精义大法，胥在于此"①，这当是太保"掌谏王恶"的一个方面；《国语·周语上》记载说，彘之乱，宣王在邵公之宫，国人围之。邵公曰："昔吾骤谏王，王不从，是以及此难。"原来厉王虐，国人谤王，邵公认为"防民之口，甚于防川"，并且，提出一套"掌谏王恶"的理论来，从公卿到列士，乃至于百工、庶民，都可以通过不同方式表达自己的意见，是故"天子听政，使公卿至于列士献诗，瞽献曲，史献书，师箴，瞍赋，矇诵，百工谏，庶人传语，近臣尽规，亲亲补察，瞽、史教诲，耆、艾修之，而后王斟酌焉，是以事行而不悖"，这当是"掌谏王恶"的另一个方面。我们认为，这两个方面的内容，前者可谓未雨绸缪；后者可谓去恶从善，实际上"掌谏王恶"，就是起到监察督导的作用，《逸周书》逸文说："絜廉而切直，匡过而谏邪者，谓之弼。弼者，拂天子之过者也"②，正是对太保这一职掌的具体概括。

当然，太保"掌谏王恶"的同时，也要监察督导百官，《左传》僖公二十四年记载，富辰谏王说，昔"召穆公思周德之不类，故纠合宗族于成周而作诗，曰：'常棣之华，鄂不韡韡，凡今之人，莫如兄弟'……"召穆公即召公奭的后裔，杜注云："周厉王之时，周德衰微，兄弟道缺，召穆

---

① 《观堂集林·殷周制度论》。

② 参见朱右曾《逸周书集训校释》卷一一引文；又见《大戴礼记·保傅》篇。

公于东都收会宗族，特作此周公之乐歌《常棣》"①，是太保召公并没有忘记箴言百官，即使在周初，武王崩，成王幼，周公摄政称王的情况下，也还是"周公、召公内弭父兄，外抚诸侯"②，共同担负起历史的重任。

由此看来，太师、太傅和太保又有各自不同的职掌范围，大体上说，太师侧重掌军事、太傅侧重掌立法、太保则侧重掌监察，与贾谊《新书·保傅》篇、戴德《大戴礼记·保傅》篇等诸种说法，多有不同，而较之《逸周书·明堂之》篇，则多有相当。明堂之上，周公在前，太公在左，召公在右，也正是这种太师、太傅和太保不同职掌的真实写照。

三　三大职官系统的设立

很显然，周公"作《周官》，官别其宜"，同时，周公又"作《立政》以便百姓"，就是要进一步理顺现有的职官系统，以适应新的形势的变化要求。有关这方面的情形，今本《尚书·立政》篇，则保存了这一具体的内容。其中所云："立政任人，准、夫、牧，作三事"，它包括了如下职官：

> 虎贲、缀衣、趣马、小尹、左右携仆、百司庶府、大都小伯艺人、表臣百司；太史、尹伯、庶常吉士；司徒、司马、司空、亚旅、夷、微、卢、烝、三亳、阪尹。

这里，实际上给我们开列了周初官制的一个大单子，确切地说，应是经过周公作《立政》后，形成的一个西周王朝职官体系。

如何看待这一职官体系，前辈学者承清学之后，做了不少有益的工作，但是，由于古籍简奥，加上诸多官名难于考订，以至于就连治《尚书》学的大家顾颉刚先生也都感到"这一张官名单子写得糊涂，很难分析"，勉强说来，可以分为五组，即第一组是王的枢密；第二组是王的近臣；第三组执行政务；第四组处理侯国事务；第五组处理边疆事务③。我们觉得，这种划分法本身仍有问题，而问题的关键就是对"立政任人，

---

① 见《春秋左传正义》卷一五。

② 参见《逸周书·作雒》篇。

③ 参见顾颉刚《"周公制礼"的传说和〈周官〉一书的出现》，刊《文史》第六辑。下同。

准、夫、牧，作三事"一句的解释上。为了更好地说明这个问题，我们有必要对《立政》篇作些讨论。

我们认为，《立政》篇突出的一个中心思想，就是一个"德"字，国君要实行"德治"，就必须"训德"，只有"训德"，才能"中罚"，也就是所谓的明德慎罚；而要做到明德慎罚，"其惟吉士"，"其惟克用常人"。正是在这一思想的指导下，周公才明确地提出"立政"，要像文王、武王那样，"克知三有宅心，灼见三有俊心，以敬事上帝，立民长伯"，也就是说，"立民长伯"的先决条件是"克知三有宅心，灼见三有俊心"。那么，什么是"三有宅"？什么又是"三有俊"呢？蔡沈《书集传》以为"宅以位言，俊以德言"①，这是对的。我们按照《立政》篇的说法，"三有宅"，谓"宅乃事，宅乃牧，宅乃准"；"三有俊"，谓在这三个方面的杰出人才，而最终"三有俊"是要落实在"三有宅"上，用孟子的话说，叫做"尊贤使能，俊杰在位"②，故下文云："立政任人，准、夫、牧，作三事"，实际上这个"准、夫、牧"，已包含有"克知三有宅心，灼见三有俊心"的意思在里边，而前人（包括近、现代人在内）殊不识，多把这句断为"立政：任人、准夫、牧，作三事"，唯有孙星衍把这句断为"立政任人：准、夫、牧作三事"，并谓："'立政任人'，言文武立政以任人也。'准、夫、牧作三事'，即上文'宅乃事'、'宅乃牧'、'宅乃准'之倒文。"③我们据郭老考证，"夫"为"吏"之坏字，"事"、"吏"古本一字④，故"准、夫、牧"，就应是"准、吏、牧"或"准、事、牧"。

导致这一错读的原因，我们推之，恐怕要与《立政》篇首那段文字有关，其文云：

> 用咸戒于王曰："王左右常伯、常任、准人、缀衣、虎贲。"

其中的"常伯、常任、准人"，正好与"任人、准夫、牧"相对，把"任人"解释为"常任"，结果势必造成"准夫"连读，谬误遂出。这里，

---

① 参见蔡沈《书集传》卷五。
② 参见《孟子·公孙丑上》，另外《告子下》又作"养老尊贤，俊杰在位"，其义也同。
③ 参见孙星衍《尚书今古文注疏》卷二十四。
④ 参见郭沫若《两周金文辞大系图录考释》。

我们应当承认，对比本身并没有错，只是错在把"任人"解释为"常任"上，《东坡书传》谓："事，则向所谓常任也；牧，则向所谓常伯也；准，则向所谓准人也"，这种对比是比较合适的。我们再来看《立政》篇下文："文王惟克厥宅心，乃克立兹常事、司、牧人"，这个"常事、司、牧"之人，与"我其立政立事，准人、牧、夫"或"亦越我周文王，立政之事，牧、夫、准人"是基本上一致的。

但是，由于把"常伯、常任、准人"与"缀衣、虎贲"放在一起，又似乎给人造成这样一个错觉，"常伯、常任、准人"如同"缀衣、虎贲"一样，是实指，而不是泛指众官。这种认识，应该说自秦汉以降，就较为盛行了[1]，乃至于今，不少治《尚书》学的大家，仍持有这一看法[2]。现在，我们回过头来看，孔传、孔疏的说法，倒也值得玩味。所释"常伯、常任"，谓"常所长事、常所委任"，是比较可取的，至于把它进一步解释为"三公、六卿"，把"准人"解释为"士官"，就显得失却根据了[3]。事实上，我们至今也没有发现西周官制中设有"常伯、常任、准人"之官职的，"常伯、常任"就不必说了，就是"准人"，一般都认为是司法官，但在古代文献上，包括出土的西周甲骨、金文上，也都没有记载。相反，在《立政》篇后，却有一个"司寇苏公"，并非叫准人。这样看来，"常伯、常任、准人"，应该是泛指王之左右大、小众官员，包括"缀衣、虎贲"在内。如若认真地说起来，"常伯、常任、准人"，也就相当于"立政任人"之"准、夫、牧"。细读《立政》篇原文，周公分析夏商二代设官的得失，就在于是否任用贤人，即是否"克用三宅三俊"，这个"三宅三俊"，无疑是泛指大、小众官员，犹今言各级领导干部，要求他们"作三事"，究竟是指哪"三事"，我们认为，还应当结合下文来判定，所以，我们句读为"立政任人，准、夫、牧，作三事"：

具体来看，可以把"虎贲、缀衣"，乃至于"三亳、阪尹"，依事划为三类。

---

① 参见孙星衍《尚书今古文注疏》卷二十四。

② 如顾颉刚、屈万里诸先生，尝有此类看法。可参见顾颉刚《"周公制礼"的传说和〈周公〉一书的出现》一文；屈万里：《尚书今注今释》一书，台湾商务印书馆1969年版。

③ 参见《尚书正义》卷十七。

　　第一类，也可说是"准"类。"准"，一作"辟"①，"君也"②，"准人"即指掌管王室事务之官。它包括"虎贲、缀衣、趣马、小尹、左右携仆、百司庶府、大都小伯艺人、表臣百司"在内。

　　大体上说，"虎贲、缀衣、趣马、小尹，左右携仆"，都是周王左右的侍御近臣，分别主管周王的安全、衣服、器物、车马之类③，"百司庶府"和"表臣百司"，前者"盖内百司，若内府、内司服之属，所谓裹臣也"；后者"盖外百司，若外府、外司服之属，所谓表臣也"④，二者则当主管王家内外财物券契典藏之属，而"大都小伯艺人"，吕氏曰："大都小伯者，谓大都之伯、小都之伯也。大都言都不言伯，小伯言伯不言都，互见之也"⑤，实际上是主管王室公族事务⑥，包括"执技以事上者"等等⑦，这一类基本上都属于王室事务之官。

　　第二类，也可以说是"夫"类。"夫"，吏也、事也，史也⑧，系指掌管神祀事务之官。它包括"太史、尹伯、庶常吉士"在内。

　　"太史、尹伯"，无疑都是史官之属，而且，我们还怀疑，尹伯就是内史尹伯之省称。在西周金文中，内史尹伯又作"内史尹氏"，亦可省称谓"尹氏"⑨，"尹氏"、"尹伯"，自应相通。这里把"尹氏"或"尹伯"与太史并举，亦见于同期的历史文献，《尚书·酒诰》篇说："矧太史友、内史友"，"友"即其僚友，"庶常吉士"，当是他们的属官，这一类基本上都属于神祀事务之官。

---

　　① 引见《尚书今古文注疏》卷二十四。

　　② 《尔雅注疏》卷一。

　　③ 参见《尚书正义》卷十七、《书集传》卷五。

　　④ 参见《书集传》卷五。

　　⑤ 同上。

　　⑥ 参见顾颉刚《"周公制礼"的传说和〈周官〉一书的出现》。

　　⑦ 亦引见于《书集传》卷五。

　　⑧ 参见《观堂集林》卷六。

　　⑨ 在这方面，晚清以来的学者，从阮元、孙诒让、王国维到郭沫若、陈梦家等，已做了大量的考订工作，问题基本上解决。可参见陈梦家《西周铜器断代》（三），刊《考古学报》第十一册。

第三类，也可以说是"牧"类。"牧"，"养牛人也"①，"牧人"即牧民②，系指掌管民众事务之官。它包括"司徒、司马、司空、亚旅"，以及"夷、微、卢、烝、三亳、阪尹"在内。

"司徒、司马、司空"，亦合称谓"参有司"，即三卿，"亚旅"，伪孔传谓："亚，次；旅，众也。众大夫，其位次卿。"③"夷、微、卢、烝、三亳、阪尹"，有各种不同的解释④，但总不出治民之官范围，所以，我们也把它划入在内，这一类基本上都属于民众事务之官。

总的说来，我们依事划为三类职官系统，它清楚地表明了这一张官名单子写得并不糊涂，诚如孔颖达疏所云"不以官之尊卑为次，盖以从近而至远⑤，排列有序，特见也有意"⑥。如果我们的看法还能够成立的话，所谓的"立政任人，准、夫、牧，作三事"：当指掌管王室事务、神祀事务和民众事务三类职官系统而言。

按照《国语·鲁语下》的说法：

　　天子及诸侯合民事于外朝，合神事于内朝；自卿以下，合官职于外朝，合家事于内朝。

我们遂可以把掌管民众事务之官，命名为民事职官系统；把掌管神祀事务之官，命名为神事职官系统；并依此例论之，卿大夫曰"家事"，是天子、诸侯当曰"公事"、曰"王事"，则再把掌管王室事务之官，命名为王事职官系统。这样民事、神事和王事，也就构成了西周王朝的三大职官系统。

这一点认识，我们在古代文献中，还可以找到有关的证据。

《国语·周语上》记载，周宣王即位，不籍千亩，虢文公进谏，其中讲到举行籍田礼，间有涉及三大职官系统的设立情况。他说：

---

① 《说文解字》第三。

② 参见《汉书·元帝纪》。

③ 参见《尚书正义》卷十一。

④ 参见屈万里《尚书集释》，台北联经出版事业公司 1983 年版，第 226—227 页。

⑤ 参见《尚书正义》卷十七。

⑥ 参见《书集传》卷五。

及籍，后稷监之，膳夫、农正陈籍礼，太史赞王，王敬从之。王耕一垅，班三之，庶民终于千亩。其后稷省功，太史监之；司徒省民，太师监之；毕，宰夫陈飨，膳宰监之。

这里，所谓的"后稷省功，太史监之"；"司徒省民，太师监之"；而"宰夫陈飨，膳宰监之"，就是三大职官系统设立的一定反映。对此，杨宽先生也曾经发表过很好的意见，农官是属于太史寮的，司徒是属于卿事寮的[①]。不过，在我们看来，所谓的"太史寮"，当属于神事职官系统的；所谓的"卿事寮"，则当属于民事职官系统的；而且，杨宽先生还漏掉了一大系统，就是宰夫是属于所谓的"公族寮"的；换句话说，当属于王事职官系统的。由于文中记载，多与农事有关，有时也只涉及两大职官系统，且排列次第，亦依农事而定[②]，这种情况，并不能否定三大职官系统的设立事实。

所以，时至春秋之日，鲁大夫公父文伯之母，还能述先王之制，以训其子，其中就云：

是故天子大采朝日，与三公、九卿祖识地德，日中考政，与百官之政事，师尹维旅、牧，相宣序民事；少采夕月，与大史、司载纠虔天刑；日入监九御，使洁奉禘、郊之粢盛，而后即安。(《国语·鲁语下》)

是鲁大夫公父文伯之母亦把天子理政划分为三部分内容，一是"与百官之政事，师尹维旅、牧，相宣序民事"；二是"与大史、司载纠虔天刑"；三是"监九御，使洁奉禘、郊之粢盛"，这三部分内容，也正是西周王朝设有民事、神事和王事三大职官系统的具体表述，与《礼记·曲礼下》所说：

---

① 参见杨宽《西周中央政权机构剖析》，刊《历史研究》1984 年第 1 期。

② 如《国语·周语上》记载："徇，农师一之，农正再之，后稷三之，司空四之，司徒五之，太保六之，太师七之，太史八之，宗伯九之，王则大徇，耨获亦如之。"这种情形，亦如《国语·周语中》记载"敌国宾至"或"贵国之宾至"，"周之秩序"依事而定。

天子建天官先六大，曰大宰、大宗、大史、大祝、大士、大卜，典司六典；天子之五官，曰司徒、司马、司空、司士、司寇，典司五众；天子之六府，曰司土、司木，司水、司草、司器、司货，典司六职；天子之六工，曰土工、金工、石工、木工、兽工、草工，典制六材。

也正相符合，"六大"即属于神祀事务之职官系统；而"大史、司载纠虔天刑"，韦昭注云："载，天文也。司天文谓冯相氏、保章氏，与大史相俪偶也。因夕月而恭敬观天法、考行度，以知妖祥也"①；"五官"即属于民众事务之职官系统，而"师尹维旅、牧，相宣序民事"，这里"师尹维旅、牧"，也就是《尚书·梓材》篇"我有师师，司徒、司马、司空、尹、旅"之缩写；"六府"、"六工"，即属于王室事务之职官系统，而"日入监九御"之"九御"，是九嫔之官，所谓"内官不过九御"②，当"主粢盛、祭服者也"③，郑玄以为《曲礼下》所言盖是殷制④，似缺乏证据的。

与此同时，我们还可以进一步地指出，在早期的西周金文材料中，我们也确实发现有三大职官系统的设立痕迹。《令方彝》铭文云：

> 惟八月，辰在甲申，王令周公："子明保尹三事、四方，受卿事寮。"丁亥，令矢告于周公宫，公令遂同卿事寮。惟十月月吉癸未，明公朝至于成周，遂令舍三事令，及卿事寮，及诸尹，及里君，及百工；及诸侯甸男，舍四方令。

我们已经指出，"三事"与"四方"互文，发布"三事令"，是及于"卿事寮"、"诸尹"、"里君"、"百工"；而发布"四方令"，则是及于"诸侯甸男"，即分别向内政百官与外政诸侯下达政令。既然"三事令"所及范围是内政百官，那么，与《尚书·立政》篇"作三事"所及范围就正好相当，所以，我们没有理由不说，"作三事"之"三事"，也就是"三事令"

---

① 参见《国语·鲁语下》注。

② 《国语·周语中》。

③ 参见《国语·鲁语下》注。

④ 参见《礼记正义》卷四。

之"三事"，亦如郭老所言："三事"，当指《书·立政》"立政任人，准、夫、牧，作三事"之"准、夫、牧"①，只不过"作三事"所及范围是分而言之；"三事令"所及范围是统而言之。要之，所指都是三大职官系统，内涵相同，详略而已。

由此来看，古代文献中，我们经常见到的"三事"、"三有事"或"三事大夫"，也应该如是作解。"三事"，当实指"民事"、"神事"和"王事"这三件事；"三有事"，当专指民事、神事和王事三大职官系统中的诸卿士；而"三事大夫"，则当泛指民事职官系统、神事职官系统和王事职官系统的所有大、小众官员。《尚书·立政》篇之"作三事"、《诗·大雅·常武》篇之"三事就绪"，其"三事"，就是实指"民事"、"神事"和"王事"这三件事②；《诗·小雅·十月之交》篇之"择三有事"，其"三有事"，就是专指民事、神事和王事三大职官系统中的诸卿士；《诗·小雅·雨无正》篇之"三事大夫"与"邦君诸侯"并列，《逸周书·大匡》篇之"王乃召冢卿、三老、三吏大夫、百执事之人"，其"三事大夫"，就是泛指民事职官系统、神祀职官系统和王事职官系统的所有大、小众官员。同样，我们在西周金文材料中，所见到的《小盂鼎》铭文之"三事大夫"、《令方彝》铭文之"尹三事"等等，亦应该如是作解③。至此，有关这方面的种种谬说，可以休矣。

第三节　制礼作乐

周公制礼没有？制礼，制的是什么礼？自来有不同意见。我们赞同金景芳先生的看法，周公肯定制过礼，而且这是周公为了进一步巩固周朝政权而采取的又一项重要措施。它的意义远远超出了周公自己所处的时代，是整个中国古代史上有重大影响的文化遗产。

那么，说周公制礼有什么根据呢？《左传》文公十八年中记载季文子

---

①　参见郭沫若《两周金文辞大系图录考释》。

②　伪孔传把"作三事"，解释为"天、地、人之三事"，也有一定的道理。见《尚书正义》卷十七。

③　按西周金文中有"参有司"，是专门指司徒、司马、司空三卿的，可与"三有事"相互参照。

使太史克对鲁宣公说："先君周公制周礼。"这是一个直接的证据。《国语·鲁语》说："若子委孙欲其法也，则有周公之籍矣。"① 这里说的"籍"，也是间接指周礼而言。此外，《论语·为政》说："周因于殷礼，所损益可知也。"《论语·八佾》又说："周监于二代，郁郁乎文哉。"孔子论及周礼，每每与周公相联系。正因为这样，所以他说："甚矣，吾衰也！久矣，吾不复梦见周公。"② 孔子所说的损益殷礼，"监于二代"的不是别人，正是周公。

至于周公制礼的时间，《尚书·洛诰》说："周公曰：'王肇称殷礼，祀于新邑，咸秩无文。'"是营成周时尚用殷礼。所以《尚书大传》说："五年营成周，六年制礼作乐"，应是当时实际的情况。

事实上，古代所谓礼，乃指一系列政治的社会的制度，而以政治的制度为主。这些制度的创立在一定意义上反映了古代社会的某种成熟性。周公制礼，它主要包括以下六个方面的内容。

一　畿服

首先说什么叫做"服"。郑玄《周礼·夏官·职方氏》注说，"服，服事天子也"。这个解释是正确的。《论语·泰伯》说"三分天下有其二，以服事殷"，就是说周文王尽管有三分天下有其二的势力，依旧要遵照所处的服等来事殷纣。所以，服，实际上是关于地方政权与中央政权关系的一种规定。古文献中所有畿服的服，无论是"九服"还是"五服"都应作此解。

如上所述，《尚书·康诰》等篇和金文所说的"侯甸男卫"，是殷商的旧服。那么《论语·泰伯》中的"服"，无疑也是《酒诰》所说"越在外服"的"侯甸男卫"等殷商旧服。《周语》记载祭公谋父说："夫先王之制，邦内甸服，邦外侯服，侯卫宾服，蛮夷要服，戎狄荒服。"③ 祭公谋父所说的服制，为什么与殷商的服制不同，最合理的解释只能是，其为周人所新制。《国语·周语》还有"昔我先王之有天下也，规方千里以为甸服"。《左传》襄公二十五年说："且昔天子之地一圻，列国一

---

① 《左传》哀公十一年作"则周公之典在"。

② 《论语·述而》。

③ 亦见于《荀子·正论》惟邦作封，古邦、封通。

同，自是以衰。"与祭公谋父及荀况所说的服制皆相吻合，证明这些记载都不是伪造而是可信的，因而可以肯定在殷商旧服制之后周人又有了新的改革。

祭公谋父是周穆王时人，他所说的"先王之制"的"先王"是谁呢？是昭王吗？不是，因为《史记·周本纪》说"昭王之时，王道微缺"，不能有制礼的业绩。是康王吗？也不像，因为《左传》昭公二十六年说"康王息民"，似乎也没有什么改革的迹象。这样，就只有成王了。所以《周语》所述五服之制，定是周公制礼的一个重要内容。它是为了调整周朝中央和地方的关系，为了加强中央政权的统治而制定的。

二　爵、谥

《仪礼·士冠礼》说："古者生无爵，死无谥。"《礼记·檀弓》说："死谥，周道也。"证明爵、谥是周人的新创，原为殷商所无。

什么是爵？《周礼·大宰》郑玄注说："爵为公侯伯子男卿大夫士也。"因此，诸侯有爵为五等，就是公、侯、伯、子、男。诸侯以下有三等，就是卿、大夫、士。所谓爵，就是统治阶级内部的等级关系在法律上的规定。

五等爵不仅见于《周礼》、《王制》、《孟子》，也见于《国语》、《左传》。例如《国语·周语》记周襄王拒绝晋文公"请隧"时说："昔我先王之有天下也，规方千里以为甸服……其余以均分公侯伯子男。"《楚语》说："天子之贵也，唯其以公侯为官正也？而以伯子男为师旅。"《左传》襄公十五年说："王及公、侯、伯、子、男、甸、采、卫、大夫，各居其列。"所有这些不约而同的记载，充分证明周人确有五等爵制。

关于谥，王国维说过"周初诸王若文、武、成、康、昭、穆，皆号而非谥"。这种说法可能是对的。王氏所说的号、谥，其区别在于号以施之生，谥以施之死。假如我们仅从别人加给的美称这一意义来看，则号、谥实是一种东西。西周诸王，从文、武、成、康，至夷、厉、宣、幽，其中当有号，亦有谥。若是谥，则非夏、殷所有，而是周人的新创。

爵、谥二制是何时何人所制定，恐怕也只能归之周公。这是他为巩固周政权而制礼的一个组成部分。当然制定与贯彻执行，不是一回事。不妨说制定者是周公，而贯彻执行的则是另一个人。

三 田制

周公对于田制的改革，在史料中是有记载的。《孟子·滕文公上》说："夏后氏五十而贡，殷人七十而助，周人百亩而彻。"因此，周的田制确实在夏、殷之基础上又作了改革。《国语·鲁语》说："先王制土，籍田以力，而砥其远迩；赋里以入，而量其有无；任力以夫，而议其老幼。于是乎有鳏、寡、孤、疾，有军旅之出则征之，无则已。其岁收，田一井，出获禾、秉刍、缶米，不是过也。"

这个"先王制土"的办法，应当就是"周人百亩而彻"的若干细节。下文将谈到，周的彻法是兼采贡、助而用之，也就是"监于二代"。这种改革是始于谁呢？《国语·鲁语》说："则有周公之籍矣。"可见这田制的改革也是周公的业绩，应属于周公制礼的一部分。

四 法制

《左传》文公十八年说："先君周公制周礼曰：'则以观德，德以处事，事以度功，功以食民。'作誓命曰：'毁则为贼，掩贼为藏，窃贿为盗，盗器为奸。'"这里所说的，应是周公制礼有关法制的部分。

五 嫡长子继承制

殷商君位继承是否实行嫡长子继承制，还在讨论之中，周之先人公亶父有子三人，不传位于太伯、仲雍，而传位于季历，证明这时周人也还未确立严格意义上的嫡长子继承制。周的嫡长子继承制应自成王始，《荀子·儒效》说："周公屏成王而及武王以属天下，恶天下之离周也；成王冠成人，周公归周反籍焉。明不灭主之义也。"这样看来，周的嫡长子继承制其实也是周公的创造。所说"明不灭主之义"，就是指维护嫡长子继承制的原则而言。但认真讲来，在时间上，实行嫡长子继承制并不在《尚书大传》所说制礼作乐的第六年中，而是在第七年，就是周公致政成立王。

六 乐

无论就形式或实质来看，古代宫室、庙堂、音乐和舞蹈，都是礼制的重要组成部分。这种程式化了的艺术，已经完全脱离人民，成为统治阶级政治活动的音响和形象的外壳。它起源可能很早，而内容总的来说是僵化的。但殷亡周兴，从记载看，周乐的内容几乎都是新作的。保存在《诗·周颂》里的乐词，例如著名的《大武》，完全以周人事迹为内容。它说明朝代的更替，是这种僵化音乐的一线生机。因而，在周初，周乐还是新鲜的。周乐曲调早已失传，乐词基本上保存在《诗·周颂》里。《大武》乐是其中最有名的。关于它的作者历来有不同的说法。有的说武王作，有的说周公作。从《大武》诗词中有"成王不敢康"，"于皇武王"来看，应定为周公作。

第 六 章

商周制度的演绎

不消说，在中国古代文明早期发展的进程中，夏商周三代分别代表着不同的历史阶段，孔子尝说："殷因于夏礼，所损益可知也；周因于殷礼，所损益可知也。"我们比较夏商周三代制度的演绎，特别是比较商周制度的演绎，不仅有助于我们加深对商周社会本身的理解认识，而且，也有助于我们把握对中国古代文明的整体认识。这里，我们准备从井田制、分封制、宗法制和礼制几个方面说起。

第一节　井田制

井田制作为商周社会的土地制度，严格地讲，它是一种农村公社或曰农业公社的土地所有制。马克思在《给维·伊·查苏里奇的复信草稿——三稿》中指出：

> 农业公社既然是原生的社会形态的最后阶段，所以它同时也是向次生的形态过渡的阶段，即以公有制为基础的社会向以私有制为基础的社会的过渡。不言而喻，次生的形态包括建立在奴隶制上和农奴制上的一系列社会。①

马克思所论证的这个"农业公社"的二重性问题，对于我们研究中国古代公社及其所有制即井田制度，在理论上有极其重要的意义。既然说农业公

① 《马克思恩格斯全集》第19卷，人民出版社1972年版，第450页。

社是从公有制到私有制，从原始形态到次生形态的过渡时期，即从原始社会向私有制社会发展的过渡阶段，那么，这个过渡阶段，在不同的国家和民族的古代历史中，由于种种条件的影响，其时限就必然会有或短或长的区别。

在我们古代中国社会里，这种公社及其所有制即井田制度，经过了夏、商、西周、春秋到战国前期的一个较长阶段后，由于商品交换关系的进一步发展，才逐渐走向解体的①。

商周社会里的井田制正好处在这样一个发展阶段上，即一种从土地公制到所有制的"中间阶段"的公社所有制。我们比较而言之，它有两个显著不同点：

第一点，西周的土地分配单位，已不是"五十亩"或"七十亩"，而是"百亩"。

周人是以百亩为单位分配土地，所以，《孟子·滕文公上》篇说"周人百亩而彻"，不足百亩的，则以百亩的二分之一或四分之一计算。《孟子·滕文公上》说的"圭田五十亩，余夫二十五亩"和《周礼·地官·遂人》说的"莱五十亩"，就是证明。多于百亩的，则也必须是百亩的倍数，如《周礼·地官·大司徒》和《遂人》所说"一易之地，家二百亩，再易之地，家三百亩"，"莱二百亩"，就是证明。夏、商、周三代分配土地的单位为什么会有五十亩、七十亩、百亩的不同呢？

前人顾炎武以为"特丈尺之不同，而田未尝易"，这种说法显然不对。试想，如果只是三代丈尺大小有变，而分地多少"未尝易"，那么古人为什么把五十亩、七十亩、百亩放到一起提？古人所以强调"周人百亩而彻"，正反映出周人分地单位同前代不同。至于为什么不同，只能从社会生产发展水平上找原因。在我国奴隶社会的初期，人们的生活不单纯依靠农业，渔猎和采集还占有一定的比重。这从《尚书·益稷》记禹治水时说的"暨益奏庶鲜食"和"暨稷播，奏庶鲜食、艰食"两句话中，可以窥见大概。随着生产力水平的不断提高，使扩大土地的耕种面积成为可能。在人们的生活当中，渔猎和采集的作用日益缩小，并逐步为农业所代替。这才是夏、商、周三代分配土地的单位出现五十亩、七十亩、百亩不同的根本原因。

---

① 可参见徐喜辰《井田制度研究》第一章，吉林人民出版社1984年版。

必须指出，所谓"周人百亩而彻"，只是一般的原则，在土地的实际分配上要复杂得多。由于人口有长幼多寡的不同，土地有高下肥瘠的区别，常常把"田"和"莱"结合起来分配，而用"莱"进行调剂，这在古文献中不难找到说明①。

第二点，在剥削方法上，采用"彻"法，即"贡"、"助"兼用，而不是只用单一的"贡"法或"助"法；周代利用土地对农业劳动者的剥削是采取"彻"法。所谓彻法就是贡、助并用，在国中用贡，在野用助。《孟子·滕文公上》所说"请野九一而助，国中什一使自赋"，就是实行"彻"法的具体说明。

什么是贡？用郑玄的话来说，就是"税夫无公田"②。具体说，就是按照古代什一的税率，在一夫分得土地的产品当中抽取十分之一。这是实物地租的一种。

什么是助？用郑玄的话来说，就是"制公田不税夫"③，即《孟子·滕文公上》所说的"方里而井，井九百亩，其中为公田，八家皆私百亩，同养公田"的办法。助法实际上是劳役地租的一种。

周代所以实行彻法，贡、助并用，则是吸取夏、商二代经验的结果。《礼记·檀弓》说："仲宪言于曾子曰：夏后氏用明器，示民无知也；殷人用祭器，示民有知也；周人兼用之，示民疑也。"《论语·八佾》记载孔子说："周监于二代，郁郁乎文哉！"又《礼记·王制》说："凡养老，有虞氏以燕礼，夏后氏以飨礼，殷人以食礼，周人修而兼用之。"证明不仅彻法兼用贡助，是吸取夏商两代的经验，其兼用明器、祭器，兼用燕礼、飨礼、食礼等等，也都是吸取前代的经验。孔子说"周监于二代"，正说明周人制定礼仪制度吸取前代经验是一条基本原则。

至于为什么彻法于国中用贡，于野用助，是由于国和野是两个不同的地域，国人和野人具有两种不同的身份。

但是，由于当时是实行井田制度，国人同野人比较，只是国人享有当兵、受教育、有姓氏几种特权，此外的差别不大。由于历史不断发展，到

---

① 参见金景芳《中国奴隶社会史》，上海人民出版社1983年版，第131页。

② 《周礼·考工记·匠人》注。

③ 同上。

后来，庶人一词只表明它"力于农穑"①，不复区别它是国人或是野人，是民或是氓。《孟子·万章下》说"在国曰市井之臣，在野曰草莽之臣，皆谓庶人"，就是证明②。

第二节 分封制

从某种意义上讲，分封制乃是周代特有的政治制度，但是，我们不否认周代之前就已存在着类似的早期分封现象。

周初新封了多少诸侯国，原有多少诸侯国，很难找到确切数字。《左传》昭公二十八年说："昔武王克商，光有天下。其兄弟之国者十有五人，姬姓之国者四十人。"《荀子·儒效》说："周公……兼制天下，立七十一国，姬姓独居五十三人焉。"《吕氏春秋·观世》说："此周之所封四百余，服国八百余。"看起来，周初封国数字，以见于《吕氏春秋》的为最多，多达四百余。但与服国八百余比较，只占半数。这说明从虞、夏时代保留下来的旧国还占大多数。

分封制的具体内容，我们用《左传》桓公二年的话来说，就是"天子建国，诸侯立家"，用《礼记·礼运》的话来说，就是"天子有田以处其子孙，诸侯有国以处其子孙，大夫有采以处其子孙"。

诸侯受封，要举行一定的仪式，由司空授土，司徒授民。《左传》定公四年记周初封康叔时说："聃季授土，陶叔授民"，《大盂鼎》铭文也有"受民、受疆土"之事，均即其证。诸侯受封后即成为相对独立的诸侯国的国君。诸侯国除按照规定向天子纳贡、朝觐、出兵助征伐外，一切内政都由诸侯自理。诸侯依照天子，"有国以处其子孙"，大夫依照诸侯，"有采以处其子孙"，次第分封的结果，造成了由天子、诸侯、卿和大夫所组成的各级的所谓"君"③。这些大小封君有着严格的尊卑等级。下级封君一方面有相对的独立性，另一方面又臣属于上级封君。最后总统于天子。结果造成了比夏、商二代更为统一的国家，更为集中的王权。周代这种由分封制造成的天子、诸侯、卿和大夫的严格臣属关系，在以等级制为内容的

① 《左传》襄公九年。

② 参见金景芳《中国奴隶社会史》，上海人民出版社1983年版，第136页。

③ 《仪礼·丧服》郑玄注。

其他种种规定上，也可以看得出来，它包括畿服制、五等爵、朝聘会盟制等等。

商代是否有分封制，早年胡厚宣先生特作有《殷代封建制度》考，运用甲骨文献探讨殷商制度，开启研究之先河。近年，有的学者通过研究，统计商代封国多达 285 个，方国也有 85 个，合计有 370 个之多。封国方国主要分布四土、四方和王畿的周边地区，且呈现出如下三个分布特点：其一，封国方国呈密集型的块状分布。从方国分布的静态来看，王都的西北和东南地区封国方国为数众多；从方国分布的动态来看，武丁时期方国最多，而到帝乙、帝辛时期方国数量锐减，其主要原因是武丁时期国家强盛，积极展开对外攻势，一部分方国俯首称臣，成为封国，一部分方国远徙，相当一部分则国家灭亡，渐成商王的田猎地、军事据点。这种民族融合和地域的统一，为以后建立统一的多民族的国家奠定了基础。其二，封国基本上位于方国的内侧。西北及西南地区这一特征尤为明显，外侧即陕西省中东部、山西省中南部及北部，这里分布着舌方、龙方、鬼方、井方、马方、莞方、基方、巴方、鲜方、湔方、戈方、弌方等方国，而内侧则集中了伯□、亚启、亚般、亚□、亚奚、亚侯、亚囊、亚戈、亚万、微伯、易伯、旌侯、犬侯、侯商、子商等诸侯。显然，封国是因方国的存在而存在。其三，封国方国的分布也有犬牙交错的情况，东南地区这一特征尤为明显，并且，通过与西周分封制的比较，得出如下认识[①]：

（一）商代分封制与西周分封制的相同点：

A. 从分封的程序看，都有册封、奠置、作邑。

B. 从中央和地方诸侯的关系看，都有聘问、巡狩、监察制度。

C. 封国对中央王朝都有朝觐、勤王、进贡、助王祭祀等义务。

（二）商代分封制与西周分封制的不同点：

A. 从商代与周代诸侯的形成方式来看，商代诸侯是军事征服的结果，而西周则是为了扩充已有疆土，巩固统治而采取的措施。

B. 西周分封的特点是"授民授疆土"，而商代不见人口的赏赐。

C. 从依附关系上看，商代诸侯对商王朝的依附较弱，而西周的诸侯较强。

---

① 参见李雪山《商代分封制度研究》结语部分。

第三节　宗法制

　　毫无疑问，存在于商周社会的宗法制度是以血缘关系为基础的。很明显，它是氏族社会的血缘关系在新的历史条件下继续存在和演化的反映，不过氏族社会的血缘关系和阶级社会的血缘关系有着本质的区别：前者是氏族社会民主的基础，而后者则成了阶级社会专制的工具。

　　由氏族社会的血族关系发展到阶级社会的宗法制度是有个过程的。金老以为，夏代是中国由氏族社会向奴隶制国家转变的过渡时期。这一时期的特点，是氏族制度和专制国家并存，因而作为氏族社会基础的血缘关系，在许多地方仍被保留着。到了殷代，奴隶制度已经最后形成，国家代替了氏族，地域团体代替了血族团体，阶级关系代替了血缘关系。但是，血族关系并没有因此而消亡，作为一种旧社会的势力它仍然顽强地存在着。例如《左传》定公四年说：“分鲁公以……殷民六族：条氏、徐氏、萧氏、索氏、长勺氏、尾勺氏，使帅其宗氏，辑其分族，将其类丑，以法则周公……分康叔以……殷民七族：陶氏、施氏、繁氏、锜氏、樊氏、饥氏、终葵氏……分唐叔以……怀姓九宗。”这里说的氏、族、宗就是殷代血族团体存在的证据。到了周代，由于奴隶制度的充分发展，统治阶级重新利用了这一使氏族社会延续了无数世代的有力纽带——血缘关系，把它改成了完全适应奴隶主阶级需要的，有完整的体系和严格等级的宗法制度，并成为中国奴隶社会全盛时代的特点之一。因此，周代宗法制的本质，已经不是古代那种平等的血族关系，而是血缘关系遮掩下的不平等关系，即阶级关系①。

　　尽管我们对夏商周三代认识有不同看法，但是心中还可以看出宗法制发展演化过程。

　　如果说周人创建宗法制度的主要目的在于维护嫡长子继承制，那么，存在于商代社会的宗法制，恐怕也是如此。

　　《史记·梁孝王世家》褚少孙补，对殷、周两代王位继承制的不同，作过很好的说明，其云：“殷道亲亲，周道尊尊，其义一也。”并且，加以解释说：“殷道亲亲者立弟，周道尊尊者立子”；“周道，太子死，立嫡孙；

---

　　①　参见金景芳《中国奴隶社会史》，上海人民出版社 1983 年版，第 141—142 页。

殷道，太子死，立其弟"。其实，这当是对"比九世乱"很好的说明。那么，周人为什么要"殷道亲亲，周道尊尊"是保存在《春秋》中的一种见解。恩格斯有一段话，对于我们理解这两句话的意义，会有很好的启示。恩格斯说："在历史上出现的最初的阶级对立，是同个体婚制下的夫妻间的对抗的发展同时发生的，而最初的阶级压迫是同男性对女性的奴役同时发生的。"① 从"殷道亲亲"到"周道尊尊"的变化过程，在中国奴隶社会里，就是阶级关系深入到家庭，深入到血缘关系领域的过程，父权制逐步完全取代母权制的那一点残余的过程，也就是阶级关系逐步支配并彻底改造了血缘关系的过程。

第四节　礼制

礼作为商周社会意识形态的集中表现，它鲜明地反映了奴隶制的生产关系。

我们谈礼，必须记取周代社会的下述两条原则：一是"君子劳心，小人劳力"；二是"礼不下庶人，刑不上大夫"。

《左传》襄公九年说："君子劳心，小人劳力，先王之制也。"《国语·鲁语下》说："君子劳心，小人劳力，先王之训也。"可见，这条原则最迟在周初已经明确地规定了。《孟子·滕文公上》篇说："劳心者治人，劳力者治于人。治于人者食人，治人者食于人，天下之通义也。"

《礼记·曲礼上》篇又说："礼不下庶人，刑不上大夫"。这句话告诉我们，从基本意义上说，礼、刑都有各自的适用范围。礼在庶人以上适用，刑在大夫以下适用。礼之所以不下庶人，是因为当时庶人以下是奴隶，不被看作是人。

关于周礼，西周直接留下来的材料很少。我们按照《论语·为政》说法："殷因于夏礼，所损益可知也；周因于殷礼，所损益可知也。"这就是说，周礼中有因袭殷礼部分，也有创造部分。据学者们研究，周初基本上承袭殷礼，而殷礼、周礼并存的现象主要表现在周代文化的主体部分，诸如宗周用周礼成周多用殷礼、鲁国亳周二社并立现象、周代上帝天神二元

---

① 见《马克思恩格斯全集》第 21 卷，人民出版社 1972 年版，第 78 页。

化、周代日干庙号与生称谥号并行及分布规律等等①。俟周公制礼作乐以后，"度制于是政"，才能真实地反映周礼的特点。

从本质上说，周礼的内容，实则包括两个方面，一是"亲亲"，一是"尊尊"。"亲亲"，就是亲其所亲，反映这个社会的血缘关系方面。"尊尊"就是尊其所尊，反映这个社会的政治关系，即阶级关系方面。在亲亲和尊尊中，贯彻着严格的等级制的原则。所以，礼是周王室维护奴隶制度的工具，凭借这一工具，他们在庶人以上的范围内建立起符合统治阶级利益和意志的秩序而已。

第五节　结语

马克思说过：

> 人们在自己生活的社会生产中发生一定的、必然的、不以他们的意志为转移的关系，即同他们的物质生产力的一定发展阶段相适合的生产关系。这些生产关系的总和构成社会的经济结构，即有法律的和政治的上层建筑竖立其上并有一定的社会意识形式与之相适应的现实基础。物质生活的生产方式制约着整个社会生活、政治生活和精神生活的过程。②

> 统治阶级的思想在每一时代都是占统治地位的思想，这就是说，一个阶级是社会上占统治地位的物质力量，同时也是社会上占统治地位的精神力量……占统治地位的思想不过是占统治地位的物质关系在观念上的表现，不过是以思想的形式表现出来的占统治地位的物质关系，因而，这就是那些使某一个阶级成为统治阶级的各种关系的表现，因而这也就是这个阶级的统治的思想。③

这就明白不过地告诉我们，一个社会结构，是以"生产关系的总和构成社会的经济结构"为基础的，在它之上有政治结构和意识形态结构，这三者

---

① 参见王晖《商周文化比较研究》第四章，人民出版社 2000 年版。

② 《马克思恩格斯选集》第 2 卷上，人民出版社 1972 年版，第 82 页。

③ 《马克思恩格斯选集》第 1 卷上，人民出版社 1972 年版，第 52 页。

之间，首先是经济结构制约着政治结构和意识形态结构，与此同时，政治结构和意识形态结构也作用影响着经济结构，它们之间的关系，如图 6—1 所示：

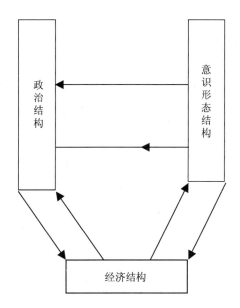

图 6—1 社会结构的三个子系统

我们按照系统论的观点，社会结构的大系统便是由这三个系统所构成的，它们之间互相发生反馈的作用，调节和控制整个大系统。我们在分析商周社会时，特别是考察商周制度时，就应该从这三个子系统着手进行研究和探索。否则的话，必然会以偏概全，得出错误的结论。

20 世纪初，王国维先生作《殷周制度论》，从周人制度大异于商者，曰立子立嫡之制，由此得出殷周制度之变革的结论，胡厚宣先生非常明确地指出："周之制度，非回大异于殷商，乃由殷商渐渐演化而来者也。"并且，感言：

> 然则王国维《殷周制度论》，所谓周人制度之大异于商者，曰立子立嫡之制，由是而生宗法，并由是而生封建子弟之制，曰女子称姓，同姓不婚之制者，乃弗然矣。
>
> 殷代之宗族社会，妻子既多，乃不能不有封建之制，此点余另有

文论之。殷代女子若妇某之类，皆其名，亦即姓也。由卜辞观之，殷王武丁曾娶周、秦、楚、杞、姜、邢、来、庞、郑国之女子，此非即同姓不婚之事耶？

夫以王氏之湛朗明睿，于甲骨学有开山考史之功，其《殷周制度论》前在学术界所公认以为不刊之定论者也，然由今日观之，已十九皆当更正，甚矣哉！考古之难言也。①

恐怕问题就在这里。

---

① 见《殷代婚姻家族宗法生育制度考》，《甲骨学商史论丛初集》第一册，成都，1944 年。

附 录 一

引用甲骨文著录目及有关简称对照

铁　《铁云藏龟》，刘鹗，抱残守缺斋石印本，1903 年。

前　《殷虚书契》，罗振玉　影印本，1913 年。

菁　《殷虚书契菁华》，罗振玉，影印本，1914 年。

余　《铁云藏龟之余》，罗振玉，眘古丛编影印本，1915 年。

后　《殷虚书契后编》，罗振玉，影印本，1916 年。

续　《殷虚书契续编》，罗振玉，影印本，1933 年。

殷图　《殷虚古器物图录》，罗振玉，影印本，1916 年。

戬　《戬寿堂所藏殷虚文字》，王国维考释，上海仓圣明智大学石印本，1917 年。

明　*Oracle Records from the Waste of Yin*（殷虚卜辞）　［加拿大］明义士（James Mellon Menzies），上海别发洋行石印本，1917 年。

林　《龟甲兽骨文字》，［日］林泰辅，日本商周遗文会石印本，1921 年。

簠　《簠室殷契征文》，王襄，天津博物院石印本，1925 年。

拾　《铁云藏龟拾遗》，叶玉森，五凤砚斋影印本，1925 年。

传古　《传古别录》第二集，罗福成，影印本，1928 年。

写本　《新获卜辞写本》，董作宾，《安阳发掘报告》1929 年第 1 期。

存真　《殷虚文字存真》，关葆谦，河南博物馆拓本集，1931 年至 1935 年。

福　《福氏所藏甲骨文字》，商承祚，金陵大学中国文化研究所丛刊甲种，1933 年。

燕京　《殷契卜辞》，容庚、瞿润缗，北京哈佛燕京学社石印本，1933 年。

佚　《殷契佚存》，商承祚，金陵大学中国文化研究所丛刊甲种，1933 年。

通　《卜辞通纂》，郭沫若，日本东京文求堂书店石印本，1933 年。

亚文　《上海亚洲文会博物馆藏甲骨卜辞》，〔英〕吉卜生，《中国杂志》1934 年第 21 卷第 6 期。

侯　《安阳侯家庄出土之甲骨文字》，董作宾，《田野考古报告》1936 年第 1 册。

邺初　《邺中片羽》初集，黄濬，北京尊古斋影印本，1935 年。

邺二　《邺中片羽》二集，黄濬，北京尊古斋影印本，1937 年。

邺三　《邺中片羽》三集，黄濬，北京通古斋影印本，1942 年。

柏 *Bergen Collection of the Inscribed Oracle Bone*（柏根氏旧藏甲骨文字）　〔加拿大〕明义士（James Mellon Menzies），齐鲁大学国学研究所单行本，1935 年。

库方 *The Couling-Chalfant Collection of Inscribed Oracle Bone*（库方二氏藏甲骨卜辞）　〔美〕方法敛（Frank H. Chalfant）摹，〔美〕白瑞华（Roswell S. Britton）校，上海商务印书馆石印本，1935 年。

侯　《安阳侯家庄出土之甲骨文字》，董作宾，《田野考古报告》1936 年第 1 册。

粹　《殷契粹编》，郭沫若，科学出版社 1965 年版。

方一　《殷墟甲骨拓片》，〔美〕白瑞华，纽约，1937 年。

方二　《甲骨五十片》，〔美〕白瑞华，纽约，1940 年。

七集 *Seven Collections of Inscribed Oracle Bone*（甲骨卜辞七集）〔美〕方法敛（Frank H. Chalfant）摹，〔美〕白瑞华（Roswell S. Britton）校，美国纽约（New York）影印本，1938 年。

金璋 *The Hopkins Collection of the Inscribed Oracle Bone*（金璋所藏甲骨卜辞）〔美〕方法敛（Frank H. Chalfant）摹，〔美〕白瑞华（Roswell S. Britton）校，美国纽约（New York）影印本，1939 年。

文录　《甲骨文录》，孙海波，河南通志馆影印本，1938 年。

遗珠　《殷契遗珠》，金祖同，上海中法文化出版委员会影印本，1939 年。

天　《天壤阁甲骨文存》，唐兰，北京辅仁大学影印本，1939 年。

铁零　《铁云藏龟零拾》，李旦丘，上海中法文化出版委员会影印本，

1939 年。

双图　《双剑誃古器物图录》，于省吾，北京函雅堂影印本，1940 年。

诚　《诚斋殷墟文字》，孙海波，北京修文堂书店影印本，1940 年。

遗宝　《河南安阳遗宝》，〔日〕梅原末治，日本京都影印本，1940 年。

撝佚　《殷契撝佚》，李旦丘，北京来薰阁书店影印本，1941 年。

庆应　《庆应义塾图书馆藏甲骨文字》，〔日〕保坂三郎，《史学》1941 年第 20 卷第 1 号。

骨文化　*Bone Culture of Ancient China—An Archaeological Study of Bone Material from Northern Honan*（中国古代的骨文化），〔加拿大〕怀履光（William Charles White），加拿大多伦多大学出版（The University of Toronto Press，Canada），1945 年。

甲　《殷虚文字甲编》，董作宾，商务印书馆 1948 年版。

乙　《殷虚文字乙编》（上中下辑），董作宾，商务印书馆 1948—1953 年版。

掇　《殷契拾掇》，郭若愚，上海出版公司石印本，1951 年。

掇二　《殷契拾掇》二编，郭若愚，上海来薰阁书店 1953 年版。

宁沪　《战后宁沪新获甲骨集》，胡厚宣，上海来薰阁书店石印本，1951 年。

南北（南辅、南诚、南上、南南、南明、南师、南坊）　《战后南北所见甲骨录》，胡厚宣，上海来薰阁书店石印本，1951 年。

京津　《战后京津新获甲骨集》，胡厚宣，上海群联出版社影印本，1954 年。

续存　《甲骨续存》，胡厚宣，上海群联出版社影印本，1955 年。

外　《殷虚文字外编》，董作宾，台北艺文印书馆影印本，1956 年。

巴黎　《巴黎所见甲骨录》，饶宗颐，香港影印本，1956 年。

海外　《海外甲骨录遗》，饶宗颐，《东方文化》1957—1958 年第 4 卷第 1—2 期。

丙　《殷虚文字丙编》（上中下辑），张秉权，中央研究院历史语言研究所影印本，1957—1972 年。

书道　《书道博物馆藏甲骨文字》（一至五），〔日〕青木木菟哉，甲骨学第 6—10 号，1958—1964 年。

京人　《京都大学人文科学研究所藏甲骨文字》，〔日〕贝塚茂树、伊藤道治，京都大学人文科学研究所 1959—1960 年。

陈零　《甲骨文零拾》，陈邦怀，天津人民出版社影印本，1959 年。

日散　《日本散见甲骨文字蒐彙》（一—六），〔日〕松丸道雄，《甲骨学》第 7—12 号，1959—1980 年。

历博　《国立历史博物馆所藏甲骨文字》，董作宾，《教育与文化》1959 年第 223、224 期。

台大　《本系藏甲骨文字》，董作宾、金祥恒，《台湾大学考古人类学刊》1961 年第 17/18 期。

甲释　《殷虚文字甲编考释》，屈万里，中央研究院历史语言研究所影印本，1961 年。

明治　《明治大学考古学陈列馆案内》，〔日〕杉原庄介，日本东京中央公论社，1962 年。

吉大　《吉林大学所藏甲骨选释》，姚孝遂，《吉林大学社会科学学报》1963 年第 3 期。

中图　《国立中央图书馆所藏甲骨文字》，金祥恒，《中国文字》1966 年第 19—20 册。

棪斋　《棪斋甲骨展览》，李棪，香港中文大学联合书院十周年校庆，1966 年。

棪藏　《棪斋所藏甲骨简介》，饶宗颐，《香港中文大学联合书院特刊》，1967 年。

棪　《殷虚"骨简"及其有关问题》，刘渊临，《中央研究院历史语言研究所集刊》第 39 本上册，1969 年。

冬饮　《冬饮庐藏甲骨文字》，张秉权，《中央研究院历史语言研究所集刊》第 37 本下册，1967 年。

邓氏　《联合书院图书馆新获东莞邓氏甲骨简介》，李棪，《联合书院学报》1968—1969 年第 7 期。

北美　《北美所见甲骨选粹》，李棪，《香港中文大学中国文化研究所学报》1970 年第 3 卷第 2 期。

欧亚美　《欧亚美所见甲骨录存》，饶宗颐，《南洋大学学报》（社会科学与人文科学）1970 年第 4 期。

安明　*The Menzies Collection of Shang Dynasty Oracle Bone*（明义士

收藏甲骨），［加拿大］许进雄（Hsu Chin-hsiung），加拿大多伦多皇家安大略博物馆（The Royal Ontario Museum，Toronto，Canada），1972 年、1977 年。

明续 《殷墟卜辞后编》，［加拿大］许进雄（Hsu Chin-hsiung），台北艺文印书馆影印本，1972 年。

辅仁 《辅仁大学所藏甲骨文字：明义士先生藏拓本》，［加拿大］明义士，《中国文字》1973 年第 50 册。

纳 《美国纳尔森艺术馆藏甲骨卜辞考释》，严一萍，台北艺文印书馆影印本，1973 年。

美 *Oracle Bone Collections in the United States*（美国所藏甲骨录）［美］周鸿翔（Chou Hung-hsiang），美国加利福尼亚大学出版（University of California Press），1976 年。

李光前 《李光前文物馆所藏甲骨文字简释》，李孝定，《文物汇刊》第 2 号，新加坡南洋大学李光前文物馆，1976 年。

关西、小川、藤井、桧垣、大原 《日本所见甲骨录》，［日］伊藤道治，《卜辞通纂》重印本所附，日本京都朋友书店 1977 年版。

怀特 *Oracle Bones From the White and Other Collections*（怀特氏等收藏甲骨文集） ［加拿大］许进雄（Hsu Chin-hsiung），加拿大多伦多皇家安大略博物馆（The Royal Ontario Museum ，Toronto，Canada），1979 年。

东洋 《东洋文库所藏甲骨文字》，日本东洋文库古代史研究委员会，1979 年。

凡将 《凡将斋所藏殷墟文字考释》，严一萍，台北艺文印书馆 1979 年版。

谢氏 《谢氏瓠庐殷虚遗文》，谢伯殳，［日］松丸道雄解题，日本东京汲古书院 1979 年版。

北大国 《北京大学国学门藏甲骨文字考释》，严一萍，台北艺文印书馆 1980 年版。

合集 《甲骨文合集》（十三册），郭沫若主编，胡厚宣总编辑，中华书局影印本，1979—1982 年。

屯南 《小屯南地甲骨》（五册），中国社会科学院考古研究所，中华书局影印本，1980—1983 年。

安博　《安阳博物馆馆藏卜辞选》，安阳博物馆，《中原文物》1981 年第 1 期。

东京　《东京大学东洋文化研究所藏甲骨文字·图版篇》，〔日〕松丸道雄，东洋文化研究所纪要别册，1983 年。

英藏　《英国所藏甲骨集》（上编），李学勤、齐文心、〔美〕艾兰（Sarah Allan）编辑，中华书局影印本，1985 年。

英补　《英国所藏甲骨集》（下编），李学勤、齐文心、〔美〕艾兰（Sarah Allan）编辑，中华书局影印本，1992 年。

法　*Collections of Oracular Inscriptions in France*（法国所藏甲骨录），〔法〕雷焕章（Jean A. Lefeuvre），利氏学社（Ricci Institute），台北市光启出版社 1985 年版。

天理　《ひとものこころ·天理大学附属天理参考馆藏品·甲骨文字》，〔日〕天理大学天理教道友社编集，1987 年。

尊六　《尊六室甲骨文字》，徐宗元，天津古籍出版社 1987 年版。

苏德美日　《苏德美日所见甲骨集》，胡厚宣，四川辞书出版社 1988 年版。

库恩　《库恩藏甲骨刻辞》〔法〕，雷焕章，自刊本，1989 年。

西北　《西北甲骨金文集录》，戴春阳，中国西北文献丛书第七辑，兰州古籍书店，1990 年。

爱米　《苏联国立爱米塔什博物馆所藏甲骨文字》，胡厚宣，《甲骨文与殷商史》第 3 辑，上海古籍出版社 1991 年版。

乙补　《殷虚文字乙编补遗》，钟柏生，中央研究院历史语言研究所史语所，1995 年。

中岛　《中岛玉振旧藏の甲骨片について》，〔日〕荒木日吕子，日本东京创荣出版，1996 年。

续补　《甲骨续存补编·甲编》（上中下册），胡厚宣，天津古籍出版社 1996 年版。

德瑞荷比　*Several Collections of Oracular Inscriptions in Germany, Switzerland, The Netherlands, Belgium*（德瑞荷比所藏一些甲骨录），〔法〕雷焕章（Jean A. Lefeuvre），利氏学社（Ricci Institute）　台北光启出版社 1997 年版。

山博　《山东省博物馆珍藏甲骨墨拓集》，刘敬亭，齐鲁书社 1998

年版。

瑞典 《瑞典斯德哥尔摩远东古物博物馆藏甲骨文字》，李学勤、齐文心、[美]艾兰（Sarah Allan），中华书局1999年版。

合补 《甲骨文合集补编》（全七册），彭邦炯、谢济、马季凡，语文出版社1999年版。

法书大观 《中国历史博物馆藏法书大观·第一卷·甲骨文金文一》，史树青主编，上海教育出版社2001年版。

运台 《河南省运台古物甲骨文专集》，董玉京主编，河南省运台古物监护委员会，2001年。

东北 《东北师大所藏甲骨选释》，宫长为，《纪念殷墟甲骨文发现一百周年国际学术研讨会论文集》，社会科学文献出版社，2003年。

花东 《殷墟花园庄东地甲骨》（全六册），中国社会科学院考古研究所编著，云南人民出版社2003年版。

掇三，《殷契拾掇三编》，郭若愚，上海古籍出版社2005年版。

洹宝 《洹宝斋所藏甲骨》，郭青萍，内蒙古人民出版社2006年版。

国博 《中国国家博物馆馆藏文物研究丛书·甲骨卷》，中国国家博物馆编，上海古籍出版社2007年版。

辑佚 《殷墟甲骨辑佚》，焦智勤，文物出版社2008年版。

安选 《安阳民间所藏甲骨选读》，焦智勤，《甲骨文与殷商史》新一辑，线装书局2008年版。

焦四 《殷墟甲骨拾遗》续四，焦智勤，《纪念殷墟YH127甲骨坑南京室内发掘70周年论文集》，文物出版社，2008年。

焦五 《殷墟甲骨拾遗》续五，焦智勤，《纪念王懿荣发现甲骨文110周年国际学术研讨会论文集》，社会科学文献出版社2009年。

北大 《北京大学珍藏甲骨文字》，李钟淑、葛英会，上海古籍出版社2008年版。

上博 《上海博物馆藏甲骨文字》，濮茅左，上海辞书出版社2009年版。

张世放 《张世放所藏殷墟甲骨集》，宋镇豪，线装书局2009年版。

云间 《云间朱孔阳藏戬寿堂殷虚文字旧拓》，朱德天、宋镇豪，线装书局2009年版。

殷拾 《殷虚文字拾补》，《云间朱孔阳藏戬寿堂殷虚文字旧拓》附。

殷余　　《殷虚文字之余》，《云间朱孔阳藏戬寿堂殷虚文字旧拓》附。

安新　　《安阳新出土的牛胛骨及其刻辞》，郭沫若，《考古》1972 年第
2 期。

临淄　　《临淄孙氏旧藏甲骨文字考辨》，胡厚宣，《文物》1973 年第
9 期。

新大龟　　《关于“战后殷墟出土的新大龟七版”》，严一萍，《中国文
字》1973 年第 50 册。

故宫　　《记故宫博物院新收的两片甲骨卜辞》，胡厚宣，《中华文史论
丛》1981 年第 1 辑。

戬补　　《〈戬寿堂所藏殷虚文字〉补正》，沈之瑜、郭若愚，《上海博
物馆馆刊》创刊号，1981 年。

山西　　《山西省文物工作委员会收藏的甲骨》，胡振祺、李梅贞，《古
文字研究》第 8 辑，中华书局 1983 年版。

孟　　《孟广慧旧藏甲骨选介》，李先登，《古文字研究》第 8 辑，中华
书局 1983 年版。

黑川　　《黑川古文化研究所藏甲骨文字》，〔日〕伊藤道治，《神户大
学文化学年报》第 3 号，1984 年。

京博　　《国立京都博物馆藏甲骨文字》，〔日〕伊藤道治，《神户大学
文化学年报》第 3 号，1984 年。

新获　　《甲骨卜辞新获》，沈之瑜，《上海博物馆馆刊》1986 年第
3 期。

南博　　《南京博物馆藏殷甲骨文》，冯少华、周小鹿，《南京博物院集
刊》1987 年第 1 期。

河北师　　《河北师院历史系所藏甲骨考释》，雁侠，《河北师范学报》
1988 年第 3 期。

重庆　　《重庆博物馆藏甲骨卜辞选释》，菡父，《巴渝文化》1989 年第
1 辑。

后藤　　《日本后藤朝太郎氏藏的甲骨文字》，蔡哲茂，《大陆杂志》
1989 年第 78 卷第 1 期。

浙博　　《浙江省博物馆新藏甲骨文字》，曹锦炎，《文物》1990 年第
4 期。

芝　　《芝加哥大学所藏商代甲骨》，〔美〕夏含夷，《中国图书文史论

集》，北京现代出版社 1992 年版。

辛格 《记美国辛格博士所藏甲骨》，齐文心，《文物》1993 年第 5 期。

辽博 《释辽宁省博物馆藏的五版牛胛骨卜辞》，李海荣，《辽海文物学刊》1992 年第 1 期。

立教 《立教大学博物馆学研究室所藏甲骨片について》，〔日〕吉原道夫，《ムゼイオン》第 39 号，1993 年。

早稻田 《早稻田大学东洋美术陈列室所藏の甲骨文考释》，卢丁，《美术史研究》1994 年第 32 册。

马林 《马林旧藏殷墟甲骨集释》，胡振祺、李勇，《文物季刊》1995 年第 2 期。

南博选 《南博藏殷商甲骨文选学：纪念胡厚宣先生》，周晓陆，《东南文化》1996 年第 4 期。

所购一 《中央研究院历史语言研究所所购甲骨选释》，钟柏生，《第三届国际中国古文字学研讨会论文集》，香港中文大学发行，1997 年。

所购二 《历史语言研究所购藏甲骨选释》（二），钟柏生，《甲骨文发现一百周年学术研讨会论文集》，台湾师范大学国文系暨中央研究院历史语言研究所发行，1998 年。

所购三 《中央研究院历史语言研究所购藏甲骨选释》（三），钟柏生，《纪念殷墟甲骨文发现一百周年国际学术研讨会论文集》，社会科学文献出版社 2003 年版。

花东选 《殷墟花园庄东地甲骨卜辞选释与初步研究》，刘一曼、曹定云，《考古学报》1999 年第 3 期。

河北大 《河北大学文物室所藏甲骨》，河北大学历史系，《胡厚宣先生纪念文集》，科学出版社 1998 年版。

河南 《河南省社会科学院藏殷墟卜辞选》，河南省社科院藏甲骨整理小组，《黄河文化》1999 年第 2/3 期。

新乡 《新乡市博物馆馆藏甲骨》，朱旗，《黄河文化》1999 年第 2/3 期。

宇野 《介绍一片四方风名刻辞骨》，〔日〕松丸道雄，《纪念殷墟甲骨文发现一百周年国际学术研讨会论文集》，社会科学文献出版社 2003 年版。

韩藏   《韩国所藏甲骨文 12 片的考释》，［韩］金经一，《中语文中文学》第 21 辑，1997 年。

韩淑   《淑明女子大学所藏甲骨文研究》，［韩］梁东淑，《中国文学研究》第 24 辑，2002 年。

韩简   《韩国所藏甲骨文简介》，［韩］梁东淑，自刊本 2006 年。

南地新   《小屯南地甲骨新发现》，国家文物局编，《2002 中国重要考古发现》，文物出版社，2003 年。

北师大   《北师大文博馆藏甲骨选释》，罗新慧，《中国历史文物》2003 年第 5 期

蒋   《记蒋一安先生藏的甲骨文字拓片》，蔡哲茂，《古文字研究》第 25 辑，中华书局 2004 年版。

西泠   《西泠印社新收藏的甲骨文》，曹锦炎，《书法丛刊》2005 年第 5 期。

爱米   《爱米塔什博物馆所藏甲骨综合研究》，［俄］刘克甫，淡江大学俄罗斯研究所研究报告，2001 年。

伊藤   《伊藤玄三氏所藏卜骨四片について》，［日］荒木日吕子，《白山中国学》通卷 11 号，2006 年。

花东 07   《安阳殷墟花园庄东地商代墓葬》，中国社会科学院考古研究所编著，科学出版社 2007 年版。

郭   《郭人民教授旧藏殷墟甲骨》，孙亚冰，《甲骨文与殷商史》新一辑，线装书局 2008 年版。

考报 5   《1950 年春殷虚发掘报告》，郭宝钧，《中国考古学报》第 5 册一、二分合，1951 年。

考报 9   《1953 年安阳大司空村发掘报告》，马得志、周永珍、张云鹏，《考古学报》1955 年第 9 册。

考报 58—3   《1955 年秋安阳小屯殷墟的发掘》，河南文化局文物工作一队，《考古学报》1958 年第 3 期。

考 61—2   《一九五八——一九五九年殷墟发掘简报》，中国科学院考古研究所，《考古》1961 年第 2 期。

考 72—3   《一九七一年安阳后冈发掘简报》，中国科学院考古研究所安阳发掘队，《考古》1972 年第 3 期。

考集 9   《1973 年小屯南地发掘报告》，中国社会科学院考古研究所

安阳队,《考古学集刊》第 9 集,1995 年。

考报 09—2　《2004—2005 年殷墟小屯宫殿宗庙区的勘探和发掘》,中国社会科学院考古研究所安阳工作队,《考古学报》2009 年第 2 期。

叕存　《甲骨叕存》,曾毅公,齐鲁大学国学研究所石印本,1940 年。

缀合编　《甲骨缀合编》,曾毅公,北京修文堂书店石印本,1950 年。

殷缀　《殷墟文字缀合》,郭若愚、曾毅公、李学勤,科学出版社影印本,1955 年。

新缀　《甲骨缀合新编》,严一萍,台北艺文印书馆影印本,1975 年。

缀补　《甲骨缀合新编补》,严一萍,台北艺文印书馆影印本,1976 年。

甲缀　《殷虚第十三次发掘所得卜甲缀合集》,严一萍,台北艺文印书馆 1989 年版。

蔡缀　《甲骨缀合集》,蔡哲茂,中央研究院历史语言研究所外版书,台北文渊阁文化事业有限公司 1999 年版。

缀续　《甲骨缀合续集》,蔡哲茂,中央研究院历史语言研究所外版书,台北文津出版社有限公司 2004 年版。

醉古　《醉古集》,林宏明,台湾,2009 年。

屯南缀　《〈小屯南地甲骨〉缀合篇》,肖楠,《考古学报》1986 年第 3 期。

屯南补　《〈小屯南地甲骨〉订补》,温明荣,《考古学集刊》第 12 集,1999 年。

附录 二

商代史主要参考文献

一、古典文献

A

［日］安居香山、中村璋八辑：《纬书集成》（上中下册），河北人民出版社 1994 年版。

B

（汉）班固：《白虎通德论》，上海古籍出版社 1990 年版。

（汉）班固撰，（唐）颜师古注：《汉书》，中华书局点校本，1962 年。

C

（汉）曹操注，郭化若译：《十一家注孙子·附今译》，中华书局 1962 年版。

（清）陈立撰，吴则虞点校：《白虎通疏证》，中华书局 1994 年版。

（清）陈寿祺：《尚书大传辑校》，上海书店 1988 年版。

（元）陈澔：《礼记集说》，中国书店 1994 年版。

陈鼓应：《老子今注今译》，商务印书馆 2003 年版。

陈奇猷集释：《韩非子集释》，上海人民出版社 1974 年版。

陈奇猷校释：《吕氏春秋校释》，学林出版社 1984 年版。

（晋）常璩著，刘琳校注：《华阳国志校注》，巴蜀书社 1984 年版。

D

（汉）董仲舒：《春秋繁露》，上海古籍出版社 1989 年版。

（唐）杜佑：《通典》，中华书局点校本，1988 年。

（明）董斯张：《广博物志》，四库全书本。

（清）戴震：《考古记图》，商务印书馆 1955 年版。

（清）戴震：《孟子字义疏证》，古籍出版社 1956 年版。

（清）戴震：《戴震集》，上海古籍出版社 1980 年版。

董莲池：《说文解字考证》，作家出版社 2005 年版。

F

（汉）伏胜撰，（汉）郑玄注，（清）孙之騄辑：《尚书大传》，台北商务印书馆 1985 年版。

（宋）范晔撰，（晋）司马彪补撰，（唐）李贤等注，（梁）刘昭注补：《后汉书》，中华书局点校本，1965 年。

（唐）房玄龄注，（明）刘绩增注：《管子》，上海古籍出版社 1989 年版。

（清）范祥雍：《战国策笺证》，上海古籍出版社 2006 年版。

方诗铭、王修龄：《古本竹书纪年辑证》，上海古籍出版社 1981 年版。

G

（晋）干宝撰，汪绍楹校注：《搜神记》，中华书局 1979 年版。

（清）桂馥：《说文解字义证》，上海古籍出版社 1987 年版。

（清）郭庆藩辑，王孝鱼整理：《庄子集释》，中华书局 1961 年版。

（清）顾炎武著，黄汝成集释，秦克诚点校：《日知录集释》，岳麓书社 1994 年版。

（清）顾栋高辑，吴树平、李解民点校：《春秋大事表》，中华书局 1993 年版。

（清）顾祖禹撰，贺次君、施和金点校：《读史方舆纪要》，中华书局 2005 年版。

郭人民：《战国策校注系年》，中州古籍出版社 1988 年版。

顾颉刚、刘起釪：《〈盘庚〉三篇校释译论》，《历史学》1979 年第 1、

2 期。

顾颉刚、刘起钎：《尚书校释译论》，中华书局 2005 年版。

顾颉刚：《〈逸周书·世俘篇〉校注》，《文史》第 2 辑，中华书局 1963 年版。

顾颉刚：《禹贡（全文注释）》，侯仁之主编《中国古代地理名著选读》（第一辑），科学出版社 1959 年版。

顾颉刚编订：《崔东壁遗书》，上海古籍出版社 1983 年版。

高亨：《周易大传今注》，齐鲁书社 1979 年版。

高亨：《周易古经今注》，中华书局 1984 年版。

H

（汉）韩婴撰，许维遹校释：《韩诗外传集释》，中华书局 1980 年版。

（宋）洪兴祖注：《楚辞补注》，中华书局 1983 年版。

（清）胡文英注：《屈骚指掌》，中国书店 1978 年版。

（清）胡培翚：《仪礼正义》，江苏古籍出版社 1993 年版。

（清）胡渭著，邹逸麟整理：《禹贡锥指》，上海古籍出版社 1996 年版。

（清）郝懿行：《尔雅义疏》，中国书店 1982 年版。

华陆综注译：《尉缭子注译》，中华书局 1979 年版。

黄怀信、张懋镕、田旭东撰：《逸周书汇校集注》，上海古籍出版社 1995 年版。

J

（明）季本：《诗说解颐正释》，四库全书本。

（清）焦循：《孟子正义》，中华书局 1987 年版。

季旭昇：《诗经古义新证》，学苑出版社 2001 年版。

季旭昇：《说文新证》（上下册），台北艺文印书馆 2004 年版。

蒋礼鸿：《商君书锥指》，中华书局 1986 年版。

K

（晋）孔晁注：《逸周书》（全 4 册），丛书集成初编本，商务印书馆 1937 年版。

L

（汉）刘向编著，石光瑛校释，陈新整理：《新序校释》，中华书局2001年版。

（汉）刘向集录：《战国策》，上海古籍出版社1978年版。

（汉）刘向撰，向宗鲁校正：《说苑校证》，中华书局1987年版。

（后魏）郦道元注，（明）杨守敬、熊会贞疏，段熙仲点校，陈桥驿复校：《水经注疏》，江苏古籍出版社1989年版。

（唐）李吉甫：《元和郡县图志》，中华书局1983年版。

（唐）李泰等著，贺次君辑校：《括地志辑校》，中华书局1980年版。

（宋）李昉等：《太平御览》，中华书局1985年版。

（宋）刘恕：《资治通鉴外纪》，四库全书本。

（宋）罗泌：《路史》，四部备要本。

（元）梁寅：《诗演义》。

（清）刘心源：《奇觚室吉金文述》，石印本，1902年版。

（清）刘宝楠：《论语正义》，中华书局1990年版。

刘文典撰，冯逸、乔华点校：《淮南鸿烈集解》，中华书局1988年版。

李民：《古本竹书纪年译注》，中州古籍出版社1990年版。

李镜池：《周易通义》，中华书局1981年版。

林尹：《周礼今译今注》，书目文献出版社1985年版。

林庚：《天问论笺》，人民文学出版社1983年版。

梁启雄：《荀子简释》，中华书局1983年版。

M

（清）马骕：《绎史》，齐鲁书社2001年版。

（清）马瑞辰：《毛诗传笺通释》，中华书局1989年版。

缪启愉校释：《元刻农桑辑要》，农业出版社1988年版。

缪启愉：《东鲁王氏农书译注》，上海古籍出版社1994年版。

N

《内黄县志》，嘉靖刻本。

P

（清）皮锡瑞撰，盛冬铃、陈抗点校：《今文尚书考证》，中华书局1989年版。

Q

（清）钱大昕：《史记考异》。

屈万里：《尚书集释》，台北联经出版事业公司1983年版。

R

（清）阮元：《十三经注疏》，中华书局1980年版。

（清）阮元等撰集：《经籍纂诂》（上下），中华书局1982年版。

S

（汉）司马迁撰，（宋）裴骃集解，（唐）司马贞索隐，（唐）张守节正义：《史记》，中华书局点校本，1959年。

（清）孙希旦：《礼记集解》，中华书局1989年版。

（清）孙诒让著，戴家祥校点：《名原》，齐鲁书社1986年版。

（清）孙诒让：《古籀余论》，中华书局1989年版。

（清）孙诒让：《墨子间诂》，中华书局1986年版。

（清）孙诒让：《籀庼述林》。

（清）孙诒让著，楼学礼校点：《契文举例》，齐鲁书社1993年版。

（清）孙诒让撰，王文锦、陈玉霞校点：《周礼正义》，中华书局1987年版。

（清）孙星衍撰，陈抗、盛冬铃点校：《尚书今古文注疏》，中华书局1986年版。

《世本八种》，商务印书馆1957年版。

《司马法》。

尚秉和：《历代社会风俗事物考》，上海书店1991年版。

W

（汉）王充：《论衡》，上海古籍出版社1974年版。

（汉）王充撰，郑文析诂：《论衡析诂》，巴蜀书社1999年版。

（汉）王符著，（清）汪继培笺，彭铎校正：《潜夫论笺》，中华书局1979年版。

（吴）韦昭注：《国语》，上海古籍出版社1978年版。

（宋）王应麟：《困学纪闻》，四库全书本。

（宋）王应麟：《诗地理考》，文渊阁四库全书本。

（宋）王应麟：《通鉴地理通释》，丛书集成本。

（宋）魏了翁：《春秋左传要义》，四库全书本。

（金）王若虚：《滹南辨惑》（上下），上海大东书局1931年版。

（清）汪继培辑：《尸子》，上海古籍出版社1989年版。

（清）王夫之：《尚书稗疏》。

（清）王引之：《经义述闻》。

（清）王先谦：《汉书补注》，中华书局1983年版。

（清）王先谦：《庄子集解》，中华书局1987年版。

（清）王先谦：《荀子集解》，中华书局1988年版。

（清）王先谦：《释名疏证补》，上海古籍出版社1984年版。

（清）王先谦撰，吴格点校：《诗三家义集疏》，中华书局1987年版。

（清）王先谦撰，沈啸寰、王星贤点校：《荀子集解》，中华书局1988年版。

（清）王轩等纂修：《山西通志》，中华书局1990年版。

（清）王聘珍撰，王文锦点校：《大戴礼记解诂》，中华书局1983年版。

（清）吴大澂：《说文古籀补》，振新书社1930年版。

万国鼎：《氾胜之书辑释》，农业出版社1980年版。

王利器：《新语校注》，中华书局1986年版。

王国维：《水经注校》，上海人民出版社1984年版。

王明校释：《抱朴子内篇校释》，中华书局1985年版。

王泗原：《楚辞校释》，人民教育出版社1995年版。

王贻梁、陈建敏：《穆天子传汇校集释》，华东师范大学出版社1994年版。

王德明译注：《孔子家语译注》，广西师范大学出版社1998年版。

吴则虞：《晏子春秋集释》，中华书局1982年版。

闻一多：《天问疏证》，生活·读书·新知三联书店 1980 年版。

X

（汉）许慎撰，（清）段玉裁注：《说文解字注》，上海古籍出版社 1981 年版。

（梁）萧统编集，（唐）李善注：《文选》，中华书局 1977 年版。

（唐）徐坚等著：《初学记》，中华书局 1980 年版。

（南唐）徐锴：《说文解字系传》，中华书局 1987 年版。

（宋）夏僎：《尚书详解》。

（宋）薛尚功：《历代钟鼎彝器款识法帖》，中华书局 1986 年版。

徐元诰：《国语集解》，中华书局 2002 年版。

徐宗元：《帝王世纪辑存》，中华书局 1964 年版。

Y

（汉）应劭撰，吴树平校释：《风俗通义校释》，天津人民出版社 1980 年版。

（汉）袁康、吴平辑录，乐祖谋点校：《越绝书》，上海古籍出版社 1985 年版。

（明）杨守敬等：《水经注疏》，江苏古籍出版社 1989 年版。

（清）严可均：《全上古三代秦汉六朝文》，中华书局 1958 年版。

《鹖冠子》，四库全书本。

杨伯峻：《论语译注》，中华书局 1980 年版。

杨伯峻：《孟子译注》，中华书局 1960 年版。

杨伯峻：《春秋左传注》，中华书局 1981 年版。

杨明照校笺：《抱朴子外篇校笺》，中华书局 1991 年版。

杨筠如：《尚书覈诂》，陕西人民出版社 1959 年版。

袁珂校注：《山海经校注》，上海古籍出版社 1980 年版。

袁梅译注：《诗经译注》，齐鲁书社 1981 年版。

银雀山汉墓竹简整理小组：《银雀山竹书〈守法〉、〈守令〉等十三篇》，《文物》1985 年第 4 期。

游国恩：《天问纂义》，中华书局 1982 年版。

Z

（汉）赵晔：《吴越春秋》，江苏古籍出版社 1986 年版。

（宋）朱熹：《诗集传》，上海古籍出版社 1958 年版。

（宋）朱熹：《四书章句集注》，中华书局 1983 年版。

（宋）朱熹校注：《楚辞集注》，上海古籍出版社 1979 年版。

（清）朱海雷：《尸子译注》，上海古籍出版社 2006 年版。

（清）朱骏声：《说文通训定声》，武汉古籍书店 1983 年版。

《彰德府志》，明嘉靖刻本。

《诸子集成》（全八册），中华书局 1986 年版。

张立文：《帛书周易注译》，中州古籍出版社 1992 年版。

〔日〕竹添光鸿：《左氏会笺》，金坛文库本，井井书屋印行，1903 年。

二、中文论著及考古资料

A

安阳市文物工作队：《殷墟戚家庄东 269 号墓》，《考古学报》1991 年第 3 期。

安阳市文物工作队：《河南安阳郭庄村北发现一座殷墓》，《考古》1991 年第 10 期。

安阳市文物工作队：《1983—1986 年安阳刘家庄殷代墓葬发掘报告》，《华夏考古》1997 年第 2 期。

安阳市文物工作队：《安阳徐家村殷代遗址发掘报告》，《华夏考古》1997 年第 2 期。

安阳市文物工作队：《安阳梅园庄殷代车马坑发掘简报》，《华夏考古》1997 年第 2 期。

安阳市文物工作队、安阳市博物馆：《安阳市梯家口村殷墓的发掘》，《华夏考古》1992 年第 1 期。

安阳市文物工作队、安阳市博物馆：《安阳殷墟青铜器》，中州古籍出版社 1993 年版。

安阳市博物馆：《安阳大司空村殷代杀殉坑》，《考古》1978 年第 1 期。

安阳市博物馆：《安阳三家庄发现商代窖藏青铜器》，《考古》1985 年第 12 期。

安阳市博物馆：《安阳铁西刘家庄南殷代墓葬发掘简报》，《中原文物》1986 年第 3 期。

安阳市博物馆：《豫北洹水两岸古代遗址调查简报》，《中原文物》1986 年第 3 期。

安阳市博物馆：《殷墟梅园庄几座殉人墓葬的发掘》，《中原文物》1986 年第 3 期。

安阳市博物馆：《安阳郭家庄的一座殷墓》，《考古》1986 年第 8 期。

安阳地区文管会：《安阳八里庄龙山遗址发掘简报》，《河南文博通讯》1980 年第 2 期。

安志敏：《殷墟之石刀》，《燕京学报》第 33 期，1947 年。

安志敏：《1952 年秋季郑州二里岗发掘记》，《考古学报》1954 年第 8 册。

安志敏：《郑州市人民公园附近的殷代遗存》，《文物参考资料》1954 年第 6 期。

安志敏：《中国古代的石刀》，《考古学报》第 10 册，1955 年。

安金槐：《谈谈郑州商代瓷器的几个问题》，《文物》1960 年第 7、8 期。

安金槐：《试论郑州商代城址——隞都》，《文物》1961 年第 4、5 期。

安金槐：《对于郑州南关外商代遗址分期的再认识》，《华夏考古》1989 年第 1 期。

安金槐：《再论郑州商代青铜器窖藏坑的性质与年代》，《华夏考古》1997 年第 1 期。

安金槐：《安金槐考古论文集》，中州古籍出版社 1999 年版。

安志敏、陈存洗：《山西运城洞沟的东汉铜矿和题记》，《考古》1962 年第 10 期。

安金槐、杨育彬：《偃师商城若干问题的再探讨》，《考古》1998 年第 6 期。

安徽省文物考古研究所：《安徽含山大城墩发掘报告》，《考古学集刊》第 6 集，中国社会科学出版社 1989 年版。

安徽省文物考古研究所：《安徽含山凌家滩新石器时代墓地发掘简报》，《文物》1989 年第 4 期。

B

北京大学、河北省文化局邯郸考古发掘队：《1957年邯郸发掘简报》，《考古》1959年第10期。

北京大学历史系考古教研室商周组：《商周考古》，文物出版社1979年版。

北京大学考古文博学院、河南省文物考古研究所：《登封王城岗考古发现与研究（2002—2005）》（上下），大象出版社2007年版。

北京大学考古文博学院、郑州市文物考古研究所：《河南新密市新砦遗址1999年试掘简报》，《华夏考古》2000年第4期。

北京大学考古系商周组、陕西省考古研究所：《陕西耀县北村遗址1984年发掘报告》，《考古学研究》（二），北京大学出版社1994年版。

北京大学考古系商周组：《陕西扶风县壹家堡遗址1986年度发掘报告》，《考古学研究》（二），北京大学出版社1994年版。

北京大学考古系商周组：《河南淇县宋窑遗址发掘报告》，《考古学集刊》第10集，地质出版社1996年版。

北京大学考古系商周组、山东省菏泽地区文展馆、山东省菏泽市文化馆：《菏泽安丘堌堆遗址发掘简报》，《文物》1987年第11期。

北京大学震旦古代文明研究中心、郑州市文物考古研究院：《新密新砦——1999～2000年田野考古发掘报告》，文物出版社2008年版。

北京市文物考古研究所编：《琉璃河西周燕国墓地》，文物出版社1995年版。

北京市文物研究所：《北京房山琉璃河遗址发现的商代遗迹》，《文物》1997年第4期。

北京市文物研究所编：《镇江营与塔照》，中国大百科全书出版社1999年版。

北京市文物管理处：《北京市平谷县发现商代墓葬》，《文物》1977年第11期。

北京市玉器厂技术研究室：《对商代琢玉工艺的一些初步看法》，《考古》1976年第4期。

北京师范大学国学研究所编：《武王克商之年研究》，北京师范大学出版社1997年版。

北京图书馆甲骨文文献资料丛刊编委会编：《甲骨文文献资料丛刊》，北京图书馆出版社 1999 年版。

北京钢铁学院冶金史组：《中国早期青铜器的研究》，《考古学报》1981 年第 3 期。

北京钢铁学院编写组：《中国古代冶金》，文物出版社 1978 年版。

半坡博物馆、陕西省考古研究所、临潼县博物馆：《姜寨——新石器时代遗址发掘报告》（上下），文物出版社 1988 年版。

白坚、源中根：《说雀——兼谈戈钺问题》，《江汉考古》1989 年第 1 期。

白寿彝主编：《中国通史》第三卷《上古时代》，上海人民出版社 1994 年版。

白国红：《飞廉考》，《学术月刊》2005 年第 6 期。

宝鸡市考古工作队：《陕西武功郑家坡先周遗址发掘简报》，《文物》1984 年第 7 期。

宝鸡市考古队：《宝鸡石纸坊头遗址试掘简报》，《文物》1989 年第 5 期。

秉志：《河南安阳之龟壳》，《安阳发掘报告》1931 年第 3 期。

保全：《西安老牛坡出土商代早期文物》，《考古与文物》1981 年第 2 期。

C

仇士华、蔡莲珍：《夏商周断代工程中的碳十四年代框架》，《考古》2001 年第 1 期。

仇士华、蔡莲珍、张雪莲：《关于二里头文化的年代问题》，杜金鹏、许宏主编《二里头遗址与二里头文化研究——中国·二里头遗址与二里头文化国际学术研讨会论文集》，科学出版社 2006 年版。

仇凤琴、吴东风：《河北商代遗存初论》，《三代文明研究（一）——1998 年河北邢台中国商周文明国际学术研讨会论文集》，科学出版社 1999 年版。

仇祯：《关于郑州商代南关外期及其他》，《考古》1984 年第 2 期。

长沙市博物馆、宁乡县文物管理所：《湖南宁乡老粮仓出土商代铜编铙》，《文物》1997 年第 12 期。

长治市博物馆：《山西屯留县上村出土商代青铜器》，《考古》1991 年第 2 期。

成都市文物考古研究所、北京大学考古文博学院：《金沙淘珍——成都市金沙村遗址出土文物》，文物出版社 2002 年版。

成都市文物考古研究所：《成都金沙遗址 I 区"梅苑"地点发掘一期简报》，《文物》2004 年第 4 期。

成都市博物馆考古队、成都市文物考古研究所：《成都方池街古遗址发掘报告》，《考古学报》2003 年第 2 期。

岑仲勉：《黄河变迁史》，人民出版社 1957 年版。

岑家梧：《图腾艺术史》，学林出版社 1986 年版。

迟仁立、左淑珍：《耕层构造史初探——虚实并存耕层是古代农业"精耕"的继承和发展》，《农业考古》1988 年第 2 期。

陈仁涛：《金匮论古初集》，香港亚洲石印局 1952 年版。

陈文华：《中国稻作起源的几个问题》，《农业考古》1989 年第 2 期。

陈世辉：《殷人疾病补考》，《中华文史论丛》第 4 辑，上海古籍出版社 1963 年版。

陈平：《燕史纪事编年会按》，北京大学出版社 1995 年版。

陈平：《克罍、克盉铭文及其有关问题》，《燕文化研究论文集》，中国社会科学出版社 1995 年版。

陈平：《燕秦文化研究——陈平学术文集》，北京燕山出版社 2003 年版。

陈立柱：《微子封建考》，《历史研究》2005 年第 6 期。

陈仲玉：《殷代骨器中的龙形图案之分析》，《中央研究院历史语言研究所集刊》第 41 本第 3 分，1969 年。

陈仲玉：《殷虚骨柶上的装饰艺术》，《中央研究院历史语言研究所集刊》第 66 本第 3 分，1995 年。

陈光焱：《对我国财政的产生和财政本质的探讨》，《财政研究》1988 年第 3 期。

陈全方：《早周都城岐邑初探》，《文物》1979 年第 10 期。

陈全方：《陕西岐山凤雏村西周甲骨文概论》，《古文字研究论文集》四川大学学报丛刊，第十辑，1982 年。

陈全方：《周原与周文化》，上海人民出版社 1988 年版。

陈全方、侯志义、陈敏：《西周甲文注》，学林出版社 2003 年版。

陈安利：《考古资料所反映的商周刖刑》，《文博》1985 年第 6 期。

陈旭：《郑州商文化的发现与研究》，《中原文物》1983 年第 3 期。

陈旭：《郑州商城宫殿基址的年代及其相关问题》，《中原文物》1985 年第 2 期。

陈旭：《关于偃师商城和郑州商城的年代问题》，《郑州大学学报》1985 年第 4 期。

陈旭：《商代手工业者》，《全国商史学术讨论会论文集》，殷都学刊增刊，1985 年。

陈旭：《商代战争的性质及其历史意义》，《史学月刊》1988 年第 1 期。

陈旭：《商代隞都探寻》，《郑州大学学报》1991 年第 5 期。

陈旭：《关于郑州商城汤都亳的争议》，《中原文物》1993 年第 3 期。

陈旭：《郑州小双桥商代遗址的年代和性质》，《中原文物》1995 年第 1 期。

陈旭：《郑州小双桥商代遗址即隞都说》，《中原文物》1997 年第 2 期。

陈旭：《商代使用货币说辨析》，《夏商文化论集》，科学出版社 2000 年版。

陈旭：《夏商考古》，文物出版社 2001 年版。

陈邦怀：《殷虚书契考释小笺》，石印本一册，1925 年。

陈邦怀：《续殷礼征文》，《无锡国学专科学校校友会集刊》第 1 集，1931 年。

陈邦怀：《殷代社会史料征存》，天津人民出版社 1959 年版。

陈邦怀：《卜辞日月有食解》，《天津社会科学》1981 年第 1 期。

陈邦怀：《小屯南地甲骨所发现的若干重要史料》，《历史研究》1982 年第 2 期。

陈邦怀：《记商小臣腐玉》，《天津社会科学》1984 年第 2 期。

陈邦怀：《一得集》，齐鲁书社 1989 年版。

陈两：《商周文化入蜀时间及途径初探》，《四川文物》1990 年第 6 期。

陈寿：《大保簋的复出和大保诸器》，《考古与文物》1980 年第 4 期。

陈应祺：《河北灵寿县北宅村商代遗址调查》，《考古》1966 年第 2 期。

陈志达：《妇好墓三种罕见的殷代青铜炊蒸器》，《文物》1981 年第 9 期。

陈志达：《殷代王室玉器与玉石人物雕像》，《文物》1982 年第 12 期。

陈志达：《商代晚期的家畜和家禽》，《农业考古》1985 年第 2 期。

陈志达：《殷代玉器的工艺考察》，《中国考古学研究——夏鼐先生考古五十年纪念论文集》，文物出版社 1986 年版。

陈志达：《安阳小屯殷代宫殿宗庙遗址探讨》，《文物资料丛刊》（10），文物出版社 1987 年版。

陈志达：《殷墟武器概述》，《庆祝苏秉琦考古五十五年论文集》，文物出版社 1989 年版。

陈志达：《夏商玉器综述》，《中国玉器全集·商西周》（2），锦华国际有限公司 1994 年版。

陈志达：《殷虚玉器的玉料及其相关问题》，《商承祚教授百年诞辰纪念文集》，文物出版社 2003 年版。

陈连庆：《论周邦的建立及周王与多方的关系》，《中国古代史研究》，吉林文史出版社 1991 年版。

陈佩芬：《新获两周青铜器》，《上海博物馆集刊》第 8 期，2000 年。

陈奇猷：《读江晓原〈回天〉后——兼论周武王何以必须在甲子朝到达殷郊牧野及封微子于孟诸》，《古籍整理研究学刊》2002 年第 1 期。

陈建敏：《卜辞诸妇的身份及其相关问题》，《史林》1986 年第 2 期。

陈昌远：《从〈利簋〉谈有关武王伐纣的几个问题》，《河南师大学报》1980 年第 4 期。

陈昌远：《商族起源地望发微——兼论山西垣曲商城发现的意义》，《历史研究》1987 年第 1 期。

陈昌远：《再谈武王伐纣进军路线》，《河南大学学报》1988 年第 4 期。

陈昌远：《"崇伯"与文王伐崇地望研究》，《河南大学学报》1992 年第 1 期。

陈昌远、陈隆文：《论先商文化渊源及殷先公迁徙之历史地理考察》（上下），《河南大学学报》2002 年第 1、2 期。

陈松长编著：《香港中文大学文物馆藏简牍》，海天印刷有限公司 2001 年版。

陈炜湛：《甲骨文简论》，上海古籍出版社 1987 年版。

陈炜湛：《甲骨文田猎刻辞研究》，广西教育出版社 1995 年版。

陈炜湛：《甲骨文论集》，上海古籍出版社 2003 年版。

陈秉新：《殷墟征夷方卜辞地名汇释》，《文物研究》1989 年第 5 期。

陈秉新、李立芳：《出土夷族史料辑考》，安徽大学出版社 2005 年版。

陈贤一：《江汉地区的商文化》，《中国考古学会第二次年会论文集》，文物出版社 1982 年版。

陈贤一：《盘龙城遗址的分期及城址的性质》，《考古学研究（五）——庆祝邹衡先生七十五寿辰暨从事考古研究五十周年论文集》上册，科学出版社 2003 年版。

陈贤芳：《父癸尊与子尊》，《文物》1986 年第 1 期。

陈剑：《甲骨金文考释论集》，线装书局 2007 年版。

陈勇：《中美科学家证明重庆忠县古代就有大型制盐"工业基地"》，《中国文物报》2005 年 9 月 2 日。

陈昭容：《释古文字中的"羍"及从"羍"诸字》，《中国文字》新 22 期《李陆琦教授逝世纪念特刊》，台北艺文印书馆 1997 年版。

陈昭容：《从古文字材料谈古代的盥洗用具及其相关问题——自淅川下寺春秋楚墓的青铜水器自名说起》，《中央研究院历史语言研究所集刊》第 71 本第 4 分，2000 年。

陈显丹：《三星堆一、二号坑几个问题的研究》，《四川文物·广汉三星堆遗址研究专辑》，1989 年。

陈显丹：《广汉三星堆遗址发掘概况、初步分期》，《南方民族考古》第二辑，四川科学技术出版社 1990 年版。

陈显丹：《三星堆文化玉石器研究》，《四川文物·三星堆古蜀文化研究专辑》，1992 年。

陈炳良：《神话、礼仪、文学》，台北联经出版事业公司 1985 年版。

陈秋辉编：《沈之瑜文博论集》，上海古籍出版社 2003 年版。

陈荃有：《宁乡老粮仓出土铜编铙质疑》，《文物》2001 年第 8 期。

陈娟娟：《两件有丝织品花纹印痕的商代文物》，《文物》1978 年第 12 期。

陈恩志：《中国六倍体普通小麦独立起源说》，《农业考古》1989 年第 1 期。

陈恩林：《先秦军事制度研究》，吉林文史出版社 1991 年版。

陈振中：《殷周青铜镢》，《农业考古》1986 年第 1 期。

陈振中：《先秦青铜生产工具》，厦门大学出版社 2004 年版。

陈晓华：《戈器、戈国、戈人》，何介钧主编《考古耕耘录——湖南中青年考古学者论文集》，岳麓书院 1999 年版。

陈铁梅、Rapp G. Jr.、荆志淳、何驽：《中子活化分析对商时期原始瓷产地的研究》，《考古》1997 年第 7 期。

陈铁梅、Rapp G. Jr.、荆志淳：《商周时期原始瓷的中子活化分析及相关问题的讨论》，《考古》2003 年第 7 期。

陈梦家：《古文字中之商周祭祀》，《燕京学报》1936 年第 19 期。

陈梦家：《商代的神话与巫术》，《燕京学报》1936 年第 20 期。

陈梦家：《祖庙与神主之起源》，《燕京大学文学年报》1937 年第 3 期。

陈梦家：《高禖郊祀通考》，《清华学报》1937 年第 12 卷第 3 期。

陈梦家：《商代地理小记》，《禹贡半月刊》第 7 卷第 6、7 期合《古代地理专号》1937 年。

陈梦家：《五行之起原》，《燕京学报》1938 年第 24 期。

陈梦家：《射与郊》，《清华学报》1941 年第 13 卷第 1 期。

陈梦家：《西周文中的殷人身份》，《历史研究》1954 年第 6 期。

陈梦家：《殷代铜器》，《考古学报》第七册，1954 年。

陈梦家：《商殷和夏周的年代问题》，《历史研究》1955 年第 2 期。

陈梦家：《殷代社会的历史文化》，《新建设》1955 年第 7 期。

陈梦家：《殷虚卜辞综述》，科学出版社 1956 年版。

陈梦家：《尚书通论》，中华书局 1985 年版。

陈梦家：《西周铜器断代》，中华书局 2004 年版。

陈焕玉：《郑州市石佛乡发现商代青铜器》，《华夏考古》1988 年第 1 期。

陈隆文：《春秋战国货币地理研究》，人民出版社 2006 年版。

陈斌：《灯具的鼻祖——四千年前窑洞的壁灯》，《文物天地》1989 年第 2 期。

陈朝云：《商代聚落模式及其所体现的政治经济景观》，《史学集刊》2004 年第 3 期。

陈絜：《卜辞"多生"考》，《文史论集——纪念南开大学建校八十周年暨古籍所成立十六周年》，南开大学出版社 1999 年版。

陈絜：《试论殷墟聚落居民的族系问题》，《南开学报》2002 年第 6 期。

陈絜：《商周姓氏制度研究》，商务印书馆 2007 年版。

陈廉贞：《苏州琢玉工艺》，《文物》1959 年第 4 期。

陈槃：《春秋大事表列国爵姓及存灭表譔异》，中央研究院历史语言研究所专刊之五十二，中央研究院历史语言研究所，1969 年。

陈槃：《不见于春秋大事表之春秋方国稿》，中央研究院历史语言研究所专刊之五十九，中央研究院历史语言研究所，1970 年。

陈聚兴：《新干商代大墓玉器鉴定》，《新干商代大墓》，文物出版社 1997 年版。

陈德安：《三星堆遗址》，《四川文物》1991 年第 1 期。

陈德安：《三星堆遗址的发现与研究》，《中华文化论坛》1998 年第 2 期。

陈德安：《三星堆——古蜀王国的圣地》，四川人民出版社 2000 年版。

陈遵妫：《中国天文学史》（共 3 册），上海人民出版社 1980—1984 年版。

晁福林：《殷墟卜辞中的商王名号与商代王权》，《历史研究》1986 年第 5 期。

晁福林：《天地玄黄——中国上古文化溯源》，巴蜀书社 1989 年版。

晁福林：《关于殷墟卜辞中的"示"和"宗"的探讨》，《社会科学战线》1989 年第 3 期。

晁福林：《殷商制度的若干问题试探》，《史学论衡》，北京师范大学出版社 1991 年版。

晁福林：《试论西周分封制的若干问题》，《第二次西周史学术讨论会论文汇编》，1992 年。

晁福林：《从甲骨卜辞看姬周族的国号及其相关问题》，《古文字研究》第 18 辑，中华书局 1992 年版。

晁福林：《夏商西周的社会变迁》，北京师范大学出版社 1996 年版。

晁福林：《先秦民俗史》，上海人民出版社 2001 年版。

晁福林：《先秦社会形态研究》，北京师范大学出版社 2003 年版。

晁福林：《先秦社会思想研究》，商务印书馆 2007 年版。

柴福林、何滔滔、龚春：《陕西城固县新出土商代青铜器》，《考古与文物》2005 年第 6 期。

常正光：《殷历考辨》，《古文字研究》第 6 辑，中华书局 1981 年版。

常玉芝：《说文武帝——兼略述商末祭祀制度的变化》，《古文字研究》

第 4 辑，中华书局 1980 年版。

常玉芝：《"祊祭"卜辞时代的再辨析》，《甲骨文与殷商史》第二辑，上海古籍出版社 1986 年版。

常玉芝：《晚期龟腹甲卜旬卜辞的契刻规律及意义》，《考古》1987 年第 10 期。

常玉芝：《商代周祭制度》，中国社会科学出版社 1987 年版。

常玉芝：《太甲、外丙的即位纠纷与商代王位继承制》，《殷墟博物苑苑刊》创刊号，中国社会科学出版社 1989 年版。

常玉芝：《论商代王位继承制》，《中国史研究》1992 年第 4 期。

常玉芝：《黄组周祭分属三王的又一证据》，《文博》1993 年第 2 期。

常玉芝：《卜辞日至说疑议》，《中国史研究》1994 年第 4 期。

常玉芝：《殷商历法研究》，吉林文史出版社 1998 年版。

常玉芝：《黄组周祭分属三王的再论证》，《文史哲》2001 年第 3 期。

常玉芝：《黄组周祭分属三王的新证据与相关问题》，《古文字研究》第 21 辑，中华书局 2001 年版。

常玉芝：《说"隹王廿（廿）祀（司）"》，《中国文物报》2000 年 2 月23 日、3 月 1 日

常玉芝：《"宰孳方鼎"铭文及相关问题》，宋镇豪、肖先进主编《夏商周文明研究之五·殷商文明暨纪念三星堆遗址发现七十周年国际学术研讨会论文集》，社会科学文献出版社 2003 年版。

常玉芝：《商代日始论辩——兼及"己未夕皿庚申月有食"之年代》，《考古学研究（五）——庆祝邹衡先生七十五寿辰暨从事考古研究五十周年论文集》，科学出版社 2003 年版。

常任侠：《古磬》，《文物》1978 年第 7 期。

常任侠：《东方艺术丛谈》，上海文艺出版社 1984 年版。

常向阳等：《殷商青铜器矿料来源与铅同位素示踪研究》，《广州大学学报》（自然科学版）第 2 卷第 4 期，2003 年。

曹元启：《试论西周至战国时代的盉形器》，《北方文物》1996 年第 3 期。

曹兆兰：《金文殷周女性文化》，北京大学出版社 2004 年版。

曹兵武：《河南辉县及其附近地区环境考古研究》，《华夏考古》1994 年第 3 期。

曹定云：《殷代的"卢方"》，《社会科学战线》1982 年第 2 期。

曹定云：《殷墟四盘磨"易卦"卜骨研究》，《考古》1989 年第 7 期。

曹定云：《〈尚书·牧誓〉所载卢、彭地望考》，《中原文物》1995 年第 1 期。

曹定云：《殷商考古论丛》，台北艺文印书馆 1996 年版。

曹定云：《商族渊源考》，《中国商文化国际学术讨论会论文集》，中国大百科全书出版社 1998 年版。

曹定云：《殷墟卜辞"𢆶"乃"敦"之初文考》，王宇信、宋镇豪主编《纪念殷墟甲骨文发现一百周年国际学术研讨会论文集》，社会科学文献出版社 2003 年版。

曹定云：《论商人庙号及其相关问题》，《新世纪的中国考古学：王仲殊先生八十华诞纪念论文集》，科学出版社 2005 年版。

曹定云：《殷墟妇好墓铭文研究》，云南出版集团公司、云南人民出版社 2007 年版。

曹玮编著：《周原甲骨文》，夏商周断代工程丛书，世界图书出版公司 2002 年版。

曹淑琴、殷玮璋：《亚𠬪铜器及其相关问题》，《中国考古学研究——夏鼐先生考古五十年纪念论文集》，文物出版社 1986 年版。

曹淑琴：《臣辰诸器及其相关问题》，《考古学报》1995 年第 1 期。

曹锦炎：《释甲骨文北方名》，《中华文史论丛》1982 年第 3 辑。

曹锦炎：《甲骨文地名字构形试析》，《殷都学刊》1990 年第 3 期。

曹锦炎：《甲骨文中的蚕桑丝帛》，《古今丝绸》1995 年第 1 期。

曹锦炎：《中甲刻辞——武丁时代的另一种记事刻辞》，《东南文化》1999 年第 5 期。

程书林：《垣曲黄河小浪底水库区文物抢救发掘有重要收获》，《中国文物报》1997 年 7 月 13 日。

程长新、曲得龙、姜东方：《北京拣选一组二十八件商代带铭铜器》，《文物》1982 年第 9 期。

程长新：《北京市顺义县牛栏山出土一组周初带铭青铜器》，《文物》1983 年第 11 期。

程发轫：《春秋左传地名图考》，台北广文书局 1967 年版。

程平山、周军：《东下冯商城内圆形建筑基址性质略析》，《中原文物》

1998 年第 1 期。

程平山：《郑州商城 C8G16 基址群略析》，《中国文物报》2000 年 3 月
1 日。

程平山、周军：《商汤居亳考》，《中原文物》2002 年第 6 期。

程洪：《新史学——来自自然科学的挑战》，《晋阳学刊》1982 年第
6 期。

程峰：《焦作府城商城的考古学考察》，《殷都学刊》2000 年第 3 期。

程德祺：《殷代奴隶制与商品经济》，《殷都学刊》1989 年第 1 期。

蔡凤书：《济南大辛庄商代遗址的调查》，《考古》1973 年第 5 期。

蔡运章：《甲骨金文与古史研究》，中州古籍出版社 1993 年版。

蔡运章：《甲骨金文与古史新探》，中国社会科学出版社 1996 年版。

蔡运章：《筮数易卦研究》，中国第三届西周文明国际学术研讨会论
文，1996 年。

蔡运章：《论甲骨金文中的互体卦》，《第三届国际中国古文字学研讨
会论文集》，香港中文大学，1997 年。

蔡运章：《商周筮数易卦释例》，《考古学报》2004 年第 4 期。

蔡运章：《商周青铜器筮数易卦补释》，《黄盛璋先生八秩华诞纪念文
集》，中国教育文化出版社 2005 年版。

蔡革：《从广汉三星堆祭祀坑出土文物看当时的服饰特征》，《四川文
物》1995 年第 2 期。

蔡哲茂：《从卜辞"伊尹舅示"——兼论它示》，《中央研究院历史语
言研究所集刊》第 58 本第 4 分，1987 年。

蔡哲茂：《释"𡚽""𡠻"》，《故宫学术季刊》1988 年第 5 卷 3 期。

蔡哲茂：《商代称王问题的检讨——甲骨文某王与王某身份的分析》，
《历史博物馆馆刊》1990 年第 3 卷第 3 期。

蔡哲茂：《卜辞生字再探》，《芮逸夫、高去寻两先生纪念论文集·中
央研究院历史语言研究所集刊》第 64 本第 4 分，1993 年。

蔡哲茂：《甲骨文四方风名再探》，《甲骨文学会会刊》创刊号，台北，
1993 年。

蔡哲茂：《说𢏚》，《第四届中国文字学全国学术研讨会论文集》，台北
大安出版社 1993 年版。

蔡哲茂：《释殷卜辞的"速"字》，《第五届中国文字学全国学术研讨

会论文集》，台北政治大学中国文学系，1994 年。

蔡哲茂：《古籍中与"函"字有关的训解问题》，《中央研究院历史语言研究所集刊》第 66 本第 1 分，1995 年。

蔡哲茂：《论〈尚书·无逸〉"其在祖甲，不义为王"》，台湾师范大学国文系、中央研究院历史语言研究所编《甲骨文发现一百周年学术研讨会论文集》，台北文史哲出版社 1999 年版。

蔡哲茂：《释殷卜辞刜字的一种用法》，《古文字研究》第 23 辑，中华书局 2002 年版。

蔡哲茂：《〈殷虚文字乙编〉4810 号考释》，《第十四届中国文字学全国学术研讨会论文集》，台湾高雄中山大学中国文学系，2003 年。

蔡哲茂：《甲骨文字考释两则》，《新出土文献与古代文明研究》，上海大学出版社 2004 年版。

蔡哲茂：《说古文字中的"带"字》，第七届中国训诂学全国学术研讨会论文，2005 年。

蔡哲茂：《殷卜辞"肩凡有疾"考》，《屈万里先生百岁诞辰国际学术研讨会论文集》，2006 年。

蔡哲茂：《论殷卜辞中的"𢆥"字为成汤之"成"——兼论"𢆥""𢆥"为咸字说》，《中央研究院历史语言研究所集刊》第 77 本第 1 分，2006 年。

蔡哲茂：《释殷卜辞中的"蚰"字》，《古文字与古代史》第一辑，中央研究院历史语言研究所，2007 年。

蔡莲珍、仇士华：《碳十三测定和古代食谱研究》，《考古》1984 年第 10 期。

D

丁山：《释疾，释梦、释蒙、释冀》，《中央研究院历史语言研究所集刊》第 1 本第 2 分，1930 年。

丁山：《新殷本纪》，《史董》第 1 册，四川，1940 年。

丁山：《商周史料考证》，龙门书局 1956 年版。

丁山：《中国古代宗教与神话考》，龙门联合书局 1961 年版。

丁山：《甲骨文所见氏族及其制度》，中华书局 1988 年版。

丁山：《卜辞所见先帝高祖六宗考》，《文史》第 43 辑，中华书局 1997 年版。

丁骕：《论殷王妣谥法》，《中央研究院民族学研究所集刊》1965 年第 19 期。

丁骕：《再论商王妣庙号的两组说》，《中央研究院民族学研究所集刊》1966 年第 21 期。

丁骕：《子郏》，《中国文字》第 32 册，1969 年。

丁骕：《诸妣母》，《中国文字》第 33 册，1969 年。

丁骕：《诸帚名》，《中国文字》第 34 册，1969 年。

丁骕：《诸子名》，《中国文字》第 36 册，1970 年。

丁骕：《由小后辛说起》，《中国文字》新 2 期，香港艺文印书馆 1980 年版。

丁骕：《东薇堂读契记初集》，台北艺文印书馆 1989 年版。

丁骕：《重订帝辛征人方日谱》，《董作宾先生逝世十四周年纪念刊》，台北艺文印书馆 1989 年版。

丁骕：《夏商史研究》，台北艺文印书馆 1991 年版。

丁骕：《契文所见之鹿字》，《中国文字》1996 年第 21 期。

丁肇文：《深圳惊现殷商古墓群》，《北京晚报》2001 年 9 月 17 日。

刁文伟、邬红梅：《江苏江阴余城、花山遗址第二次发掘取得重要收获》，《中国文物报》2003 年 4 月 7 日。

邓少琴、温少峰：《论帝乙征人方是用兵江汉》，《社会科学战线》1982 年第 3、4 期。

邓泽群、李家治：《晋南垣曲商城遗址古陶瓷化学组成及工艺的研究》，《垣曲商城：1985—1986 年度勘察报告》附录Ⅰ，科学出版社 1996 年版。

邓淑萍：《雕有祖神面纹与相关纹饰的有刃玉器》，山东大学考古系编《刘敦愿先生纪念文集》，山东大学出版社 1998 年版。

邓聪、郁逸：《说牙璋》，《文物天地》1994 年第 2 期。

杜正胜：《周代城邦》，台北联经出版事业公司 1979 年版。

杜正胜：《宫室、礼制与伦理——古代建筑墓址的社会史解释》，《国史释论——陶希圣先生九秩荣庆祝寿论文集》上册，台北食货出版社 1987 年版。

杜正胜：《从考古资料论中原国家的起源及其早期的发展》，《中央研究院历史语言研究所集刊》第 58 本第 1 分，1987 年。

杜正胜：《殷遗民的遭遇与地位》，《中央研究院历史语言研究所集刊》第 53 本第 4 分，1988 年。

杜正胜：《西周封建的特质》，《食货月刊》1991 年第 9 卷第 5、6 合期。

杜正胜：《古代社会与国家》，台北允晨文化公司 1992 年版。

杜正胜：《卜辞所见的城邦形态》，《尽心集——张政烺先生八十庆寿论文集》，中国社会科学出版社 1996 年版。

杜正胜：《从三代墓葬看中原礼制的传承与创新——兼论与周边地区的关系》，中国社会科学院考古研究所编《中国商文化国际学术讨论会论文集》，中国大百科全书出版社 1998 年版。

杜在忠：《关于夏代早期活动的初步分析》，中国先秦史学会编《夏史论丛》，齐鲁书社 1985 年版。

杜金鹏：《先商济亳考略》，《殷都学刊》1988 年第 3 期。

杜金鹏：《郑州南关外下层文化渊源及其相关问题》，《考古》1990 年第 2 期。

杜金鹏：《关于夏桀奔南巢的考古学探索及其意义》，《华夏考古》1991 年第 2 期。

杜金鹏：《北京平谷刘家河商代墓葬与商代燕国》，《北京建城 3040 年暨燕文明国际学术研讨会会议专辑》，北京燕山出版社 1997 年版。

杜金鹏：《郑州南关外中层文化遗存再认识》，《考古》2001 年第 6 期。

杜金鹏：《新砦文化与二里头文化——夏文化再探讨随笔》，《中国社会科学院古代文明研究中心通讯》2001 年第 2 期。

杜金鹏：《偃师商城初探》，中国社会科学出版社 2003 年版。

杜金鹏、王学荣：《偃师商城近年考古工作要览——纪念偃师商城发现 20 周年》，《考古》2004 年第 12 期。

杜金鹏：《洹北商城一号宫殿基址初步研究》，《文物》2004 年第 5 期。

杜金鹏：《殷墟宫殿区建筑布局和性质简论》，《中国文物报》2005 年 3 月 4 日。

杜金鹏、王学荣、张良仁、谷飞：《试论偃师商城东北隅考古新收获》，《考古》1998 年第 6 期。

杜金鹏、王学荣、张良仁：《试论偃师商城小城的几个问题》，《考古》1999 年第 2 期。

杜金鹏、张良仁：《偃师商城发现商代早期帝王池苑》，《中国文物报》1999 年 6 月 9 日。

杜勇：《商朝政区蠡测》，王宇信、宋镇豪、孟宪武主编《2004 年安阳殷商文明国际学术研讨会论文集》，社会科学文献出版社 2004 年版。

杜迺松等：《记各省市自治区征集文物汇报展览》，《文物》1978 年第 6 期。

段一平、孙敬明：《商朝时期邢台的制陶业》，《邢台历史文化论丛》，中国人事出版社 1994 年版。

段万倜等：《我国第四纪气候变迁的初步研究》，《全国气候变迁讨论会论文集》，科学出版社 1978 年版。

段宏振等：《豫东地区考古学文化初论》，《中原文物》1991 年第 2 期。

段绍嘉：《介绍陕西省博物馆的几件青铜器》，《文物》1963 年第 3 期。

段渝：《商代黄金的南北系统》，《考古与文物》2004 年第 2 期。

段渝：《酋邦与国家起源：长江流域文明起源比较研究》，中华书局 2007 年版。

段渝主编：《徐中舒论先秦史》，上海科学技术文献出版社 2008 年版。

董光忠：《山西万泉石器时代遗址发现之经过》，《师大月刊》1935 年第 3 期。

董作宾：《大龟四版考释》，《安阳发掘报告》1931 年第 3 期。

董作宾：《甲骨文断代研究例》，《中央研究院历史语言研究所集刊》外编，第 1 种，《庆祝蔡元培先生六十五岁论文集》上册，1933 年。

董作宾：《殷历谱》，中央研究院历史语言研究所专刊，1945 年。

董作宾：《甲骨学五十年》，台北艺文印书馆 1955 年版。

董作宾：《为书道全集详论卜辞之区分》，《大陆杂志》1957 年第 14 卷第 9 期。

董作宾：《董作宾学术论著》（上下），台北世界书局 1962 年版。

董作宾：《董作宾先生全集》甲乙编，台北艺文印书馆 1977 年版。

董作宾：《甲骨学六十年》，《中国现代学术经典·董作宾卷》，河北教育出版社 1996 年版。

董珊：《试论周公庙龟甲卜辞及其相关问题》，北京大学中国考古学研究中心、北京大学震旦古代文明研究中心编《古代文明》第 5 卷，文物出版社 2006 年版。

董琦：《瓮城溯源——垣曲商城遗址研究之一》，《文物季刊》1994 年第 4 期。

董琦：《城门磔人——垣曲商城遗址研究之三》，《文物季刊》1997 年第 1 期。

董琦：《关于中商文化研究的几个问题》，《中国文物报》1998 年 7 月 29 日，8 月 5 日、12 日。

董雍斌：《陕西商州市庚原遗址调查》，《考古》1995 年第 10 期。

德日进、杨钟健：《安阳殷虚之哺乳动物群》，中国古生物志丙种第十二号第一册，1936 年版。

戴君仁：《梅园论学集》，台北开明书店 1970 年版。

戴吾三：《汉字中的古代科技》，百花文艺出版社 2004 年版。

戴应新：《从〈周易〉探索西周医学成就》，《中国考古学研究论集——纪念夏鼐先生考古五十周年》，三秦出版社 1987 年版。

戴志强：《安阳殷墟出土贝化初探》，《戴志强钱币学文集》，中华书局 2006 年版。

戴修政：《湖北石首出土商代青铜镈》，《文物》2000 年第 11 期。

戴春阳：《礼县大堡子山秦墓地及有关问题》，《文物》2000 年第 5 期。

戴菁菁：《昌平张营遗址考古发掘有重要收获》，《北京青年报》2004 年 5 月 20 日。

戴尊德：《山西灵石县旌介村商代墓和青铜器》，《文物资料丛刊》(3)，文物出版社 1980 年版。

《大连发现三千年前农作物》，《光明日报》1991 年 8 月 15 日。

E

鄂北、崇文：《湖北崇阳出土一件铜鼓》，《文物》1978 年第 4 期。

F

方向明等：《浙江湖州市毗山遗址发掘取得重要收获》，《中国文物报》2004 年 7 月 28 日。

方酉生：《论汤都西亳》，《河南文博通讯》1979 年第 3 期。

方酉生：《论偃师商城为汤都西亳》，《江汉考古》1987 年第 1 期。

方酉生：《郑州商城即仲丁都隞说》，《武汉大学学报》（社会科学版）

1991 年第 1 期。

方酉生：《论偃师尸乡沟商城为商都西亳》，《中国商文化国际学术讨论会论文集》，中国大百科全书出版社 1998 年版。

方酉生：《论"汤始居亳，从先王居"之亳都即偃师商城——兼与〈论"郑亳"之失名与"西亳"之得名〉一文商讨》，《殷都学刊》2000 年第 4 期。

方述鑫：《殷代闰法小考》，《古文字论集》（一），考古与文物丛刊第二号，1983 年版。

方述鑫：《殷墟卜辞断代研究》，台北文津出版社 1992 年版。

方辉：《"南关外期"先商文化的来龙去脉及其对夏、商文化断限的启示》，《华夏文明》第三集，北京大学出版社 1992 年版。

方辉：《商代螺钿浅说：从加拿大皇家安大略博物馆"蚌片兽面"谈起》，《华夏考古》2001 年第 2 期。

方辉：《2003 年济南大辛庄遗址的考古收获》，王宇信、宋镇豪、孟宪武主编《2004 年安阳殷墟文明国际学术讨论会论文集》，社会科学文献出版社 2004 年版。

方辉：《大辛庄的考古发现与研究》，《山东大学学报》2004 年第 1 期。

方辉：《商周时期鲁北地区海盐业的考古学研究》，《考古》2004 年第 4 期。

方辉：《记两件流失海外的大辛庄出土商代青铜器》，《黄盛璋先生八秩华诞纪念文集》，中国教育文化出版社 2005 年版。

方辉等：《中商文化墓地在海岱地区首次发现》，《中国文物报》2003 年 12 月 3 日。

方稚松：《殷墟甲骨文五种记事刻辞研究》，线装书局 2009 年版。

方静若：《艹为"小甲"合文说》，《中国文字》新 4 期，香港艺文印书馆 1981 年版。

方燕明：《关于二里头文化与三星堆文化的几个问题》，宋镇豪、肖先进主编《夏商周文明研究之五·殷商文明暨纪念三星堆遗址发现七十周年国际学术研讨会论文集》，社会科学文献出版社 2003 年版。

冯汉骥、童恩正：《记广汉出土的玉石器》，《文物》1979 年第 2 期。

冯时：《星汉流年——中国天文考古录》，四川教育出版社 1996 年版。

冯时：《殷墟"易卦"卜甲探索》，《周易研究》1998 年第 2 期。

冯时：《中国天文考古学》，社会科学文献出版社 2001 年版。

冯时：《读契劄记》，王宇信、宋镇豪主编《夏商周文明研究（四）·纪念殷墟甲骨文发现一百周年国际学术研讨会论文集》，社会科学文献出版社 2003 年版。

冯时：《殷代史氏考》，《黄盛璋先生八秩华诞纪念文集》，中国教育文化出版社 2005 年版。

冯时：《坂方鼎、荣仲方鼎及相关问题》，《考古》2006 年第 8 期。

冯富根、王振江、白荣金、华觉明：《司母戊鼎铸造工艺的再研究》，《考古》1981 年第 2 期。

冯富根、王振江、华觉明、白荣金：《殷墟出土商代青铜觚铸造工艺的复原研究》，《考古》1982 年第 5 期。

范小平：《广汉商代纵目青铜面像研究》，《四川文物广汉三星堆遗址研究特辑》，1991 年。

范小平：《从"纵目"谈起——兼论广汉三星堆遗址的发现及其发掘》，《中国文物报》1988 年第 2 期。

范文澜：《中国通史简编》（修订本）第一编，人民出版社 1955 年版。

范文澜：《范文澜历史论文选集》，中国社会科学出版社 1979 年版。

范毓周：《商代的蝗灾》，《农业考古》1983 年第 2 期。

范毓周：《息器、妇息和息国》，《郑州大学学报》（哲学社会科学版）1986 年第 4 期。

范毓周：《殷代武丁时期的战争》，《甲骨文与殷商史》第三辑，上海古籍出版社 1991 年版。

范毓周：《甲骨文中的"尹"与"工"》，《史学月刊》1995 年第 1 期。

阜阳地区博物馆：《安徽颍上王岗、赵集发现商代文物》，《文物》1985 年第 10 期。

傅正初：《成都方池街蜀文化遗址出土石器的微型研究》，《南方民族考古》第五辑，四川科学技术出版社 1993 年版。

傅永魁：《洛阳东郊西周墓发掘简报》，《考古》1959 年第 4 期。

傅忠谟：《古玉精英》，中华书局香港有限公司 1989 年版。

傅顺等：《成都金沙遗址区古环境初步研究》，《江汉考古》2006 年第 1 期。

傅维康、吴鸿洲：《黄帝内经导读》，巴蜀书社 1988 年版。

傅斯年：《东北史纲》第一卷，中央研究院历史语言研究所，1932年。

傅斯年：《夷夏东西说》，《国立中央研究院历史语言研究所集刊》外编第一种《蔡元培先生六十五岁庆祝论文集》下册，1934年。

傅斯年：《周东与殷遗民》，《国立中央研究院历史语言研究所集刊》第4本第3分，1934年。

傅筑夫：《关于殷人不常厥邑的一个经济解释》，《文史杂志》1944年第4卷第5、6期。

傅筑夫：《殷代的游农与殷人的迁徙》，《中国经济史论丛》上册，生活·读书·新知三联书店1980年版。

傅聚良：《商代铜斧的功能》，《湖南省博物馆四十周年纪念论文集》，湖南教育出版社1996年版。

福建省博物馆、崇安县文化馆：《福建崇安武夷山的白岩洞墓清理简报》，《文物》1980年第6期。

樊一、陈煦：《封禅考——兼论三星堆两坑性质》，《四川文物》1998年第1期。

樊昌生等：《鹰潭角山商代窑址发掘再现3000年前制陶作坊》，《中国文物报》2003年7月4日。

樊祥熹、苏荣誉：《新干商代大墓青铜器合金成分》，《新干商代大墓》附录五，文物出版社1997年版。

G

广西壮族自治区博物馆：《近年来广西出土的先秦青铜器》，《考古》1984年第9期。

甘肃省文物工作队、临夏回族自治州文化局、东乡族自治县文化馆：《东乡林家遗址发掘报告》，《考古学集刊》第4集，中国社会科学出版社1984年版。

甘肃省文物工作队：《甘肃崇信于家湾周墓发掘简报》，《考古与文物》1986年第1期。

甘肃省文物考古研究所、吉林大学北方考古研究室：《民乐东灰山考古——四坝文化墓地的揭示与研究》，科学出版社1998年版。

巩启明：《西安袁家崖发现商代晚期墓葬》，《文物资料丛刊》(5)，文物出版社1981年版。

巩启明：《试论老官台文化》，《中国考古学会第四次年会论文集》，文物出版社 1985 年版。

谷飞：《殷墟王陵问题之再考察》，《考古》1994 年第 10 期。

谷飞：《试论殷墟文化分期与殷墟青铜器分期的关系》，《中原文物》2002 年第 3 期。

固始侯古堆一号墓发掘组：《河南固始侯古堆一号墓发掘简报》，《文物》1981 年第 1 期。

国家文物局、山西省考古研究所、吉林大学考古系：《晋中考古》，文物出版社 1998 年版。

国家文物局主编：《中国文物地图集·陕西分册》，西安地图出版社 1998 年版。

国家文物局考古领队培训班：《山东济宁潘庙遗址发掘简报》，《文物》1991 年第 2 期。

国家计量总局等主编：《中国古代度量衡图集》，文物出版社 1984 年版。

苟宝平：《陕西城固县征集的商代铜戈》，《考古》1996 年第 5 期。

宫长为：《周公何以摄政称王》，《西周史论文集》，陕西人民教育出版社 1993 年版。

宫长为：《西周三公新论》，《中国社会科学院历史研究所学刊》第 1 辑，社会科学文献出版社 2001 年版。

故宫中央博物院联合管理处：《故宫铜器图录》，台北，1958 年。

故宫博物院编辑委员会：《故宫商代青铜礼器图录》，台北，1998 年。

故宫博物院编：《故宫藏玉》，紫禁城出版社 1996 年版。

耿鉴庭、刘亮：《藁城台西商代遗址中出土的植物》，《藁城台西商代遗址》附录三，文物出版社 1985 年版。

郭大顺：《试论魏营子类型》，《考古学文化论集》（一），文物出版社 1987 年版。

郭正忠：《关于宋代"垣曲县店下样"的几点考释》，《文物》1987 年第 9 期。

郭成伟：《中国法制史》，中国法制出版社 1999 年版。

郭旭东：《商代刑法问题述论》，《甲骨学研究》第 1 辑，安阳甲骨学研究编辑部，1987 年。

郭旭东:《"其在祖甲"考辨》,中国殷商文化学会编《夏商周文明研究——'97山东桓台中国殷商文明国际学术讨论会》,中国文联出版社1999年版。

郭克煜、孙华铎、梁方建、杨朝明:《索氏器的发现及其重要意义》,《文物》1990年第7期。

郭妍利:《二里头文化兵器初论》,杜金鹏等主编《二里头遗址与二里头文化研究》,科学出版社2006年版。

郭宝钧:《B区发掘记之一》,《安阳发掘报告》第四期,1933年。

郭宝钧:《一九五〇年春殷墟发掘报告》,《中国考古学报》第五册,1951年。

郭宝钧、林寿晋:《一九五二年秋季洛阳东郊发掘报告》,《考古学报》1955年第9册。

郭宝钧:《殷周的青铜武器》,《考古》1961年第2期。

郭宝钧:《中国青铜时代》,生活·读书·新知三联书店1978年版。

郭宝钧:《商周青铜器群综合研究》,文物出版社1981年版。

郭沫若:《金文丛考》,日本东京文求堂书店石印本,1932年。

郭沫若:《古代铭刻汇考续编》,日本东京文求堂书店石印本,1934年。

郭沫若:《甲骨文字研究》,人民出版社1952年版。

郭沫若:《青铜时代》,人民出版社1954年版。

郭沫若:《十批判书》,人民出版社1954年版。

郭沫若:《卜辞中的古代社会》,《中国古代社会研究》,人民出版社1954年版。

郭沫若:《安阳圆坑墓中鼎铭考释》,《考古学报》1960年第1期。

郭沫若:《安阳新出土的牛胛骨及其刻辞》,《考古》1972年第3期。

郭沫若:《殷契余论》,《郭沫若全集·考古编》第一卷,科学出版社1982年版。

郭沫若:《石鼓文研究、诅楚文考释》,《郭沫若全集·考古编》第九卷,科学出版社1982年版。

郭沫若:《考古论集》,《郭沫若全集·考古编》第十卷,科学出版社1992年版。

郭沫若:《两周金文辞大系图录考释》,上海书店出版社1999年版。

郭沫若主编：《中国史稿》第一册，人民出版社1976年版。

郭沫若主编：《中国史稿地图集》上册，地图出版社1979年版。

郭勇：《石楼后兰家沟发现商代青铜器》，《文物》1962年第4、5期合刊。

郭勇：《山西长子县北郊发现商代铜器》，《文物资料丛刊》（3），文物出版社1980年版。

郭瑞海、任亚珊、贾金标：《邢台葛家庄先商文化遗存分析》，《三代文明研究（一）——1998年河北邢台中国商周文明国际学术研讨会论文集》，科学出版社1999年版。

郭鹏：《殷墟青铜兵器研究》，《考古学集刊》第15集《纪念殷墟发掘七十周年论文专集》，文物出版社2004年版。

郭德维《戈戟之再辨》，《考古》1984年第12期。

顾颉刚：《〈周易〉卦爻辞中的故事》，《燕京学报》1929年第6期。

顾颉刚：《商王国的始末》，《文史杂志》1941年第1卷第2期。

顾颉刚：《当代中国史学》，胜利出版公司1947年版。

顾颉刚：《论纣恶七十罪发生的次序》，《文史》第17辑，中华书局1956年版。

顾颉刚：《史林杂识初编》，中华书局1963年版。

顾颉刚：《从古籍中探索我国的西部民族——羌》，《社会科学战线》1980年第1期。

顾颉刚编著：《古史辨》（一～七），上海古籍出版社1982年版。

顾颉刚：《中国上古史研究讲义》，中华书局1988年版。

顾颉刚：《顾颉刚古史论文集》（第一、二、三册），中华书局1988、1996年版。

顾颉刚：《奄和蒲姑的南迁》，《文史》第31辑，中华书局1989年版。

顾颉刚：《顾颉刚读书笔记》，台北联经出版事业公司1990年版。

顾颉刚：《殷人自西徂东说》，《甲骨文与殷商史》第3辑，上海古籍出版社1991年版。

顾颉刚：《周公执政称王》，《周公摄政和周初史事论集》，北京图书馆出版社1998年版。

顾颉刚：《鸟夷族的图腾崇拜及其氏族集团的兴亡——周公东征史实考证四之七》，《古史考》第六卷，海南出版社2003年版。

顾颉刚、史念海：《中国疆域沿革史》，商务印书馆 2000 年版。

高大伦：《三星堆器物坑饰"鱼凫"纹金杖强国墓地"鸭首"形铜旄》，《中国文物报》1997 年 10 月 12 日。

高广仁、邵望平：《中华文明发祥地之一——海岱历史文化区》，《史前研究》1984 年第 4 期。

高广仁、邵望平：《中国史前时代的龟灵与犬牲》，《中国考古学研究——夏鼐先生考古五十年纪念论文集》，文物出版社 1986 年版。

高广仁、邵望平：《海岱文化对中华古代文明形成的贡献》，蔡凤书、栾丰实主编《山东龙山文化研究论集》，齐鲁书社 1992 年版。

高广仁：《海岱区的商代文化遗存》，《考古学报》2000 年第 2 期。

高天麟：《黄河流域新石器时代的陶鼓辨析》，《考古学报》1991 年第 2 期。

高去寻：《殷虚出土的牛距骨刻辞》，《田野考古报告》1948 年第四册。

高去寻：《殷礼的含贝握贝》，《中央研究院院刊》1954 年第 1 辑。

高去寻：《刀斧葬中的铜刀》，《中央研究院历史语言研究所集刊》第 37 本上册，台北，1967 年。

高去寻：《殷代大墓的木室及其涵义之推测》，《中央研究院历史语言研究所集刊》第 39 本下，1969 年。

高去寻：《殷代墓葬已有墓冢说》，《台湾大学考古人类学刊》第 41 期，1980 年。

高汉玉、王任曹、陈云昌：《台西村商代遗址出土的纺织品》，《文物》1979 年第 6 期。

高汉玉：《中国桑蚕丝帛起源的探讨》，《亚洲文明论丛》，四川人民出版社 1986 年版。

高江涛、谢肃：《从卜辞看洹北商城一号宫殿的性质》，《中原文物》2004 年第 5 期。

高至喜：《商代人面方鼎》，《文物》1960 年第 10 期。

高至喜：《湖南商周考古的新发现》，《光明日报》1979 年 1 月 24 日。

高至喜：《论商周铜铙》，《湖南考古辑刊》第 3 期，岳麓书社 1986 年版。

高至喜：《中国南方出土商周铜铙概论》，《湖南省博物馆四十周年纪念论文集》，湖南教育出版社 1996 年版。

高建强：《隆尧双碑遗址晚商遗存分析》，《三代文明研究（一）——1998 年河北邢台中国商周文明国际学术研讨会论文集》，科学出版社 1999 年版。

高明：《古文字类编》，中华书局 1980 年版。

高明：《武丁时代"贞[囗]卜辞"之再研究》，《古文字研究》第 9 辑，中华书局 1984 年版。

高明：《商代卜辞中所见王与帝》，《纪念北京大学考古专业三十周年论文集（1952—1982）》，文物出版社 1990 年版。

高明：《高明论著选集》，科学出版社 2001 年版。

高崇文、安田喜宪主编：《长江流域青铜文化研究》，科学出版社 2002 年版。

高雪、王纪武：《清涧县又出土商代青铜器》，《考古与文物》1983 年第 3 期。

高雪：《陕西清涧县又发现商代青铜器》，《考古》1984 年第 8 期。

龚书铎主编：《中国社会通史·先秦卷》，山西教育出版社 1996 年版。

龚高法、张丕远、张瑾瑢：《历史时期我国气候带的变迁及生物分布界线的推移》，《历史地理》第 5 辑，上海人民出版社 1987 年版。

港下大铜矿遗址发掘小组：《湖北阳新港下古矿井遗址发掘简报》，《考古》1988 年第 1 期。

葛介屏：《安徽阜南县发现殷商时代的青铜器》，《文物》1959 年第 1 期。

葛志毅：《殷周诸侯体制比较》，《学习与探索》2000 年第 6 期。

葛志毅：《周代分封制度研究》，黑龙江人民出版社 2005 年版。

葛治功：《安徽嘉县泊岗引河出土的四件铜器》，《文物》1965 年第 7 期。

葛英会：《燕国的部族与部族联合》，《北京文物与考古》第 1 辑，1983 年。

葛英会：《殷墟墓葬的区与组》，《考古学文化论集》，文物出版社 1989 年版。

葛英会：《殷墟卜辞中所见王族及相关问题》，《纪念北京大学考古专业三十周年论文集（1952—1982）》，文物出版社 1990 年版。

葛英会：《论卜辞祔祭》，《殷都学刊》1999 年第 1 期。

葛英会：《附论祊祭卜辞》，《夏商周文明研究——'97 山东桓台中国殷商文明国际学术讨论会》，中国文联出版社 1999 年版。

葛英会：《论甲骨文中的毁字》，《古代文明研究通讯》第 15 期，2002 年 12 月。

葛毅卿：《说滴》，《中央研究院历史语言研究所集刊》第 7 本第 4 分，1938 年。

管东贵：《中国古代的丰收祭及其与"历年"的关系》，《中央研究院历史语言研究所集刊》第 31 本，1960 年。

管东贵：《中国古代十日神话之研究》，《中央研究院历史语言研究所集刊》第 33 本，1962 年。

H

华觉明：《妇好墓青铜器群铸造技术的研究》，《考古学集刊》第 1 集，中国社会科学出版社 1981 年版。

华觉明：《殷墟出土商代青铜觚铸造的复原研究》，《考古》1982 年第 5 期。

华觉明：《中国冶铸史论集》，文物出版社 1986 年版。

华觉明：《长江中下游铜矿带的早期开发和中国青铜文明》，《自然科学史研究》1996 年第 15 卷第 1 期。

后德俊：《商王朝势力的南下与江南铜矿》，《南方文物》1996 年第 1 期。

何介钧：《商文化在南方的传播》，《华夏文明》第三集，北京大学出版社 1992 年版。

何介钧：《试论湖南出土的商代青铜器及商文化向南方传播的几个问题》，《湖南先秦考古学研究》，岳麓书社 1996 年版。

何介钧：《湖南商时期古文化研究》，《湖南省博物馆四十周年纪念论文集》，湖南教育出版社 1996 年版。

何介钧：《湖南考古的世纪回眸》，《考古》2001 年第 4 期。

何宏波：《蔡国始封及其始封年代考》，《郑州大学学报》2000 年第 2 期。

何驽：《荆南寺遗址夏商遗存分析》，载北京大学考古系编《考古学研究》（二），北京大学出版社 1994 年版。

何驽等：《襄汾陶寺城址发掘显现暴力色彩》，《中国文物报》2003 年 1 月 31 日。

何驽：《商王朝恐怖主义策略起源与兴衰背景》，《江汉考古》2005 年第 1 期。

何兹全：《中国古代社会》，河南人民出版社 1990 年版。

何树环：《说"迻"》，《训诂论丛》第四辑《第二届国际暨第四届全国训诂学学术研讨会论文集》，台北文史哲出版社 1999 年版。

何洪源、李晶：《桓台史家出土"祖戊"瓿的再认识及其探讨》，中国殷商文化学会《夏商周文明研究——'97 山东桓台中国殷商文明国际学术讨论会》，中国文联出版社 1999 年版。

何炳棣：《中国农业的本土起源》，《农业考古》1985 年第 1 期。

何炳棣：《黄土与中国农业的起源》，香港中文大学出版社 2001 年版。

何堂坤：《"六齐"之管窥》，《科技史文集》（15），上海科学技术出版社 1989 年版。

何堂坤：《先秦青铜合金技术的初步探讨》，《自然科学史研究》1997 年第 16 卷第 3 期。

何崝：《商文化窥管》，四川大学出版社 1994 年版。

何景成：《"无终"铜器研究》，《中国文字研究》第五辑，广西教育出版社 2004 年版。

何景成：《史族铜器研究》，中国文字学会、河北大学汉字研究中心编《汉字研究》第一辑，学苑出版社 2005 年版。

何景成：《族氏铭文资料所体现的西周王朝对殷遗民的政策》，《古文字研究》第 26 辑，中华书局 2006 年版。

何景成：《商代史族研究》，《华夏考古》2007 年第 2 期。

何景成：《商周青铜器族氏铭文研究》，齐鲁书社 2009 年版。

何琳仪、黄锡全：《启卣、启尊铭文考释》，《古文字研究》第 9 辑，中华书局 1984 年版。

何琳仪：《古币丛考》，安徽大学出版社 2002 年版。

何琳仪：《听簋小笺》，《古文字研究》第 25 辑，中华书局 2004 年版。

何琳仪：《说麗》，《殷都学刊》2006 年第 1 期。

邯郸地区文物保管所：《河北磁县境内牤牛河两岸考古调查》，《华夏考古》1993 年第 2 期。

杭侃：《夏县东下冯的圆形建筑浅析》，《中国文物报》1996 年 6 月 2 日。

河北文物管理处：《磁县下七垣遗址发掘报告》，《考古学报》1979 年第 2 期。

河北省文化局文物工作队：《1958 年邢台地区古遗址、古墓地的发现与清理》，《文物》1959 年第 9 期。

河北省文化局文物工作队：《邢台尹郭村商代遗址及战国墓葬试掘简报》，《文物》1960 年第 4 期。

河北省文化局文物工作队：《河北邯郸涧沟村古遗址发掘简报》，《考古》1961 年第 4 期。

河北省文化局文物工作队：《河北青龙县抄道沟发现的一批青铜器》，《考古》1962 年第 12 期。

河北省文化局发掘处：《邢台市发现商代遗址》，《文物参考资料》1956 年第 9 期。

河北省文物研究所、吉林大学边疆考古研究中心、邢台市文物管理处：《河北邢台市葛家庄遗址 1999 年发掘简报》，《考古》2005 年第 2 期。

河北省文物研究所、河北文化学院：《武安赵窑遗址发掘报告》，《考古学报》1992 年第 3 期。

河北省文物研究所、保定文物管理所、容城县文物管理所：《河北容城县上坡遗址发掘简报》，《考古》1999 年第 7 期。

河北省文物研究所、保定地区文物管理所：《定州北庄子商墓发掘简报》，《文物春秋》1992 年增刊。

河北省文物研究所：《唐山市古冶商代遗址》，《考古》1984 年第 9 期。

河北省文物研究所：《河北卢龙县东阚各庄遗址》，《考古》1985 年 11 期。

河北省文物研究所：《河北平山县考古调查简报》，《文物春秋》1990 年第 3 期。

河北省文物研究所：《河北省新近十年的文物考古工作》，《文物考古工作十年》，文物出版社 1990 年版。

河北省文物研究所：《河北涞水渐村遗址发掘报告》，《文物春秋》1992 年增刊。

河北省文物研究所：《河北满城要庄发掘简报》，《文物春秋》1992 年增刊。

河北省文物研究所：《河北邢台市葛家庄遗址北区 1998 年发掘简报》，《考古》2000 年第 11 期。

河北省文物研究所编：《藁城台西商代遗址》，文物出版社 1985 年版。

河北省文物管理处：《磁县界段营发掘简报》，《考古》1974 年第 6 期。

河北省文物管理处：《磁县下潘汪遗址发掘报告》，《考古学报》1975 年第 1 期。

河北省文物管理处：《河北元氏县西张村的西周遗址和墓葬》，《考古》1979 年第 1 期。

河北省文物管理处：《河北省三十年来的考古工作》，《文物考古工作三十年》，文物出版社 1979 年版。

河北省文物管理处、邯郸市文物保管所：《河北武安磁山遗址》，《考古学报》1981 年第 3 期。

河北省文物管理处台西考古队：《河北藁城台西村商代遗址发掘简报》，《文物》1979 年第 6 期。

河北省文物管理委员会：《邢台贾村商代遗址试掘简报》，《文物参考资料》1958 年第 10 期。

河北省文物管理委员会：《邢台曹演庄遗址发掘报告》，《考古学报》1958 年第 4 期。

河北省文物管理委员会：《河北石家庄市市村战国遗址的发掘》，《考古学报》1957 年第 1 期。

河北省文物管理委员会：《磁县下七垣发掘报告》，《考古学报》1979 年第 2 期。

河北省博物馆、河北省文管处台西发掘小组：《河北藁城县台西商代遗址 1973 年的重要发现》，《文物》1974 年第 8 期。

河南省文化局文物队第一队：《郑州旮旯王村遗址发掘报告》，《考古学报》1958 年第 3 期。

河南省文物考古研究所：《河南省文物考古工作五十年》，《新中国考古五十年》，文物出版社 1999 年版。

河南省文物考古研究所：《河南郑州商城宫殿区夯土墙 1998 年的发掘》，《考古》2000 年第 2 期。

河南省文物考古研究所：《郑州商城外郭城的调查与试掘》，《考古》1004 年第 3 期。

河南省文物研究所：《河南鹿邑栾台遗址发掘简报》，《华夏考古》1989 年第 1 期。

河南省文物研究所：《郑州商城的发现与研究》，中州古籍出版社 1993 年版。

河南省信阳地区文管会、光山县文管会：《春秋早期黄君孟夫妇墓发掘报告》，《考古》1984 年第 4 期。

河南省信阳地区文管会、罗山县文化馆：《罗山蟒张后李商周墓地第三次发掘》，《中原文物》1988 年第 1 期。

河南省文化局文物工作二队：《洛阳东关五座西周墓的清理》，《文物》1984 年第 3 期。

河南省文化局文物工作队：《河南安阳薛家庄殷代遗址墓葬和唐墓发掘简报》，《考古通讯》1958 年第 8 期。

河南省文化局文物工作队：《河南孟县涧溪遗址发掘》，《考古》1961 年第 1 期。

河南省文化局文物工作队：《郑州二里岗》，科学出版社 1959 年版。

河南省文化局文物工作队：《郑州商代遗址的发掘》，《考古学报》1957 年第 1 期。

河南省文化局文物工作队第一队：《一九五五年秋安阳小屯殷墟的发掘》，《考古学报》1958 年第 3 期。

河南省文化局文物工作队第一队：《郑州第五文物区第一小区发掘简报》，《文物参考资料》1956 年第 5 期。

河南省文物工作队第一队：《八个月来的郑州文物工作概况》，《文物参考资料》1955 年第 9 期。

河南省文物考古研究所、三门峡市文物工作队：《上村岭虢国墓地 M2006 的清理》，《文物》1995 年第 1 期。

河南省文物考古研究所、郑州大学文博学院考古系、南开大学历史系博物馆学专业：《1995 年郑州小双桥遗址的发掘》，《华夏考古》1996 年第 3 期。

河南省文物考古研究所、郑州市文物考古研究所：《郑州南顺城街青铜器窖藏坑发掘简报》，《华夏考古》1998 年第 3 期。

河南省文物考古研究所：《河南郑州商城宫殿区夯土墙 1998 年的发掘》，《考古》2000 年第 2 期。

河南省文物考古研究所：《河南辉县市孟庄龙山文化遗址发掘简报》，《考古》2000 年第 3 期。

河南省文物考古研究所：《郑州商城北大街商代宫殿遗址的发掘与研究》，《文物》2002 年第 3 期。

河南省文物考古研究所：《郑州商城外郭城的调查与研究》，《考古》2004 年第 3 期。

河南省文物考古研究所：《郑州商城宫殿区商代板瓦发掘简报》，《华夏考古》2007 年第 3 期。

河南省文物考古研究所：《郑州商城新发现的几座商墓》，《文物》2003 年第 4 期。

河南省文物考古研究所郑州工作站：《郑州化工三厂考古发掘简报》，《中原文物》1994 年第 2 期。

河南省文物考古研究所等：《河南新密市古城寨龙山文化城址发掘简报》，《华夏考古》2002 年第 2 期。

河南省文物考古研究所、郑州市文物考古研究所编著：《郑州商代铜器窖藏》，科学出版社 1999 年版。

河南省文物考古研究所、周口市文化局编：《鹿邑太清宫长子口墓》，中州古籍出版社 2000 年版。

河南省文物考古研究所编：《郑州商城——1953—1985 年考古发掘报告》（上下），文物出版社 2001 年版。

河南省文物考古研究所编：《辉县孟庄》，中州古籍出版社 2003 年版。

河南省文物考古研究所编著：《新蔡葛陵楚墓》，大象出版社 2003 年版。

河南省文物局：《中国文物地图集·河南分册》，中国地图出版社 1991 年版。

河南省文物局文物工作队：《河南孟县涧溪遗址发掘》，《考古》1961 年第 1 期。

河南省文物研究所、长江流域规划办公室考古队河南分队：《淅川下王岗》，文物出版社 1989 年版。

河南省文物研究所、中国历史博物馆考古部：《登封王城岗遗址的发掘》，《文物》1983 年第 3 期。

河南省文物研究所、中国历史博物馆考古部：《登封王城岗与阳城》，文物出版社 1992 年版。

河南省文物研究所、郑州市博物馆：《郑州新发现商代窖藏青铜器》，《文物》1983 年第 3 期。

河南省文物研究所、周口地区文化局文物科：《河南淮阳平粮台龙山文化城址试掘简报》，《文物》1983 年第 3 期。

河南省文物研究所、新乡地区文管会、孟县文化馆：《河南孟县西后津遗址发掘简报》，《中原文物》1984 年第 4 期。

河南省文物研究所：《郑州商代城内宫殿遗址区第一次发掘报告》，《文物》1983 年第 4 期。

河南省文物研究所：《郑州商代二里岗期铸铜基址》，《考古学集刊》第 6 集，中国社会科学出版社 1989 年版。

河南省文物研究所：《郑州市商代制陶遗址发掘简报》，《华夏考古》1991 年第 4 期。

河南省文物研究所：《郑州商城外夯土墙基的调查与试掘》，《中原文物》1991 年第 1 期。

河南省文物研究所：《郑州电力学校考古发掘报告》，《郑州商城考古新发现与研究》，中州古籍出版社 1993 年版。

河南省文物研究所：《郑州黄委会青年公寓考古发掘报告》，《郑州商城考古新发现与研究》，中州古籍出版社 1993 年版。

河南省文物研究所：《1992 年度郑州商城宫殿区发掘收获》，《郑州商城考古新发现与研究》，中州古籍出版社 1993 年版。

河南省文物研究所编：《郑州商城考古新发现与研究（1985－1992）》，中州古籍出版社 1993 年版。

河南省地方史志编纂委员会：《河南省志》第三卷《地貌山河志》，河南人民出版社 1994 年版。

河南省信阳地区文管会、河南省罗山县文化馆：《罗山天湖商周墓地》，《考古学报》1986 年第 2 期。

河南省博物馆、郑州市博物馆：《郑州商代城址试掘简报》，《文物》1977 年第 1 期。

河南省博物馆、郑州市博物馆：《郑州商代城遗址发掘报告》，《文物资料丛刊》（1），文物出版社 1977 年版。

河南省博物馆：《河南襄县西周墓发掘简报》，《文物》1977 年第 8 期。

河南省博物馆：《郑州南关外商代遗址的发掘》，《考古学报》1973 年第 1 期。

河南省博物馆：《郑州商城遗址内发现商代夯土台基和奴隶头骨》，《文物》1974 年第 7 期。

河南省博物馆：《郑州新出土的商代前期大铜鼎》，《文物》1975 年第 6 期。

侯外庐：《王国维古史考释集解》，重庆三友书店 1943 年版。

侯连海：《记安阳殷墟早期的鸟类》，《考古》1989 年第 10 期。

洪世年、陈文言：《中国气象史》，农业出版社 1983 年版。

洪家义：《闹斋集》，南方出版社 2002 年版。

洪德先：《俎豆馨香——历代的祭祀》，刘岱主编《中国文化新论·宗教礼俗篇·敬天与亲人》，生活·读书·新知三联书店 1992 年版。

胡方平：《试论中国古代坟丘的起源》，《考古与文物》1993 年第 5 期。

胡光炜：《胡小石论文集》，上海古籍出版社 1982 年版。

胡光炜：《胡小石论文集》三集，上海古籍出版社 1995 年版。

胡庆均主编：《早期奴隶制社会比较研究》，中国社会科学出版社 1996 年版。

胡昌钰、蔡革：《鱼凫考——也谈三星堆遗址》，《四川文物》三星堆古蜀文化专辑，1992 年。

胡秉华：《滕州市前掌大商代遗址》，《中国文物报》1989 年 3 月 10 日。

胡秉华：《奄国史初探》，《东夷古国史研究》第二辑，三秦出版社 1990 年版。

胡金华：《我国史前及商周时代的"珌"略探》，《远望集》上，陕西人民美术出版社 1998 年版。

胡厚宣：《卜辞杂例》，《中央研究院历史语言研究所集刊》第 8 本第 3 分，1939 年。

胡厚宣：《释牢》，《中央研究院历史语言研究所集刊》第 8 本第 2 分，1939 年。

胡厚宣：《气候变迁与殷代气候之检讨》，《中国文化研究汇刊》1944

年第 4 卷。

　　胡厚宣：《殷代婚姻家族宗法生育制度考》，《甲骨学商史论丛初集》第一册，成都齐鲁大学国学研究所专刊之一，1944 年。

　　胡厚宣：《殷非奴隶社会论》，《甲骨学商史论丛初集》第一册，成都齐鲁大学国学研究所专刊之一，1944 年。

　　胡厚宣：《殷代焚田说》，《甲骨学商史论丛初集》第一册，成都齐鲁大学国学研究所专刊之一，1944 年。

　　胡厚宣：《"一甲十癸"辨》，《甲骨学商史论丛初集》第二册，成都齐鲁大学国学研究所专刊之一，1944 年。

　　胡厚宣：《甲骨文四方风名考证》，《甲骨学商史论丛初集》第二册，成都齐鲁大学国学研究所专刊之一，1944 年。

　　胡厚宣：《论殷代五方观念及"中国"称谓之起源》，胡厚宣《甲骨学商史论丛初集》第二册，成都齐鲁大学国学研究所专刊之一，1944 年。

　　胡厚宣：《殷代之天神崇拜》，《甲骨学商史论丛初集》第二册，成都齐鲁大学国学研究所专刊之一，1944 年。

　　胡厚宣：《殷代舌方考》，《甲骨学商史论丛初集》第二册，成都齐鲁大学国学研究所专刊之一，1944 年。

　　胡厚宣：《殷代年岁称谓考》，《甲骨学商史论丛初集》第二册，成都齐鲁大学国学研究所专刊之一，1944 年。

　　胡厚宣：《卜辞下乙说》，《甲骨学商史论丛》初集，第三册，成都齐鲁大学国学研究所专刊之一，1944 年。

　　胡厚宣：《武丁时五种记事刻辞考》，《甲骨学商史论丛初集》第三册，成都齐鲁大学国学研究所专刊之一，1944 年。

　　胡厚宣：《殷人占梦考》，《甲骨学商史论丛初集》第三册，成都齐鲁大学国学研究所专刊之一，1944 年。

　　胡厚宣：《殷人疾病考》，《甲骨学商史论丛初集》第三册，成都齐鲁大学国学研究所专刊之一，1944 年。

　　胡厚宣：《殷代卜龟之来源》，《甲骨学商史论丛初集》第四册，成都齐鲁大学国学研究所专刊之一，1944 年。

　　胡厚宣：《卜辞所见之殷代农业》，《甲骨学商史论丛二集》上册，成都齐鲁大学国学研究所专刊，1945 年。

　　胡厚宣：《论殷卜辞中关于雨雪之记载》，《学术与建设》1945 年第 1

卷第 1 期。

　　胡厚宣：《卜辞同文例》，《中央研究院历史语言研究所集刊》第 9 本，1947 年。

　　胡厚宣：《卜辞记事文字史官签名例》，《中央研究院历史语言研究所集刊》第 12 本，1948 年。

　　胡厚宣：《五十年甲骨文发现的总结》，商务印书馆 1951 年版。

　　胡厚宣：《殷虚发掘》，上海学习生活出版社 1955 年版。

　　胡厚宣：《殷代农作施肥说》，《历史研究》1955 年第 1 期。

　　胡厚宣：《殷卜辞中的上帝和王帝》（上下），《历史研究》1959 年第 2、10 期。

　　胡厚宣：《殷代农作施肥说补正》，《文物》1963 年第 5 期。

　　胡厚宣：《再论殷代农作施肥问题》，《社会科学战线》1981 年第 1 期。

　　胡厚宣：《释殷代求年于四方和四方风的祭祀》，《复旦学报》（人文科学版）1956 年第 1 期。

　　胡厚宣：《释"余一人"》，《历史研究》1957 年第 1 期。

　　胡厚宣：《说贵田》，《历史研究》1957 年第 7 期。

　　胡厚宣：《殷代的蚕桑和丝织》，《文物》1972 年第 11 期。

　　胡厚宣：《殷代的刖刑》，《考古》1973 年第 2 期。

　　胡厚宣：《中国奴隶社会的人殉和人祭》（上、下篇），《文物》1974 年第 7、8 期。

　　胡厚宣：《甲骨文所见殷代奴隶的反压迫斗争》，《考古学报》1976 年第 1 期。

　　胡厚宣：《甲骨文所见商族鸟图腾的新证据》，《文物》1977 年第 2 期。

　　胡厚宣：《殷代的冰雹》，《史学月刊》1980 年第 3 期。

　　胡厚宣：《记故宫博物院新收的两片甲骨卜辞》，《中华文史论丛》1981 年第 1 辑。

　　胡厚宣：《重论"余一人"问题》，《古文字研究》第 6 辑，中华书局 1981 年版。

　　胡厚宣：《论殷人治疗疾病之方法》，《中原文物》1984 年第 4 期。

　　胡厚宣：《商代的史为武官说》，《全国商史学术讨论会论文集》，殷都学刊增刊，1985 年。

　　胡厚宣：《殷代称年说补正》，《文物》1987 年第 8 期。

胡厚宣：《古代研究的史料问题》，云南人民出版社 2005 年版。

胡适：《自述古史观书》，顾颉刚编著《古史辨》第一卷，上海古籍出版社 1982 年版。

胡家喜等：《盘龙城遗址青铜器铸造工艺探讨》，湖北省文物考古研究所编著《盘龙城——1963—1994 年考古发掘报告》，文物出版社 2001 年版。

胡留元、冯卓慧：《西周刑刑》，《西北政法学院学报》1984 年第 1 期。

胡谦盈：《试谈先周文化及相关问题》，《中国考古学研究——夏鼐先生考古五十年纪念论文集》（二集），科学出版社 1986 年版。

贺业钜：《考工记营国制度研究》，中国建筑工业出版社 1985 年版。

贺业钜：《中国古代城市规划史论丛》，中国建筑工业出版社 1986 年版。

贺业钜：《商都"殷"规划初探》，《城市规划（京）》1990 年第 2 期。

贺梓城：《耀县发现一批周代铜器》，《文物参考资料》1956 年第 11 期。

郝本性：《试论郑州出土商代人头骨饮器》，《华夏考古》1992 年第 2 期。

黄凡：《周易——商周之交史事录》，汕头大学出版社 1995 年版。

黄中业：《西周分封制是国家政体说》，《史学月刊》1985 年第 2 期。

黄中业：《商代"分封"说质疑》，《学术月刊》1986 年第 5 期。

黄历鸿等：《殷王帝辛征四夷方考释》，《殷都学刊》2000 年第 1 期。

黄天树：《殷墟王卜辞的分类与断代》，台北文津出版社 1991 年版。

黄天树：《殷代的日界》，《华学》第 4 辑，紫禁城出版社 2000 年版。

黄天树：《说殷墟甲骨文的方位词》，《2004 年安阳殷商文化国际学术研讨会论文集》，社会科学文献出版社 2004 年版。

黄天树：《殷墟甲骨文白天时称补说》，《中国语文》2005 年第 5 期。

黄天树：《甲骨文中有关猎首风俗的记载》，《中国文化研究》2005 年夏之卷，北京语言大学出版社 2005 年版。

黄天树：《关于非王卜辞的一些问题》，《黄天树古文字论集》，学苑出版社 2006 年版。

黄天树：《黄天树古文字论集》，学苑出版社 2006 年版。

黄天树：《殷墟甲骨文验辞中的气象记录》，《古文字与古代史》第一辑，中央研究院历史语言研究所，2007 年。

黄水根、申夏：《吴城商代遗址窑炉的新发现》，《南方文物》2002 年第 2 期。

黄水根、李昆：《略论吴城遗址商代城墙的性质》，王宇信、宋镇豪、孟宪武主编《2004 年安阳殷商文明国际学术研讨会论文集》，社会科学文献出版社 2004 年版。

黄石市博物馆：《铜绿山古矿冶遗址》，文物出版社 1999 年版。

黄石林：《关于偃师商城的几个问题》，《中原文物》1985 年第 3 期。

黄石林：《对偃师商城的再认识》，《中国商文化国际学术讨论会论文集》，中国大百科全书出版社 1998 年版。

黄朴民：《春秋军事史》，军事科学出版社 1998 年版。

黄陂县文化馆等：《湖北黄陂鲁台山两周遗址与墓葬》，《江汉考古》1982 年第 2 期。

黄其煦：《黄河流域新石器时代农耕文化作物》，《农业考古》1983 年第 1 期。

黄其煦：《安阳殷墟中小墓中人骨的对应分析》，《考古》1988 年第 4 期。

黄剑华：《三星堆服饰文化探讨》，宋镇豪、肖先进主编《夏商周文明研究之五·殷商文明暨纪念三星堆遗址发现七十周年国际学术研讨会论文集》，社会科学文献出版社 2003 年版。

黄展岳：《古代农具统一定名小议》，《农业考古》1981 年第 1 期〔创刊号〕。

黄展岳：《中国古代的人牲人殉》，文物出版社 1990 年版。

黄能馥主编：《中国美术全集·工艺美术编 9·印染织绣》（上），文物出版社 1987 年版。

黄盛璋：《〈孙膑兵法·擒庞涓〉释地》，《文物》1977 年第 2 期。

黄铭崇：《论殷周金文中以"辟"为丈夫殁称的用法》，《中央研究院历史语言研究所集刊》第 72 本第 2 分，2001 年。

黄铭崇：《殷代与东周之"弄器"及其意义》，《古今论衡》第 6 期，中央研究院历史语言研究所，2001 年。

黄铭崇：《商人祭祀用的亲属称谓体系及其意义》，《古文字与古代史》第一辑，中央研究院历史语言研究所，2007 年。

黄然伟：《殷周史料论集》，三联书店（香港）有限公司 1995 年版。

黄翔鹏：《舞阳贾湖骨笛的测音研究》，《文物》1989 年第 1 期。

黄锡全：《黄陂鲁台山遗址为"长子"国都蠡测》，《江汉考古》1992 年第 4 期。

黄锡全：《古文字论丛》，台北艺文印书馆 1999 年版。

黄锡全：《商父庚罍铭文试解》，王宇信、宋镇豪主编《纪念殷墟甲骨文发现一百周年国际学术研讨会论文集》，社会科学文献出版社 2003 年版。

寒峰：《甲骨文所见的商代军制数则》，《甲骨探史录》，生活·读书·新知三联书店 1982 年版。

湖北省文物考古研究所：《阳新大路铺遗址东区发掘简报》，《江汉考古》1992 年第 3 期。

湖北省文物考古研究所：《五十年来湖北省文物考古工作》，《新中国考古五十年》，文物出版社 1999 年版。

湖北省文物考古研究所编著：《盘龙城——1963－1994 年考古发掘报告》（上下册），文物出版社 2001 年版。

湖北省荆沙铁路考古队：《包山楚墓》，文物出版社 1991 年版。

湖北省博物馆、北京大学考古专业盘龙城发掘队：《盘龙城一九七四年度田野考古纪要》，《文物》1976 年第 2 期。

湖北省博物馆、中国社会科学院考古研究所：《曾侯乙墓》上册，文物出版社 1989 年版。

湖南省文物考古研究所、岳阳文物工作队：《岳阳市郊铜鼓山商代遗址与东周墓发掘报告》，《湖南考古辑刊》（5），岳麓书社 1989 年版。

湖南省文物考古研究所：《湖南石门皂市商代遗址》，《考古学报》1992 年第 1 期。

湖南省文物考古研究所等：《湖南望城县高砂脊商周遗址的发掘》，《考古》2001 年第 4 期。

湖南省博物馆、中国科学院考古研究所编：《长沙马王堆一号汉墓》（上下集），文物出版社 1973 年版。

湖南省博物馆、麻阳铜矿：《湖南麻阳战国时期古铜矿清理简报》，《考古》1985 年第 2 期。

湖南省博物馆：《湖南省文物图录》，湖南人民出版社 1964 年版。

湖南省博物馆：《湖南省博物馆新发现的几件铜器》，《文物》1966年第4期。

湖南省博物馆：《三十年来湖南文物考古工作》，《文物考古工作三十年》，文物出版社1979年版。

湖南省博物馆等：《湖南岳阳费家河商代遗址和窑址的探掘》，《考古》1985年第1期。

韩东：《也谈家马的起源及其他》，《中国文物报》1999年6月23日。

韩伟：《略论陕西春秋战国墓葬》，《考古与文物》1981年第1期。

韩江苏：《甲骨文中的"多子"、"多子族"、"王族"》，宋镇豪、肖先进主编《夏商周文明研究（五）·殷商文明暨纪念三星堆遗址发现70周年国际学术研讨会论文集》，社会科学文献出版社2003年版。

韩江苏：《沚的地望考》，《殷都学刊》2002年第3期。

韩国磐：《关于卿事寮》，《历史研究》1990年第4期。

韩建业：《殷墟西区墓地分析》，《考古》1997年第1期。

韩建业：《先商文化探源》，《中原文物》1998年第2期。

韩建武、干旭：《商代玉人像》，《文博》增刊第二号《玉器研究专刊》，1993年。

韩明祥：《山东长清、桓台发现商代青铜器》，《文物》1982年第1期。

韩康信：《殷墟人骨性别年龄鉴定与俯身葬问题》，中国社会科学院考古研究所编《中国商文化国际学术讨论会论文集》，中国大百科全书出版社1998年版。

韩康信：《中国夏、商、周时期人骨种族特征之研究》，《新世纪的中国考古学：王仲殊先生八十华诞纪念论文集》，科学出版社2005年版。

韩康信、陈星灿：《考古发现的中国古代开颅术证据》，《考古》1999年第7期。

韩康信、郑晓瑛：《殷墟祭祀坑人骨种系多变量分析》，《考古》1992年第10期。

韩康信、潘其风：《殷代人种问题考察》，《历史研究》1980年第2期。

韩康信、潘其风：《古代中国人种成分研究》，《考古学报》1984年第2期。

韩康信、潘其风：《安阳殷墟中小墓人骨的研究》、《殷墟祭祀坑人头骨的种系》，《安阳殷墟头骨研究》，文物出版社1985年版。

黑光、朱捷元：《陕西绥德墕头村发现一批窖藏商代铜器》，《文物》1975 年第 2 期。

衡阳市博物馆：《湖南衡阳市郊发现青铜牺尊》，《文物》1978 年第 7 期。

J

吉林大学边疆考古研究中心、湖北省文物考古研究所：《湖北秭归石门嘴遗址发掘》，《考古学报》2004 年第 4 期。

江西文物工作队、江西省新干县博物馆：《江西省新干县牛头城遗址调查》，《东南文化》1989 年第 1 期。

江西省文物工作队、清江县博物馆：《清江吴城遗址第六次发掘的主要收获》，《江西历史文物》1987 年第 2 期。

江西省文物工作队、湖口县石钟山文管所：《江西湖口下石钟山发现商周时代遗址》，《考古》1987 年第 12 期。

江西省文物考古研究所、中山大学人类学系、樟树市博物馆：《樟树吴城遗址第七次发掘简报》，《文物》1993 年第 7 期。

江西省文物考古研究所、江西省博物馆、新干县博物馆编著：《新干商代大墓》，文物出版社 1997 年版。

江西省文物考古研究所、江西省新干县博物馆：《江西新干大洋洲商墓发掘简报》，《文物》1991 年第 10 期。

江西省文物考古研究所、瑞昌市博物馆：《江西瑞昌铜岭商周矿冶遗址第一期发掘简报》，《江西文物》1990 年第 3 期。

江西省文物考古研究所、瑞昌市博物馆：《瑞昌市铜岭铜矿遗址发掘报告》，《铜岭古铜矿遗址发现与研究》，江西科学技术出版社 1997 年版。

江西省文物考古研究所、瑞昌市博物馆：《江西瑞昌市檀树咀商周遗址发掘简报》，《考古》2000 年第 12 期。

江西省文物考古研究所、樟树市博物馆：《江西樟树吴城商代遗址第八次发掘简报》，《南方文物》1995 年第 1 期。

江西省文物考古研究所、樟树市博物馆：《江西樟树吴城商代遗址西城墙解剖的主要收获》，《南方文物》2003 年第 3 期。

江西省文物考古研究所、樟树市博物馆编著：《吴城——1973—2002年考古发掘报告》，科学出版社 2005 年版。

江西省文物管理委员会：《1961 年江西万年遗址的调查和墓葬清理》，《考古》1962 年第 4 期。

江西省文物管理委员会：《江西清江营盘里遗址发掘报告》，《考古》1962 年第 4 期。

江西省文物管理委员会：《江西临川新石器时代遗址调查简报》，《考古》1964 年第 4 期。

江西省博物馆、北京大学历史系考古专业、清江县博物馆：《江西清江吴城商代遗址发掘简报》，《文物》1975 年第 7 期。

江西省博物馆、清江县博物馆：《江西清江吴城商代遗址第四次发掘的主要收获》，《文物资料丛刊》（2），文物出版社 1978 年版。

江西省博物馆：《近年江西出土的商代青铜器》，《文物》1986 年第 2 期。

江苏省文物管理委员会：《徐州高皇庙遗址清理报告》，《考古学报》1958 年第 4 期。

江苏新医学院编：《中药大辞典》，上海人民卫生出版社 1977 年版。

江章华：《成都平原青铜文化考古的新进展》，高崇文、安田喜宪主编《长江流域青铜文化研究》，科学出版社 2002 年版。

江鸿：《盘龙城与商王朝的南土》，《文物》1976 年第 2 期。

江道元：《四川广汉文化的居住建筑初探》，《香港建筑》1988 年第 6 期。

纪毓宣：《商史征》，《真知学报》第 2 卷第 6 期，1943 年。

拒马河考古队：《河北易县涞水古遗址发掘报告》，《考古学报》1988 年第 4 期。

季连琪：《河南安阳郭家庄 160 号墓出土铜器的成分分析研究》，《考古》1997 年第 2 期。

季曙行：《"石犁"辨析》，《农业考古》1987 年第 2 期。

泾川文化馆：《甘肃泾川发现早周铜鬲》，《文物》1977 年第 9 期。

金正耀：《晚商中原青铜的矿料来源研究》，《科学史论集》，中国科技大学出版社 1987 年版。

金正耀：《晚商中原青铜的锡料来源问题》，《自然辩证法通讯》1987 年第 4 期。

金正耀：《晚商中原青铜的矿料来源》，载杜石然主编《第三届国际中国科学史讨论会论文集》，科学出版社 1990 年版。

金正耀：《跨入新世纪的中国铅同位素考古》，《中国文物报》2000 年 11 月 22 日。

金正耀：《二里头青铜器的自然科学研究与夏文明探索》，《文物》2000 年第 1 期。

金正耀：《商代青铜器高放射成因铅原料的产地问题》，《中国文物报》2003 年 1 月 17 日。

金正耀：《论商代青铜器中的高放射性成因铅》，《考古学集刊》第 15 集《纪念殷墟发掘七十周年论文专集》，文物出版社 2004 年版。

金正耀等：《广汉三星堆祭祀坑青铜器的化学组成和铅同位素比值研究》，《三星堆祭祀坑》附录，文物出版社 1999 年版。

金正耀、W. T. Chase、平尾良光、彭适凡、马渊久夫、三轮嘉六、詹开逊：《江西新干大洋洲商墓青铜器的铅同位素比值研究》，《考古》1994 年第 8 期。

金正耀、马渊久夫、W. Tom Chase、陈德安、三轮嘉六、平尾良光、赵殿增：《广汉三星堆遗物坑青铜器的铅同位素的比值研究》，《文物》1995 年第 2 期。

金正耀、杨锡璋、齐思（W. T. Chase）、平尾良光、马渊久夫、三轮嘉六：《中国两河流域青铜文明之间的联系——以出土商青铜器的铅同位素比值研究结果为考察中心》，《中国商文化国际学术讨论会论文集》，中国大百科全书出版社 1998 年版。

金正耀、朱炳泉、常向阳、许之咏、张擎、唐飞：《成都金沙遗址铜器研究》，《文物》2004 年第 7 期。

金祥恒：《甲骨文躯牲图说》，《中国文字》1966 年第 20 册。

金祥恒：《从甲骨卜辞研究殷商军旅中之王旅三行三师》，《中国文字》1974 年第 52 册。

金祥恒：《甲骨文中的一片象胛骨刻辞》，《大陆杂志》1984 年第 69 卷第 4 期。

金祥恒：《金祥恒先生全集》，台北艺文印书馆 1990 年版。

金景芳：《商文化起源于我国东北说》，《中华文史论丛》1978 年第 7 期。

金景芳：《周公对巩固姬周政权所起的作用》，《吉林大学社会科学论丛·历史专集》，1980 年。

　　金景芳：《中国奴隶社会史》，上海人民出版社 1983 年版。

　　金德建：《司马迁所见书考》，上海人民出版社 1963 年版。

　　金耀：《亚微罍考释——兼论商代孤竹园》，《社会科学战线》1982 年第 2 期。

　　姜亮夫：《殷周三巨臣考》，王仲荦主编《历史论丛》第 2 辑，齐鲁书社 1981 年版。

　　姜涛、李秀萍：《虢国墓地出土玉器的认识与研究》，邓聪主编《东亚玉器》II，香港中文大学中国文化研究所中国考古艺术研究中心，1998 年。

　　姜涛、贾连敏：《虢国墓出土商代小臣玉器及其相关问题》，《文物》1998 年第 12 期。

　　济宁市博物馆：《山东济宁市南赵庄商代遗址调查》，《考古》1993 年第 11 期。

　　荆州地区博物馆、北京大学考古系：《湖北江陵荆南寺遗址第一、二次发掘简报》，《考古》1989 年第 8 期。

　　晋中考古队：《山西太谷白燕遗址第一地点发掘简报》，《文物》1989 年第 3 期。

　　贾连敏、姜涛：《虢国墓地出土商代王伯玉器及相关问题》，《文物》1999 年第 7 期。

　　贾连敏、曾晓敏等：《河南荥阳胡村发现晚商贵族墓地》，《中国文物报》2007 年 1 月 5 日。

　　贾麦明：《罕见的新石器时代角状陶号》，《文物天地》1990 年第 4 期。

　　贾洪波：《殷墟乙十一建筑基址的年代与相关遗迹的讨论》，《华夏考古》2004 年第 4 期。

　　贾峨：《关于河南出土东周玉器的几个问题》，《文物》1983 年第 4 期。

　　贾峨：《关于春秋战国时代玉器三个问题的探讨》，邓聪编《东亚玉器》第二册，香港中文大学中国考古艺术研究中心，1998 年。

　　贾笑冰：《滕州前掌大商墓发掘获新成果》，《文物》1999 年第 3、4 期。

　　蒋乐平等：《跨湖桥遗址发现中国最早独木舟》，《中国文物报》2003 年 3 月 21 日。

翦伯赞：《殷族与史前渤海湾诸氏族的关系》，《群众周刊》1942 年第
3 期。

翦伯赞：《先秦史》，北京大学出版社 1999 年版。

K

孔繁银：《山东滕县井亭煤矿等地发现商代铜器及古遗址、墓葬》，
《文物》1959 年第 12 期。

库恩：《商代的丝织工场》，《中国科技史探索》，《中华文史论丛》增
刊，上海古籍出版社 1981 年版。

昆仑：《殷墟卜辞有用羌于农业生产的记载吗》，《甲骨文与殷商史》，
上海古籍出版社 1983 年版。

柯昌济：《〈殷墟卜辞综类〉例证考释》，《古文字研究》第 16 辑，中
华书局 1989 年版。

喀左县文化馆等：《辽宁喀左县北洞村出土的殷周青铜器》，《考古》
1974 年第 6 期。

喀喇沁旗文化馆：《喀喇沁旗发现夏家店下层文化石磬》，《文物》
1983 年第 8 期。

L

卢本珊、华觉明：《铜绿山春秋炼铜竖炉的复原研究》，《文物》1981
年第 8 期。

卢本珊等：《铜岭西周溜槽选矿模拟实验研究》，《东南文化》1993 年
第 1 期。

卢连成、胡智生：《宝鸡強国墓地》，文物出版社 1988 年版。

卢连成：《西周丰镐两京考》，《中国历史地理论丛》1988 年第 3 辑。

辽宁省博物馆、朝阳地区博物馆：《辽宁喀左县北洞村发现的殷代青
铜器》，《考古》1973 年第 4 期。

辽宁省博物馆、朝阳地区博物馆：《辽宁喀左县北洞村出土的殷周青
铜器》，《考古》1974 年第 6 期。

辽宁省博物馆文物工作队：《辽宁林西县大井古铜矿 1976 年度试掘简
报》，《文物资料丛刊》（7），文物出版社 1983 年版。

刘一曼、徐广德：《论安阳后冈殷墓》，《中国商文化国际学术讨论会

论文集》，中国大百科全书出版社 1998 年版。

刘一曼、曹定云：《殷墟花园庄东地甲骨卜辞选释与初步研究》，《考古学报》1999 年第 3 期。

刘一曼、曹定云：《论殷墟花园庄东地 H3 的记事刻辞》，王宇信、宋镇豪、孟宪武主编《2004 年安阳殷商文明国际学术研讨会论文集》，中国社会科学出版社 2004 年版。

刘一曼、曹定云：《殷墟花东 H3 卜辞中的马》，《殷都学刊》2004 年第 1 期。

刘一曼：《殷墟陶文研究》，《庆祝苏秉琦考古五十五年论文集》，文物出版社 1989 年版。

刘一曼：《殷墟兽骨刻辞初探》，《殷墟博物苑苑刊》创刊号，1989 年。

刘一曼：《安阳小屯殷代刻辞甲骨》，《中国考古学年鉴》（1990），文物出版社 1991 年版。

刘一曼：《试论殷墟甲骨书辞》，《考古》1991 年第 6 期。

刘一曼：《殷墟的青铜刀》，《考古》1993 年第 2 期。

刘一曼：《安阳殷墓青铜礼器组合的几个问题》，《考古学报》1995 年第 4 期。

刘一曼：《安阳殷墟甲骨出土地及其相关问题》，《考古》1997 年第 5 期。

刘一曼：《殷墟花园庄东地甲骨坑的发现及主要收获》，台湾师范大学国文系、中央研究院历史语言研究所编《甲骨文发现一百周年学术研讨会论文集》，台北文史哲出版社 1998 年版。

刘一曼：《殷墟车子遗迹及甲骨金文中的车字》，《中原文物》2000 年第 2 期。

刘一曼：《略论甲骨文与殷墟文物中的龙》，《2000 濮阳龙文化与现代文明》，中国经济文化出版社 2003 年版。

刘一曼：《略论商代后期军队的武器装备与兵种》，《商承祚教授百年诞辰纪念文集》，文物出版社 2003 年版。

刘一曼：《论安阳殷墟墓葬青铜兵器的组合》，中国社会科学院考古研究所夏商周考古研究室编《三代考古》（一），科学出版社 2004 年版。

刘士莪、尹盛平：《微氏家族青铜器群研究》，文物出版社 1992 年版。

刘士莪等：《论陕南城、洋地区青铜器及其与早期蜀文化的关系》，

《三星堆与巴蜀文化》，巴蜀书社 1993 年版。

刘士莪：《西安老牛坡商代墓地初论》，《文物》1988 年第 6 期。

刘士莪：《从陕西渭水流域商代晚期文化之衰亡谈武王伐商的年代问题》，《庆祝杨向奎先生教研六十年论文集》，河北教育出版社 1998 年版。

刘士莪编著：《老牛坡》，陕西人民出版社 2001 年版。

刘友恒、樊子林：《河北正定出土商周青铜器》，《文物》1982 年第 2 期。

刘友恒、樊子林：《河北正定县新城铺出土商代青铜器》，《文物》1984 年第 12 期。

刘文英：《梦的迷信与梦的探索》，中国社会科学出版社 1989 年版。

刘方复：《中国古代的洪水》，《文物天地》1993 年第 1 期。

刘东生等：《黄土与环境》，科学出版社 1985 年版。

刘东亚：《河南上蔡出土的一批铜器》，《文物参考资料》1957 年第 11 期。

刘平生：《安徽南陵大工山古代铜矿的发现和研究》，《东南文化》1988 年第 6 期。

刘正主编：《炎黄文化与 21 世纪中国社会发展》，岳麓书社 2002 年版。

刘节：《中国古代宗族移植史论》，正中书局 1948 年版。

刘节：《古史考存》，人民出版社 1958 年版。

刘兴源等：《三星堆一、二号祭祀坑出土玉石器岩石类型薄片鉴定报告》，《三星堆祭祀坑》附录，文物出版社 1999 年版。

刘军社：《陕晋蒙邻近地区商代青铜器分期分区及相关问题的探讨》，《中国考古学会第八次年会论文集》，文物出版社 1996 年版。

刘军社：《论碾子坡文化》，《长远集》（上），陕西人民美术出版社 1998 年版。

刘军社：《先周文化研究》，三秦出版社 2003 年版。

刘师培：《刘师培史学论著选集》，上海古籍出版社 2006 年版。

刘庆柱、段志洪主编：《金文文献集成》（全 46 册），香港明石文化国际出版有限公司 2004 年版。

刘体智：《小校经阁金文拓本》，1935 年。

刘志一：《解读双角犀牛尊》，《中国文物报》2003 年 2 月 19 日。

刘钊：《释"🔥""🔥"诸字——兼谈甲骨文"降永"一辞》，《殷墟博物苑苑刊》创刊号，中国社会科学出版社 1989 年版。

刘钊：《卜辞所见殷代的军事活动》，《古文字研究》第 16 辑，中华书局 1989 年版。

刘钊：《殷有"封人"说》，《殷都学刊》1989 年第 4 期。

刘钊：《释甲骨文耤、羲、蟺、敖、戕诸字》，《吉林大学社会科学学报》1990 年第 2 期。

刘钊：《谈新发现的敖伯匜》，《中原文物》1993 年第 1 期。

刘钊：《安阳后冈殷墓所出"柄形饰"用途考》，《考古》1995 年第 7 期。

刘钊：《释甲骨文中从"夗"的几个字》，《第二届国际中国古文字学研讨会论文集》续编，香港中文大学，1995 年。

刘钊：《卜辞"师惟律用"新解》，张永山主编《胡厚宣先生纪念文集》，科学出版社 1998 年版。

刘钊：《卜辞"雨不正"考释》，《殷都学刊》2001 年第 4 期。

刘钊：《利用郭店楚简字形考释金文一例》，《古文字研究》第 24 辑，中华书局 2002 年版。

刘钊：《古文字考释丛稿》，岳麓书社 2005 年版。

刘国祥、田广林：《中国史前研究中的几个问题》，《中国文物报》2003 年 8 月 22 日。

刘宝林：《公元前 1500 年至公元前 1000 年月食表》，《天文集刊》第 1 号，1978 年。

刘宝林：《公元前 1000 年至公元 3000 年月食典》，《紫金山天文台台刊》第 2 卷第 1 期，1982 年。

刘建国：《安阳殷墟的遥感考古研究》，中国社会科学院考古研究所考古科技中心编《科技考古》第一辑，中国社会科学出版社 2005 年版。

刘忠伏、孔德铭：《安阳殷墟殷代大墓及车马坑》，《2005 中国重要考古发现》，文物出版社 2006 年版。

刘忠伏、徐殿魁：《偃师商城的发掘与文化分期》，《中国商文化国际学术讨论会论文集》，中国大百科全书出版社 1998 年版。

刘忠伏：《安阳洹北商城的发现及其意义》，《历史月刊》（台北）2000 年第 148 期。

刘诗中、卢本珊：《铜岭铜矿遗址出土竹木器研究》，《南方文物》1997 年第 1 期。

刘诗中、卢本珊：《江西铜岭铜矿遗址的发掘与研究》，《考古学报》1998 年第 4 期。

刘诗中：《中国先秦铜矿》，江西人民出版社 2003 年版。

刘诗中等：《铜岭古铜矿性质探讨》，《华夏考古》1997 年第 3 期。

刘金陵、李文猗：《燕山南麓泥炭的孢粉分析》，《中国第四纪研究》1965 年第 1 期。

刘雨：《西周金文中的射礼》，《考古》1986 年第 12 期。

刘雨、卢岩：《近出殷周金文集录》，中华书局 2002 年版。

刘信芳：《上博藏竹书所载殷高宗政令及相关问题》，《中国历史文物》2006 年第 5 期。

刘恒武、呼林贵：《西段遗址与古戏地、骊戎地望探讨》，《长远集》（上），陕西人民美术出版社 1998 年版。

刘昭瑞：《关于甲骨文中子称和族的几个问题》，《中国史研究》1987 年第 2 期。

刘盼遂：《甲骨文中殷商庙制征》，《女师大学术季刊》1930 年第 1 卷第 1 期。

刘盼遂：《文字音韵学论丛》，北平人文书店 1935 年版。

刘盼遂：《刘盼遂文集》，北京师范大学出版社 2002 年版。

刘顺超：《初论西周邢国史及其相关问题》，宋镇豪、郭引强、朱亮、蔡运章主编《西周文明论集》，北京朝华出版社 2004 年版。

刘展主编：《中国古代军制史》，军事科学出版社 1992 年版。

刘桓：《殷契新释》，河北教育出版社 1989 年版。

刘桓：《殷契存稿》，黑龙江教育出版社 1992 年版。

刘桓：《卜辞所见来自各方国的被奴役者》，《尽心集》，中国社会科学出版社 1996 年版。

刘桓：《甲骨征史》，黑龙江教育出版社 2002 年版。

刘桓：《甲骨集史》，中华书局 2008 年版。

刘莉、陈星灿：《城：夏商时期对自然资源的控制问题》，《东南文化》2000 年第 3 期。

刘莉、陈星灿：《中国早期国家的形成——从二里头和二里岗时期的

中心和边缘之间的关系谈起》，《古代文明》第 1 卷，文物出版社 2002
年版。

　　刘起釪：《谈〈高宗肜日〉》，《全国商史学术讨论会论文集》，殷都学
刊增刊，1985 年。

　　刘起釪：《卜辞的河与〈禹贡〉大伾》，《殷墟博物苑苑刊》创刊号，
1989 年。

　　刘起釪：《尚书学史》（订补本），中华书局 1989 年版。

　　刘起釪：《古史续辨》，中国社会科学出版社 1991 年版。

　　刘得桢：《甘肃灵台两座西周墓》，《考古》1981 年第 1 期。

　　刘清泉、高宇天主编：《四川省经济地理》，四川省社会科学院出版社
1985 年版。

　　刘渊临：《殷虚"骨简"及其有关问题》，《中央研究院历史语言研究
所集刊》第 39 本上册，1969 年。

　　刘渊临：《甲骨文中的"蚰"字与后世神话中的伏羲女娲》，《中央研究
院历史语言研究所集刊》第 41 本第 4 分，1969 年。

　　刘渊临：《卜用甲骨上攻治技术的痕迹之研究》，国立编译馆中华丛书
编审委员会出版，1984 年。

　　刘绪：《论卫怀地区的夏商文化》，《纪念北京大学考古专业三十周年
论文集（1952—1982）》，文物出版社 1990 年版。

　　刘绵新：《泛论我国锡矿主要成因——工业类型的特点及其成矿分
区》，《锡矿地质参考资料》（3），1980 年。

　　刘铮、邬沧萍、查瑞传编：《人口统计学》，中国人民大学出版社 1981
年版。

　　刘铮：《人口理论教程》，中国人民大学出版社 1985 年版。

　　刘敦桢：《中国古代建筑史》，中国建筑工业出版社 1980 年版。

　　刘敦愿：《古史传说和典型龙山文化》，《山东大学学报》1963 年第
2 期。

　　刘敦愿：《云梦泽与商周之际的民族迁徙》，《江汉考古》1985 年第
2 期。

　　刘敦愿：《美术考古与古代文明》，人民美术出版社 2007 年版。

　　刘朝阳：《再论殷历》，《燕京学报》1933 年第 13 期。

　　刘朝阳：《殷末周初日月食初考》，《中国文化研究汇刊》1944 年第

4 卷。

刘朝阳：《中国天文学史论文集》，大象出版社 2000 年版。

刘森淼：《盘龙城外缘带状夯土遗迹的初步认识》，《武汉城市之根——商代盘龙城与武汉城市发展研讨会论文集》，武汉出版社 2002 年版。

刘葆华：《辽宁阜新县胡头沟红山文化玉器墓的发现》，《文物》1984 年第 6 期。

刘超英、裴淑兰：《河北商代带铭铜器综述》，《三代文明研究（一）——1998 年河北邢台中国商周文明国际学术研讨会论文集》，科学出版社 1999 年版。

刘道凡：《我国上古的象牙雕刻》，《文物》1980 年第 11 期。

刘源：《也谈甲骨文中的"萑"、"蘿"》，《北京晚报》2002 年 12 月 2 日。

刘源：《从国博所藏甲骨谈殷墟王卜辞中的子某》，中国国家博物馆编《中国国家博物馆馆藏文物研究丛书·甲骨卷》，上海古籍出版社 2007 年版。

刘源：《商周祭祖礼研究》，商务印书馆 2004 年版。

刘煜、岳占伟：《殷墟陶范的材料及处理工艺的初步研究》，中国社会科学院考古研究所考古科技中心编《科技考古》第一辑，中国社会科学出版社 2005 年版。

刘煜：《殷墟青铜器制作工艺的技术演进》，中国社会科学院考古研究所考古科技中心编《科技考古》第一辑，中国社会科学出版社 2005 年版。

刘嘉玉、徐基：《大辛庄遗址甲骨特征及其与台西、殷墟甲骨的比较研究》，宋镇豪、肖先进主编《夏商周文明研究之五·殷商文明暨纪念三星堆遗址发现七十周年国际学术研讨会论文集》，社会科学文献出版社 2003 年版。

刘毓庆：《雅颂新考》，山西高校联合出版社 1996 年版。

刘毅：《商周印纹硬陶与原始瓷器研究》，《华夏考古》2003 年第 3 期。

吕大吉：《宗教学通论新编》，中国社会科学出版社 1998 年版。

吕文郁：《西周王畿殷商遗民考略》，《第二次西周史学术讨论会论文汇编》1992 年。

吕文郁：《周代王畿考述》，《人文杂志》1992 年第 2 期。

吕承瑞：《殷虚骨柶形制之分类》，《台湾大学考古人类学刊》1965 年第 25、26 期合刊。

吕厚远、王永吉：《植物硅酸体的研究及在青岛三千多年来古环境解释中的应用》，《科学通报》1989 年第 19 期。

吕思勉：《释亳》，《光华大学半月刊》1933 年第 2 卷第 3 期。

吕思勉：《自契至于成汤八迁考》，《群雅》1941 年第 2 集第 2 卷。

吕思勉：《先秦史》，上海古籍出版社 1982 年版。

吕思勉：《吕思勉读史札记》，上海古籍出版社 1982 年版。

吕思勉：《中国制度史》，上海教育出版社 1985 年版。

吕振羽：《殷周时代的中国社会》，生活·读书·新知三联书店 1962 年版。

吕振羽：《简明中国通史》，人民出版社 1955 年版。

吕智荣：《试论陕晋北部黄河两岸出土的商代青铜器及有关问题》，《中国考古学研究论集——纪念夏鼐先生考古五十周年》，三秦出版社 1987 年版。

吕智荣：《陕西清涧李家崖古城址陶文考释》，《文博》1987 年第 3 期。

吕智荣：《从考古资料试论商周的刖刑》，《文物研究》1989 年第 5 期。

吕智荣：《试论李家崖文化的几个问题》，《考古与文物》1989 年第 4 期。

吕智荣：《李家崖古城 AF1 建筑遗址初探》，《周秦文化研究》编委会编《周秦文化研究》，陕西人民出版社 1998 年版。

吕骥：《从原始氏族社会到殷代的几种陶埙探索我国五声音阶的形成年代》，《文物》1978 年第 10 期。

劳伯敏：《一支七千年前的船桨》，《光明日报》1981 年 1 月 12 日。

李文杰：《垣曲商城陶器的制作工艺》，《垣曲商城：1985—1986 年度勘察报告》附录Ⅱ，科学出版社 1996 年版。

李长傅：《禹贡释地》，中州书画社 1982 年版。

李民：《〈尚书〉与古史研究》，河南人民出版社 1981 年版；又增订本，中州书画社 1983 年版。

李民：《关于商族的起源——从〈尧典〉说起》，《郑州大学学报》（哲学社会科学版）1984 年第 1 期。

李民：《豫北是商族早期活动的历史舞台》，《殷都学刊》1984 年第

2 期。

李民：《南亳、北亳与西亳的纠葛》，《夏商史探索》，河南人民出版社1985 年版。

李民：《高宗"亮阴"与武丁之治》，《历史研究》1987 年第 2 期。

李民：《殷墟的生态环境与盘庚迁都》，《历史研究》1991 年第 1 期。

李民：《关于商王朝的经济域限》，王宇信、宋镇豪、孟宪武主编《2004 年安阳殷商文明国际学术研讨会》，社会科学文献出版社2004 年版。

李民：《〈汉书·贾捐之传〉所见商代疆域考》，《历史研究》2006 年第5 期。

李民：《中国古代文明的起源与进程》，线装书局2008 年版。

李民、朱桢：《祖乙迁邢与卜辞井方》，《郑州大学学报》（哲学社会科学版）1989 年第 6 期。

李民、朱桢：《商代祖乙迁都考辨》，《邢台历史文化论丛》，河北人民出版社1990 年版。

李民、张国硕：《夏商周三族源流探索》，河南人民出版社1998 年版。

李民主编：《殷商社会生活史》，河南人民出版社1993 年版。

李玉林：《吴城商代龙窑》，《考古》1989 年第 1 期。

李立新：《甲骨文中所见祭名研究》，中国社会科学院研究生院博士学位论文，2003 年。

李立新：《甲骨文"□"字考释与洹北商城 1 号宫殿基址性质探讨》，《中国历史文物》2004 年第 1 期。

李乔生：《湖南宁乡出土商代大铜铙》，《文物》1997 年第 12 期。

李亚农：《殷契杂识》，《中国考古学报》第 5 册第 1、2 分合，1951 年。

李亚农：《中国的奴隶制与封建制》，华东人民出版社1954 年版。

李亚农：《殷代社会生活》，上海人民出版社1959 年版。

李亚农：《欣然斋史论集》，上海人民出版社1962 年版。

李亚农：《李亚农史论集》，上海人民出版社1964 年版。

李刚：《中国古代龙窑结构述要》，《中国文物报》2004 年 12 月 10 日。

李宇峰：《西江河流域原始农业考古概述》，《农业考古》1986 年第1 期。

李延祥：《中条山古铜矿冶遗址初步考察研究》，《文物季刊》1993 年第 2 期。

李成瑞：《中国人口普查和结果分析》，中国财政经济出版社 1987 年版。

李百勤：《山西平陆前庄商代遗址清理简报》，《文物季刊》1994 年第 1 期。

李伯谦：《安阳殷墟五号墓的年代问题》，《考古》1979 年第 2 期。

李伯谦：《试论吴城文化》，《文物集刊》（3），文物出版社 1981 年版。

李伯谦：《城固铜器群与早期蜀文化》，《考古与文物》1983 年第 2 期。

李伯谦：《二里头类型的文化性质与族属》，《文物》1986 年第 6 期。

李伯谦：《先商文化探索》，《庆祝苏秉琦考古五十五年论文集》，文物出版社 1989 年版。

李伯谦：《论夏家店下层文化》，《纪念北京大学考古专业三十周年论文集（1952—1982）》，文物出版社 1990 年版。

李伯谦：《夏文化与先商文化关系探讨》，《中原文物》1991 年第 1 期。

李伯谦：《对三星堆文化若干问题的认识》，《考古学研究》（三），科学出版社 1997 年版。

李伯谦：《中国青铜文化结构体系研究·从灵石旌介商墓的发现看晋陕高原青铜文化的归属》，科学出版社 1998 年版。

李伯谦：《从灵石旌介商墓的发现看晋陕高原青铜文化的归属》，《中国青铜文化结构体系研究》，科学出版社 1998 年版。

李伯谦：《商文化论集》（上、下），文物出版社 2003 年版。

李伯谦、郑杰祥：《后李商代墓葬族属试析》，《中原文物》1981 年第 4 期。

李孝定：《甲骨文字集释》（全八册），中央研究院历史语言研究所专刊之五十，1965 年。

李孝聪：《中国区域历史地理》，北京大学出版社 2004 年版。

李寿林：《史记殷本纪疏证》，岛邦男《殷墟卜辞研究》中译本附册，台北鼎文书局 1975 年版。

李纯一：《关于殷钟的研究》，《考古学报》1957 年第 3 期。

李纯一：《原始时代和商代的陶埙》，《考古学报》1964 年第 1 期。

李纯一：《中国上古出土乐器综论》，文物出版社 1996 年版。

李凯：《试论作册般鼋与晚商射礼》，《中原文物》2007 年第 3 期。

李学勤：《评陈梦家〈殷虚卜辞综述〉》，《考古学报》1957 年第 3 期。

李学勤：《殷代地理简论》，科学出版社 1959 年版。

李学勤：《新出青铜器研究》，文物出版社 1990 年版。

李学勤：《比较考古学随笔》，中华书局（香港）有限公司 1991 年版。

李学勤：《周易经传溯源》，长春出版社 1992 年版。

李学勤：《走出疑古时代》，辽宁大学出版社 1994 年版。

李学勤：《古文献丛论》，上海远东出版社 1996 年版。

李学勤：《失落的文明》，上海文艺出版社 1997 年版。

李学勤：《缀古集》，上海古籍出版社 1998 年版。

李学勤：《四海寻珍》，清华大学出版社 1998 年版。

李学勤：《夏商周年代学札记》，辽宁大学出版社 1999 年版。

李学勤：《重写学术史》，河北教育出版社 2002 年版。

李学勤：《中国古代文明十讲》，复旦大学出版社 2003 年版。

李学勤：《中国古代文明研究》，华东师范大学出版社 2005 年版。

李学勤：《文物中的古文明》，商务印书馆 2008 年版。

李学勤主编：《中国美术全集·青铜器》（上），文物出版社 1985 年版。

李学勤主编：《中国古代文明与国家形成研究》，云南人民出版社 1997 年版。

李学勤、艾兰：《欧洲所藏中国青铜器遗珠》，文物出版社 1995 年版。

李学勤、彭裕商：《殷墟甲骨文分期研究》，上海古籍出版社 1996 年版。

李宗山、尹晓燕：《河北省迁安县出土两件商代铜器》，《文物》1995 年第 6 期。

李宗焜：《卜辞所见一日内时称考》，《中国文字》新 18 期，台北艺文印书馆 1994 年版。

李宗焜：《从甲骨文看商代的疾病与医疗》，《中央研究院历史语言研究所集刊》第 72 本第 2 分，2001 年。

李宗焜：《当甲骨遇上考古——导览 YH127 坑》，中央研究院历史语言研究所，2006 年。

李宗焜：《数字卦与阴阳爻》，《中央研究院历史语言研究所集刊》第 77 本第 2 分，2006 年。

李宗焜：《陶拍与卦序》，《中国文字》新 31 期，台北艺文印书馆 2006 年版。

李宗焜：《卜辞中的"望乘"——兼释"比"的辞意》，《古文字与古代史》第一辑，中央研究院历史语言研究所，2007 年。

李绍连：《关于商王国的政体问题——王国疆域的考古佐证》，《中原文物》1999 年第 2 期。

李经汉：《郑州二里岗商文化的来源及其相关问题的讨论》，《中原文物》1983 年第 3 期。

李恒贤：《江西古农具定名初探》，《农业考古》1982 年第 1 期。

李济、万家宝：《殷虚出土青铜觚形器之研究》，中央研究院历史语言研究所，1964 年。

李济、万家宝：《殷虚出土青铜爵形器之研究》，中央研究院历史语言研究所，1966 年。

李济、万家宝：《殷虚出土斝形器之研究》，中央研究院历史语言研究所，1968 年。

李济、万家宝：《殷虚出土鼎形器之研究》，中央研究院历史语言研究所，1970 年。

李济、万家保：《殷虚出土伍拾叁件青铜容器之研究》，中央研究院历史语言研究所，1972 年。

李济、梁思永、董作宾等：《城子崖——山东历城县龙山镇之黑陶文化遗址》，中央研究院历史语言研究所，1934 年。

李济：《民国十八年秋季发掘殷墟之经过及其重要发现》，《安阳发掘报告》第二册，1930 年。

李济：《俯身葬》，《安阳发掘报告》第 3 期，1931 年。

李济：《殷墟铜器五种及其相关问题》，《中央研究院历史语言研究所集刊外编第一种：庆祝蔡元培先生六十五岁论文集》，1933 年。

李济：《安阳最近发掘报告及六次工作之总估计》，《安阳发掘报告》第四册，1933 年。

李济：《跪坐、蹲居和箕踞》，《中央研究院历史语言研究所集刊》第 24 本，1953 年。

李济：《殷虚器物甲编·陶器》（上辑），中央研究院历史语言研究所，1956 年。

李济：《安阳遗址出土之狩猎卜辞、动物遗骸与装饰文样》，《台湾大学考古人类学刊》第9、10期合刊，1957年。

李济：《笄形八类及其文饰之演变》，《中央研究院历史语言研究所集刊》第30本上册，1959年。

李济：《再谈中国上古史的重建问题》，《中央研究院历史语言研究所集刊》第33本，1962年。

李济：《安阳发掘与中国古史问题》，《中央研究院历史语言研究所集刊》第40本下，1969年。

李济：《殷文化的渊源及其演变》，《台湾大学考古人类学刊》第42期，1977年。

李济：《殷墟有刃石器图说》，《李济考古学论文集》（上），台北联经出版事业公司1977年版。

李济：《中国上古史之重建及其问题》，韩复智编《中国通史论文选辑》（上），台北南天书局1984年版。

李济：《殷虚出土的工业成绩》，《中国上古史待定稿》第二本《殷商篇》，中央研究院历史语言研究所，1985年。

李济：《安阳》，河北教育出版社2000年版。

李健民：《商代的青铜矛》，中国社会科学院考古研究所编《中国商文化国际学术讨论会论文集》，中国大百科全书出版社1998年版。

李圃：《甲骨文选注》，上海古籍出版社1989年版。

李家和：《亚雀考》，《中国文物报》1998年12月29日。

李家和：《江西商文化遗存的发现与研究》，载中国社会科学院考古研究所编《中国商文化国际学术讨论会论文集》，中国大百科全书出版社1998年版。

李家治：《中国古代陶器和瓷器工艺发展过程的研究》，《考古》1978年第3期。

李恩玮：《商王祖乙居邢建都新考》，王宇信、宋镇豪主编《纪念殷墟甲骨文发现一百周年国际学术研讨会论文集》，社会科学文献出版社2003年版。

李恩玮、石从枝：《邢台商周遗址简论》，王宇信、宋镇豪、孟宪武主编《2004年安阳殷商文明国际学术研讨会》，社会科学文献出版社2004年版。

李晓岑：《从铅同位素比值试析商周时期青铜器的矿料来源》，《考古与文物》2002 年第 2 期。

李根蟠、黄崇岳、卢勋：《原始畜牧业起源和发展若干问题探索》，《农史研究》第 5 辑，1985 年。

李根蟠、黄崇岳、卢勋：《中国原始社会经济研究》，中国社会科学出版社 1987 年版。

李烨、张历文：《洋县出土殷商铜器简报》，《文博》1996 年第 6 期。

李敏生：《先秦用铅的历史概况》，《文物》1984 年第 10 期。

李敏生、黄素英、季连琪：《殷墟金属器物理成分的测定报告》（二），《考古学集刊》第 4 集，中国社会科学出版社 1984 年版。

李维明：《小双桥商文化遗存分析》，《殷都学刊》1998 年第 2 期。

李维明：《从二里头文化晚期遗存与先商文化异同看其性质归属》，《华夏考古》1994 年第 3 期。

李维明：《先商文化渊源与播化》，《三代文明研究（一）——1998 年河北邢台中国商周文明国际学术研讨会论文集》，科学出版社 1999 年版。

李维明：《关于先商文化诸类型的相应年代》，《中州学刊》1990 年第 6 期。

李雪山：《商朝分封制度研究》，中国社会科学出版社 2004 年版。

李朝远：《西周土地关系论》，上海人民出版社 1997 年版。

李棪：《殷墟斫头坑骷髅与人头骨刻辞》，《中国语文研究》1986 年第 8 期。

李淼、刘方、韩慧君、梁中合：《滕州前掌大马车的复原研究》，中国社会科学院考古研究所考古科技中心编《科技考古》第一辑，中国社会科学出版社 2005 年版。

李零：《苏埠屯的"亚齐"诸器》，《文物天地》1992 年第 6 期。

李德渠：《济宁又见甲骨文》，《中国文物报》2006 年 1 月 11 日。

李璠：《栽培植物的起源》第 5 分册《生物史》，科学出版社 1979 年版。

李璠、李敬仪、卢晔、白品、程华芳：《甘肃民乐东会山新石器遗址古农业遗存新发现》，《农业考古》1989 年第 1 期。

李衡眉：《中国古代婚姻史论集》，吉林文史出版社 1992 年版。

李镜治：《周易通义》，中华书局 1981 年版。

连劭名：《卜辞中的月与星》，《出土文献研究续集》，文物出版社 1989 年版。

连劭名：《殷墟卜辞中的戉和奠》，《殷都学刊》1997 年第 2 期。

连劭名：《殷墟卜辞所见商代的王畿》，《考古与文物》1995 年第 5 期。

连劭名：《甲骨刻辞所见的商代阴阳数术思想》，艾兰、汪涛、范毓周主编《中国古代思维模式与阴阳五行说探源》，江苏古籍出版社 1998 年版。

林乃燊：《中国饮食文化》，上海人民出版社 1989 年版。

林义光：《文源》（十二卷附录二卷），中国社会科学院历史研究所先秦史研究室油印本二册，1981 年版。

林小安：《殷武丁臣属征伐与行祭考》，《甲骨文与殷商史》第 2 辑，上海古籍出版社 1986 年版。

林小安：《殷墟卜辞 字考辨》，《尽心集——张政烺先生八十庆寿论文集》，中国社会科学出版社 1996 年版。

林小安：《殷墟卜辞"凡 疾"考辨》，《揖芬集——张政烺先生九十华诞纪念文集》，社会科学文献出版社 2002 年版。

林甘泉、李祖德、田人隆：《中国古代史分期讨论五十年》（1929—1979），上海人民出版社 1982 年版。

林甘泉：《中国古代土地私有化的具体途径》，《文物与考古论文集》，文物出版社 1987 年版。

林向：《三星堆文化与殷商的西土——兼释殷墟卜辞中的"蜀"的地理位置》，《四川文物》广汉三星堆遗址研究专辑，1989 年。

林向：《殷墟卜辞中的"蜀"——三星堆遗址与殷商的西土》，《殷墟博物苑苑刊》创刊号，中国社会科学出版社 1989 年版。

林向：《三星堆与巴蜀文化区》，《中国文物报》2003 年 8 月 15 日。

林欢：《晚商地理论纲》，中国社会科学院研究生院博士学位论文，2002 年。

林欢：《试论太清宫长子口墓与商周"长"族》，《华夏考古》2003 年第 2 期。

林欢：《夏商时期晋南地区考古学文化与汾洮间古台骀族——兼论"马方"、" "与飞廉及秦赵先祖》，《商承祚教授百年诞辰纪念文集》，文物出版社 2003 年版。

林欢：《晚商"疆域"中的点、面与块》，《中国社会科学院历史研究所学刊》第三集，商务印书馆 2004 年版。

林宏明：《小屯南地甲骨研究》，台湾政治大学 91 学年度博士学位论文，2003 年。

林沄：《从武丁时代的几种"子卜辞"试论商代家族形态》，《古文字研究》第 1 辑，中华书局 1979 年版。

林沄：《甲骨文中的商代方国联盟》，《古文字研究》第 6 辑，中华书局 1981 年版。

林沄：《关于中国早期国家形成的几个问题》，《吉林大学社会科学学报》1986 年第 6 期。

林沄：《商代兵制管窥》，《吉林大学社会科学学报》1990 年第 1 期。

林沄：《林沄学术文集》，中国大百科全书出版社 1998 年版。

林沄：《长子口墓不是微子墓》，《黄盛璋先生八秩华诞纪念文集》，中国教育文化出版社 2005 年版。

林沄：《花东子卜辞所见人物研究》，《古文字与古代史》第一辑，中央研究院历史语言研究所，2007 年。

林沄：《林沄学术文集》（二），科学出版社 2008 年版。

林胜祥：《〈殷虚文字甲编〉新缀二十六例》，第七届中国训诂学全国学术研讨会论文，台湾政治大学中文系，2005 年。

林海俊：《甲骨文农业刻辞探论》，中山大学中文系硕士学位论文，1999 年。

林耀华主编：《原始社会史》，中华书局 1984 年版。

罗二虎等：《成都指挥街遗址孢粉分析研究》，《南方民族考古》第 2 辑，四川科技出版社 1989 年版。

罗平：《河北磁县下七垣出土殷代青铜器》，《文物》1974 年第 11 期。

罗西章：《扶风白家窑水库出土的商周文物》，《文物》1977 年第 12 期。

罗西章等：《陕西扶风出土西周伯㡃诸器》，《文物》1976 年第 6 期。

罗明：《三星堆和金沙古金器"射鱼纹"之管见》，《中国文物报》2004 年 7 月 9 日。

罗祖基：《对商纣的重新评价》，《齐鲁学刊》1988 年第 3 期。

罗振玉：《殷商贞卜文字考》，玉简斋石印本，1910 年。

罗振玉：《殷虚书契考释》，王国维手书石印本，1915 年；又增订本，东方学会石印本，1927 年。

罗振玉：《殷虚书契待问编》，石印本，1916 年。

罗振玉：《贞松堂集古遗文》，石印本，1930 年。

罗振玉编：《三代吉金文存》（全三册），中华书局 1983 年版（简称《三代》）。

罗彬柯：《小议郑州南关外期商文化》，《中原文物》1982 年第 2 期。

罗琨：《商代人祭及其相关问题》，《甲骨探史录》，生活·读书·新知三联书店 1982 年版。

罗琨：《"高宗伐鬼方"史迹考辨》，胡厚宣主编《甲骨文与殷商史》，上海古籍出版社 1983 年版。

罗琨：《殷墟卜辞中的高祖与商人的传说时代》，胡厚宣主编《全国商史讨论会论文集》，殷都学刊增刊，1985 年。

罗琨等：《从我国早期畜牧民的产生看第一次社会大分工》，《历史研究》1988 年第 5 期。

罗琨：《释家》，《古文字研究》第 17 辑，中华书局 1989 年版。

罗琨：《二里头文化南渐与伐三苗史迹索隐》，中国先秦史学会、洛阳第二文物工作队编《夏文化研究论集》，中华书局 1996 年版。

罗琨：《试析"登妇好三千"》，吴荣曾主编《尽心集——张政烺先生八十庆寿论文集》，中国社会科学出版社 1996 年版。

罗琨：《殷卜辞中高祖王亥史迹寻绎》，《胡厚宣先生纪念文集》，科学出版社 1998 年版。

罗琨：《从〈世俘〉探索武王伐商日谱》，《周秦文化研究》，山西人民出版社 1998 年版。

罗琨：《夏墟大夏考》，张政烺先生九十华诞纪念文集《揖芬集》，社会科学文献出版社 2002 年版。

罗琨：《殷墟卜辞中的亳——兼说汤始居亳》，《九州》第三辑，商务印书馆 2003 年版。

罗琨：《"汤始居亳"再探讨》，宋镇豪、肖先进主编《夏商周文明研究之五·殷商文明暨纪念三星堆遗址发现七十周年国际学术研讨会论文集》，社会科学文献出版社 2003 年版。

罗琨：《卜辞滴水探研》，《考古学研究》（五），科学出版社 2003

年版。

罗琨：《甲骨文"阒"字探析——兼说卜辞中的"鹑火"》，《古文字研究》第 25 辑，中华书局 2004 年版。

罗琨：《殷墟卜辞中的"先"与"失"》，《古文字研究》第 26 辑，中华书局 2006 年版。

罗琨：《商代亘方考》，中国社会科学院考古研究所编《二十一世纪中国考古学——庆祝佟柱臣先生八十三华诞学术文集》，文物出版社 2006 年版。

罗琨、张永山：《夏商西周军事史》，《中国军事通史》第一卷，中国军事科学出版社 1998 年版。

罗福颐：《商代青铜器铭文确征例证》，《古文字研究》第 11 辑，中华书局 1985 年版。

临汝文化馆：《临汝阎村新石器时代遗址调查》，《中原文物》1981 年第 1 期。

临沂文物收集组：《山东苍山县出土青铜器》，《文物》1965 年第 7 期。

洛阳市文物工作队：《河南洛阳吉利东杨村遗址》，《考古》1983 年第 2 期。

洛阳市文物工作队：《1975—1979 年洛阳北窑西周铸铜遗址的发掘》，《考古》1983 年第 5 期。

洛阳市文物工作队：《洛阳东关五座西周墓的清理》，《文物》1984 年第 3 期。

洛阳市文物工作队：《洛阳皂角树——1992—1993 年洛阳皂角树二里头文化聚落遗址发掘报告》，科学出版社 2002 年版。

洛阳市文物管理委员会：《洛阳市北窑庞家沟出土西周青铜器》，《文物》1964 年第 9 期。

洛阳市地方史志编辑委员会编：《洛阳市志》第二卷《自然环境志》，中州古籍出版社 2000 年版。

洛阳博物馆：《洛阳北窑西周墓清理记》，《考古》1972 年第 2 期。

洛阳博物馆：《洛阳发现西周前期青铜器铸造遗址》，《文物特刊》1977 年第 35 期。

洛阳博物馆：《洛阳北窑西周遗址 1974 年度发掘简报》，《文物》1981 年第 7 期。

凌纯声：《中国酒之起源》，《中央研究院历史语言研究所集刊》第 29 本下册《庆祝赵元任先生六十五岁论文集》，1957 年。

凌纯声：《古代中国与太平洋区的犬祭》，《中央研究院民族学研究所集刊》1957 年第 3 期。

凌纯声：《中国祖庙的起源》，《中央研究院民族学研究所集刊》1959 年第 7 期。

凌纯声：《中国古代神主与阴阳性器崇拜》，《中央研究院民族学研究所集刊》1959 年第 8 期。

凌纯声：《匕鬯与醴柶考》，《中央研究院民族学研究所集刊》1961 年第 12 期。

凌纯声：《中国古代社之源流》，《中央研究院民族学研究所集刊》1964 年第 17 期。

凌纯声：《卜辞中社之研究》，《台湾大学考古人类学刊》第 25、26 期合刊《庆祝李济先生七十岁论文集》，1965 年。

凌纯声：《中国的封禅与两河流域的昆仑文化》，《中央研究院民族学研究所集刊》1965 年第 19 期。

凌纯声：《中国古代的龟祭文化》，《中央研究院民族学研究所集刊》1971 年第 31 期。

栾丰实：《龙山文化王油坊类型初论》，《考古》1992 年第 10 期。

栾丰实：《试论岳石文化与郑州地区早商文化的关系——兼论商族起源问题》，《华夏考古》1994 年第 4 期。

栾丰实：《东夷考古》，山东大学出版社 1996 年版。

栾丰实：《商时期鲁北地区的夷人遗存》，《三代文明研究（一）——1998 年河北邢台中国商周文明国际学术研讨会论文集》，科学出版社 1999 年版。

梁思永、高去寻：《侯家庄第二本·1001 号大墓》，中央研究院历史语言研究所，1962 年。

梁思永、高去寻：《侯家庄第三本·1002 号大墓》，中央研究院历史语言研究所，1965 年。

梁思永、高去寻：《侯家庄第四本·1003 号大墓》，中央研究院历史语言研究所，1967 年。

梁思永、高去寻：《侯家庄第六本·1217 号大墓》，中央研究院历史语言研究所，1968 年。

梁思永、高去寻：《侯家庄第五本·1004 号大墓》，中央研究院历史语言研究所，1970 年。

梁思永、高去寻：《侯家庄第七本·1500 号大墓》，中央研究院历史语言研究所，1974 年。

梁思永、高去寻：《侯家庄第八本·1550 号大墓》，中央研究院历史语言研究所，1976 年。

梁思永、高去寻：《侯家庄第九本·1129、1400、1443 号大墓》，中央研究院历史语言研究所，1996 年。

梁思永：《后岗发掘小记》，《安阳发掘报告》1933 年第 4 期。

梁思永：《国立中央研究院参加教育部第二次全国展览会出品目录》，《燕京学报》1937 年第 21 期。

梁思永：《梁思永考古学论文集》，科学出版社 1959 年版。

梁景津：《广西出土的青铜器》，《文物》1978 年第 10 期。

梁德光：《江西遂川出土一件铜卣》，《文物》1986 年第 5 期。

鲁实先：《殷契新诠》（之一），《幼狮学报》第 3 卷第 1 期，1960 年。

蓝万里：《我国 9000 年前已开始酿制米酒》，《中国文物报》2004 年 12 月 15 日。

蔺新建：《先商文化探源》，《北方文化》1985 年第 2 期。

M

马世之：《商族图腾崇拜及其名称的由来》，《殷都学刊》1986 年第 1 期。

马世之：《试论商代的城址》，《中国考古学会第五次年会论文集》，文物出版社 1988 年版。

马世之：《中原古国历史与文化》，大象出版社 1998 年版。

马汉麟：《关于甲骨卜旬的问题》，《南开大学学报》（人文科学版）1956 年第 1 期。

马汉麟：《论武丁时代的祀典刻辞》，《南开大学学报》（人文科学版）1956 年第 2 期。

马汉麟：《马汉麟语言文字学论集》，商务印书馆 1993 年版。

马季凡：《关于虎食人卣的定名》，《中国文物报》2001 年 2 月 28 日。

马季凡：《"贝玉"不是商代人的葬具——读姚朔民的〈"具乃贝玉"新说〉》，王宇信、宋镇豪主编《2004 年安阳殷商文明国际学术研讨会论文集》，社会科学文献出版社 2004 年版。

马季凡：《商代中期的人祭制度研究——以郑州小双桥商代遗址的人祭遗存为例》，《中原文物》2004 年第 3 期。

马学良：《云南彝族礼俗研究文集》，四川民族出版社 1983 年版。

马保春：《由楚简〈容成氏〉看汤伐桀的地理问题》，《中国历史文物》2004 年第 5 期。

马承源：《商周青铜双音钟》，《考古学报》1981 年第 1 期。

马承源主编：《上海博物馆藏青铜器》，上海人民出版社 1964 年版。

马承源主编：《中国青铜器》，上海古籍出版社 1988 年版。

马承源：《西周金文和周历的研究》，《周公摄政和周初史事论集》，北京图书馆出版社 1998 年版。

马承源：《亢鼎铭文——西周早期用贝币交换玉器的记录》，《上海博物馆集刊》第 8 期，上海书画社 2000 年版。

马承源主编：《上海博物馆藏战国楚竹书》（一），上海古籍出版社 2001 年版。

马承源主编：《上海博物馆藏战国楚竹书》（二），上海古籍出版社 2002 年版。

马承源主编：《上海博物馆藏战国楚竹书》（三），上海古籍出版社 2003 年版。

马承源主编：《上海博物馆藏战国楚竹书》（四），上海古籍出版社 2004 年版。

马承源主编：《上海博物馆藏战国楚竹书》（五），上海古籍出版社 2006 年版。

马承源主编：《上海博物馆藏战国楚竹书》（六），上海古籍出版社 2007 年版。

马承源主编：《上海博物馆藏战国楚竹书》（七），上海古籍出版社 2008 年版。

马玺伦等：《山东沂水发现商代青铜器》，《文物》1989 年第 11 期。

马继兴、周世荣：《考古发掘中所见砭石的初步探讨》，《文物》1978 年第 11 期。

马继兴：《台西村商墓中出土的医疗器具砭镰》，《文物》1979 年第6 期。

马继贤：《广汉月亮湾遗址发掘追记》，《南方民族考古》第 5 辑，四川科学技术出版社 1992 年版。

马德志、周永珍、张云鹏：《一九五三年安阳大司空村发掘报告》，《考古学报》第九册，1955 年。

毛振伟等：《先秦青铜器 X 射线荧光光谱分析》，《考古学集刊》第 13集，中国大百科全书出版社 2002 年版。

毛燮均、颜訚：《安阳辉县殷代人牙的研究报告》（一、续），《古脊椎动物与古人类》1959 年第 1 卷第 2、4 期。

牟钟鉴、张践：《中国宗教通史》，社会科学文献出版社 2000 年版。

孟世凯：《甲骨文小辞典》，上海辞书出版社 1987 年版。

孟世凯：《甲骨文中井方新考》，《邢台历史文化论丛》，河北人民出版社 1990 年版。

孟世凯：《商代"北土"与氏族初探》，《河北学刊》1991 年第 6 期。

孟世凯：《商人对西周社会经济的贡献》，《第二次西周史学术讨论会论文汇编》，1992 年。

孟世凯：《妇井与井方》，《王玉哲先生八十寿辰纪念文集》，南开大学出版社 1994 年版。

孟宪武、李贵昌：《殷墟出土的玉璋朱书文字》，《华夏考古》1997 年第 2 期。

孟宪武、李贵昌：《殷墟北徐家桥村四合院式建筑基址考察》，王宇信、宋镇豪主编《2004 年安阳殷商文明国际学术研讨会论文集》，社会科学文献出版社 2004 年版。

孟宪武：《殷墟南区墓葬发掘综述——兼谈几个相关的问题》，《中原文物》1986 年第 3 期。

孟宪武：《安阳殷墟考古研究》，中州古籍出版社 2003 年版。

孟宪武：《商代筮卦的几组文物》，《安阳殷墟考古研究》，中州古籍出版社 2004 年版。

孟昭永、赵立国：《河北滦县出土晚商青铜器》，《考古》1994 年第 4 期。

孟繁峰：《曼葭及井陉的开通》，《文物春秋》1992 年增刊。

蒙文通：《古地甄微》，巴蜀书社 1998 年版。

缪文远：《周原甲骨所见诸方国考略》，《古文字研究论文集》四川大学学报丛刊，第十辑，1982 年。

N

内蒙古自治区文物考古研究所等：《朱开沟——青铜时代早期遗址发掘报告》，文物出版社 2000 年版。

宁可：《试论中国封建社会的人口问题》，《中国史研究》1980 年第 1 期。

南京博物院：《江苏铜山丘湾古遗址的发掘》，《考古》1973 年第 2 期。

聂玉海：《试释"盘庚之政"》，《全国商史学术讨论会论文集》，殷都学刊增刊，1985 年。

P

潘其风：《我国青铜时代居民人种类型的分布和演变趋势》，《庆祝苏秉琦考古五十五年论文集》，文物出版社 1989 年版。

庞朴：《"五月丙午"与"正月丁亥"》，《文物》1979 年第 6 期。

逄振镐：《山东境内的商诸侯国与姓氏》，《夏商文明研究·'97 山东桓台中国殷商文明国际学术讨论会论文集》，中国文联出版社 1999 年版。

彭子成、王兆荣、孙卫东等：《盘龙城商代青铜器铅同位素示踪研究》，《盘龙城》附录四，文物出版社 2001 年版。

彭子成等：《铅同位素比值法在考古研究中的应用》，《考古》1985 年第 11 期。

彭子成等：《赣鄂皖诸地古代矿料去向的初步研究》，《考古》1997 年第 7 期。

彭子成等：《赣鄂豫地区商代青铜器和部分铜铅矿料来源的初探》，《自然科学史研究》1999 年第 18 卷第 3 期。

彭邦本：《武王之世分封的初步探讨》，《第二次西周史学术讨论会论文汇编》，1992 年。

彭邦炯：《竝器、竝氏与并州》，《考古与文物》1981 年第 3 期。

彭邦炯：《卜辞"作邑"蠡测》，《甲骨探史录》，生活·读书·新知三联书店 1982 年版。

彭邦炯:《商人卜螽说》,《农业考古》1983年第2期。

彭邦炯:《试论成汤在商族历史上的地位和作用——兼论商人国家的形成过程》,《中国史研究》1987年第1期。

彭邦炯:《曲阜在甲骨文叫什么》,《孔子研究》1987年第1期。

彭邦炯:《商史探微》,重庆出版社1988年版。

彭邦炯:《释卜辞"众人聲"及相关问题》,《殷都学刊》1989年第2期。

彭邦炯:《彭邦炯从"畾"、"屯"论及相关甲骨刻辞——商代畾、屯二氏地望探索》,《考古与文物》1989年第3期。

彭邦炯:《武王伐纣探路——古文献所见武王进军牧野路线考》,《中原文物》1990年第2期。

彭邦炯:《从商代的竹国论及商代北疆诸氏》,《甲骨文与殷商史》第三辑,上海古籍出版社1991年版。

彭邦炯:《西安老牛坡商墓遗存族属新探》,《考古与文物》1991年第6期。

彭邦炯:《从鼓字论及相关地名与国族》,《殷都学刊》1994年第3期。

彭邦炯:《甲骨文农业资料考辨与研究》,吉林文史出版社1997年版。

彭邦炯:《说甲骨文的𡥉和𡥉方》,《中国文字》1998年第24期。

彭邦炯:《从甲骨文的易说到有易与易水》,《殷都学刊》1999年第2期。

彭邦炯:《关于丙、内、入等字及其相关国族地望的探讨》,《古文字研究》第24辑,中华书局2002年版。

彭邦炯:《再说甲骨文的"衍"和"衍方"——附说首人及其地望》,宋镇豪、肖先进主编《夏商周文明研究之五·殷商文明暨纪念三星堆遗址发现七十周年国际学术研讨会论文集》,社会科学文献出版社2003年版。

彭明瀚:《铜与青铜时代中原王朝的南侵》,《江汉考古》1992年第3期。

彭明瀚:《商代虎方文化初探》,《中国史研究》1995年第3期。

彭明瀚:《盘龙城与吴城比较研究》,《江汉考古》1995年第2期。

彭明瀚:《赣江、鄱阳湖区商代文化的区系类型研究——为樟树吴城遗址发掘三十周年而作》,《考古》2004年第3期。

彭明瀚:《吴城文化研究》,文物出版社2005年版。

彭林：《〈周礼〉畿服所见中央与地方的关系》，《史学月刊》1990 年第 5 期。

彭林：《〈周礼〉主体思想与成书年代研究》，中国社会科学出版社 1991 年版。

彭金章、晓田：《殷墟为武丁以来殷之旧都说》，《中国考古学会第五次年会论文集》，文物出版社 1988 年版。

彭柯、朱岩石：《中国古代所用海贝来源新探》，《考古学集刊》第 12 集，中国大百科全书出版社 1999 年版。

彭适凡、华觉民、李仲达：《江西地区早期青铜器冶铸技术的几个问题》，《中国考古学会第四次年会论文集》，文物出版社 1985 年版。

彭适凡：《江西先秦考古》，江西高校出版社 1992 年版。

彭适凡：《新干商代玉器琢制工艺初探》，邓聪编《东亚玉器》（Ⅱ），香港中文大学中国考古艺术研究中心，1998 年。

彭裕商：《殷墟甲骨断代》，中国社会科学出版社 1994 年版。

彭裕商：《谥法探源》，《中国史研究》1999 年第 1 期。

彭裕商：《西周金文中的"贾"》，《考古》2003 年第 2 期。

彭裕商：《周代的殷代遗民》，王宇信、宋镇豪主编《纪念殷墟甲骨文发现一百周年国际学术研讨会论文集》，社会科学文献出版社 2003 年版。

彭裕商：《彭裕商宾组卜辞五次月食的先后次序》，《中原文物》2003 年第 3 期。

彭锦华：《沙市周梁玉桥商代遗址动物骨骸的鉴定与研究》，《农业考古》1988 年第 2 期。

裴文中、李有恒：《藁城台西商代遗址中之兽骨》，河北省文物研究所编《藁城台西商代遗址》附录一，文物出版社 1985 年版。

裴安平：《质疑韩国小鲁里》，《中国文物报》2002 年 3 月 15 日

裴明相：《略谈郑州商代祭祀遗迹》，《中原文物》1987 年第 2 期。

裴明相：《郑州商代王城的布局及其文化内涵》，《中原文物》1991 年第 1 期。

裴明相：《论郑州市小双桥商代前期祭祀遗址》，《中原文物》1996 年第 2 期。

裴琪：《鲁山县发现一批重要铜器》，《文物参考资料》1958 年第 5 期。

濮茅左：《甲骨文中所见的有关孕育字》，《中华医史杂志》1985 年第

1 期。

濮茅左：《商代的骨符》，《第三届国际中国古文字学研讨会论文集》，香港中文大学，1997 年。

Q

乔治·彼得·穆达克：《我们当代的原始民族》，四川省民族研究所，1981 年。

乔栋、李献奇：《从唐代墓志谈西亳》，中国先秦史学会等编《夏文化研究论集》，中华书局 1996 年版。

曲石：《关于我国古代玉器材料问题》，《文物》1987 年第 4 期。

曲石、孙情：《我国新石器时代雕塑人像的研究》，《中原文物》1989 年第 1 期。

曲英杰：《先秦都城复原研究》，黑龙江人民出版社 1991 年版。

曲英杰：《长江古城址》，湖北教育出版社 2004 年版。

曲英杰：《蜀都考》，《中国社会科学院历史研究所学刊》第二集，商务印书馆 2004 年版。

祁延霈：《山东益都苏埠屯出土铜器调查记》，《田野考古报告》（即《中国考古学报》）第 2 册，1947 年。

齐文心、王贵民：《商周文化志》，上海人民出版社 1998 年版。

齐文心：《殷代的奴隶监狱和奴隶暴动——兼甲骨文"圉"、"戎"二字用法的分析》，《中国史研究》创刊号，1979 年。

齐文心：《"六"为商之封国说》，《甲骨探史录》，生活·读书·新知三联书店 1982 年版。

齐文心：《关于商代称王的封国君长的探讨》，《历史研究》1985 年第 2 期。

齐文心：《商殷时期古黄国初探》，《古文字研究》第 12 辑，中华书局 1985 年版。

齐文心：《释羁——对商代驿站的探讨》，《中原文物》1990 年第 3 期。

齐文心：《伊尹、黄尹为二人辨析》，《英国所藏甲骨集》下编上册，中华书局 1991 年版。

齐文心：《庆阳玉戈铭"作册吾"浅析》，《出土文献研究》第 3 辑，中华书局 1998 年版。

齐文心：《释读"沚戛再册"相关卜辞》，王宇信、宋镇豪、孟宪武主编《2004 年安阳殷商文明国际学术研讨会论文集》，社会科学文献出版社 2004 年版。

齐文涛：《概述近年来山东出土的商周青铜器》，《文物》1972 年第 5 期。

齐思和：《西周地理考》，《燕京学报》1946 年第 30 期。

齐思和：《毛诗谷名考》，《燕京学报》1949 年第 36 期。

邱光明：《中国古代度量衡图集》，文物出版社 1984 年版。

邱锋：《中国淡水养鱼史话》，《农业考古》1982 年第 1 期。

屈万里：《舀不戾解》，《六同别录》中册，中央研究院历史语言研究所集刊外编第三种，1945 年。

屈万里：《谥法滥觞于殷代论》，《中央研究院历史语言研究所集刊》第 13 本，1948 年。

屈万里：《易卦源于龟卜考》，《中央研究院历史语言研究所集刊》第 27 本，1956 年。

屈万里：《河字意义的演变》，《中央研究院历史语言研究所集刊》第 30 本上册《中央研究院历史语言研究所集刊三十周年纪念专号》，1959 年。

屈万里：《岳义稽古》，《清华学报》1960 年第 2 卷第 1 期。

屈万里：《甲骨文资料对于书本文献之纠正与补阙》，《大陆杂志》1964 年第 28 卷第 11 期。

屈万里：《史记殷本纪及其他记录中所记载殷商时代的史事》，《台湾大学文史哲学报》1965 年第 14 期。

屈万里：《中国传统古史说之破坏和古代信史的重建》，《书佣论学集》，台北开明书店 1969 年版。

屈万里：《屈万里先生全集》，台北联经出版事业公司 1983 年版。

屈小强、李殿元、段渝主编：《三星堆文化》，四川人民出版社 1993 年版。

青海省文物管理委员会等：《青海都兰县诺木洪塔里他里哈遗址调查与试掘》，《考古学报》1963 年第 1 期。

秋浦：《萨满教研究》，上海人民出版社 1985 年版。

秋浦等：《鄂温克人的原始社会形态》，中华书局 1962 年版。

秦文生：《祖乙迁邢考》，《三代文明研究（一）——1998 年河北邢台中国商周文明国际学术研讨会论文集》，科学出版社 1999 年版。

秦建明、张懋镕：《说㡇》，《考古与文物》1984 年第 6 期。

秦颖等：《安徽省南陵县江木冲古铜矿冶炼遗物自然科学研究及意义》，《东南文化》2002 年第 1 期。

秦颖等：《安徽淮北部分地区出土青铜器的铜矿来源分析》，《东南文化》2004 年第 1 期。

秦颖等：《利用微量元素示踪青铜器矿料来源的实验研究》，《东南文化》2004 年第 5 期。

秦颖、王昌燧、张国茂、杨立新、汪景辉：《皖南古铜矿冶炼产物的输入路线》，《文物》2002 年第 5 期。

秦颖等：《皖南沿江地区部分出土青铜器的铜矿料来源初步研究》，《文物保护与考古科学》2004 年第 16 卷第 1 期。

钱宪和：《古玉之矿物学研究》，邓聪编《东亚玉器》第二册，香港中文大学中国考古艺术研究中心，1998 年。

钱益汇：《浅谈山东发现的商周原始瓷器》，《中国文物报》2001 年 10 月 26 日。

钱穆：《中国古代北方农作物考》，香港《新亚学报》1956 年第 1 卷第 2 期。

钱穆：《中国古代山居考》，《香港新亚书院学术年刊》1963 年第 5 期。

钱穆：《史记地名考》，商务印书馆 2001 年版。

钱穆：《国史大纲》，商务印书馆 2002 年版。

钱穆：《古史地理论丛》，生活·读书·新知三联书店 2004 年版。

裘士京：《江南铜研究——中国古代青铜铜源探索》，黄山书社 2004 年版。

裘锡圭：《读〈安阳新出土的牛胛骨及其刻辞〉》，《考古》1972 年第 5 期。

裘锡圭：《甲骨文中的几种乐器名称——释"庸""豐""鞀"》，《中华文史论丛》第 2 辑，上海古籍出版社 1980 年版。

裘锡圭：《关于商代的宗族组织与贵族和平民两个阶级的初步研究》，《文史》第 17 辑，中华书局 1983 年版。

裘锡圭：《甲骨卜辞中所见的"田"、"牧"、"卫"等职官的研究——

兼论侯甸男卫几种诸侯的起源》,《文史》第 19 辑,中华书局 1983 年版。

裘锡圭:《释殷墟卜辞中与建筑有关的两个词——"门塾"与"𠂤"》,《出土文献研究续集》,文物出版社 1989 年版。

裘锡圭:《殷墟甲骨文字考释七篇》,《湖北大学学报》1990 年第 1 期。

裘锡圭:《释殷墟卜辞中的"卒"和"裨"》,《中原文物》1990 年第 3 期。

裘锡圭:《古文字论集》,中华书局 1992 年版。

裘锡圭:《古代文史研究新探》,江苏古籍出版社 1992 年版。

裘锡圭:《释殷墟卜辞中的"𡉚"、"𡉙"等字》,香港中文大学中文系编《第二届国际中国古文字学术研讨会论文集》,1993 年。

裘锡圭:《说殷墟卜辞的"奠"——试论商人处置服属者的一种方法》,《中央研究院历史语言研究所集刊》第 64 本第 3 分,1993 年。

裘锡圭:《释"衍"、"侃"》,台湾师范大学国文系、中国文字学会编《鲁实先先生学术讨论会论文集》,1993 年。

裘锡圭:《裘锡圭自选集》,大象出版社 1994 年版。

裘锡圭:《文史丛稿——上古思想、民俗与古文字学史》,上海远东出版社 1996 年版。

裘锡圭:《殷墟甲骨文"彗"字补说》,《华学》第二辑,中山大学出版社 1996 年版。

裘锡圭:《殷墟甲骨文考释四篇》,《海上论丛》(二),复旦大学出版社 1998 年版。

裘锡圭:《甲骨文中的见与视》,《甲骨文发现一百周年学术研讨会论文集》,台湾文史哲出版社 1999 年版。

裘锡圭:《关于殷墟卜辞中的所谓"廿祀"和"廿司"》,《文物》1999 年第 12 期。

裘锡圭:《说"𠦒凡有疾"》,《故宫博物院院刊》2000 年第 1 期。

裘锡圭:《从一组卜辞看殷历月的长度和大小月的配置》,《揖芬集——张政烺先生九十华诞纪念论文集》,社会科学文献出版社 2002 年版。

裘锡圭:《中国出土古文献十讲》,复旦大学出版社 2004 年版。

裘锡圭:《"花东子卜辞"和"子组卜辞"中指称武丁的"丁"可能应该读为"帝"》,《黄盛璋先生八秩华诞纪念文集》,中国教育文化出版社

2005 年版。

R

饶宗颐：《殷代贞卜人物通考》，香港大学出版社 1959 年版。

饶宗颐：《殷代易卦及有关占卜诸问题》，《文史》第 20 辑，中华书局 1983 年版。

饶宗颐：《妇好墓铜器玉器所见氏姓方国小考》，《古文字研究》第 12 辑，中华书局 1985 年版。

饶宗颐：《由〈尚书〉"余弗子"论殷代为妇子卜命名之礼俗》，《古文字研究》第 16 辑，中华书局 1989 年版。

饶宗颐主编：《甲骨文通检·第一分册·先公、先王、先妣、贞人》，香港中文大学出版社 1989 年版。

饶宗颐主编：《甲骨文通检·第二分册·地名》，香港中文大学出版社 1994 年版。

饶宗颐主编：《甲骨文通检·第三分册·天文气象》，香港中文大学出版社 1995 年版。

饶宗颐主编：《甲骨文通检·第四分册·职官人物》，香港中文大学出版社 1995 年版。

饶宗颐主编：《甲骨文通检·第五分册·田猎》，香港中文大学出版社 1998 年版。

饶宗颐：《饶宗颐二十世纪学术文集》（全 14 卷 20 册），台湾新文丰出版公司 2003 年版。

任式楠：《长江中游新石器时代的显著成就和特色文化现象》，《中国社会科学院古代文明研究中心通讯》2003 年第 6 期。

任伟：《西周封国考疑》，社会科学文献出版社 2004 年版。

任相宏：《泰沂山脉北侧商文化遗存之管见》，《夏商文明研究·'97 山东桓台中国殷商文明国际学术讨论会论文集》，中国文联出版社 1999 年版。

任相宏：《从泰沂山脉北侧的商文化遗存看商人东征》，《中国文物报》1997 年 11 月 23 日。

任相宏：《山东长清县仙人台周代墓地及其相关问题初探》，《考古》1998 年第 9 期。

任亚珊、郭瑞海、贾金标：《1993—1997 年邢台葛家庄先商遗址、两周贵族墓地考古工作的主要收获》，《三代文明研究（一）——1998 年河北邢台中国商周文明国际学术研讨会论文集》，科学出版社 1999 年版。

容庚、张维持：《殷周青铜器通论》，科学出版社 1958 年版。

S

上海博物馆青铜器研究组编：《商周青铜器纹饰》，文物出版社 1984 年版。

上海博物馆编：《练形神冶莹质良工——上海博物馆藏铜镜精品》，上海书画出版社 2005 年版。

山东大学历史系考古专业等：《1984 年秋济南大辛庄遗址试掘述要》，《文物》1995 年第 6 期。

山东大学历史系考古教研室编著：《泗水尹家城》，文物出版社 1990 年版。

山东大学东方考古研究中心、山东省文物考古研究所、济南市考古所：《济南市大辛庄遗址出土商代甲骨文》，《考古》2003 年第 6 期。

山东大学东方考古研究中心等：《济南市大辛庄商代居址与墓葬》，《考古》2004 年第 7 期。

山东文物考古研究所：《曲阜鲁国故城》，文物出版社 1983 年版。

山东省文物考古研究所、青州市博物馆：《青州市苏埠屯商代墓地发掘报告》，《海岱考古》第一辑，山东大学出版社 1989 年版。

山东省文物考古研究所：《前进中的十年》，《文物考古工作十年（1979—1989）》，文物出版社 1991 年版。

山东省文物考古研究所：《山东考古的世纪回顾与展望》，《考古》2000 年第 10 期。

山东省文物考古研究所等：《山东阳谷景阳岗龙山文化城址调查与试掘》，《考古》1997 年第 5 期。

山东省文物考古研究所等：《青州市凤凰台遗址发掘》，《海岱考古》第一辑，山东大学出版社 1989 年版。

山东省文物管理处、山东省博物馆：《山东文物选集——普查部分》，文物出版社 1959 年版。

山东省文物管理处：《山东济南大辛庄商代遗址勘查纪要》，《文物》

1959 年第 11 期。

山东省文物管理处：《济南大辛庄遗址试掘简报》，《考古》1959 年第 4 期。

山东省文物管理委员会等：《大汶口》，文物出版社 1974 年版。

山东省昌潍地区文物管理处：《胶县西庵遗址调查试掘简报》，《文物》1977 年第 4 期。

山东省烟台地区文物管理委员会：《烟台市上夼村出土畟国铜器》，《考古》1983 年第 4 期。

山东省博物馆：《山东长青出土的青铜器》，《文物》1964 年第 4 期。

山东省博物馆：《山东益都苏埠屯第一号奴隶殉葬墓》，《文物》1972 年第 8 期。

山西考古研究所、夏县博物馆：《夏县东阴村遗址发掘报告》，《考古与文物》2001 年第 6 期。

山西省文物工作委员会：《建国以来山西省考古和文物保护工作的成果》，《文物考古工作三十年》，文物出版社 1979 年版。

山西省文物管理委员会：《山西长子的殷周文化遗存》，《文物》1959 年第 2 期。

山西省文物管理委员会保管组：《山西石楼县二郎坡出土商周铜器》，《文物参考资料》1958 年第 1 期。

山西省考古研究所晋东南工作站：《长治小常乡小神遗址》，《考古学报》1996 年第 1 期。

山西省考古研究所、灵石县文化局：《山西灵石旌介村商墓》，《文物》1986 年第 11 期。

山西省考古所编著：《灵石旌介商墓》，科学出版社 2006 年版。

山西省考古研究所：《1979—1989 年山西省的考古发现》，《文物考古工作十年》，文物出版社 1990 年版。

山西省考古研究所：《垣曲宁家坡陶窑址发掘简报》，《文物》1998 年第 10 期。

山西省考古研究所：《灵石旌介发现商周及汉代遗迹》，《文物》2004 年第 8 期。

水涛：《试论商末周初宁镇地区长江两岸文化发展的异同》，《长江流域青铜文化研究》，科学出版社 2002 年版。

史为乐主编：《中国历史地名大辞典》，中国社会科学出版社 2005 年版。

史念海：《河山集》，生活·读书·新知三联书店 1963 年版。

史念海：《河山集》二集，生活·读书·新知三联书店 1981 年版。

史念海：《由地理的因素试探远古时期黄河流域文化最为发达的原因》，《历史地理》第 3 辑，上海人民出版社 1983 年版。

史念海：《河山集》（四集），陕西师范大学出版社 1991 年版。

史念海：《黄土高原历史地理研究》，黄河水利出版社 2001 年版。

史树青：《无㠱鼎的发现及其意义》，《文物》1985 年第 1 期。

史景成：《加拿大安省皇家博物馆所藏一片大胛骨的刻辞考释》，《中国文字》第 46 册，1972 年。

四川大学历史系考古教研组：《广汉中兴公社古遗址调查简报》，《文物》1961 年第 1 期。

四川大学博物馆等：《成都指挥街周代遗址发掘报告》，《南方民族考古》第 1 辑，四川科技出版社 1987 年版。

四川省文物考古研究所：《三星堆祭祀坑》，文物出版社 1999 年版。

四川省文物考古研究所三星堆工作站、广汉市文物管理所：《三星堆遗址真武仓祭祀坑调查简报》，《四川考古报告集》，文物出版社 1998 年版。

四川省文物管理委员会、四川省文物考古研究所、四川省广汉县文化局：《广汉三星堆遗址一号祭祀坑发掘简报》，《文物》1987 年第 10 期。

四川省文物管理委员会、四川省文物考古研究所、成都市博物馆：《成都十二桥商代建筑遗址第一期发掘简报》，《文物》1987 年第 12 期。

四川省文物管理委员会、四川省文物考古研究所、四川省广汉县文化局：《广汉三星堆遗址二号祭祀坑发掘简报》，《文物》1989 年第 5 期。

四川省文物管理委员会、四川省博物馆、广汉县文化馆：《广汉三星堆遗址》，《考古学报》1987 年第 2 期。

四川省文物管理委员会等：《雅安沙溪遗址发掘及调查报告》，《南方民族考古》第 3 辑，四川科技出版社 1990 年版。

四川省博物馆、青川县文化馆：《青川县出土秦更修田律木牍》，《文物》1982 年第 1 期。

四川省博物馆：《四川新凡水观音遗址试掘简报》，《考古》1959 年第

8 期。

四川省博物馆、彭县文化馆：《四川彭县西周窖藏铜器》，《考古》1981 年第 6 期。

申斌：《商代科学技术的精华》，《全国商史学术讨论会论文集》，殷都学刊增刊，1985 年。

申斌：《宏观物理测量技术在殷商考古工作中应用初探》，《殷都学刊》1985 年第 2 期。

申斌：《应用理化检测法确定殷墟妇好墓玉器原料产地》，《文物保护与考古科学》1991 年第 3 卷第 1 期。

申斌等：《殷墟青铜铙频谱特征》，《殷都学刊》（自然科学版）1990 年第 1 期。

石兰梅：《试论夏商之际的历史地理问题》，杜金鹏、许宏主编《二里头遗址与二里头文化研究》，科学出版社 2006 年版。

石加：《"郑亳"说商榷》，《考古》1980 年第 3 期。

石永士、石磊：《燕下都东周货币聚珍》，文物出版社 1996 年版。

石志廉：《商代人形玉佩饰》，《文物》1960 年第 2 期。

石志廉：《商石雕羌人像》，《中国文物报》1989 年 8 月 11 日。

石家庄地区文化局文物普查处：《河北省石家庄地区的考古新发现》，《文物资料丛刊》（1），文物出版社 1977 年版。

石楼县人民文化馆：《山西石楼义牒发现商代铜器》，《考古》1972 年第 4 期。

石楼县文化馆：《山西永和发现殷代铜器》，《考古》1977 年第 5 期。

石璋如：《第七次殷墟发掘：E 区工作报告》，《安阳发掘报告》1933 年第 4 期。

石璋如：《小屯后五次发掘的重要发现》，《六同别录》上册，1945 年。

石璋如：《殷虚最近之重要发现，附论小屯地层》，《中国考古学报》第 2 册，1947 年。

石璋如：《小屯的文化层》，《中国考古学报》1947 年第 2 期。

石璋如：《河南安阳后冈的殷墓》，《中央研究院历史语言研究所集刊》第 13 本，1948 年。

石璋如：《小屯殷代的成套兵器》附《殷代的策》，《中央研究院历史语言研究所集刊》第 22 本，1950 年。

石璋如：《小屯 C 区的墓葬群》，《中央研究院历史语言研究所集刊》第 23 本下册，1952 年。

石璋如：《殷代头饰举例》，《中央研究院历史语言研究所集刊》第 28 本下，1953 年。

石璋如：《小屯殷代建筑遗迹》，《中央研究院历史语言研究所集刊》第 26 本，1955 年。

石璋如：《殷代的铸铜工艺》，《中央研究院历史语言研究所集刊》第 26 本，1955 年。

石璋如：《河南安阳小屯殷代的三组基址》，《大陆杂志》1960 年第 21 卷第 1、2 期。

石璋如：《小屯殷代丙组基址及其有关现象》，《中央研究院历史语言研究所集刊外编》第四种下册，1961 年。

石璋如：《殷代的弓与马》，《中央研究院历史语言研究所集刊》第 35 本，1964 年。

石璋如：《小屯殷代的跪葬》，《中央研究院历史语言研究所集刊》第 36 本上册，1965 年版。

石璋如：《殷代的夯土、版筑与一般建筑》，《中央研究院历史语言研究所集刊》第 41 本第 1 分，1969 年。

石璋如：《测释河南民族博物院发掘殷虚的坑位——记董师交办的一件事》，《中国文字》第 51 册，1974 年。

石璋如：《殷代的坛祀遗址》，《中央研究院历史语言研究所集刊》第 51 本第 3 分，1980 年。

石璋如：《殷虚遗址中的两处重要遗迹：大连坑与黄土台》，《中央研究院历史语言研究所集刊》第 52 本第 4 分，1981 年。

石璋如：《殷虚文字甲编的五种分析》，《纪念赵元任先生论文集·中央研究院历史语言研究所集刊》第 53 本第 3 分，1982 年。

石璋如：《小屯第一本·丁编·遗址的发现与发掘·甲骨坑层之一·一次至九次出土甲骨》，中央研究院历史语言研究所，1985 年。

石璋如：《小屯第一本·遗址的发现与发掘·丁编·甲骨坑层之一·附图》，中央研究院历史语言研究所，1986 年。

石璋如：《小屯第一本·丙编·遗址的发现与发掘·殷墟墓葬之一·北组墓葬》，中央研究院历史语言研究所，1970 年。

石璋如：《小屯第一本·丙编·遗址的发现与发掘·殷虚墓葬之二：中组墓葬》，中央研究院历史语言研究所，1972年。

石璋如：《小屯第一本·丙编·遗址的发现与发掘·殷墟墓葬之三·南组墓葬附北组墓葬补遗》，中央研究院历史语言研究所，1973年。

石璋如：《小屯第一本·丙编·遗址的发现与发掘·殷墟墓葬之四·乙区基址上下的墓葬》，中央研究院历史语言研究所，1976年。

石璋如：《小屯第一本·丙编·遗址的发现与发掘·殷虚墓葬之五：丙区墓葬》（上下），中央研究院历史语言研究所，1980年。

石璋如：《小屯第四十墓的整理与殷代第一类甲种车的初步复原》，《中央研究院历史语言研究所集刊》第40本下册，1968年。

石璋如：《殷车复原说明》，《中央研究院历史语言研究所集刊》第58本第2分，1987年。

石璋如：《殷代地上建筑复原之一例》，《中央研究院院刊》第一辑，台北，1954年。

石璋如：《殷代地上建筑复原的第二例》，《民族学研究集刊》1970年第29期。

石璋如：《殷代地上建筑复原的第三例》，《台湾大学考古人类学刊》1976年第39、40期合刊。

石璋如：《殷代地上建筑复原第四例——甲六基址与三报二示》，《中央研究院第二届国际汉学会议论文集·历史考古组》（上册），1989年。

石璋如：《殷虚地上建筑复原第五例——兼论甲十二基址与大乙九示及中宗》，《芮逸夫·高去寻两先生纪念论文集·中央研究院历史语言研究所集刊》第64本第3分，1993年。

石璋如：《殷虚地上建筑复原第六例——兼论甲十三基址与秬示》，《中央研究院历史语言研究所集刊》第65本第3分，1994年。

石璋如：《殷虚地上建筑复原第七例——论乙一及乙三两个基址》，《傅斯年先生百岁诞辰纪念论文集·中央研究院历史语言研究所集刊》第66本第4分，1995年。

石璋如：《殷虚地上建筑复原第八例——兼论乙十一后期及其有关基址与YH251、330的卜辞》，《中央研究院历史语言研究所集刊》第70本第4分，1999年。

石璋如：《编辑校补侯家庄第九本·中国考古报告集之三》，中央研究院历史语言研究所，1996 年。

石璋如：《侯家庄第十本·小墓分述之一》，中国考古报告集之三·河南安阳侯家庄殷代墓地，中央研究院历史语言研究所，2001 年。

孙飞：《论南亳与西亳》，《文物》1980 年第 8 期。

孙亚冰：《卜辞所见"亚"字释义》，王宇信、宋镇豪主编《纪念殷墟甲骨文发现一百周年国际学术研讨会论文集》，社会科学文献出版社 1999 年版。

孙亚冰：《殷墟甲骨文中所见方国研究》，中国社会科学院研究生院硕士论文，2001 年。

孙亚冰：《浅论殷墟卜辞中所见东方和南方方国》，《商承祚教授百年诞辰纪念文集》，文物出版社 2003 年版。

孙亚冰：《骨柶刻辞新释》，《周秦伦理文化与现代道德价值国际学术研讨会论文集》，陕西人民出版社 2008 年版。

孙亚冰、宋镇豪：《济南大辛庄遗址新出甲骨卜辞探析》，《考古》2004 年第 2 期。

孙华：《三星堆遗址分期研究》，《南方民族考古》第 5 辑，四川大学出版社 1992 年版。

孙华：《凸眼铜面像——蜀人的尊神烛龙和蚕丛》，《中国文物报》1992 年 5 月 24 日。

孙华：《关中商代诸遗址的新认识》，《考古》1992 年第 5 期。

孙华：《陕西扶风壹家堡遗址分析——兼论晚商时期关中地区诸考古学文化的关系》，北京大学考古系编《考古学研究》（二），北京大学出版社 1994 年版。

孙华、孙庆伟：《夏商周考古》，《中国考古学年鉴》1997 年。

孙华：《四川盆地的青铜文化》，科学出版社 2000 年版。

孙守道、郭大顺：《论辽河流域的原始文明与龙的起源》，《文物》1984 年第 6 期。

孙守道：《三星他拉红山文化玉龙考》，《文物》1984 年第 6 期。

孙机：《古文物中所见之犀牛》，《文物》1982 年第 8 期。

孙机：《深衣与楚服》，《考古与文物》1982 年第 1 期。

孙机：《中国古独辀马车的结构》，《文物》1985 年第 8 期。

孙机：《中国古舆服论丛》，文物出版社 2001 年版。

孙作云：《中国古代鸟氏族诸酋长考》，《中国学报》1945 年第 3 卷第 3 期。

孙作云：《〈诗经〉与周代社会研究》，人民文学出版社 1959 年版。

孙作云：《古牧野地名考辨》，《孙作云文集》第 4 卷《美术考古与民俗研究》，河南大学出版社 2003 年版。

孙秉君、雷兴山：《周原遗址发掘又有新收获》，《中国文物报》2000 年 2 月 20 日。

孙晓春：《试论商代的父系家族公社》，《史学集刊》1991 年第 3 期。

孙海波：《由甲骨卜辞推论殷周之关系》，《禹贡半月刊》1934 年第 1 卷第 6 期。

孙海波：《卜辞历法小记》，《燕京学报》1935 年第 17 期。

孙海波：《卜辞文字小记》，《考古学社社刊》1935 年第 3 期。

孙海波：《卜辞文字小记续》，《考古社刊》1936 年第 5 期。

孙海波：《释自》，《禹贡半月谈》第 7 卷第 1—3 期合刊，1937 年。

孙海波：《从卜辞试论商代社会性质》，《开封师院学报》创刊号，1956 年。

孙淑云：《郑州南顺城街商代窖藏青铜器金相分析及成分分析测试报告》，河南省文物考古研究所、郑州市文物考古研究所编著《郑州商代铜器窖藏》，科学出版社 1999 年版。

孙淑云等：《盘龙城出土青铜器的铅同位素比测定报告》，《盘龙城》，文物出版社 2001 年版。

孙景琛：《中国舞蹈史》，北京文艺出版社 1983 年版。

孙淼：《夏商史稿》，文物出版社 1987 年版。

孙淼：《商族起源地与商族名称的来源》，《殷墟博物苑苑刊》创刊号，中国社会科学出版社 1989 年版。

孙淼：《商都迁邢考析》，《邢台历史文化论丛》，河北人民出版社 1990 年版。

孙雄伟、夏正楷：《河南洛阳寺河南剖面中全新世以来的孢粉分析及环境变化》，《北京大学学报》（自然科学版）第 41 卷第 2 期，2005 年。

孙新周：《鸱鸮崇拜与华夏历史文化之谜（中）》，《北京晚报》2002 年 11 月 9 日。

宋兆麟：《我国古代踏犁考》，《农业考古》1981 年第 1 期（创刊号）。

宋兆麟、黎家芳、杜耀西：《中国原始社会史》，文物出版社 1983年版。

宋兆麟：《木牛挽犁考》，《农业考古》1984 年第 1 期（总第 7 期）

宋兆麟：《生育巫术对艺术的点染》，《文博》1990 年第 4 期。

宋国定：《商代前期青铜建筑饰件及相关问题》，《郑州商城考古新发现与研究》，中州古籍出版社 1993 年版。

宋定国：《试论郑州商代水井的类型》，《郑州商城考古新发现与研究》，中州古籍出版社 1993 年版。

宋定国：《郑州小双桥遗址出土陶器上的朱书》，《文物》2003 年第5 期。

宋国定、曾晓敏：《郑州小双桥遗址的调查与试掘》，《郑州商城考古新发现与研究》，中州古籍出版社 1993 年版。

宋国定、曾晓敏：《郑州商城宫殿遗址发现夏商界标》，《中国文物报》1999 年 8 月 18 日。

宋定国、李素婷：《郑州小双桥考古发掘又有新收获》，《中国文物报》2000 年 11 月 1 日。

宋昌斌：《中国古代户籍制度史稿》，三秦出版社 1991 年版。

宋杰：《先秦战略地理研究》，首都师范大学出版社 1999 年版。

宋治民：《论三星堆遗址及相关问题》，《三星堆与巴蜀文化》，巴蜀书社 1993 年版。

宋治民：《蜀文化与巴文化》，四川大学出版社 1998 年版。

宋新潮：《西安老牛坡遗址发掘的重要收获》，《西北大学学报》1987年第 1 期。

宋新潮：《殷商文化区域研究》，陕西人民出版社 1991 年版。

宋豫秦：《论鲁西南地区的商文化》，《华夏考古》1988 年第 1 期。

宋豫秦：《夷夏商三种考古学文化交汇地域浅谈》，《中原文物》1992年第 1 期。

宋豫秦：《论豫东夏邑清凉山遗址的岳石文化地层》，《中原文物》1995 年第 1 期。

宋豫秦：《论杞县与郑州新发现的先商文化》，《中国商文化国际学术讨论会论文集》，中国大百科全书出版社 1998 年版。

宋豫秦、李亚东：《"夷夏东西说"的考古学考察》，《夏文化研究论集》，中华书局 1996 年版。

宋豫秦等：《中国文明起源的人地关系简论》，科学出版社 2002 年版。

宋镇豪：《读赤塚忠〈中国古代宗教和文化〉》，《中国史研究动态》1982 年第 4 期。

宋镇豪：《释瘇》，《殷都学刊》1984 年第 4 期。

宋镇豪：《甲骨文"出日"、"入日"考》，《出土文献研究》，文物出版社 1985 年版。

宋镇豪：《试论殷代的记时制度》，《全国商史学术讨论会论文集》，殷都学刊增刊，1985 年；又刊《考古学研究（五）——庆祝邹衡先生七十五寿辰暨从事考古研究五十周年论文集》，科学出版社 2003 年版。

宋镇豪：《甲骨文牵字说》，《甲骨文与殷商史》第 2 辑，上海古籍出版社 1986 年版。

宋镇豪：《殷代"习卜"和有关占卜制度的研究》，《中国史研究》1987 年第 4 期。

宋镇豪：《释住》，《殷都学刊》1987 年第 2 期。

宋镇豪：《试论殷墟武官大墓的年代和性质》，《文博》1988 年第 1 期。

宋镇豪：《商代的道路交通制度》，《历史研究未定稿》1989 年第 11 期。

宋镇豪：《论古代甲骨占卜的"三卜"制》，《殷墟博物苑苑刊》创刊号，中国社会科学出版社 1989 年版。

宋镇豪：《苏联国立爱米塔什博物馆所藏甲骨文字考释》，《出土文献研究续集》，文物出版社 1989 年版。

宋镇豪：《中国上古时代的建筑营造仪式》，《殷墟甲骨文发现 90 周年国际学术讨论会专辑·中原文物》1990 年第 3 期。

宋镇豪：《中国古代"集中市制"及有关方面的考察》，《文物》1990 年第 1 期。

宋镇豪：《夏商人口初探》，《历史研究》1991 年第 4 期。

宋镇豪：《释督昼》，见《甲骨文和殷商史》第三辑，上海古籍出版社 1991 年版。

宋镇豪：《夏商食政与食礼试探》，《中国史研究》1992 年第 3 期。

宋镇豪：《商周干国考》，《东南文化》1993 年第 5 期。

宋镇豪：《中国上古日神崇拜的祭礼》，《西周史论文集》（下册），陕西人民教育出版社 1993 年版。

宋镇豪：《商代婚姻的运作礼规》，《历史研究》1994 年第 6 期。

宋镇豪：《商代的王畿、四土与四至》，《南方文物》1994 年第 1 期。

宋镇豪：《商代邑制所反映的社会性质》，《中国史研究》1994 年第 4 期。

宋镇豪：《夏商社会生活史》，中国社会科学出版社初版本，1994 年；又增订本上下册，中国社会科学出版社 2005 年版。

宋镇豪：《中国春秋战国习俗史》，人民出版社 1994 年版。

宋镇豪：《商代的巫覡交合和医疗俗信》，《华夏考古》1995 年第 1 期。

宋镇豪：《商代军事制度研究》，《陕西博物馆馆刊》第二辑，三秦出版社 1995 年版。

宋镇豪：《夏商法律制度研究》，《夏文化研究论集》，中华书局 1996 年版。

宋镇豪：《中国上古酒的酿制与品种》，《远望集——陕西省考古研究所成立四十周年纪念论文集》（上），陕西人民美术出版社 1998 年版。

宋镇豪：《甲骨文中反映的农业礼俗》，《东方学报》（京都）第 71 册，日本京都大学人文科学研究所，1999 年。

宋镇豪：《甲骨文中所见商代的墨刑及有关方面的考察》，《出土文献研究》第 5 集，科学出版社 1999 年版。

宋镇豪：《再谈殷墟卜用甲骨的来源》，《三代文明研究（一）——1998 年河北邢台中国商周文明国际学术研讨会论文集》，科学出版社 1999 年版。

宋镇豪：《殷墟甲骨占卜程式的追索》，迎接新的世纪暨《文物》月刊创刊五十周年纪念专辑，《文物》2000 年第 4 期。

宋镇豪：《中国风俗通史·夏商卷》，上海文艺出版社 2001 年版。

宋镇豪：《殷商纪时法补论——关于殷商日界》，《中国文字》新 27 期，台北艺文印书馆 2001 年版。

宋镇豪：《论商代的政治地理架构》，《中国社会科学院历史研究所学刊》第一集，社会科学文献出版社 2001 年版。

宋镇豪：《五谷、六谷与九谷——谈谈甲骨文中的谷类作物》，《中国历史文物》2002 年第 2 期。

宋镇豪：《夏商城邑的建制要素》，《商承祚教授百年诞辰纪念文集》，文物出版社 2003 年版。

宋镇豪：《中国上古时代的丧葬礼俗》，《夏商周文明研究之五·殷商文明暨纪念三星堆遗址发现七十周年国际学术研讨会论文集》，社会科学文献出版社 2003 年版。

宋镇豪：《从甲骨文考述商代的学校教学》，《夏商周文明研究之六·2004 年安阳殷商文明国际学术研讨会论文集》，社会科学文献出版社 2004 年版。

宋镇豪：《商代的疾患医疗与卫生保健》，《历史研究》2004 年第 2 期。

宋镇豪：《商代玉石人像的服饰形态》，《中国社会科学院历史研究所学刊》第二集，2004 年。

宋镇豪：《从新出甲骨金文考述晚商射礼》，《中国历史文物》2006 年第 1 期。

宋镇豪：《甲骨文中的梦与占梦》，《文物》2006 年第 6 期。

宋镇豪：《记国博所藏甲骨及其与 YH127 坑有关的大龟六版》，《中国国家博物馆馆藏文物研究丛书·甲骨卷》，上海古籍出版社 2007 年版。

宋镇豪：《花东甲骨文小识》，《东方考古》第 4 集，科学出版社 2008 年版。

宋镇豪：《殷墟甲骨文中的乐器与音乐舞蹈》，《第二届古文字与古代史国际学术研讨会论文集》，中央研究院历史语言研究所，2008 年。

宋镇豪主编：《百年甲骨学论著目》，语文出版社 1999 年版。

宋镇豪、段志宏主编：《甲骨文献集成》（共 40 册），四川大学出版社 2001 年版。

宋镇豪、郭引强、朱亮、蔡运章主编：《西周文明论集》，北京朝华出版社 2004 年版。

寿光县博物馆：《山东寿光县新发现一批纪国铜器》，《考古》1985 年第 3 期。

束世澂：《殷商制度考》，《中央大学半月刊》1930 年第 2 卷第 4 期。

沈之瑜：《介绍一片伐人方的卜辞》，《考古》1974 年第 4 期。

沈之瑜：《释丮》，《上海博物馆集刊》第 2 期《建馆三十周年特辑》，上海古籍出版社 1983 年版。

沈之瑜：《"百洴""正河"解》，《上海博物馆集刊》第 4 期，上海古籍出版社 1987 年版。

沈之瑜：《试论卜辞中的使者》，《上海博物馆集刊》第五辑，1990 年。

沈从文：《中国古代服饰研究》，商务印书馆香港分馆 1981 年版。

沈长云：《猃狁、鬼方、姜氏之戎不同族别考》，《人文杂志》1983 年第 3 期。

沈长云：《元氏铜器铭文补说》，《邢台历史文化论丛》，河北人民出版社 1990 年版。

沈长云：《殷契“王作三师”解》，《史学集刊》1990 年第 4 期。

沈长云：《说殷墟卜辞中的“王族”》，《殷都学刊》1998 年第 1 期。

沈长云：《先秦史》，人民出版社 2006 年版。

沈阳市博物馆等：《沈阳新乐遗址第二次发掘报告》，《考古学报》1985 年第 2 期。

沈建华：《初学集——沈建华甲骨学论文集》，文物出版社 2008 年版。

沈建华：《新编甲骨文字形表》，香港中文大学出版社 2001 年版。

沈建华编：《饶宗颐新出土文献论证》，上海古籍出版社 2005 年版。

沈振中：《忻县连寺沟出土的青铜器》，《文物》1972 年第 4 期。

沈培：《殷墟甲骨卜辞语序研究》，台北文津出版社 1992 年版。

沈筱凤、孙丽英：《新干商代大墓青铜器附着织物鉴定报告》，《新干商代大墓》，文物出版社 1997 年版。

沈融：《中国古代的殳》，《文物》1990 年第 2 期。

沈融：《论早期青铜戈的使用法》，《考古》1992 年第 1 期。

沙市博物馆：《湖北沙市周梁玉桥遗址试掘简报》，《文物资料丛刊》(10)，文物出版社 1987 年版。

苏荣誉、华觉民、彭适凡等：《新干商代大墓青铜器铸造工艺研究》，《新干商代大墓》，文物出版社 1997 年版。

邵望平：《公元前二千年前后海岱地区历史大势》，田昌五主编《华夏文明》第三集，北京大学出版社 1992 年版。

陕西周原考古队：《扶风刘家姜戎墓葬发掘简报》，《文物》1984 年第 7 期。

陕西周原考古队：《陕西岐山凤雏村西周建筑基址发掘简报》，《文物》1979 年第 10 期。

陕西省文物管理委员会：《西周镐京附近部分墓葬发掘简报》，《文物》1986 年第 1 期。

陕西省文物管理委员会：《建国以来陕西省文物考古的收获》，《文物考古工作三十年》，文物出版社 1979 年版。

陕西省考古研究所、蓝田县文化馆：《陕西蓝田县出土商代青铜器》，《文物资料丛刊》（3），文物出版社 1980 年版。

陕西省考古研究所：《十年来陕西省文物考古的新发现》，《文物考古工作十年》，文物出版社 1990 年版。

陕西省考古研究所：《高家堡戈国墓》，三秦出版社 1995 年版。

陕西省考古研究所等：《陕南考古报告集》，三秦出版社 1994 年版。

陕西省博物馆、文管会：《扶风齐家村青铜器群》，文物出版社 1963 年版。

施劲松：《论带虎食人母题的商周青铜器》，《考古》1998 年第 3 期。

施劲松：《我国南方出土的带铭文青铜礼器及其认识》，《考古与文物》1999 年第 2 期。

施劲松：《中原与南方在中国青铜文化统一体中的互动关系》，高崇文、安田喜宪主编《长江流域青铜文化研究》，科学出版社 2002 年版。

施劲松：《长江流域青铜器研究》，文物出版社 2003 年版。

绥德县博物馆：《陕西绥德发现和收藏的商代青铜器》，《考古学集刊》第 2 集，中国社会科学出版社 1982 年版。

商县图书馆等：《陕西商县紫荆遗址发掘简报》，《考古与文物》1981 年第 3 期。

商志𧰼：《论虢国墓中之商代玉器及其它》，邓聪主编《东亚玉器》II，香港中文大学中国文化研究所中国考古艺术研究中心，1998 年。

商志𧰼：《试论吴城遗址及其有关问题》，《文物集刊》（3），文物出版社 1981 年版。

商志𧰼：《香港大湾遗址出土牙璋追记》，《文物天地》1994 年第 2 期。

商志𧰼编：《商承祚文集》，中山大学出版社 2004 年版。

商承祚：《殷虚文字类编》，决定不移轩石印本，1923 年。

商承祚：《殷商无四时考》，《清华周刊》第 37 卷第 9、10 期合《文史专号》，1932 年。

盛国定、王自明：《宁乡月山铺发现商代大铜铙》，《文物》1986 年第 2 期。

盛定国等：《宁乡月山铺发现商代大铜铙》，《文物》1986 年第 2 期。

随州市博物馆：《湖北随县发现商代青铜器》，《文物》1981年第8期。

睡虎地秦墓竹简整理小组：《睡虎地秦墓竹简》，文物出版社1978年版。

《三千年前古酒尚飘香》，《人民日报》1987年12月24日。

T

天津市历史博物馆考古队：《天津蓟县张家园遗址第二次发掘》，《考古》1984年第8期。

天津市历史博物馆考古部：《天津蓟县张家园遗址第三次发掘》，《考古》1993年第4期。

天津市文化局考古发掘队：《河北大厂回族自治县大坨头遗址发掘简报》，《考古》1966年第1期。

天津市文物管理处：《天津蓟县张家园遗址试掘简报》，《文物资料丛刊》(1)，文物出版社1977年版。

天津市文物管理处考古队：《天津蓟县围坊遗址发掘报告》，《考古》1983年第10期。

田广金、郭素新：《中国北方畜牧——游牧民族的形成与发展》，中国社会科学院考古研究所编《中国商文化国际学术讨论会论文集》，中国大百科全书出版社1998年版。

田广金、郭素新：《鄂尔多斯式青铜器》，文物出版社1986年版。

田仁孝等：《西周弢氏遗存几个问题的探讨》，《文博》1994年第5期。

田长浒：《从现代实验剖析中国古代青铜铸造的科学成就》，《科学史文集》第13期，上海科技出版社1985年版。

田世英：《历史时期山西水文的变迁及其与耕牧业更替的关系》，《山西大学学报》1981年第1期。

田昌五：《古代社会形态研究》，天津人民出版社1980年版。

田昌五：《古代社会断代新论》，人民出版社1982年版。

田昌五：《对周灭商前所处社会发展阶段的估计》，《华夏文明》第二集，北京大学出版社1990年版。

田昌五：《中国古代社会发展史论》，齐鲁书社1992年版。

田昌五：《先商文化探索》，《华夏文明》第三集，北京大学出版社1992年版。

田昌五：《周原出土甲骨中反映的商周关系》，《考古学研究——纪念陕西省考古研究所成立三十周年》，三秦出版社 1993 年版。

田昌五：《中华文化起源志》，上海人民出版社 1998 年版。

田昌五：《中国古史中的年代问题》，《纪念王懿荣发现甲骨文一百周年论文集》，齐鲁书社 2000 年版。

田昌五：《重新审视汤居亳的若干问题》，王宇信、宋镇豪主编《夏商周文明研究（四）·纪念殷墟甲骨文发现一百周年国际学术研讨会论文集》，社会科学文献出版社 2003 年版。

田昌五、方辉：《"景亳之会"的考古学观察》，中国殷商文化学会《夏商周文明研究——'97 山东桓台中国殷商文明国际学术讨论会》，中国文联出版社 1999 年版。

田倩君：《释商书高宗肜日"越有雊雉"》，《大陆杂志》1964 年第 29 卷第 10、11 期。

田倩君：《中国文字丛释》，台北商务印书馆 1968 年版。

汤雷：《安徽舒城县城关出土一件青铜面饰》，《考古》2000 年第 8 期。

佟伟华：《二里头文化向晋南的扩张》，杜金鹏、许宏主编《二里头遗址与二里头文化研究》，科学出版社 2006 年版。

佟伟华：《磁山遗址的原始农业遗存及相关问题》，《农业考古》1984 年第 1 期。

佟伟华：《垣曲县古城商代前期城址》，《考古学年鉴 1986 年》，文物出版社 1988 年版。

佟伟华：《商代前期垣曲盆地的统治中心——垣曲商城》，《中国历史博物馆馆刊》1998 年第 1 期。

佟伟华：《垣曲商城宫殿区再次发掘明确整体形状和布局》，《中国文物报》2003 年 6 月 27 日。

佟屏亚：《梅史漫话》，《农业考古》1983 年第 2 期。

佟柱臣：《二里头时代和商周时代金属器替代石器的过程》，《中原文物》1983 年第 2 期。

唐山市文物管理处、迁安县文物管理所：《河北迁安县小山东庄西周时期墓葬》，《考古》1997 年第 4 期。

唐云明：《隆尧、内邱古遗址调查》，《文物参考资料》1958 年第 6 期。

唐云明：《河北商代农业考古概述》，《农业考古》1982 年第 1 期。

唐云明：《河北境内几处商代文化遗存记略》，《考古学集刊》第 2 集，中国社会科学出版社 1982 年版。

唐云明：《河北商文化综述》，《华夏考古》1988 年第 2 期。

唐云明：《试论邢台夏商文化遗址及其相关问题》，《邢台历史文化论丛》，河北人民出版社 1990 年版。

唐兰：《西周铜器断代中的"康宫"问题》，《考古学报》1962 年第 1 期。

唐兰：《弓形器（铜弓秘）用途考》，《考古》1973 年第 3 期。

唐兰：《从河南郑州出土的商代前期青铜器谈起》，《文物》1973 年第 7 期。

唐兰：《关于江西吴城文化遗址与文字的初步探索》，《文物》1975 年第 7 期。

唐兰：《用青铜器铭文来研究西周史——综论宝鸡市近年发现了一批青铜器的重要历史价值》，《文物》1976 年第 6 期。

唐兰：《古文字学导论》（增订本），齐鲁书社 1981 年版。

唐兰：《殷虚文字记》，中华书局 1981 年版。

唐兰：《西周青铜器铭文分代史征》，中华书局 1986 年版。

唐兰：《唐兰先生金文论集》，紫禁城出版社 1995 年版。

唐延龄等：《中国和田玉》，新疆人民出版社、台北地球出版社 1994 年版。

唐际根、刘忠伏：《洹北花园庄遗址与盘庚迁殷问题》，《中国文物报》1999 年 4 月 14 日。

唐际根、刘忠伏：《安阳殷墟保护区外缘发现大型商代城址》，《中国文物报》2000 年 2 月 20 日。

唐际根、周昆叔：《姬家屯遗址西周文化层下伏生土与商代安阳地区的气候变化》，《殷都学刊》2005 年第 3 期。

唐际根、徐广德：《洹北花园庄遗址与盘庚迁殷问题》，《中国文物报》1999 年 4 月 14 日。

唐际根、难波纯子：《中商文化の認識とその意義》，（日本）《考古学雑誌》第 84 卷第 4 号，1999 年。

唐际根：《殷墟一期文化及其相关问题》，《考古》1993 年第 10 期。

唐际根：《殷墟家族墓地初探》，《中国商文化国际学术讨论会论文集》，中国大百科全书出版社 1998 年版。

唐际根：《中商文化研究》，《考古学报》1999 年第 4 期。

唐际根：《商王朝考古学编年的建立》，《中原文物》2002 年第 6 期。

唐际根：《考古学·证史倾向·民族主义》，《三代考古》（一），科学出版社 2004 年版。

唐昌朴：《江西都昌出土商代铜器》，《考古》1976 年第 4 期。

唐金裕、王寿芝、郭长江：《陕西省城固县出土殷商铜器整理简报》，《考古》1980 年第 3 期。

唐爱华：《新乡馆藏殷墟周铜器铭文选》，《中原文物》1985 年第 1 期。

唐寰澄编著：《中国古代桥梁》，文物出版社 1987 年版。

陶文台：《中国烹饪史略》，江苏科学技术出版社 1983 年版。

陶正刚：《山西出土的商代青铜器》，《中国考古学会第四届年会论文集》，文物出版社 1985 年版。

陶正刚：《石楼式商代青铜器概述》，殷墟甲骨文发现 90 周年国际学术讨论会论文，1989 年。

陶正刚：《马簋与马方的研究》，宋镇豪、肖先进主编《夏商周文明研究之五·殷商文明暨纪念三星堆遗址发现七十周年国际学术研讨会论文集》，社会科学文献出版社 2003 年版。

陶正刚、范宏：《山西平陆前庄村商代遗址及青铜方鼎铸造的研究》，王宇信、宋镇豪、孟宪武主编《2004 年安阳殷商文明国际学术研讨会论文集》，社会科学文献出版社 2004 年版。

童恩正：《古代的巴蜀》，四川人民出版社 1979 年版。

童书业：《春秋左传研究》，上海人民出版社 1980 年版。

童书业：《童书业历史地理论集》，中华书局 2004 年版。

童恩正等：《〈中原找锡论〉质疑》，《四川大学学报》1984 年第 4 期。

谭戒甫：《先周族与周族的迁徙及其社会发展》，《文史》第六辑，中华书局 1979 年版。

谭远辉：《津市发现商代铜器》，《中国文物报》1991 年 6 月 23 日。

谭其骧：《黄河与运河的变迁》，《地理知识》1955 年第 8 期。

谭其骧：《〈山经〉河水下游及其支流考》，《中华文史论丛》第 7 辑，1978 年。

谭其骧：《西汉以前的黄河下游河道》，《历史地理》创刊号，上海人民出版社 1981 年版。

谭其骧主编：《中国历史地图集》（第一册），地图出版社 1982 年版。

谭其骧主编：《清人文集地理类汇编》，浙江人民出版社 1987 年版。

谭德睿：《商周陶范制造科技内涵的揭示》，《中国文物报》1998 年 5 月 6 日。

W

万全文：《商周王朝南进掠铜论》，《江汉考古》1992 年第 3 期。

卫迪誉、王宜涛：《陕西洛河流域古文化遗址调查简报》，《考古与文物》1981 年第 3 期。

卫斯：《从甲骨文材料中看商代的养牛业》，《中原文物》1985 年第 1 期。

卫斯：《商代的养狗业及狗在商代的用途》，《殷都学刊》1986 年第 3 期。

卫斯：《山西平陆发现商代前期遗址》，《中国文物报》1990 年 3 月 29 日。

卫斯：《平陆县前庄商代遗址出土文物》，《文物季刊》1992 年第 1 期。

卫斯：《卫斯考古论文集》，山西古籍出版社 1998 年版。

卫聚贤：《中国考古小史》，商务印书馆 1933 年版。

卫聚贤：《中国考古学史》，商务印书馆 1937 年版。

卫聚贤：《殷人自江海迁徙于河南》，《江苏研究》第 3 卷，1937 年。

乌内安：《中国民俗学》，辽宁大学出版社 1988 年版。

乌恩：《朱开沟文化的发现及其意义》，《中国考古学论丛》，科学出版社 1995 年版。

文化部文物局、故宫博物院编：《全国出土文物珍品选（1976—1984）》，文物出版社 1987 年版。

文启明：《冀东地区商时期古文化遗址综述》，《考古与文物》1984 年第 6 期。

文启明：《河北卢龙县东阚各庄遗址》，《考古》1985 年第 11 期。

文启明：《河北新乐、无极发现晚商青铜器》，《文物》1987 年第 1 期。

文物编辑委员会：《文物考古工作十年（1079—1089）》，文物出版社 1990 年版。

文焕然：《中国近六、七千年以来气候冷暖变化研究》，中国科学院油印本，1978 年。

王力：《同源字典》，商务印书馆 1997 年版。

王仁湘：《中国古代进餐具匕箸叉研究》，《考古学报》1990 年第 3 期。

王文华等：《郑州大师姑发现二里头文化中晚期城址》，《中国文物报》2004 年 2 月 27 日。

王方、周志清：《铜立人像》，《金沙淘珍——成都市金沙村遗址出土文物》，文物出版社 2002 年版。

王世民：《商周铜器与考古学史论集》，台北艺文印书馆 2008 年版。

王永吉、吕厚远：《植物硅酸体研究及应用》，海洋出版社 1992 年版。

王永波：《胶东半岛上发现的古代独木舟》，《考古与文物》1987 年第 5 期。

王永波：《並氏探略——兼论殷比干族属》，《考古与文物》1992 年第 1 期。

王永胜：《四牛骑士贮贝器》，《中国文物报》2002 年 2 月 6 日。

王玉哲：《鬼方考》，《华中大学国学研究论文专刊》第 1 辑之三，1945 年版。

王玉哲：《论先秦的"戎狄"及其与华夏的关系》，《南开大学学报》（人文科学版）1955 年第 1 期。

王玉哲：《试论商代"兄终弟及"的继统法及殷商前期的社会性质》，《南开大学学报》（人文科学版）1956 年第 1 期。

王玉哲：《试述殷代的奴隶制度和国家的形成》，《历史教学》1958 年第 9 期。

王玉哲：《中国上古史纲》，上海人民出版社 1959 年版。

王玉哲：《殷商疆域史中的一个重要问题——"点"和"面"的概念》，《郑州大学学报》（哲学社会科学版）1982 年第 2 期。

王玉哲：《陕西周原所出甲骨文的来源试探》，《社会科学战线》1982 年第 1 期。

王玉哲：《先周族最早来源于山西》，《中华文史论丛》第 3 辑，上海古籍出版社 1982 年版。

王玉哲：《商族的来源地望试探》，《历史研究》1984 年第 1 期。

王玉哲：《周公旦的当政及其东征考》，《人文杂志丛刊》第二辑《西周史研究》，陕西人民出版社 1984 年版。

王玉哲：《鬼方考补证》，《考古》1986 年第 10 期。

王玉哲：《卜辞舌方即猃狁说》，《殷都学刊》1995 年第 1 期。

王玉哲：《中华远古史》，上海人民出版社 2000 年版。

王玉哲：《古史集林·南开史学家论丛·王玉哲卷》，中华书局 2002 年版。

王立早：《殷墟发掘一处大型宫殿基址》，《中国文物报》1990 年 2 月 22 日。

王立早：《试论早商文化的分布过程》，许倬云、张忠培主编《中国考古学的跨世纪反思》（下册），商务印书馆（香港）有限公司 1999 年版。

王立新、朱永刚：《下七垣文化探源》，《华夏考古》1995 年第 4 期。

王立新：《早商文化研究》，高等教育出版社 1998 年版。

王龙正、姜涛、袁俊杰：《新发现的柞伯簋及其铭文考释》，《文物》1998 年第 9 期。

王龙正、袁俊杰、廖佳行：《柞伯簋与大射礼及西周教育制度》，《文物》1998 年第 9 期。

王仔、王亚蓉：《广汉出土青铜立人像服饰管见》，《文物》1993 年第 9 期。

王光年：《陕西省岐山县发现商代铜器》，《文物》1977 年第 12 期。

王宇信：《试论殷墟五号墓的年代》，《郑州大学学报》1979 年第 2 期。

王宇信：《商代的养马业》，《中国史研究》1980 年第 1 期。

王宇信：《论子渔其人》，《考古与文物》1982 年第 4 期。

王宇信：《西周甲骨探论》，中国社会科学出版社 1984 年版。

王宇信：《周原出土庙祭甲骨商王考》，《考古与文物》1988 年第 2 期。

王宇信：《周原庙祭甲骨"酉周方伯"辨析》，《文物》1988 年第 6 期。

王宇信：《武丁期战争卜辞分期的尝试》，《甲骨文与殷商史》第三辑，上海古籍出版社 1991 年版。

王宇信：《卜辞所见殷人宝玉、用玉及几点启示》，收入邓聪编《东亚玉器》第一册，香港中文大学中国考古艺术研究中心，1998 年。

王宇信：《山东桓台史家〈戍宁觚〉的再认识及其启示》，《夏商文明研究·'97 山东桓台中国殷商文明国际学术讨论会论文集》，中国文联出版社 1999 年版。

　　王宇信：《甲骨文"马"、"射"的再考察——兼驳马、射与战车相配置说》，《出土文献研究》第 5 辑，科学出版社 1999 年版。

　　王宇信：《甲骨学通论》（增订本），中国社会科学出版社 1999 年版。

　　王宇信、陈绍棣：《关于江苏铜山丘湾商代祭祀遗迹》，《文物》1973年第 12 期。

　　王宇信、张永山、杨升南：《试论殷墟五号墓的"妇好"》，《考古学报》1977 年第 2 期。

　　王宇信、杨宝成：《殷墟象坑和"殷人服象"的再探讨》，《甲骨探史录》，生活·读书·新知三联书店 1982 年版。

　　王宇信，杨升南：《中国政治制度通史·第二卷·先秦》，人民出版社1994 年版。

　　王宇信、杨升南主编：《甲骨学一百年》，社会科学文献出版社 1998年版。

　　王迅：《从商文化的分布看商都与商城》，《中原文物》1991 年第 1 期。

　　王迅：《东夷文化与淮夷文化研究》，北京大学出版社 1994 年版。

　　王克芬：《中国舞蹈发展史》，上海人民出版社 1989 年版。

　　王劲、陈贤一：《试论商代盘龙城早期城市的形态与特征》，《湖北省考古学会论文选集》（一），1987 年。

　　王寿芝：《陕西城固出土的商代青铜器》，《文博》1988 年第 6 期。

　　王言京：《山东省邹县又发现商代铜器》，《文物》1974 年第 1 期。

　　王轩等纂：《山西通志》，中华书局 1990 年版。

　　王迎喜：《商王河亶甲与盘庚为何都在安阳建都》，《新乡高等师范专科学校学报》2005 年第 6 期。

　　王进：《山西隰县庞村出土商代青铜器》，《文物》1991 年第 7 期。

　　王进先：《山西长治市拣选、征集的商代青铜器》，《文物》1982 年第8 期。

　　王进先、杨晓宏：《山西武乡县上城村出土一批晚商铜器》，《文物》1992 年第 4 期。

　　王国维：《观堂集林》，中华书局 1959 年版。

　　王国维：《王观堂全集》，台北文华出版公司 1968 年版。

　　王国维：《古史新证》，清华大学出版社 1994 年版。

　　王学荣、杜金鹏、李志鹏、曹慧奇：《偃师商城发掘商代早期祭祀遗址》，《中国文物报》2001 年 8 月 5 日。

王学荣：《偃师商城与二里头遗址的几个问题》，《考古》1996 年第 5 期。

王学荣：《河南偃师商城遗址的考古发掘与研究》，中国社会科学院考古研究所编《考古求知录》，中国社会科学出版社 1997 年版。

王学荣：《偃师商城"宫城"之新认识》，《中国商文化国际学术讨论会论文集》，中国大百科全书出版社 1998 年版。

王学荣：《偃师商城布局的探索和思考》，《考古》1999 年第 2 期。

王学荣：《河南偃师商城第 Ⅱ 号建筑群遗址研究》，《华夏考古》2000 年第 1 期。

王学荣：《河南偃师商城商代早期王室祭祀遗址》，《考古》2001 年第 7 期。

王学荣：《2000 年偃师商城遗址考古新收获》，《中国社会科学院古代文明研究中心通讯》2001 年第 1 期。

王学荣：《殷墟孝民屯大面积发掘的重要收获》，《中国文物报》2005 年 6 月 15 日。

王昌燧、朱钊、朱铁权：《原始瓷产地研究之启示》，《中国文物报》2006 年 1 月 6 日。

王明珂：《慎终追远——历代的丧礼》，刘岱主编《中国文化新论·宗教礼俗篇·敬天与亲人》，生活·读书·新知三联书店 1992 年版。

王明钦：《〈归藏〉与夏启的传说》，《华学》第 3 辑，紫禁城出版社 1998 年版。

王明钦：《王家台秦墓竹简概述》，《新出简帛研究》，文物出版社 2004 年版。

王泽庆、吕辑书：《"垣曲县店下样"简述》，《文物》1986 年第 1 期。

王炜林、孙秉君：《汉水上游巴蜀文化的踪迹》，《中国考古学会第七次年会论文集》，文物出版社 1992 年版。

王绍雄：《中国是世界稻作的起源地——第二届农业考古国际学术讨论会侧记》，《光明日报》1997 年 11 月 20 日。

王育民：《中国历史地理概论》，人民教育出版社 1987 年版。

王若愚：《从台西村出土的商代纺织物和纺织工具谈当时的纺织》，《文物》1976 年第 6 期。

王金平等：《山西新绛县孝陵遗址发现新石器时代陶窑群》，《中国文物报》2004 年 9 月 15 日。

王冠英：《殷周的外服及其演变》，《历史研究》1984 年第 2 期。

王冠英：《周初的王位纷争和周制礼》，《周公摄政称与周初史事论集》，北京图书馆出版社 1998 年版。

王冠英：《乍册般铜鼋三考》，《中国历史文物》2005 年第 1 期。

王思礼：《惠民志区几处古文化遗址》，《文物》1960 年第 3 期。

王春惠、江余榜：《广西锡矿成因类型与特征》，《中国地质》1983 年第 10 期。

王贵民：《就甲骨文所见试说商代的王室田庄》，《中国史研究》1980 年第 3 期。

王贵民：《“卫服”的起源和古代社会的守卫制度》，《中华文史论丛》1982 年第 3 辑。

王贵民：《甲骨文所见商代军制数则》，胡厚宣主编《甲骨探史录》，生活·读书·新知三联书店 1982 年版。

王贵民：《说钅卜史》，胡厚宣主编《甲骨探史录》，生活·读书·新知三联书店 1982 年版。

王贵民：《就殷墟甲骨文所见试说“司马”职名的起源》，《甲骨文与殷商史》，上海古籍出版社 1983 年版。

王贵民：《从意识形态看商代社会状况》，《全国商史学术讨论会论文集》，殷都学刊增刊，1985 年。

王贵民：《商代农业概述》，《农业考古》1985 年第 2 期。

王贵民：《商代的官制及其历史特点》，《历史研究》1986 年第 4 期。

王贵民：《申论契文“雉众”为阵师说》，《文物研究》1986 年第 1 期。

王贵民：《试论商代的社会和政治结构》，《中州学刊》1986 年第 4 期。

王贵民：《试论贡、赋、税的早期历程——先秦时期贡、赋、税源流考》，《中国经济与研究》1988 年第 1 期。

王贵民：《浅谈商都殷墟的地位和性质》，《殷都学刊》1989 年第 2 期。

王贵民：《殷墟甲骨文考释两则》，《考古与文物》1989 年第 2 期。

王贵民：《商周制度考信》，台北明文书局 1989 年版。

王贵民：《商代“众人”身分为奴隶论》，《中国史研究》1990 年第 1 期。

王贵民：《中国礼俗史》，台北文津出版社 1993 年版。

王贵民：《商周庙制新考》，《文史》第 45 辑，中华书局 1998 年版。

王贵民：《论贡、赋、税的早期历程——先秦时期贡、赋、税源流考》，《中国经济史研究》1998 年第 1 期。

王凌华、梁郑平：《介绍几件商周玉器》，《华夏考古》1990 年第 2 期。

王家苑：《中国史纲导读》，上海古籍出版社 2002 年版。

王家祐、江甸潮：《四川新繁、广汉古遗址调查记》，《考古通讯》1958 年第 8 期。

王家祐：《记四川彭县竹瓦街出土的铜器》，《文物》1961 年第 11 期。

王恩田：《齐国建国史的几个问题》，《东岳论丛》1981 年第 4 期。

王恩田：《陕西岐山新出薛器考释》，《考古与文物丛刊》第二号《古文字论集》，1983 年。

王恩田：《从考古材料看楚灭杞国》，《江汉考古》1988 年第 2 期。

王恩田：《山东商代考古与商史诸问题》，《夏商文明研究·'97 山东桓台中国殷商文明国际学术讨论会论文集》，中国文联出版社 1999 年版。

王恩田：《甲骨文中的位祭》，《中国文字》新 24 期，台北艺文印书馆 1998 年版。

王恩田：《人方位置与征人方路线新证》，张永山主编《胡厚宣先生纪念文集》，科学出版社 1998 年版。

王恩田：《鹿邑太清宫西周大墓与微子封宋》，《中原文物》2000 年第 4 期。

王恩田：《大辛庄甲骨文与夷人文化》，《文史哲》2003 年第 4 期。

王振国：《古生物学家推测：商代济南气候似江南》，《齐鲁晚报》2002 年 4 月 2 日。

王晋祥：《殷本纪研究》，《厦大周刊》1930 年第 10 卷第 10 期。

王晖：《殷历岁首新论》，《陕西师范大学学报》1994 年第 2 期。

王晖：《商周文化比较研究》，人民出版社 2000 年版。

王晖：《上世纪末殷历研究的总结及其新成果——常玉芝〈殷商历法研究〉读后》，《碑林集刊》，陕西人民美术出版社 2002 年版。

王晖：《古文字与商周史新证》，中华书局 2003 年版。

王晖：《帝乙帝辛卜辞断代研究》，《陕西师范大学学报》（哲学社会科学版）2003 年第 5 期。

王晖、黄春长：《商末黄河中游气候环境的变化与社会变迁》，《史学月刊》2002 年第 1 期。

王海城：《中国马车的起源》，《欧亚学刊》第 3 辑。

王培真：《金文中所见西周世族的产生和世袭》，《西周史研究》，《人文杂志》增刊第二辑，1984 年。

王善荣、李芳、段丽山：《青铜提梁卣》，《中国文物报》2003 年 5 月 21 日。

王琳：《从几件铜柄玉兵器看商代金属与非金属的结合铸造技术》，《考古》1987 年第 4 期。

王辉：《殷人火祭说》，《古文字研究论文集》，四川大学学报丛刊，第十辑，1982 年。

王辉：《殷墟玉璋朱书文字蠡测》，《文博》1996 年第 5 期。

王辉：《殷墟玉璋朱书"式"字解》，《于省吾教授百年诞辰纪念文集》，吉林大学出版社 1996 年版。

王辉：《一粟集——王辉学术文存》（上下册），台北艺文印书馆 2002 年版。

王慎行：《瓒之形制与称名考》，《考古与文物》1986 年第 3 期。

王慎行、王汉珍：《乙卯尊铭文通释译论》，《古文字研究》第 13 辑，中华书局 1986 年版。

王慎行：《古文字与殷商文明》，陕西人民教育出版社 1992 年版。

王献唐：《黄县𣲙器》，山东人民出版社 1960 年版。

王献唐：《古文字中所见之火烛》，齐鲁书社 1979 年版。

王献唐：《山东古国考》，齐鲁书社 1983 年版。

王献唐：《炎黄氏族文化考》，齐鲁书社 1985 年版。

王瑞平：《王亥与中国商业贸易的肇端》，《光明日报》2004 年 6 月 1 日。

王睿：《垣曲商城的年代及其相关问题》，《考古》1998 年第 8 期。

王静如：《论中国古代耕犁和田亩的发展》，《农业考古》1983 年第 1 期。

王影伊：《山东前掌大商代晚期马具复原》，《中国文物报》2003 年 1 月 3 日。

王影伊：《山东前掌大商代晚期马具复原技术》，中国社会科学院考古研究所考古科技中心编《科技考古》第一辑，中国社会科学出版社 2005 年版。

　　王毅、徐鹏章：《方池街古文化遗址的出土文物》，《四川文物》1999 年第 2 期。

　　王震中：《东山嘴原始祭坛与中国古代的社会崇拜》，《世界宗教研究》1988 年第 4 期。

　　王震中：《文明与国家》，《中国史研究》1990 年第 3 期。

　　王震中：《祭祀·战争与国家》，《中国史研究》1993 年第 3 期。

　　王震中：《中国文明起源的比较研究》，陕西人民出版社 1994 年版。

　　王震中：《从符号到文字——关于中国文字起源的探讨》，《考古与文物研究》，三秦出版社 1996 年版。

　　王震中：《试论陶文"𝒬""𝒮"与大火星及火正》，《考古与文物》1997 年第 6 期。

　　王震中：《邦国、王国与帝国：先秦国家形态的演进》，《河南大学学报》（社会科学版）2003 年第 4 期。

　　王震中：《试论商代"虎食人卣"类铜器题材的含义》，《商承祚教授百年诞辰纪念文集》，文物出版社 2003 年版。

　　王震中：《商代周初管邑新考》，王宇信、宋镇豪、孟宪武主编《2004 年安阳殷商文明国际学术研讨会论文集》，社会科学文献出版社 2004 年版。

　　王震中：《先商社会形态的演进》，《中国史研究》2005 年第 2 期。

　　王震中：《中国古代文明的探索》，云南人民出版社 2005 年版。

　　王震中：《"中商文化"概念的意义及其相关问题》，《考古与文物》2006 年第 1 期。

　　王襄：《簠室殷契类纂》，天津博物馆石印本，1920 年。

　　王巍：《关于西周漆器的几个问题》，《考古》1987 年第 6 期。

　　王巍：《商代马车渊源蠡测》，中国社会科学院考古研究所编《中国商文化国际学术讨论会论文集》，中国大百科全书出版社 1998 年版。

　　伍仕谦：《甲骨文考释六则》，《古文字研究论文集》，四川大学学报丛刊，第十辑，1982 年。

　　伍献文：《"武丁大龟"之腹甲》（Noteson the Plastron of Testuds Emys Schl. & Mull From the Ruinsof Shsng Dynasty at Anyang），《中央

研究院动植物研究所集刊》1943 年第 14 卷第 1—6 期。

伍献文：《记殷墟出土之鱼骨》，《中国考古学报》（即《田野考古报告》）第 4 册，1949 年。

邬沧萍：《中国人口性别比的研究》，《中国人口问题研究》，中国人民大学出版社 1988 年版。

吴世昌：《殷墟卜辞"多介父"考释》，《罗音室学术论著》第一卷《文史杂著》，中国文艺联合出版公司 1984 年版。

吴匡、蔡哲茂：《释肩》，《古文字学论文集》，国立编译馆 1999 年版。

吴汝祚：《论李家村——老官台文化的性质》，《考古与文物》1983 年第 2 期。

吴汝祚：《夏与东夷关系的初步探讨》，《华夏文明》第一集，北京大学出版社 1987 年版。

吴汝祚：《初探龙山文化的社会性质》，《文物研究》1989 年第 5 期。

吴汝祚：《甘肃青海地区的史前农业》，《农业考古》1990 年第 1 期。

吴钊：《陕西半坡、姜寨仰韶文化埙类乐器的音高测定及相关问题》，《姜寨——新石器时代遗址发掘报告》，文物出版社 1988 年版。

吴其昌：《殷代人祭考》，《清华周刊》第 37 卷第 9、10 号《文史专号》，1932 年。

吴其昌：《卜辞所见殷先公先王三续考》，《燕京学报》1933 年第 14 期。

吴其昌：《丛瓶甲骨金文中所涵殷历推证》，《中央研究院历史语言研究所集刊》第 4 本第 3 分，1934 年。

吴其昌：《金文历朔疏证》，商务印书馆 1936 年版。

吴其昌：《殷虚书契解诂》，台北艺文印书馆 1959 年版。

吴其昌：《金文名象疏证·兵器篇》。

吴其昌：《殷纣之际年历推证》，北京师范大学国学研究所编《武王克商之年研究》，北京师范大学出版社 1997 年版。

吴怡：《成都方池街石人初探》，《四川文物》1985 年第 1 期。

吴泽：《甲骨地名与殷代地理新考》，《中山文化季刊》1944 年第 2 卷第 1 期。

吴泽：《中国历史大系——殷代奴隶社会史》，棠棣出版社 1952 年版。

吴泽：《两周时代的社神崇拜和社祀制度研究——读王国维〈殷卜辞

中所见先公先王考〉》，《华东师范大学学报》（哲学社会科学版）1986 年第 4 期。

吴泽主编：《李平心史论集》，人民出版社 1983 年版。

吴秉楠、高平：《对姚官庄与青堌堆两类遗存的分析》，《考古》1978 年第 6 期。

吴诗池：《从考古资料看我国史前的渔业生产》，《农业考古》1987 年第 1 期。

吴荣曾：《周代邻近于燕的子姓邦国考述》，《燕文化研究论文集》，中国社会科学出版社 1995 年版。

吴荣曾：《有关西周"六师"、"八师"的若干问题》，宋镇豪、郭引强、朱亮、蔡运章主编《西周文明论集》，北京朝华出版社 2004 年版。

吴振录：《保德县新发现的殷代青铜器》，《文物》1972 年第 4 期。

吴浩坤、潘悠：《中国甲骨学史》，上海人民出版社 1985 年版。

吴晗：《从商品生产想到商人的起源》，《灯下集》，生活·读书·新知三联书店 1960 年版。

吴梓林：《古粟考》，《史前研究》1953 年创刊号。

吴慧：《中国古代商业史》第 1 册，中国商业出版社 1983 年版。

吴镇烽：《陕西金文汇编》（上下），三秦出版社 1989 年版。

汪子春：《我国古代早期文献中有关人群体质形态特征的描述》，《人类学研究》，中国社会科学出版社 1984 年版。

闻一多：《古曲新义》（上下册），古籍出版社 1956 年版。

闻一多：《闻一多全集》（共 4 册），生活·读书·新知三联书店 1982 年版。

闻广：《中国古代青铜与锡矿》，《地质评论》1980 年第 26 卷第 5 期。

闻广：《中原找锡论》，《中国地质》1983 年第 1 期。

温少峰、袁庭栋：《殷墟卜辞研究——科学技术篇》，四川社会科学院出版社 1983 年版。

潍坊市艺术馆、潍坊市寒亭区图书馆：《山东潍县狮子行遗址发掘简报》，《考古》1984 年第 8 期。

魏凡：《就出土青铜器探索辽宁商文化问题》，《辽宁大学学报》1983 年第 5 期。

魏训田：《鲁城"甲组墓"族属考》，《文物春秋》1998 年第 4 期。

魏仰浩：《试论黍的起源》，《农业考古》1986 年第 2 期。

魏兴涛：《试论下七垣文化鹿台岗类型》，《考古》1999 年第 5 期。

魏京武：《陕南巴蜀文化的考古发现与研究》，《三星堆与巴蜀文化》，巴蜀书社 1993 年版。

魏峻：《内蒙古中南部考古学文化演变的环境学透视》，《华夏考古》2005 年第 1 期。

魏慈德：《殷墟 YH 一二七坑甲骨卜辞研究》，台北政治大学中国文学系博士学位论文，2001 年。

魏慈德：《“十三月”对甲骨文排谱的重要性》，《第十三届全国暨海峡两岸中国文字学学术研讨会论文集》，2002 年。

魏慈德：《中国古代风神崇拜》，台北古籍出版有限公司 2002 年版。

魏慈德：《殷墟花园庄东地甲骨卜辞研究》，台北古籍出版有限公司 2006 年版。

<h2 style="text-align:center">X</h2>

向桃初：《湖南商代晚期青铜文化的性质及其与殷墟商文化的关系》，河南省文物事业管理局编《考古耕耘录——湖南中青年考古学者论文选集》，岳麓书社 1999 年版。

向桃初：《湖南商周考古和青铜器研究的新进展》，高崇文、安田喜宪主编《长江流域青铜文化研究》，科学出版社 2002 年版。

向桃初、刘颂华：《湖南宁乡黄材炭和河里遗址发现西周城墙、大型建筑基址和贵族墓葬》，《中国文物报》2004 年 6 月 2 日。

西北大学历史系考古专业：《西安老牛坡商代墓地的发掘》，《文物》1988 年第 6 期。

西北大学文博学院：《城固宝山——1998 年发掘报告》，文物出版社 2002 年版。

西北师范学院植物研究所、甘肃省博物馆：《甘肃东乡林家马家窑文化遗址出土的稷与大麻》，《考古》1984 年第 7 期。

西安半坡博物馆、蓝田县文化馆：《陕西蓝田怀珍坊商代遗址试掘简报》，《考古与文物》1981 年第 3 期。

西安市文物保护研究所编著：《西安文物精华·青铜器》，世界图书出版公司 2005 年版。

许伟：《晋中地区西周以前古遗存的编年与谱系》，《文物》1989 年第 4 期。

许宏：《先秦城市考古学研究》，北京燕山出版社 2000 年版。

许宏：《二里头遗址新发现的学术意义》，《中国文物报》2004 年 9 月 17 日。

许宏：《都邑变迁与商代考古学的阶段划分》，中国社会科学院考古研究所编《二十一世纪中国考古学——庆祝佟柱臣先生八十三华诞学术文集》，文物出版社 2006 年版。

许宏、陈国梁、赵海涛：《二里头遗址聚落形态的初步考察》，《考古》2004 年第 11 期。

许宏、赵海涛：《二里头遗址发现宫城城墙等重要遗存》，《中国文物报》2004 年 6 月 18 日。

许进雄：《殷墟卜辞中五种祭祀的研究》，台湾大学文学院文史丛刊之十六，1968 年。

许进雄：《谈贞人荷的年代》，《中国文字》第 43 册，1972 年。

许进雄：《略谈贞人的在职年代》，《中国文字》第 44 册，1972 年。

许进雄：《卜骨上的凿钻形态》，台北艺文印书馆 1973 年版。

许进雄：《甲骨上钻凿形态的研究》，台北艺文印书馆 1979 年版。

许进雄：《五种祭祀卜辞的新缀合例——连小月的现象》，《中国文字》新 10 期，美国艺文印书馆 1985 年版。

许进雄：《从古文字看床与疾病的关系》，《中国文字》新 10 期，美国艺文印书馆 1985 年版。

许进雄：《第五期五种祭祀祀谱的复原——兼谈晚商的历法》，《大陆杂志》1986 年第 73 卷第 3 期。

许进雄：《读〈商代周祭制度〉·谈例外旬》，《金祥恒教授逝世周年纪念论文集》，台北，1990 年。

许进雄：《古文字所反映不断追求完善的商代冶金工艺》，赵令扬、冯锦荣编《亚洲科技与文明》，香港明报出版社 1995 年版。

许进雄：《修订武乙征召方日程》，《古文字研究》第 20 辑，中华书局 2000 年版。

许俊臣：《甘肃庆阳地区出土的商周青铜器》，《考古与文物》1981 年第 1 期。

许顺湛：《中国最早的"两京制"——郑亳与西亳》，《中原文物》1996 年第 2 期。

许顺湛：《灿烂的郑州商文化》，河南人民出版社 1957 年版。

许顺湛：《商代社会经济基础初探》，河南人民出版社 1958 年版。

许顺湛：《中国奴隶社会》，河南人民出版社 1980 年版。

许顺湛：《许顺湛考古论集》，中州古籍出版社 2001 年版。

许顺湛：《五帝时代研究》，中州古籍出版社 2005 年版。

许倬云：《殷历谱气朔新证举例》，《大陆杂志》1955 年第 10 卷第 3 期。

许倬云：《关于"商王庙号新考"一文的几点意见》，《中央研究院民族学研究所集刊》1965 年第 19 期。

许倬云：《求古篇》，台北联经出版事业公司 1982 年版。

许倬云：《西周史》，生活·读书·新知三联书店 1994 年版。

许益：《陕西华县殷代遗址调查简报》，《文物参考资料》1957 年第 3 期。

许智范、黄水根、申夏：《吴城文化再认识》，王宇信、宋镇豪、孟宪武主编《2004 年安阳殷商文明国际学术研讨会论文集》，社会科学文献出版社 2004 年版。

肖明华：《论滇文化的青铜贮贝器》，《考古》2004 年第 1 期。

肖楠：《安阳小屯南地发现的"𠂤组卜甲"——兼论"𠂤组卜辞"的时代及其相关问题》，《考古》1976 年第 4 期。

肖楠：《试论卜辞中的"工"与"百工"》，《考古》1981 年第 3 期。

肖楠：《试论卜辞中的师和旅》，《古文字研究》第 6 辑，中华书局 1981 年版。

肖楠：《安阳殷墟发现"易卦"卜甲》，《考古》1989 年第 1 期。

肖璘等：《成都金沙遗址出土金属器的实验分析与研究》，《文物》2004 年第 4 期。

辛怡华、刘宏岐：《周原——西周时期异姓贵族的聚居地》，《文博》2002 年第 5 期。

辛树帜：《〈禹贡〉新解》，农业出版社 1963 年版。

辛德勇：《关于成汤都邑位置的历史文献研究》，《九州》第三辑，商务印书馆 2003 年版。

信阳地区文管会、固始县文管会：《固始县葛藤山六号商代墓发掘简报》，《中原文物》1991 年第 1 期。

信阳地区文管会、罗山县文化馆：《河南罗山县蟒张商代墓地第一次发掘简报》，《考古》1981 年第 2 期。

信阳地区文管会、罗山县文化馆：《罗山县蟒张后李商周墓地第二次发掘简报》，《中原文物》1981 年第 4 期。

信阳地区文管会、罗山县文化馆：《罗山县蟒张后李商周墓地第三次发掘简报》，《中原文物》1988 年第 1 期。

咸博：《湖北省阳新县出土两件古铜铙》，《文物》1981 年第 1 期。

夏名采、刘华国：《山东青州市苏埠屯墓群出土的青铜器》，《考古》1996 年第 5 期。

夏商周断代工程专家组：《夏商周断代工程 1996—2000 年阶段成果报告》（简本），世界图书出版公司 2000 年版。

夏渌：《学习古文字琐记二则》，《古文字研究》第 10 辑，中华书局 1983 年版。

夏湘蓉等：《先秦金属矿产共生关系史料试探》，《科技史集刊》第 3 集，上海科技出版社 1980 年版。

夏路、刘东生主编：《山西省博物馆藏文物精华》，山西人民出版社 1999 年版。

夏鼐：《我国近五年来的考古新收获》，《考古》1964 年第 10 期。

夏鼐：《五四运动和中国近代考古学的兴起》，《考古》1979 年第 3 期。

夏鼐：《考古学和科技史》，考古学专刊甲种第十四号，科学出版社 1979 年版。

夏鼐：《有关安阳殷墟玉器的几个问题》，《殷墟玉器》，文物出版社 1982 年版。

夏鼐：《商代玉器的分类、定名和用途》，《考古》1983 年第 5 期。

夏鼐：《中国文明的起源》，文物出版社 1985 年版。

夏鼐、殷玮璋：《湖北铜绿山古铜矿》，《考古学报》1982 年第 1 期。

徐义华：《甲骨刻辞诸妇考》，宋镇豪、肖先进主编《夏商周文明研究之五·殷商文明暨纪念三星堆遗址发现七十周年国际学术研讨会论文集》，社会科学文献出版社 2003 年版。

徐广德：《近两年来安阳殷墟的考古发现与研究》，中国社会科学院考古所编《殷墟发掘 70 周年纪念会论文集》，1998 年。

　　徐广德、何毓灵：《安阳花园庄东 54 号墓》，《中国社会科学院古代文明研究中心通讯》2001 年第 2 期。

　　徐广德、何毓灵：《安阳殷墟发现高级贵族墓葬》，《中国社会科学院院报》2001 年 2 月 8 日。

　　徐中舒：《从古书中推测之殷周民族》，《国学论丛》1927 年第 1 卷第 1 期。

　　徐中舒：《殷人服象及象之南迁》，《中央研究院历史语言研究所集刊》第 2 本第 1 分，1930 年。

　　徐中舒：《殷周之际史迹之检讨》，《中央研究院历史语言研究所集刊》第 7 本第 2 分，1936 年。

　　徐中舒：《四川彭县濛阳镇出土的殷代二觯》，《文物》1962 年第 6 期。

　　徐中舒：《殷商史中的几个问题》，《四川大学学报》1979 年第 2 期。

　　徐中舒：《周原甲骨初论》，《古文字研究论文集》，四川大学学报丛刊，第十辑，1982 年。

　　徐中舒主编：《甲骨文字典》，四川辞书出版社 1990 年版。

　　徐中舒：《先秦史论稿》，巴蜀书社 1992 年版。

　　徐中舒：《耒耜考》，《徐中舒历史论文选辑》（上），中华书局 1998 年版。

　　徐中舒：《殷代兄终弟及为贵族选举制说》，《徐中舒历史论文选辑》（下），中华书局 1998 年版。

　　徐中舒：《论殷代社会的氏族组织》，《徐中舒历史论文选辑》（下），中华书局 1998 年版。

　　徐中舒、唐嘉弘：《论殷周的外服制》，《人文杂志增刊·先秦史论文集》，1982 年。

　　徐凤先：《商末周祭祀谱合历研究》，世界图书出版公司 2006 年版。

　　徐天进：《试论关中地区的商文化》，《纪念北京大学考古专业三十周年论文集（1952—1982）》，文物出版社 1990 年版。

　　徐少华：《周代南土历史地理与文化》，武汉大学出版社 1994 年版。

　　徐旭生：《1959 年夏豫西调查"夏墟"的初步报告》，《考古》1959 年第 11 期。

　　徐旭生：《中国古史的传说时代》（增订本），文物出版社 1985 年版。

徐良高、杨国忠：《丰镐遗址考古又获新进展》，《中国文物报》1998年3月4日。

徐良高：《邢、郑井、丰井刍议》，《三代文明研究（一）——1998年河北邢台中国商周文明国际学术研讨会论文集》，科学出版社1999年版。

徐南洲：《〈山海经〉与科技史》，《先秦民族史专集·民族论丛》第2辑，1982年。

徐复观：《论史记》，《两汉思想史》卷三，华东师范大学出版社2001年版。

徐基：《从大辛庄第二类遗存看岳石文化的去向》，《辽海文物学刊》1990年第1期。

徐基：《济南大辛庄遗址出土甲骨的初步研究》，《文物》1995年第6期。

徐基：《关于济南大辛庄遗存年代的思考》，《夏商文明研究·'97山东桓台中国殷商文明国际学术讨论会论文集》，中国文联出版社1999年版。

徐基：《山东商代考古的新进展》，《三代文明研究（一）——1998年河北邢台中国商周文明国际学术研讨会论文集》，科学出版社1999年版。

徐基：《大辛庄遗址及其出土刻辞甲骨的研究价值》，《文史哲》2003年第4期。

徐基：《大辛庄遗址甲骨特征及其与台西、殷墟甲骨的比较研究》，《殷商文明暨纪念三星堆文明发现七十周年国际学术研讨会论文集》，社会科学文献出版社2003年版。

徐基：《由山东地区商遗存考察中商文化分期》，王宇信、宋镇豪、孟宪武主编《夏商周文明研究之六——2004年安阳殷商文明国际学术研讨会论文集》，社会科学文献出版社2004年版。

徐喜辰：《井田制度研究》，吉林人民出版社1982年版。

徐葆：《殷墟卜辞中的筮法制度》，《中原文物》1996年第1期。

徐锡台：《周原出土的甲骨文所见人名、官名、方国、地名浅释》，《古文字研究》第1辑，中华书局1979年版。

徐锡台：《早周文化的特点及其渊源的探索》，《文物》1979年第10期。

徐锡台：《周原甲骨文综述》，三秦出版社1987年版。

徐鹏章：《我市方池街发现古文化遗址》，《四川文物》1984年第2期。

萧兵：《中国文化的精英》，上海文艺出版社 1989 年版。

萧良琼：《商代的都邑邦鄙》，胡厚宣主编《全国商史学术讨论会论文集》，殷都学刊增刊，1985 年。

萧良琼：《卜辞文例与卜辞的整理和研究》，《甲骨文与殷商史》第 2 辑，上海古籍出版社 1986 年版。

萧良琼：《"臣"、"宰"申议》，《甲骨文与殷商史》第 3 辑，上海古籍出版社 1991 年版。

萧良琼：《"下、上"考辨》，《于省吾教授百年诞辰纪念文集》，吉林大学出版社 1996 年版。

萧良琼：《吴城陶文中的"帚"与商朝南土》，吴荣曾主编《尽心集·张政烺先生八十庆寿论文集》，中国社会科学出版社 1996 年版。

萧良琼：《从甲骨文看五行说的渊源》，《中国古代思维模式与阴阳五行说探源》，江苏古籍出版社 1998 年版。

萧炳实：《以甲骨文证商代历史》，《厦门大学学报》第 1 集，1932 年。

袭学峰：《我国商代就有陶瓷窑——清江县吴城遗址考古新发现》，《人民日报》1987 年 7 月 23 日。

谢成侠：《中国养马史》，科学出版社 1959 年版。

谢成侠：《中国养牛史》，农业出版社 1985 年版。

谢肃、张翔宇：《试论南关外型商文化的年代分组》，《中原文物》2003 年第 2 期。

谢青山、杨绍舜：《山西吕梁县石楼镇又发现铜器》，《文物》1960 年第 7 期。

谢维扬：《中国早期国家》，浙江人民出版社 1995 年版。

新郑文化馆：《河南新郑县望京楼出土的铜器和玉器》，《考古》1981 年第 6 期。

熊传新：《湖南宁乡新发现一批商周青铜器》，《文物》1983 年第 10 期。

熊建平：《济阳邝家遗址出土商代蚌制鱼钩》，《农业考古》1988 年第 2 期。

熊建平：《刘台子西周墓地出土卜骨初探》，《文物》1990 年第 5 期。

Y

于云洪、魏训田：《商朝盘庚迁殷的原因》，《德州学院学报》2005 年第 3 期。

于志耿、李殿福、陈连开：《商先起源于幽燕说》，《历史研究》1985 年第 5 期。

于志耿、李殿福、陈连开：《商先起源于幽燕说的再考察》，《民族研究》1987 年第 7 期。

于俊德、于祖培：《先周历史文化新探》，甘肃人民出版社 2005 年版。

于省吾：《四国多方考》，《考古学社社刊》1934 年第 1 期。

于省吾：《双剑诤尚书新证》，石印本，1934 年。

于省吾：《双剑诤易经新证》，石印本，1937 年。

于省吾：《双剑诤古器物图录》，北京函雅堂，1940 年。

于省吾：《双剑诤契骈枝》，石印本，1940 年。

于省吾：《双剑诤殷契骈枝续编》，石印本，1941 年。

于省吾：《双剑诤契骈枝三编》，石印本，1944 年。

于省吾：《殷代交通工具与驲传制度》，《东北人民大学人文科学学报》1955 年第 2 期。

于省吾：《殷代的奚奴》，《东北人民大学人文科学学报》1956 年第 1 期。

于省吾：《商代的谷类作物》，《东北人民大学人文科学学报》1957 年第 1 期。

于省吾：《商周金文录遗》，科学出版社 1957 年版。

于省吾：《从甲骨文看商代的社会性质》，《东北人民大学人文科学学报》1957 年第 2、3 期合刊。

于省吾：《略论图腾与宗教起源和夏商周图腾》，《历史研究》1959 年第 10 期。

于省吾：《岁、时起源初考》，《历史研究》1961 年第 4 期。

于省吾：《双剑诤诸子新证》，中华书局 1962 年版。

于省吾：《释奴、婢》，《考古》1962 年第 9 期。

于省吾：《略论西周金文中的"六𠂤"和"八𠂤"及其屯田制》，《考古》1964 年第 3 期。

于省吾：《从甲骨文看商代的农田垦殖》，《考古》1972 年第 4 期。

于省吾：《利簋铭文考释》，《文物》1977 年第 8 期。

于省吾：《略论甲骨文"自上甲六示"的庙号以及我国成文历史的开始》，《社会科学战线》创刊号，1978 年。

于省吾：《甲骨文字释林》，中华书局 1979 年版。

于省吾：《关于商周时代对于"禾""积"或土地有限度的赏赐》，《中国考古学会第一次年会论文集》，文物出版社 1980 年版。

于省吾：《释盾》，《古文字研究》第 3 辑，中华书局 1980 年版。

于省吾：《泽螺居诗经新证》，中华书局 1982 年版。

于省吾：《释黾、鼀》，《古文字研究》第 7 辑，中华书局 1982 年版。

于省吾：《伏羲氏与八卦的关系》，《纪念顾颉刚学术论文集》，巴蜀书社 1990 年版。

于省吾主编：《甲骨文字诂林》（全四册），中华书局 1996 年版。

于镇洲等编纂：《河南省运台古物甲骨文专集》，育达高级商业家事职业学校，2001 年。

尹小燕：《迁安县发现商代器物》，《文物春秋》1996 年第 1 期。

尹焕章、张正祥：《对江苏太湖地区新石器文化的一些认识》，《考古》1962 年第 3 期。

尹焕章、黎忠义：《江苏新沂县三里墩古文化遗址第二次发掘简介》，《考古》1960 年第 7 期。

尹盛平：《巴文化与巴族的迁徙》，《巴蜀历史·民族·考古·文化》，巴蜀书社 1991 年版。

尹盛平：《西周微氏家族青铜器群研究》，文物出版社 1992 年版。

尹盛平：《新出太保铜器铭文及周初分封诸侯授民问题》，《第二次西周史学术讨论会论文汇编》，1992 年。

尹盛平：《西周史征》，陕西师范大学出版社 2004 年版。

叶玉奇：《江苏吴县出土的石犁》，《农业考古》1984 年第 1 期（总第 7 期）。

叶玉森：《殷契钩沉》，《学衡》1923 年第 24 期。

叶玉森：《说契》，《学衡》1924 年第 31 期。

叶玉森：《殷虚书契前编集释》，上海大东书局 1933 年版。

叶孟明：《南巢、居巢考》，《中国历史文献研究集刊》第四集，岳麓出版社 1984 年版。

叶修成：《周公"制礼作乐"与〈尚书〉的最初编纂》，《求索》2007年第 11 期。

叶祥奎：《藁城台西商代遗址中的龟甲》，《藁城台西商代遗址》附录二，文物出版社 1985 年版。

叶祥奎、刘一曼：《河南安阳殷墟花园庄东地出土的龟甲研究》，《考古》2001 年第 8 期。

印群：《从墓葬制度看殷遗民文化特色嬗变之不平衡性》，《中国历史文物》2004 年第 4 期。

印群：《试析琉璃河遗址商代陶器分期及其殷遗民之来源》，·王宇信、宋镇豪、孟宪武主编《2004 年安阳殷商文明国际学术研讨会论文集》，社会科学文献出版社 2004 年版。

扬之水：《诗经名物新证》，北京古籍出版社 2000 年版。

严一萍：《殷契徵醫》，台北，1951 年。

严一萍：《卜辞癸未月食辨》，《大陆杂志》1956 年第 13 卷第 5 期。

严一萍：《卜辞四方风新义》，《大陆杂志》1957 年第 15 卷第 1 期。

严一萍：《美国纳尔森艺术馆藏甲骨卜辞考释》，台北艺文印书馆 1973年版。

严一萍：《文武丁祀谱》，《中央研究院历史语言研究所集刊》第 46 本第 2 分，1975 年。

严一萍：《甲骨古文字研究》第一辑，台北艺文印书馆 1976 年版。

严一萍：《甲骨学》（上下册），台北艺文印书馆 1978 年版。

严一萍：《殷商天文志》，《中国文字》新 2 期，台北艺文印书馆 1980年版。

严一萍：《妇好列传》，《中国文字》新 3 期，台北艺文印书馆 1981年版。

严一萍：《壬午月食考》，《中国文字》1981 年第 4 期。

严一萍：《食日解》，《中国文字》1982 年第 6 期。

严一萍：《周原甲骨》，《中国文字》新 1 期，台北艺文印书馆 1983年版。

严一萍：《严一萍先生全集》甲编，台北艺文印书馆 1989 年版。

严一萍：《甲骨古文字研究》第二辑，台北艺文印书馆 1989 年版。

严一萍：《甲骨古文字研究》第三辑，台北艺文印书馆 1990 年版。

严一萍：《殷商史记》，台北艺文印书馆 1991 年版。

严文明：《夏代的东方》，中国先秦史学会编《夏史论丛》，齐鲁书社 1985 年版。

严志斌：《商代青铜器铭文研究》，中国社会科学院研究生院博士学位论文，2006 年。

余太山：《古族新考》，中华书局 2000 年版。

余扶危、叶万松：《中国古代地下储粮之研究》，《农业考古》1982 年第 2 期（总第 4 期）、1983 年第 2 期（总第 6 期）。

余扶危、叶万松：《试论我国犁耕农业的起源》，《农业考古》1981 年第 1 期（总第 1 期）。

杨升南：《略论商代的军队》，《甲骨探史录》，生活·读书·新知三联书店 1982 年版。

杨升南：《卜辞中所见诸侯对商王室的臣属关系》，《甲骨文与殷商史》，上海古籍出版社 1983 年版。

杨升南：《卜辞"立事"说》，《殷都学刊》1984 年第 2 期。

杨升南：《说"周行""周道"——西周时期的交通初探》，《西周史研究·人文杂志丛刊》第二辑，1984 年。

杨升南：《从殷墟卜辞中的"示"、"宗"说到商代的宗法制度》，《中国史研究》1985 年第 3 期。

杨升南：《汤放夏桀之役中的几个地理问题》，《全国商史学术讨论会论文集》，殷都学刊增刊，1985 年。

杨升南：《"殷人屡迁"辨析》，《甲骨文与殷商史》第二辑，上海古籍出版社 1986 年版。

杨升南：《殷契"七十朋"的释读及其意义》，《文物》1987 年第 8 期。

杨升南：《周原甲骨族属考辨》，《殷都学刊》1987 年第 4 期。

杨升南：《商代人牲身份的再考察》，《中国史研究》1988 年第 1 期。

杨升南：《商代的法律》，《甲骨学研究》1989 年第 2 辑。

杨升南：《殷墟甲骨文中的"河"》，《殷墟博物苑苑刊》，中国社会科学出版社 1989 年版。

杨升南：《殷墟卜辞中"众"的身份考》，《甲骨文与殷商史》第三辑，上海古籍出版社 1991 年版。

杨升南：《商代的土地制度》，《中国史研究》1991年第4期。

杨升南：《商代的财政制度》，《历史研究》1992年第5期。

杨升南：《商代的畜牧业》，《华夏文明》第3辑，北京大学出版社1992年版。

杨升南：《商代经济史》，贵州人民出版社1992年版。

杨升南：《殷墟甲骨文中的邑和族》，《人文杂志》1992年第1期。

杨升南：《殷契"河日"说》，《殷都学刊》1992年第2期。

杨升南：《殷墟甲骨文中的燕和召公封燕》，《北京建城3040年暨燕文明国际学术研讨会会议论文集》，北京燕山出版社1997年版。

杨升南：《关于商代的俯身葬问题——附说商代的族墓地》，《四川大学考古专业创建三十五周年纪念文集》，四川大学出版社1998年版。

杨升南：《关于殷墟西区墓地的性质》，《殷都学刊》1999年第1期。

杨升南：《甲骨文中所见商代的贡纳制度》，《殷都学刊》1999年第2期。

杨升南：《甲骨文中的"男"为爵称说》，《中原文物》1999年第2期。

杨升南：《邢台地区商文化中的商品经济》，《三代文明研究（一）——1998年河北邢台中国商周文明国际学术研讨会论文集》，科学出版社1999年版。

杨升南：《从"卤小臣"说武丁征伐西北的经济目的》，台湾师范大学国文系、中央研究院历史语言研究所编《甲骨文发现一百周年学术研讨会论文集》，台北文史哲出版社1999年版。

杨升南：《贝是商代的货币》，《中国史研究》2003年第1期。

杨升南：《北京平谷刘家河铜器墓墓主身份》，《北京平谷与华夏文明国际学术古诗会论文集》，社会科学出版社2005年版。

杨升南：《甲骨文"舟"字及商代水上交通工具》，《殷都学刊》2006年第4期。

杨天宇、程有为、郑慧生校补：《殷本纪汇注》，开封师范学院油印本，1978年。

杨立新：《安徽淮河流域夏商时期古代文化》，《文物研究》1989年第5期。

杨立新：《皖南古代铜矿初步考察与研究》，《文物研究》1988年第3期。

杨向奎、张政烺、孙言诚著：《中国屯垦史》（上册），农业出版社1990年版。

杨向奎：《评傅孟真的〈夷夏东西说〉》，中国先秦史学会编《夏史论丛》，齐鲁书社1985年版。

杨向奎：《宗周社会与礼乐文明》，人民出版社1997年版。

杨权喜：《湖北商文化与商王朝的南土》，中国社会科学院考古研究所编《中国商文化国际学术讨论会论文集》，中国大百科全书出版社1998年版。

杨伯达主编：《中国美术全集·工艺美术编10·金银玻璃珐琅器》，文物出版社1987年版。

杨伯达：《中国古代玉器概述》，《中国古代玉器全集——原始社会》，河北美术出版社1992年版。

杨希枚：《论先秦所谓姓及其相关问题》，《中国史研究》1984年第3期。

杨希枚：《卅年来关于殷墟头骨及殷代民族种系的研究》，《安阳殷墟头骨研究》，文物出版社1985年版。

杨学政：《达巴教和东巴教比较研究》，《宗教论稿》，云南人民出版社1986年版。

杨宝成、刘森淼：《商周方鼎初论》，《考古》1991年第6期。

杨宝成、杨锡璋：《从殷墟小型墓葬看殷代社会的平民》，《中原文物》1983年第1期。

杨宝成、程平山：《试论漳河型文化》，《武汉大学学报》（社会科学版）1998年第1期。

杨宝成：《殷代车子的发现与复原》，《考古》1984年第6期。

杨宝成：《先秦时期的木质农具》，《农业考古》1989年第1期。

杨宝成：《殷墟文化研究》，武汉大学出版社2002年版。

杨宝顺：《温县出土的商代器物》，《文物》1975年第2期。

杨建华：《燕山南北商周之际青铜器遗存的分群研究》，《考古学报》2002年第2期。

杨泓：《中国古代兵器论丛》（增订本），文物出版社1985年版。

杨泓：《中国古文物中所见人体造型艺术》，《文物》1987年第1期。

杨泓：《商代的兵器与战车》，中国社会科学院考古研究所编《中国商文化国际学术讨论会论文集》，中国大百科出版社 1998 年版。

杨绍禹：《石楼县发现古代铜器》，《文物》1959 年第 3 期。

杨绍舜：《山西石楼义牒发现商代铜器》，《文物》1972 年第 4 期。

杨绍舜：《山西石楼义牒会坪发现商代兵器》，《文物》1974 年第 2 期。

杨绍舜：《山西石楼新征集到的几件商代青铜器》，《文物》1976 年第 2 期。

杨绍舜：《山西永和发现殷代铜器》，《考古》1977 年第 5 期。

杨绍舜：《山西柳林县高红发现商代铜器》，《考古》1981 年第 3 期。

杨绍舜：《山西石楼褚家峪、曹家垣发现商代铜器》，《文物》1981 年第 8 期。

杨育彬：《谈谈夏文化的问题——兼对"郑州商城即汤都亳说"一文商榷》，《河南文博通讯》1980 年第 4 期。

杨育彬：《河南考古》，中州古籍出版社 1985 年版。

杨育彬：《郑州商城初探》，河南人民出版社 1985 年版。

杨育彬：《商代王都考古研究综论》，《中原文物》1991 年第 1 期。

杨育彬：《夏商周断代工程与夏商考古学文化研究》，《华夏考古》2002 年第 2 期。

杨育彬：《郑州商城"亳都说"商榷》，《中国文物报》2004 年 3 月 19 日。

杨育彬、孙广清：《郑州小双桥商代遗址的发掘及其相关问题》，《殷都学刊》1998 年第 2 期。

杨育彬、孙广清：《河南考古探索》，中州古籍出版社 2002 年版。

杨育彬、孙广清：《殷商王都考古研究四题》，《殷商文明暨纪念三星堆文明发现七十周年国际学术研讨会论文集》，社会科学文献出版社 2003 年版。

杨育彬、袁广阔：《20 世纪河南考古发现与研究》，中州古籍出版社 1997 年版。

杨树达：《积微居甲文说·卜辞琐记》，中国科学院，1954 年。

杨树达：《耐林廎甲文说·卜辞求义》，群联出版社 1954 年版。

杨树达：《积微居小学金石论丛》，科学出版社 1955 年版。

杨树达：《积微居小学述林》，中华书局 1983 年版。

杨树达：《积微居金文说》，中华书局 1997 年版。

杨贵金、张立东：《焦作市府城古城遗址调查报告》，《华夏考古》1994 年第 1 期。

杨钟健：《安阳殷墟扭角羚之发见及其意义》，《中国考古学报》（即《田野考古报告》）第 3 册，1948 年。

杨钟健、刘东生：《安阳殷墟之哺乳动物群补遗》，《中国考古学报》（即《田野考古报告》）第 4 册，1949 年。

杨宽：《中国历代尺度考》，商务印书馆 1955 年版。

杨宽：《古史新探》，中华书局 1965 年版。

杨宽：《西周中央政权机构剖析》，《历史研究》1984 年第 1 期。

杨宽：《中国古代都城制度史研究》，上海古籍出版社 1993 年版。

杨宽：《西周史》，上海人民出版社 1999 年版。

杨根、丁家盈：《司母戊大鼎的合金成分及其铸造技术的初步研究》，《文物》1959 年第 12 期。

杨涨：《中国古文物中所见人体造型艺术》，《文物》1987 年第 1 期。

杨鸿勋：《建筑考古学论文集》，文物出版社 1987 年版。

杨鸿勋：《宫殿考古通论》，紫禁城出版社 2001 年版。

杨鸿勋：《盘龙城方国宫殿建筑复原研究》，《盘龙城》附录一，文物出版社 2001 年版。

杨朝明：《〈史记·周本纪〉关于周先王世系的记述》，《史海侦迹——庆祝孟世凯先生七十岁文集》，香港新世纪出版社 2006 年版。

杨楠：《论商周时期原始瓷器的区域特征》，《文物》2000 年第 3 期。

杨锡璋：《安阳殷墟西北冈大墓的分期及有关问题》，《中原文物》1981 年第 3 期。

杨锡璋：《殷代墓地制度》，《考古》1983 年第 10 期。

杨锡璋：《殷墟青铜容器的分期》，《中原文物》1983 年第 3 期。

杨锡璋：《关于商代青铜戈矛的一些问题》，《考古与文物》1986 年第 3 期。

杨锡璋：《关于殷墟初期王陵问题》，《华夏考古》1988 年第 1 期。

杨锡璋：《殷人尊东北方位》，《庆祝苏秉琦考古五十五年论文集》，文物出版社 1989 年版。

杨锡璋：《殷墟的年代和性质问题》，《中原文物》1991 年第 1 期。

杨锡璋、刘一曼：《安阳郭家庄 160 号墓》，《考古》1991 年第 5 期。

杨锡璋、杨宝成：《从商代祭祀坑看商代奴隶社会的人牲》，《考古》1977 年第 1 期。

杨锡璋、杨宝成：《殷代青铜礼器的分期与组合》，《殷墟青铜器》，文物出版社 1985 年版。

杨锡璋、杨宝成：《商代的青铜钺》，《中国考古学研究——夏鼐考古五十年纪念论文集》，文物出版社 1986 年版。

杨锡璋、唐际根：《豫北冀南地区的中商遗存与盘庚以前的商都迁徙》，《三代文明研究（一）——1998 年河北邢台中国商周文明国际学术研讨会论文集》，科学出版社 1999 年版。

杨锡璋、徐广德、高炜：《盘庚迁殷地点蠡测》，《中原文物》2000 年第 1 期。

杨锡璋、高炜：《殷商与龙山时代墓地制度的比较》，《中国商文化国际学术讨论会论文集》，中国大百科全书出版社 1998 年版。

杨毓鑫：《〈禹贡〉等五书所记薮泽表》，《禹贡》1934 年第 1 卷第 2 期。

杨肇清：《略论商代二里岗期青铜铸造业及其相关问题》，《郑州商城考古新发现与研究》，中州古籍出版社 1993 年版。

岳占伟：《安阳殷墟出土甲骨 600 余片》，《中国文物报》2002 年 10 月 25 日。

岳洪彬、何灵毓：《洹北商城花园庄东地商代遗存的认识》，王宇信、宋镇豪、孟宪武主编《2004 年安阳殷商文明国际学术研讨会论文集》，社会科学文献出版社 2004 年版。

岳洪彬、何毓灵：《新世纪殷墟考古的新进展》，《中国文物报》2004 年 10 月 15 日。

岳洪彬、岳占伟、何毓灵：《河南安阳殷墟大司空遗址发掘获重要发现》，《中国文物报》2005 年 4 月 20 日。

岳洪彬、岳占伟、何毓灵：《小屯宫殿宗庙区布局初探》，《三代考古》（二），科学出版社 2006 年版。

岳洪彬、岳占伟：《试析殷墟孝民屯大型铸范的铸造工艺和器形——兼谈商周铜盘的用途及相关问题》，安阳庆祝殷墟"申遗"成功暨纪念 127 甲骨坑发现 70 周年国际学术研讨会论文，2006 年。

岳洪彬、岳占伟：《考古发掘中所见殷墟商人环保意识之一斑》，《中国文物报》2007 年 5 月 4 日。

岳洪彬、岳占伟、何毓灵：《商代计时器具初探》，山东大学东方考古研究中心编《东方考古》第 4 集，科学出版社 2008 年版。

岳洪彬、岳占伟：《试论殷墟孝民屯大型铸范的铸造工艺和器形——兼论商代盥洗礼仪》，《考古》2009 年第 6 期。

岳洪彬：《殷墟青铜容器分期研究》，《考古学集刊》第 15 集《纪念殷墟发掘七十周年论文专集》，文物出版社 2004 年版。

岳洪彬：《殷墟青铜礼器研究》，中国社会科学出版社 2006 年版。

易永卿：《商纣王悲剧的原由新探》，《湘潭师范学院学报》2001 年第 1 期。

易建平：《酋邦与专制政治》，《历史研究》2001 年第 5 期。

易建平：《弗里德的政治社会演进学说》，《古代文明研究通讯》2003 年第 16 期。

俞伟超：《铜山丘湾商代社祀遗迹的推定》，《考古》1973 年第 5 期。

俞伟超：《先秦两汉考古学论文集》，文物出版社 1985 年版。

俞伟超：《中国古代公社组织的考察——论先秦两汉的"单·僤·弹"》，文物出版社 1988 年版。

俞伟超：《早期中国的四大联盟集团》，《中国历史博物馆馆刊》第 13—14 期合刊，1989 年。

俞伟超：《三星堆巴蜀文化与三苗文化的关系及其崇拜内容》，《文物》1997 年第 5 期。

俞伟超：《长江流域青铜文化发展背景的新思考》，高崇文、安田喜宪主编《长江流域青铜文化研究》，科学出版社 2001 年版。

姚孝遂、肖丁：《小屯南地甲骨考释》，中华书局 1985 年版。

姚孝遂：《论甲骨刻辞文学》，《吉林大学社会科学学报》1963 年第 2 期。

姚孝遂：《商代的俘虏》，《古文字研究》第 1 辑，中华书局 1979 年版。

姚孝遂：《甲骨刻辞狩猎考》，《古文字研究》第 6 辑，中华书局 1981 年版。

姚孝遂：《牢、宰考辨》，《古文字研究》第 9 辑，中华书局 1984 年版。

姚孝遂等：《殷墟甲骨刻辞类纂》（全三册），中华书局 1989 年版。

姚孝遂：《殷墟与河洹》，《史学月刊》1990 年第 4 期。

姚萱：《花园庄东地甲骨卜辞考释》，《汉字文化》2004 年第 4 期。

姚萱：《试论花东卜辞的"子"当为武丁之子》，《故宫博物院院刊》2005 年第 6 期。

姚萱：《殷墟花园庄东地甲骨卜辞的初步研究》，线装书局 2006 年版。

姚萱：《殷墟卜辞"束"字考释》，《考古》2008 年第 2 期。

晏琬：《北京、辽宁出土铜器与周初的燕》，《考古》1975 年第 5 期。

殷之彝：《山东益都苏埠屯墓地和"亚醜"铜器》，《考古学报》1977 年第 2 期。

殷志强：《商代玉羽神：最早的活链玉作》，《中国文物报》2001 年 4 月 1 日。

殷玮璋：《二里头文化再探讨》，《考古》1984 年第 4 期。

殷玮璋：《记北京琉璃河西周遗址出土的漆器》，《考古》1984 年第 5 期。

殷玮璋：《早商文化的推定与相关问题》，《中国商文化国际学术讨论会论文集》，中国大百科全书出版社 1998 年版。

殷玮璋：《新出土的太保器及其相关问题》，《考古》1990 年第 1 期。

殷玮璋、曹淑琴：《灵石商墓与丙国铜器》，《考古》1990 年第 7 期。

殷玮璋、曹淑琴：《周初太保器综合研究》，《燕文化研究论文集》，中国社会科学出版社 1995 年版。

殷墟孝民屯考古队：《河南安阳市孝民屯商代铸铜遗址 2003—2004 年的发掘》，《考古》2007 年第 1 期。

袁广阔：《关于郑州商城夯土基址的年代问题》，《中原文物考古研究》，大象出版社 2003 年版。

袁广阔：《郑州商城始建年代研究》，《中原文物》2003 年第 5 期。

袁广阔、秦小丽、杨贵金：《河南焦作市府城遗址发掘简报》，《华夏考古》2000 年第 2 期。

袁广阔、秦小丽：《河南焦作府城遗址发掘简报》，《考古学报》2000 年第 4 期。

袁广阔、曾晓敏：《论郑州商城内城和外郭城的关系》，《考古》2004 年第 3 期。

袁进：《吴城文化族属句吴说》，《南方文物》1993 年第 2 期。

袁家荣：《湘潭青山桥出土商周青铜器》，《湖南考古辑刊》（1），岳麓书社 1982 年版。

袁家荣：《湖南道县玉蟾岩 1 万年以前的稻谷及陶器》，《稻作、陶器和都市的起源》，文物出版社 2000 年版。

袁靖：《从动物考古学研究看商代的祭祀》，《中国文物报》2002 年 8 月 16 日。

袁靖：《河南安阳殷墟动物考古学研究的两点认识》，《考古学集刊》第 15 集《纪念殷墟发掘七十周年论文专集》，文物出版社 2004 年版。

袁靖、付罗文：《动物考古学研究所见商代祭祀用牲之变化》，《庆祝何炳棣先生九十华诞论文集》，三秦出版社 2008 年版。

袁靖、安家瑗：《中国动物考古学研究的两个问题》，《中国文物报》1997 年 4 月 27 日。

袁靖、唐际根：《河南安阳市洹北花园庄遗址出土动物骨骼研究报告》，《考古》2000 年第 11 期。

袁靖、梁中合、杨梦菲：《论山东滕州前掌大墓地随葬动物的特征》，《二十一世纪的中国考古学——庆祝佟柱臣先生八十五华诞学术文集》，文物出版社 2006 年版。

袁翰青：《中国化学史论文集》，生活·读书·新知三联书店 1956 年版。

游修龄：《商代的农作物栽培》，《农史研究论集》，中国农业出版社 1999 年版。

游修龄：《中韩出土引发的稻作起源及籼粳分化问题》，《中国文物报》2001 年 10 月 12 日。

愚勤：《关于偃师尸乡沟商城的年代和性质》，《考古》1986 年第 3 期。

颍上县文化局文物工作组：《安徽颍上县出土一批商周青铜器》，《考古》1984 年第 12 期。

燕生东等：《山东阳信李屋发现商代生产海盐的村落遗址》，《中国文物报》2004 年 3 月 5 日。

燕生东、赵岭：《山东李怀商代制盐遗存的意义》，《中国文物报》2004 年 6 月 11 日。

燕生东等：《山东寿光双王城发现大型商周盐业遗址群》，《中国文物报》2005 年 2 月 2 日。

燕耘：《商代卜辞中的冶铸史料》，《考古》1973 年第 5 期。

Z

中央研究院历史语言研究所：《来自碧落与黄泉》，台北南港，2002 年。

中央研究院历史语言研究所：《殷墟出土器物选粹》，台北南港，2009 年。

《中国文物精华》编辑委员会编：《中国文物精华》（1990），文物出版社 1990 年版。

《中国文物精华》编辑委员会编：《中国文物精华》（1992），文物出版社 1992 年版。

《中国文物精华》编辑委员会编：《中国文物精华》（1993），文物出版社 1993 年版。

《中国文物精华》编辑委员会编：《中国文物精华》（1997），文物出版社 1997 年版。

《中国历史大辞典·历史地理卷》编纂委员会：《中国历史大辞典·历史地理卷》，上海辞书出版社 1996 年版。

中国历史地图集编辑组：《中国历史地图集》第一册，中华地图学社 1975 年版。

中国历史博物馆考古部、山西省考古研究所、垣曲县博物馆：《垣曲商城：1985—1986 年度勘察报告》，科学出版社 1996 年版。

中国历史博物馆考古部等：《1988—1989 年山西垣曲古城南关商代城址发掘简报》，《文物》1997 年第 10 期。

中国历史博物馆考古部等：《1991—1992 年山西垣曲商城发掘简报》，《文物》1997 年第 12 期。

中国历史博物馆编：《中国古代史参考图谱》，上海教育出版社 1989—1991 年版。

中国天文学简史编写组：《中国天文学简史》，天津科学技术出版社 1979 年版。

中国世界古代史学会编：《古代世界城邦问题译文集》，时事出版社 1985 年版。

中国玉器全集编辑委员会编：《中国玉器全集》，河北美术出版社 1993

年版。

中国农业科学院、南京农学院中国农业遗产研究室编著：《中国农学史（初稿）》（上册），科学出版社 1984 年版。

中国考古学会编：《中国考古学年鉴》（1984—2007），文物出版社 1984—2008 年版。

中国社会科学院《中国自然地理》编辑委员会：《中国自然地理·古地理》（上册），科学出版社 1984 年版。

中国社会科学院考古研究所、北京市文物工作队琉璃河考古队：《1981—1983 年琉璃河西周燕国墓地发掘简报》，《考古》1984 年第 5 期。

中国社会科学院历史研究所、中国社会科学院考古研究所编著：《安阳殷墟头骨研究》，文物出版社 1985 年版。

中国社会科学院考古研究所、中国历史博物馆、山西省考古研究所：《夏县东下冯》，文物出版社 1988 年版。

中国社会科学院考古研究所、中国社会科学院古代文明研究中心编：《古代文明研究》，文物出版社 2005 年版。

中国社会科学院考古研究所、美国明尼苏达大学科技考古实验室中美洹河流域考古队：《洹河流域区域考古研究初步报告》，《考古》1998 年第 10 期。

中国社会科学院考古研究所：《河南偃师商城商代早期王室祭祀遗址》，《考古》2002 年第 7 期。

中国社会科学院考古研究所二里头工作队：《偃师二里头遗址新发现的铜器和玉器》，《考古》1976 年第 4 期。

中国社会科学院考古研究所二里头工作队：《河南偃师二里头二号宫殿遗址》，《考古》1983 年第 3 期。

中国社会科学院考古研究所二里头工作队：《1980 年秋河南偃师二里头遗址发掘简报》，《考古》1983 年第 3 期。

中国社会科学院考古研究所二里头工作队：《河南偃师市二里头遗址发现一件青铜钺》，《考古》2002 年第 11 期。

中国社会科学院考古研究所二里头工作队：《二里头遗址宫殿区考古取得重要成果》，《中国社会科学院古代文明研究中心通讯》第 5 期，2003 年。

中国社会科学院考古研究所二里头工作队：《河南偃师市二里头遗址

宫城及宫殿区外围道路的勘查与发掘》,《考古》2004 年第 11 期。

中国社会科学院考古研究所山东工作队:《山东临朐朱封龙山文化墓葬》,《考古》1990 年第 7 期。

中国社会科学院考古研究所山东工作队:《滕州前掌大商代墓葬》,《考古学报》1992 年第 3 期。

中国社会科学院考古研究所山东工作队:《山东滕州市前掌大商周墓地 1998 年发掘简报》,《考古》2000 年第 7 期。

中国社会科学院考古研究所山西工作队:《晋南考古调查报告》,《考古学集刊》第 6 集,中国社会科学出版社 1989 年版。

中国社会科学院考古研究所四川工作队:《四川汉源县大树乡两处古遗址调查》,《考古》1991 年第 5 期。

中国社会科学院考古研究所安阳工作队:《1969—1977 年殷墟西区墓葬发掘报告》,《考古学报》1979 年第 1 期。

中国社会科学院考古研究所安阳工作队:《1976 年安阳小屯西北地发掘简报》,《考古》1987 年第 4 期。

中国社会科学院考古研究所安阳工作队:《1979 年安阳后冈遗址发掘报告》,《考古学报》1985 年第 1 期。

中国社会科学院考古研究所安阳工作队:《1980—1982 年安阳苗圃北地遗址发掘简报》,《考古》1986 年第 2 期。

中国社会科学院考古研究所安阳工作队:《1980 年安阳大司空村 M539 发掘简报》,《考古》1992 年第 6 期。

中国社会科学院考古研究所安阳工作队:《1982—1984 年安阳苗圃北地殷代遗址的发掘》,《考古学报》1991 年第 1 期。

中国社会科学院考古研究所安阳工作队:《1986 年安阳大司空村南地的两座殷墓》,《考古》1989 年第 7 期。

中国社会科学院考古研究所安阳工作队:《1986—1987 年安阳花园庄南地发掘报告》,《考古学报》1992 年第 1 期。

中国社会科学院考古研究所安阳工作队:《1987 年安阳小屯村东北地的发掘》,《考古》1989 年第 10 期。

中国社会科学院考古研究所安阳工作队:《1987 年夏安阳郭家庄东南殷墓的发掘》,《考古》1988 年第 10 期。

中国社会科学院考古研究所安阳工作队:《1987 年秋安阳梅园庄南地

殷墓的发掘》，《考古》1986 年第 2 期。

中国社会科学院考古研究所安阳工作队：《1991 年安阳后冈殷墓的发掘》，《考古》1993 年第 10 期。

中国社会科学院考古研究所安阳工作队：《1998—1999 年安阳洹北商城花园庄东地发掘报告》，《考古学集刊》第 15 集《纪念殷墟发掘七十周年论文专集》，文物出版社 2004 年版。

中国社会科学院考古研究所安阳工作队：《2000—2001 年安阳孝民屯东南殷代铸铜遗址发掘报告》，《考古学报》2006 年第 3 期。

中国社会科学院考古研究所安阳工作队：《安阳武官村北的一座殷墓》，《考古》1979 年第 3 期。

中国社会科学院考古研究所安阳工作队：《安阳小屯村北的两座殷代墓》，《考古学报》1981 年第 4 期。

中国社会科学院考古研究所安阳工作队：《安阳侯家庄北地一号墓发掘简报》，《考古学集刊》第 2 集，中国社会科学出版社 1982 年版。

中国社会科学院考古研究所安阳工作队：《安阳殷墟三家庄东的发掘》，《考古》1983 年第 2 期。

中国社会科学院考古研究所安阳工作队：《安阳殷墟西区一七一三号墓的发掘》，《考古》1986 年第 8 期。

中国社会科学院考古研究所安阳工作队：《安阳郭家庄的一座殷墓》，《考古》1986 年第 8 期。

中国社会科学院考古研究所安阳工作队：《安阳武官村北地商代祭祀坑的发掘》，《考古》1987 年第 12 期。

中国社会科学院考古研究所安阳工作队：《殷墟 259、260 号墓发掘报告》，《考古学报》1987 年第 1 期。

中国社会科学院考古研究所安阳工作队：《安阳郭家庄西南的殷代车马坑》，《考古》1988 年第 10 期。

中国社会科学院考古研究所安阳工作队：《殷墟考古又有重大突破》，《中国文物报》1997 年 8 月 31 日。

中国社会科学院考古研究所安阳工作队：《安阳花园庄东 54 号墓》，《中国社会科学院古代文明研究中心通讯》2001 年第 2 期。

中国社会科学院考古研究所安阳工作队：《河南安阳殷墟大型建筑基址的发掘》，《考古》2001 年第 5 期。

中国社会科学院考古研究所安阳工作队:《河南安阳市花园庄 54 号商代墓葬》,《考古》2004 年第 1 期。

中国社会科学院考古研究所安阳工作队:《安阳殷墟刘家庄北 1046 号墓》,《考古学集刊》第 15 集《纪念殷墟发掘七十周年论文专集》,文物出版社 2004 年版。

中国社会科学院考古研究所安阳工作队:《河南安阳殷墟刘家庄北地殷墓与西周墓》,《考古》2005 年第 1 期。

中国社会科学院考古研究所安阳工作队:《河南安阳洹河流域的考古调查》,《考古学集刊》第 3 集,中国社会科学出版社 1983 年版。

中国社会科学院考古研究所安阳工作队:《洹北商城发现大型宫殿基址》,《中国文物报》2002 年 8 月 23 日。

中国社会科学院考古研究所安阳工作队:《洹北商城的考古新发现》,《中国社会科学院古代文明研究中心通讯》2003 年第 5 期。

中国社会科学院考古研究所安阳工作队:《河南安阳市洹北商城的勘查与试掘》,《考古》2003 年第 5 期。

中国社会科学院考古研究所安阳工作队:《河南安阳市洹北商城宫殿区 1 号基址发掘简报》,《考古》2003 年第 5 期。

中国社会科学院考古研究所安阳工作队:《安阳鲍家堂仰韶文化遗址》,《考古学报》1988 年第 2 期。

中国社会科学院考古研究所安阳工作队:《安阳大寒村南岗遗址》,《考古学报》1990 年第 1 期。

中国社会科学院考古研究所沣西发掘队:《长安张家坡 M183 西周洞室墓发掘演示文稿》,《考古》1989 年第 6 期。

中国社会科学院考古研究所实验室:《妇好墓铜器成分的测定报告》,《殷墟妇好墓》附录,文物出版社 1982 年版。

中国社会科学院考古研究所实验室:《殷墟金属器物成分测定的报告(一)——妇好墓铜器测定》,《考古学集刊》第 2 集,中国社会科学出版社 1982 年版。

中国社会科学院考古研究所河南一队、商丘地区文物管理委员会:《河南柘城孟庄商代遗址》,《考古学报》1982 年第 1 期。

中国社会科学院考古研究所河南二队:《河南临汝煤山遗址发掘报告》,《考古学报》1982 年第 4 期。

中国社会科学院考古研究所洛阳工作队：《1975 年豫西考古调查》，《考古》1978 年第 1 期。

中国社会科学院考古研究所洛阳汉魏故城工作队：《偃师商城的初步勘探和发掘》，《考古》1984 年第 6 期。

中国社会科学院考古研究所河南二队：《1983 年秋季河南偃师商城发掘简报》，《考古》1984 年第 10 期。

中国社会科学院考古研究所河南二队：《河南偃师尸乡沟商城第五号宫殿基址发掘简报》，《考古》1988 年第 2 期。

中国社会科学院考古研究所河南二队：《偃师商城第 II 号建筑群遗址发掘简报》，《考古》1995 年第 11 期。

中国社会科学院考古研究所河南二队：《河南偃师商城东北隅发掘简报》，《考古》1998 年第 6 期。

中国社会科学院考古研究所河南二队：《河南偃师商城 IV 区 1996 年发掘简报》，《考古》1999 年第 2 期。

中国社会科学院考古研究所河南二队：《河南偃师商城小城发掘简报》，《考古》1999 年第 2 期。

中国社会科学院考古研究所河南二队：《河南偃师商城宫城北部"大灰沟"发掘简报》，《考古》2000 年第 7 期。

中国社会科学院考古研究所泾渭工作队：《陕西长武碾子坡先周文化遗址发掘纪略》，《考古学集刊》第 6 集，中国社会科学出版社 1989 年版。

中国社会科学院考古研究所陕西发掘队：《1976 年长安张家坡西周墓葬的发掘》，《考古学报》1980 年第 4 期。

中国社会科学院考古研究所铜绿山工作队：《湖北铜绿山东周铜矿遗址发掘》，《考古》1981 年第 1 期。

中国社会科学院考古研究所编著：《殷墟妇好墓》，文物出版社 1980 年版。

中国社会科学院考古研究所编著：《殷墟玉器》，文物出版社 1982 年版。

中国社会科学院考古研究所编辑：《新出金文分域简目》，中华书局 1983 年版。

中国社会科学院考古研究所编著：《新中国的考古发现和研究》，文物出版社 1984 年版。

中国社会科学院考古研究所编著：《殷墟青铜器》，文物出版社 1985 年版。

中国社会科学院考古研究所编著：《殷墟发掘报告（1958—1961）》，文物出版社 1987 年版。

中国社会科学院考古研究所编著：《胶县三里河》，文物出版社 1988 年版。

中国社会科学院考古研究所编：《中国考古学中碳十四年代数据集（1965—1991）》，文物出版社 1991 年版。

中国社会科学院考古研究所编著：《殷墟的发现与研究》，科学出版社 1994 年版。

中国社会科学院考古研究所编著：《殷周金文集成》，中华书局 1994 年版（简称《集成》）。

中国社会科学院考古研究所编著：《安阳殷墟郭家庄商代墓》，中国大百科全书出版社 1998 年版。

中国社会科学院考古研究所编著：《偃师二里头（1959—1978 年考古发掘报告)》，中国大百科全书出版社 1999 年版。

中国社会科学院考古研究所编：《殷周金文集成释文》（共 6 卷），香港中文大学中国文化研究所，2001 年。

中国社会科学院考古研究所编著：《中国考古学·夏商卷》，中国社会科学出版社 2003 年版。

中国社会科学院考古研究所编著：《中国考古学·两周卷》，中国社会科学出版社 2004 年版。

中国社会科学院考古研究所编著：《滕州前掌大墓地》（上下），文物出版社 2005 年版。

中国社会科学院考古研究所、安阳市文物考古研究所编著：《殷墟新出土青铜器》，云南人民出版社 2008 年版。

中国国家博物馆田野考古部编著：《垣曲盆地聚落考古研究》，科学出版社 2007 年版。

中国科学院考古研究所二里头工作队：《河南偃师二里头早商宫殿遗址发掘简报》，《考古》1974 年第 4 期。

中国科学院考古研究所山东发掘队：《山东平阴县朱家桥殷代遗址》，《考古》1961 年第 2 期。

中国科学院考古研究所安阳工作队：《安阳洹河流域几个遗址的试掘》，《考古》1965 年第 7 期。

中国科学院考古研究所内蒙古工作队：《赤峰药王庙、夏家店遗址试掘报告》，《考古学报》1974 年第 1 期。

中国科学院考古研究所安阳工作队：《1972 年春安阳后冈发掘简报》，《考古》1972 年第 5 期。

中国科学院考古研究所安阳工作队：《1973 年小屯南地发掘简报》，《考古》1975 年第 1 期。

中国科学院考古研究所安阳工作队：《安阳殷墟五号墓的发掘》，《考古学报》1977 年第 2 期。

中国科学院考古研究所安阳发掘队：《1962 年安阳大司空村发掘简报》，《考古》1964 年第 8 期。

中国科学院考古研究所安阳发掘队：《1971 年安阳后冈发掘简报》，《考古》1972 年第 3 期。

中国科学院考古研究所安阳发掘队：《安阳小屯南地发掘简报》，《考古》1975 年第 1 期。

中国科学院考古研究所安阳发掘队：《1975 年安阳殷墟的新发现》，《考古》1976 年第 4 期。

中国科学院考古研究所安阳发掘队：《殷墟出土的陶水管和石磬》，《考古》1976 年第 1 期。

中国科学院考古研究所安阳发掘队等：《安阳殷墟奴隶祭祀坑的发掘》，《考古》1977 年第 1 期。

中国科学院考古研究所安阳发掘队等：《武官大墓南墓地的发掘》，《考古》1977 年第 1 期。

中国科学院考古研究所洛阳发掘队：《河南偃师二里头遗址发掘简报》，《考古》1965 年第 5 期。

中国科学院考古研究所编著：《辉县发掘报告》，科学出版社 1956 年版。

中国科学院考古研究所编著：《上村岭虢国墓地》，科学出版社 1959 年版。

中国科学院考古研究所编著：《庙底沟与三里桥》，科学出版社 1959 年版。

中国科学院考古研究所编著：《沣西发掘报告》，文物出版社 1962 年版。

中国科学院自然科学史研究所地理学史组：《中国古代地理学史》，科学出版社 1984 年版。

中国硅酸盐学会：《中国陶瓷史》，文物出版社 1982 年版。

中美洹河流域考古队：《洹河流域区域考古研究初步报告》，《考古》1998 年第 10 期。

中航：《济南市发现青铜犁铧》，《文物》1979 年第 12 期。

正定县文物保管所：《河北灵寿县西木佛村出土一批商代文物》，《文物资料丛刊》(5)，文物出版社 1981 年版。

朱凤瀚：《商人族氏组织形态初探》，《先秦民族史专集·民族论丛》1982 年第 2 辑。

朱凤瀚：《商周青铜器铭文中的复合氏名》，《南开大学学报》1983 年第 3 期。

朱凤瀚：《论商人诸宗族与商王朝的关系》，《全国商史学术讨论会论文集》，殷都学刊增刊，1985 年。

朱凤瀚：《关于殷墟卜辞中的周侯》，《考古与文物》1986 年第 4 期。

朱凤瀚：《关于殷虚卜辞中的"众"的身份问题》，《南开学报》1987 年第 2 期。

朱凤瀚：《卜辞所见子姓商族的结构——关于"子族"、"王族"的组成关系及其他》，《殷墟博物苑苑刊》创刊号，中国社会科学出版社 1989 年版。

朱凤瀚：《论殷墟卜辞中的"大示"及其相关问题》，《古文字研究》第 16 辑，中华书局 1989 年版。

朱凤瀚：《金文日名统计与商代晚期商人日名制》，《中原文物》1990 年第 3 期。

朱凤瀚：《殷墟卜辞所见商王室宗庙制度》，《历史研究》1990 年第 6 期。

朱凤瀚：《商周家族形态研究》，天津古籍出版社 1990 年初版；又天津古籍出版社增订本，2004 年。

朱凤瀚：《论卜辞与商金文中的"后"》，《古文字研究》第 19 辑，中华书局 1992 年版。

朱凤瀚：《商代晚期社会中的商人宗族》，《华夏文明》第 3 集，北京大学出版社 1992 年版。

朱凤瀚：《商周时期的天神崇拜》，《中国社会科学》1993 年第 4 期。

朱凤瀚：《古代中国青铜器》，南开大学出版社 1995 年版。

朱凤瀚：《商人诸神之权能与其类型》，《尽心集——张政烺先生八十庆寿论文集》，中国社会科学出版社 1996 年版。

朱凤瀚：《僕麻卣铭文考释》，《于省吾教授百年诞辰纪念文集》，吉林大学出版社 1996 年版。

朱凤瀚：《有关邲其卣的几个问题》，《故宫博物院院刊》1998 年第 4 期。

朱凤瀚：《论殷墟卜辞中纪时用的"岁"》，《南开大学历史系建系七十五周年纪念文集》，南开大学出版社 1998 年版。

朱凤瀚：《论商周女性祭祀》，《中国社会历史评论》第一卷，天津古籍出版社 1999 年版。

朱凤瀚：《记中村不折旧藏的一片甲骨刻辞》，《揖芬集——张政烺先生九十华诞纪念文集》，中国社会科学出版社 2002 年版。

朱凤瀚：《论彡祭》，《古文字研究》第 24 辑，中华书局 2002 年版。

朱凤瀚：《大辛庄龟腹甲刻辞刍议》，《文史哲》2003 年第 4 期。

朱凤瀚：《读安阳殷墟花园庄东出土的非王卜辞》，王宇信、宋镇豪、孟宪武主编《2004 年安阳殷商文明国际学术研讨会文集》，社会科学文献出版社 2004 年版。

朱凤瀚：《论小屯东北地诸建筑基址的始建年代及其与基址范围内出土甲骨的关系》，北京大学震旦古代文明研究中心编《古代文明》第 3 卷，文物出版社 2004 年版。

朱凤瀚：《乍册般鼋探析》，《中国历史文物》2005 年第 1 期。

朱凤瀚：《子龙鼎的年代与铭文之内涵》，《中国历史文物》2006 年第 5 期。

朱凤瀚：《武丁时期商王国北部与西北部之边患与政治地理》，中国国家博物馆编《中国国家博物馆馆藏文物研究丛书·甲骨卷》，上海古籍出版社 2007 年版。

朱天顺：《中国古代宗教初探》，上海人民出版社 1982 年版。

朱光华：《"盘庚迁殷"与"盘庚治亳"考辨》，王宇信、宋镇豪、孟宪武主编《2004 年安阳殷商文明国际学术研讨会论文集》，社会科学文献出版社 2004 年版。

朱华：《山西洪洞县发现商代遗物》，《文物》1989 年第 12 期。

朱芳圃：《甲骨学商史编》，中华书局 1935 年版。

朱芳圃：《殷卜辞中所见先公先王再续考》，《新中华》1947 年复刊第 5 卷第 4 期。

朱芳圃：《殷周文字释丛》，中华书局 1962 年版。

朱芳圃：《土方考》，《开封师院学报》1962 年第 2 期。

朱芳圃：《殷顽辨》，《中州学刊》1981 年第 1 期。

朱钊、王昌燧、王妍、毛振伟等：《商周原始瓷产地的再分析》，《南方文物》2004 年第 1 期。

朱歧祥：《殷周彝器作器人物简论》，《香港中文大学中国语文集刊》1990 年第 5 期。

朱歧祥：《殷墟卜辞句法论稿——对贞卜辞句型变异研究》，台北学生书局 1990 年版。

朱歧祥：《甲骨学论丛》，台北学生书局 1992 年版。

朱歧祥：《由语词系联论花东甲骨的丁即武丁》，《殷都学刊》2005 年第 2 期。

朱彦民：《金甲文中的"基"、"異"与箕子封燕考》，《北京建城 3040 年暨燕文明国际学术研讨会会议专辑》，1997 年。

朱彦民：《殷墟都城探论》，南开大学出版社 1999 年版。

朱彦民：《关于商代中原地区野生动物诸问题的考察》，《殷都学刊》2005 年第 3 期。

朱彦民：《商族的起源、迁徙与发展》，商务印书馆 2007 年版。

朱活：《古钱新探》，齐鲁书社 1984 年版。

朱炳泉、常向阳：《评"商代青铜器高放射成因铅"的发现》，北京大学中国考古学研究中心等编《古代文明》第 1 卷，文物出版社 2002 年版。

朱培仁：《甲骨文所反映的上古植物水文生理学知识》，《南京农学院学报》1957 年第 2 期。

朱章义、王方：《成都金沙遗址出土玉琮研究》，《文物》2004 年第 4 期。

朱福生：《江西新干牛城遗址调查》，《南方文物》2005 年第 4 期。

张万钟：《商时期石楼、保德与"沚方"的关系》，《中国历史博物馆馆刊》1989 年总 11 期。

张子斌等：《北京地区一万三千年来自然环境的变迁》，《地质科学》1981 年第 3 期。

张广志：《"东杞"、"西杞"说》，王尹成主编《齐文化与新泰》，中国文联出版社 2000 年版。

张之：《河亶甲居"相"地望考》，《安阳史志通讯》1986 年第 2 期。

张之：《安阳考释——殷邺安阳考证集》，新华出版社 1997 年版。

张天恩：《古密须国文化的初步认识》，《长远集》（上），陕西人民美术出版社 1998 年版。

张天恩：《试论关中东部夏代文化遗存》，《文博》2000 年第 3 期。

张天恩：《关中商代文化研究》，文物出版社 2004 年版。

张文军、张玉石、方燕明：《关于郑州商城的考古学年代及其若干问题》，《郑州商城考古新发现与研究》，中州古籍出版社 1993 年版。

张文军、张玉石、方燕明：《关于偃师尸乡沟商城的考古学年代及相关问题》，《青果集——吉林大学考古专业成立二十周年考古论文集》，知识出版社 1993 年版。

张文祥：《宝鸡强国墓地渊源的初步探讨》，《考古与文物》1996 年第 2 期。

张长寿、张光直：《河南商丘地区殷商文明调查发掘初步报告》，《考古》1997 年第 4 期。

张长寿、张孝光：《说伏兔与画车辖》，《考古》1980 年第 4 期。

张长寿、张孝光：《殷周车制略说》，《中国考古学研究——夏鼐先生考古五十年纪念论文集》，文物出版社 1986 年版。

张长寿：《记新干出土的商代青铜器》，《中国文物报》1991 年 1 月 27 日。

张永山：《论商代的"众"人》，《甲骨探史录》，生活·读书·新知三联书店 1982 年版。

张永山：《商代"众"人身份补证》，《先秦史论文集》，人文杂志专刊，1982 年。

张永山：《殷契小臣辨证》，《甲骨文与殷商史》，上海古籍出版社 1983 年版。

张永山：《试析"锡多女ㄓ贝朋"》，《古文字研究》第16辑，中华书局1989年版。

张永山：《武丁南征与江南"铜路"》，《南方文物》1994年第1期。

张永山：《史密簋铭与周史研究》，《尽心集——张政烺先生八十庆寿论文集》，中国社会科学出版社1996年版。

张永山：《卜辞诸亳考辨》，《出土文献研究》第3辑，中华书局1998年版。

张永山：《从卜辞中的伊尹看"民不祀非族"》，《古文字研究》第22辑，中华书局2000年版。

张永山：《卜辞中的唐与唐尧故地》，《殷都学刊》2000年第4期。

张永山：《杞国东迁试探》，《杞文化与新泰》，中国文联出版社2000年版。

张永山：《利簋"岁鼎克闻"补证》，《清华大学学报》2001年第4期。

张永山：《梁伯戈铭文地理考》，《九洲》第三辑，商务印书馆2003年版。

张永山：《周原卜辞中殷王庙号与"民不祀非族"辨析》，中国文物学会、中国殷商文化学会、中山大学编《商承祚教授百年诞辰纪念文集》，文物出版社2003年版。

张永山：《蜀与夏商的交往》，宋镇豪、肖先进主编《夏商周文明研究之五·殷商文明暨纪念三星堆遗址发现七十周年国际学术讨论会论文集》，社会科学文献出版社2003年版。

张永山：《说"大岁"》，《黄盛璋先生八秩华诞纪念文集》，中国教育文化出版社2005年版。

张永山：《倗国考》，《纪念陕西省考古研究所侯马工作站建站50周年学术会议论文集》，2006年。

张玉石：《川西平原的蜀文化与商文化入川路线》，《华夏考古》1995年第1期。

张玉金：《甲骨文虚词词典》，中华书局1994年版。

张玉金：《说卜辞中的"骨凡有疾"》，《考古与文物》1999年第2期。

张玉金：《释甲骨文中的"ϟ"和"ϟ"》，《故宫博物院院刊》2001年第1期。

张玉金：《甲骨文语法学》，学林出版社2001年版。

张玉金：《20 世纪甲骨语言学》，学林出版社 2003 年版。

张玉金：《殷墟甲骨文"吉"字研究》，《古文字研究》第 26 辑，中华书局 2006 年版。

张玉金：《殷商时代宜祭的研究》，《殷都学刊》2007 年第 2 期。

张立文：《帛书周易注译》，中州古籍出版社 1992 年版。

张立东：《论辉卫文化》，《考古学集刊》第 10 集，地质出版社 1996 年版。

张立东：《先商文化浅议》，中国社会科学院考古所编《中国商文化国际学术讨论会论文集》，中国大百科全书出版社 1998 年版。

张立东：《先商文化的探索历程》，《三代文明研究（一）——1998 年河北邢台中国商周文明国际学术研讨会论文集》，科学出版社 1999 年版。

张立东：《关于商代积年的初步研究》，北京大学中国考古学研究中心、北京大学震旦古代文明研究中心编《古代文明》（2），文物出版社 2003 年版。

张龙炎：《殷史蠡测》，《金陵学报》1931 年第 1 卷第 1 期。

张亚初、刘雨：《从商周八卦数字符号谈筮法的几个问题》，《考古》1981 年第 2 期。

张亚初：《甲骨金文零释》，《古文字研究》第 6 辑，中华书局 1981 年版。

张亚初：《记陕西长安沣西新发现的两件铜鼎》，《考古》1983 年第 3 期。

张亚初：《殷墟都城与山西方国考略》，《古文字研究》第 10 辑，中华书局 1983 年版。

张亚初：《论鲁台山西周墓的年代和族属》，《江汉考古》1984 年第 2 期。

张亚初：《对妇好之好与称谓之司的剖析》，《考古》1985 年第 12 期。

张亚初：《商代职官研究》，《古文字研究》第 13 辑，中华书局 1986 年版。

张亚初：《古文字分类考释论稿》，《古文字研究》第 17 辑，中华书局 1989 年版。

张亚初：《太保罍、盉铭文的再探讨》，《考古》1993 年第 1 期。

张亚初：《燕国青铜器铭文研究》，《燕文化研究论文集》，中国社会科学出版社 1995 年版。

张亚初：《金文考释例释》，《第三届国际古文字学研讨会论文集》，香港中文大学中国文化研究所、中国语言及文学系，1997 年。

张亚初：《殷周金文集成引得》，中华书局 2001 年版。

张仲葛：《鸿鹈小史》，《农业考古》1982 年第 1 期。

张传玺：《翦伯赞〈先秦史〉校订本序》，《先秦史》，北京大学出版社 1999 年版。

张光明：《山东桓台史家遗址发掘收获的再认识》，中国殷商文化学会《夏商周文明研究——'97 山东桓台中国殷商文明国际学术讨论会》，中国文联出版社 1999 年版。

张光直、李光谟编：《李济考古学论文选集》，文物出版社 1990 年版。

张光直：《中国创世神话之分析与古史研究》，《民族学研究所集刊》1959 年第 7 期。

张光直：《商王庙号新考》，《中央研究院民族学研究所集刊》1963 年第 15 期。

张光直：《殷礼中的二分现象》，《庆祝李济先生七十岁论文集》上册，台北清华学报社 1965 年版。

张光直：《关于"商王庙号新考"一文的补充意见》，《中央研究院民族学研究所集刊》1965 年第 19 期。

张光直：《谈王亥与伊尹的祭日并再论殷商王制》，《中央研究院民族学研究所集刊》1974 年第 35 期。

张光直：《商史新料三则》，《中央研究院历史语言研究所集刊》第 50 本第 4 分，1979 年。

张光直：《中国青铜时代》，生活·读书·新知三联书店 1983 年版。

张光直：《考古学专题六讲》，文物出版社 1986 年版。

张光直：《美术·神话与祭祀》，辽宁教育出版社 1988 年版。

张光直：《中国青铜时代》（二集），生活·读书·新知三联书店 1990 年版。

张光直：《商名试释》，中国社会科学院考古研究所编《中国商文化国际学术讨论会论文集》，考古学专刊甲种第二十四种，中国大百科全书出版社 1998 年版。

张光直：《中国青铜时代》，生活·读书·新知三联书店 1999 年版。

张光直：《中国考古学论文集》，生活·读书·新知三联书店1999年版。

张光直：《青铜挥麈》，上海文艺出版社2000年版。

张光直：《商文明》，辽宁教育出版社2002年版。

张光直：《商名试释》，《中国商文化国际学术讨论会论文集》，中国大百科全书出版社1998年版。

张光裕：《雪斋学术论文集》，台北艺文印书馆1989年版。

张光裕：《新见量侯滕器简释》，《第三届国际中国古文字研讨会论文集》，香港中文大学出版社1997年版。

张光裕：《雪斋学术论文集》二集，台北艺文印书馆2004年版。

张京华：《燕赵文化·中篇》，辽宁教育出版社1998年版。

张国茂：《安徽铜陵大工山古代铜矿的发现和研究》，《东南文化》1988年第6期。

张国硕：《小双桥遗址的性质》，《殷都学刊》1992年第4期。

张国硕：《从商文化的东渐看商族起源"东方说"的不合理性》，《夏商文明研究·'97山东桓台中国殷商文明国际学术讨论会论文集》，中国文联出版社1999年版。

张国硕：《郑州商城与偃师商城并为亳都说》，《考古与文物》1996年第1期。

张国硕：《从商文化的东渐看商族起源》，《夏商文明研究·'97山东桓台中国殷商文明国际学术讨论会论文集》，中国文联出版社1999年版。

张国硕：《夏商时代都城制度研究》，河南人民出版社2001年版。

张国硕：《论夏末早商的商夷联盟》，《郑州大学学报》2002年第2期。

张国硕：《论殷都的变迁》，王宇信、宋镇豪、孟宪武主编《2004年安阳殷商文明国际学术研讨会论文集》，社会科学文献出版社2004年版。

张学海：《试论鲁城两周墓葬的类型、族属及其反映的问题》，《中国考古学会第四次年会论文集》，文物出版社1985年版。

张学海：《史家遗址的考古收获与体会》，《中国文物报》1998年2月4日。

张学海：《东土古国探索》，《张学海考古论集》，学苑出版社1999年版。

张忠培、孔哲培、张文军、陈雍：《夏家店下层文化研究》，苏秉琦主编《考古学文化论集》（一），文物出版社 1987 年版。

张昌平：《论殷墟时期南方的尊和罍》，《考古学集刊》第 15 集《纪念殷墟发掘七十周年论文专集》，文物出版社 2004 年版。

张明华：《崧泽玉器考略》，邓聪编《东亚玉器》第一册，香港中文大学中国考古艺术研究中心，1998 年。

张松林：《郑州市西北郊区考古调查简报》，《中原文物》1986 年第 4 期。

张松林：《商汤都郑亳的环境因素与历史原因》，王宇信、宋镇豪、孟宪武主编《2004 年安阳殷商文明国际学术研讨会文集》，社会科学文献出版社 2004 年版。

张波：《周畿求耦》，《农业考古》1987 年第 1 期。

张秉权：《卜辞甲申月食考》，《中央研究院历史语言研究所集刊》第 27 本，1956 年。

张秉权：《卜辞甲申月食考后记》（上下），《大陆杂志》1956 年第 12 卷第 6、7 期。

张秉权：《商代卜辞中的气象纪录之商榷》，《学术季刊》1957 年第 6 卷第 2 期。

张秉权：《甲骨文中所见人地同名考》，《庆祝李济先生七十岁论文集》下册，台北清华学报社 1967 年版。

张秉权：《殷代的农业与气象》，《中央研究院历史语言研究所集刊》第 42 本第 2 分，1971 年。

张秉权：《甲骨文中所见的数》，《中央研究院历史语言研究所集刊》第 46 本第 3 分，1975 年。

张秉权：《卜辞中所见殷商政治统一的力量及其达到的范围》，《中央研究院历史语言研究所集刊》第 50 本第 1 分，1979 年。

张秉权：《小屯殷墟出土龟甲上所粘附的纺织品》，《中央研究院国际汉学会议论文集·历史考古组》，1981 年。

张秉权：《中国古代的棉织品》，《中央研究院历史语言研究所集刊》第 52 本第 2 分，1981 年。

张秉权：《甲桥刻辞探微》，《汉学研究》1984 年第 2 卷第 2 期。

张秉权：《甲骨文与甲骨学》，国立编译馆 1988 年版。

张采亮：《中国风俗史》，东方出版社 1996 年版。

张剑：《关于东周王畿内出土货币的几个问题》，《华夏考古》2001年第3期。

张剑：《洛邑成周殷遗民史迹考察》，洛阳市第二文物工作队编《夏商文明研究》，中州古籍出版社1995年版。

张政烺：《奭字说》，《中央研究院历史语言研究所集刊》第13本，1948年。

张政烺：《古代中国的十进制氏族组织》，《历史教学》1951年第3、4、6期。

张政烺：《释甲骨文俄、隶、蕴三字》，《中国语文》1965年第4期。

张政烺：《卜辞"裒田"及其相关诸问题》，《考古学报》1973年第1期。

张政烺：《甲骨文"肖"与"肖田"》，《历史研究》1978年第3期。

张政烺：《利簋释文》，《考古》1978年第1期。

张政烺：《释"它示"——论卜辞中没有蚕神》，《古文字研究》第1辑，中华书局1979年版。

张政烺：《试释周初青铜器铭文中的易卦》，《考古学报》1980年第4期。

张政烺：《释戋》，《古文字研究》第6辑，中华书局1981年版。

张政烺：《妇好略说》，《考古》1983年第6期。

张政烺：《〈妇好略说〉补记》，《考古》1983年第8期。

张政烺：《殷契"甶"字说》，《古文字研究》第10辑，中华书局1983年版。

张政烺：《殷契否田解》，《甲骨文与殷商史》第一辑，上海古籍出版社1983年版。

张政烺：《释甲骨文尊田及土田》，《中国历史文献研究集刊》第3集，岳麓书社1983年版。

张政烺：《殷墟甲骨文中所见的一种筮卦》，《文史》第二十四辑，中华书局1985年版。

张政烺：《易辨——近几年根据考古材料探讨周易问题的综述》，《周易讨论会论文集》，湖北人民出版社1985年版。

张政烺：《武王克殷之年》，北京师范大学国学研究所编《武王克商之年研究》，北京师范大学出版社1997年版。

张政烺：《张政烺文史论集》，中华书局 2004 年版。

张映文、吕智荣：《陕西清涧县李家崖古城发掘简报》，《考古与文物》1988 年第 1 期。

张洲：《周原环境与文化》，三秦出版社 1998 年版。

张荣明：《商周的国家结构与国家宗教》，《社会科学战线》2000 年第 2 期。

张荫麟：《中国史纲》，上海古籍出版社 2002 年版。

张家口考古队：《蔚县夏商时期考古的主要收获》，《考古与文物》1984 年第 1 期。

张晋藩主编：《中国法制史》，群众出版社 1985 年版。

张晓生：《兵家必争之地》，解放军出版社 1987 年版。

张爱冰、宫希成：《滁州发掘商代大规模聚落祭祀遗址》，《中国文物报》2002 年 11 月 29 日。

张钰哲、张培瑜：《殷周天象和征商年代》，《人文杂志》1985 年第 5 期。

张培瑜、卢央、徐振韬：《试论殷代历法的月与月相的关系》，《南京大学学报》（哲学社会科学版）1984 年第 1 期。

张培瑜、孟世凯：《商代历法的月名、季节和岁首》，《先秦史研究文集》，云南民族出版社 1987 年版。

张培瑜、徐振韬、卢央：《中国早期的日食记录和公元前十四至公元前十一世纪日食表》，《南京大学学报》（自然科学版）1982 年第 2 期。

张培瑜：《殷代关于分至的知识和历年》，《科研工作报导》第 2 期，中国科学院紫金山天文台，1979 年。

张培瑜：《中国先秦史历表》，齐鲁书社 1987 年版。

张培瑜：《三千五百年历日天象》，河南教育出版社 1990 年版。

张崇宁：《山西平陆前庄商代遗址分析》，《三代文明研究（一）——1998 年河北邢台中国商周文明国际学术研讨会论文集》，科学出版社 1999 年版。

张淑萍、张修桂：《〈禹贡〉九河分流地域范围新证——兼论古白洋淀的消亡过程》，《地理学报》1989 年第 44 卷第 1 期。

张雪莲、仇士华：《关于夏商周碳十四年代框架》，《华夏考古》2001 年第 3 期。

张雪莲、仇士华、蔡莲珍：《郑州商城和偃师商城的碳十四年代分析》，《中原文物》2005 年第 1 期。

张雪莲、仇士华、蔡莲珍、薄官成、王金霞、钟建：《新砦—二里头—二里岗文化考古年代序列的建立与完善》，《考古》2007 年第 8 期。

张雪莲、王金霞、冼自强、仇士华：《古人类食物结构研究》，《考古》2003 年第 2 期。

张雪莲：《同位素分析在食物结构研究中的应用》，《中国文物报》2003 年 7 月 11 日。

张敬国：《略论江淮地区夏商周文化分期及族属》，《文物研究》1988 年第 3 期。

张渭莲：《商文明的形成》，文物出版社 2008 年版。

张舜徽：《关于研究中国古代史的史料问题》，《新建设》1951 年第 4 卷第 3 期。

张舜徽：《中国史论文集》，湖北人民出版社 1956 年版。

张颔：《张颔学术文集》，中华书局 1995 年版。

张锴生：《郑州小双桥商代青铜器建筑饰件初识》，《中原文物考古研究》，大象出版社 2003 年版。

张懋镕、赵荣、邹东涛：《安康出土的史密簋及其意义》，《文物》1989 年第 7 期。

张懋镕：《卢方·虎方考》，《文博》1992 年第 2 期。

张懋镕：《商代日名研究的再检讨》，《考古学研究——纪念陕西省考古研究所成立三十周年》，三秦出版社 1993 年版。

张懋镕：《周人不用日名说》，《历史研究》1993 年第 5 期。

张懋镕：《先秦礼玉与礼玉系统管见》，《中国上古史研究专刊》第二期，台北兰台出版社 2002 年版。

张懋镕：《古文字与青铜器论集》，科学出版社 2002 年版。

张懋镕：《古文字与青铜器论集》第二辑，科学出版社 2006 年版。

邹逸麟：《历史时期黄河流域水稻生产的地域分布和环境制约》，《复旦学报》1985 年第 3 期。

邹逸麟：《历史时期华北大平原湖泊沼泽变迁述略》，《历史地理》第 5 辑，上海人民出版社 1987 年版。

邹逸麟主编：《黄淮海平原历史地理》，安徽教育出版社 1993 年版。

邹衡：《试论殷墟文化分期》，《北京大学学报》（人文科学版）1964 年第 4、5 期。

邹衡：《郑州商城即汤都亳说》，《文物》1978 年第 2 期。

邹衡：《商周考古》，文物出版社 1979 年版。

邹衡：《夏商周考古学论文集》，文物出版社 1980 年版。

邹衡：《再论"郑亳说"》，《考古》1981 年第 3 期。

邹衡：《偃师商城即太甲桐宫说》，《北京大学学报》（哲学社会科学版）1984 年第 4 期。

邹衡：《综述夏商四都之年代和性质》，《殷都学刊》1988 年第 1 期。

邹衡：《西亳与桐宫考辨》，《纪念北京大学考古专业三十周年论文集》（1952—1982），文物出版社 1990 年版。

邹衡：《汤都垣亳说考辨》，《国学研究》第 1 卷，北京大学出版社 1993 年版。

邹衡：《夏商周考古学论文集（续集）》，科学出版社 1998 年版。

邹衡：《综述早商亳都之地望》，中国社会科学院考古研究所编《中国商文化国际学术讨论会论文集》，中国大百科全书出版社 1998 年版。

邹衡：《〈郑州商城"亳都说"商榷〉之再商榷》，《中国文物报》2004 年 7 月 16 日。

周卫健等：《瑞昌铜岭古矿冶遗址的断代及其科学价值》，《江西文物》1990 年第 3 期。

周广明、赵碧云：《吴城商代宗教祭祀场所探究》，《南方文物》1994 年第 4 期。

周书灿：《中国早期国家结构研究》，人民出版社 2002 年版。

周仁等：《我国黄河流域新石器时代和殷周时代制陶工艺的科学总结》，《考古学报》1964 年第 1 期。

周公庙考古队：《陕西岐山周公庙遗址考古收获丰硕》，《中国文物报》2004 年 12 月 31 日。

周原考古队：《周原遗址（王家嘴地点）尝试性浮选的结果及初步分析》，《文物》2004 年第 10 期。

周世荣：《湖南石门县皂市发现商殷遗址》，《考古》1962 年第 3 期。

周本雄：《高家堡商周墓青铜器中的兽骨鉴定》，《高家堡戈国墓》，三秦出版社 1994 年版。

周永珍：《"亯"字铭文铜器》，《全国商史学术讨论会论文集》，殷都学刊增刊，1985 年。

周永珍：《殷代"韦"字铭文铜器》，《出土文献研究》，文物出版社 1985 年版。

周永珍：《论"析子孙"铭文铜器》，《中国考古学研究——夏鼐先生考古五十年纪念论文集》（二集），科学出版社 1986 年版。

周伟：《商代后期殷墟气候探索》，《中国历史地理论丛》1999 年第 1 期。

周有安：《山西商代前庄遗址又有新发现》，《中国文物报》2000 年 6 月 18 日。

周自强主编：《中国经济通史·先秦经济卷》，经济日报出版社 2000 年版。

周苏平：《先秦时期的渔业》，《农业考古》1985 年第 2 期。

周谷城：《古史零证》，新知识出版社 1956 年版。

周谷城：《中国通史》，上海人民出版社 1981 年版。

周到、刘东亚：《1957 年秋安阳高楼庄殷代遗址发掘》，《考古》1963 年第 4 期。

周叔昆：《中原古文化与环境》，《中国生存环境历史演变规律研究》，海洋出版社 1993 年版。

周叔昆等：《中国最早大豆的发现》，《中国文物报》2002 年 3 月 22 日。

周叔昆等：《对北京市附近两个埋藏泥炭沼的调查及其孢粉分析》，《中国第四纪研究》1965 年第 1 期。

周宗岐：《殷虚甲骨文中所见口腔疾患考》，《中华口腔科杂志》1956 年第 3 号。

周法高主编：《金文诂林》（全十六册），香港中文大学出版社 1974 年版（简称《诂林》）。

周法高编撰：《金文诂林补》（全八册），中央研究院历史语言研究所专刊之七十七，1982 年。

周法高编撰：《金文诂林补读后记》，中央研究院历史语言研究所专刊之八十，1982 年。

周南泉：《中国古玉料定义和产地考》，《文博》1988 年第 1 期。

周鸿翔：《商殷帝王本纪》，香港，1958 年。

周鸿翔：《殷代刻字刀的推测》，《联合书院学报》1967—1968 年第 6 期。

周鸿翔：《十进制及干支起源》，台湾师范大学国文系暨中央研究院历史语言研究所编辑《甲骨文发现一百周年学术研讨会论文集》，台北文史哲出版社 1999 年版。

周策纵：《中国古代的巫医与祭祀、历史、乐舞及诗的关系》，《清华学报》新 12 卷第 1、2 期合刊，1981 年。

周策纵：《"巫"字初义探源》，《大陆杂志》1984 年第 69 卷第 6 期。

周策纵：《古巫医与"六诗"考——中国浪漫文学探源》，台北联经出版事业公司 1986 年版。

周锋：《全新世时期河南的地理环境与气候》，《中原文物》1995 年第 4 期。

枝柳铁路复线工程考古队荆州博物馆支队：《湖北松滋西斋汪家嘴遗址发掘报告》，《江汉考古》2002 年第 4 期。

知子：《中国古代餐叉考索》，《中国烹饪》1986 年第 1 期。

竺可桢：《中国近五千年来气候变迁的初步研究》，《考古学报》1972 年第 1 期。

郑小萍：《盘龙城各遗址玉器鉴定报告》，《盘龙城——1963—1994 年考古发掘报告》附录 10，文物出版社 2001 年版。

郑文光：《从我国古代神话探索天文学的起源》，《历史研究》1976 年第 4 期。

郑文光：《中国天文学源流》，科学出版社 1979 年版。

郑光：《二里头遗址与中国古代史》，《北京社会科学》1987 年第 1 期。

郑光：《二里头遗址与夏文化》，《华夏文化》第一集，北京大学出版社 1987 年版。

郑光：《二里头遗址的性质和年代》，《考古与文物》1988 年第 1 期。

郑光：《试论偃师商城即盘庚之亳殷》，台北《故宫学术季刊》1991 年第 8 卷第 4 期。

郑州大学文博学院、开封市文物工作队：《豫东杞县发掘报告》，科学出版社 2000 年版。

郑州大学考古专业、开封市文物工作队、杞县文物管理所：《河南杞县鹿台岗遗址发掘简报》，《考古》1994 年第 8 期。

　　郑州大学考古专业等：《河南杞县朱岗遗址试掘报告》，《华夏考古》1992 年第 1 期。

　　郑州大学考古专业等：《河南杞县牛角岗遗址试掘报告》，《华夏考古》1994 年第 2 期。

　　郑州市文物考古研究所：《郑州市银基商贸城商代外夯土墙基发掘简报》，《华夏考古》2000 年第 4 期。

　　郑州市文物考古研究所编著：《郑州大师姑》，科学出版社 2004 年版。

　　郑州市博物馆：《郑州大河村遗址发掘报告》，《考古学报》1979 年第 3 期。

　　郑州市博物馆：《河南荥阳西史村遗址试掘简报》，《文物资料丛刊》(5)，文物出版社 1981 年版。

　　郑良树：《仪礼宫室考》，台北中华书局 1975 年版。

　　郑杰祥：《夏史初探》，中州古籍出版社 1982 年版。

　　郑杰祥：《卜辞所见亳地考》，《中原文物》1983 年第 4 期。

　　郑杰祥：《关于偃师商城的年代和性质》，《中原文物》1984 年第 4 期。

　　郑杰祥：《试论夏代历史地理》，中国先秦史学会编《夏史论丛》，齐鲁书社 1985 年版。

　　郑杰祥：《释滴》，《殷都学刊》1988 年第 2 期。

　　郑杰祥：《玄鸟新解》，《中州学刊》1990 年第 1 期。

　　郑杰祥：《商代四方神名和风名新证》，《中原文物》1994 年第 3 期。

　　郑杰祥：《商代地理概论》，中州古籍出版社 1994 年版。

　　郑杰祥：《殷墟卜辞所记商代都邑的探讨》，《甲骨文发现一百周年学术研讨会论文集》，台北文史哲出版社 1999 年版。

　　郑杰祥：《商代杞国考》，《杞文化与新泰》，中国文联出版社 2000 年版。

　　郑杰祥：《新石器文化与夏代文明》，江苏教育出版社 2005 年版。

　　郑绍宗：《河北考古发现研究与展望》，《文物春秋 1992 年增刊》，河北省文物研究所，1992 年。

　　郑绍宗：《商周金文和河北古代方国研究》，《北方考古研究》（三），中州古籍出版社 1994 年版。

　　郑若葵：《安阳苗圃北地新发现的殷代刻数石器及相关问题》，《文物》

1986 年第 2 期。

郑若葵：《试论商代的车马葬》，《考古》1987 年第 5 期。

郑若葵：《商代的俯身葬》，《考古与文物》1988 年第 2 期。

郑若葵：《试论安阳苗圃北地新发现的殷墟一期墓葬陶器及相关问题》，《考古》1989 年第 2 期。

郑若葵：《论安阳苗圃北地殷墟一期墓葬文化》，《华夏考古》1992 年第 1 期。

郑若葵：《论商代马车的形制和系驾法的复原》，《东南文化》1992 年第 6 期。

郑若葵：《论二里头文化类型墓葬》，《华夏考古》1994 年第 4 期。

郑若葵：《论中国古代马车的渊源》，《华夏考古》1995 年第 3 期。

郑若葵：《殷墟"大邑商"族邑布局初探》，《中原文物》1995 年第 3 期。

郑振香、陈志达：《论妇好墓对殷墟文化和卜辞断代的意义》，《考古》1981 年第 6 期。

郑振香、陈志达：《近年来殷墟新出土的玉器》，《殷墟玉器》，文物出版社 1982 年版。

郑振香、陈志达：《殷墟青铜器的分期与年代》，《殷墟青铜器》，文物出版社 1985 年版。

郑振香：《妇好墓出土的司兔母铭文铜器探讨》，《考古》1983 年第 8 期。

郑振香：《论殷墟文化分期及其相关问题》，《中国考古学研究——夏鼐先生考古五十年纪念论文集》，文物出版社 1986 年版。

郑振香：《殷墟发掘六十年概述》，《考古》1988 年第 10 期。

郑振香：《安阳殷墟大型宫殿基址的发掘》，《文物天地》1990 年第 3 期。

郑振香：《陶文与符号》，《殷墟的发现与研究》，科学出版社 1994 年版。

郑振铎：《汤祷篇》，《东方杂志》1933 年第 30 卷第 1 期。

郑慧生：《卜辞中贵妇的社会地位考述》，《历史研究》1981 年第 6 期。

郑慧生：《"殷正建未"说》，《史学月刊》1984 年第 1 期。

郑慧生：《商代卜辞四方神名、风名与后世春夏秋冬四时之关系》，

《史学月刊》1984 年第 6 期。

郑慧生：《上古华夏妇女与婚姻》，河南人民出版社 1988 年版。

郑慧生：《古代天文历法研究》，河南大学出版社 1995 年版。

郑慧生：《甲骨卜辞研究》，河南大学出版社 1998 年版。

种建荣、雷兴山：《先周文化铸铜遗存的确认及其意义》，《中国文物报》2007 年 11 月 30 日。

赵世纲：《夏商青铜文化的南向传播》，《中原文物》1993 年第 3 期。

赵丛苍：《城固洋县铜器群综合研究》，《文博》1996 年第 4 期。

赵丛苍主编：《城洋青铜器》，科学出版社 2006 年版。

赵丛苍、郭妍利：《两周考古》，文物出版社 2004 年版。

赵平安：《从失字的释读谈到商代的佚侯》，《中国社会科学院历史研究所学刊》第一集，社会科学文献出版社 2000 年版。

赵平安：《释甲骨文中的"𡴀"和"𤰞"》，《文物》2000 年第 8 期。

赵平安：《战国文字的"遴"与甲骨文"奉"为一字说》，《古文字研究》第 22 辑，中华书局 2000 年版。

赵平安：《从楚简"娩"的释读谈到甲骨文的"娩妫"——附释古文字中的"冥"》，《简帛研究二〇〇一》（上册），广西师范大学出版社 2001 年版。

赵平安：《"达"字两系说——兼释甲骨文所谓"途"和齐金文中所谓"造"字》，《中国文字》新 27 期，台北艺文印书馆 2001 年版。

赵平安：《释"𦭞"及相关诸字》，《语言》第 3 卷，首都师范大学出版社 2002 年版。

赵平安：《楚竹书〈容成氏〉的篇名及其性质》，饶宗颐主编《华学》第六辑，紫禁城出版社 2003 年版。

赵芝荃、刘忠伏：《试谈偃师商城的始建年代并兼论夏文化的上限》，《华夏文明》第一集，北京大学出版社 1987 年版。

赵芝荃、徐殿魁：《河南偃师商城西亳说》，《全国商史学术讨论会论文集》，殷都学刊增刊，1985 年。

赵芝荃、徐殿魁：《偃师尸乡沟商城的发现与研究》，《中国古都研究》第 3 辑，浙江人民出版社 1987 年版。

赵芝荃、徐殿魁：《偃师尸乡沟商代早期城址》，《中国考古学会第五次年会论文集》，文物出版社 1988 年版。

赵芝荃：《略论新砦期二里头文化》，《中国考古学会第四次年会论文集》，文物出版社 1985 年版。

赵芝荃：《二里头遗址与偃师商城》，《考古与文物》1989 年第 2 期。

赵芝荃：《论偃师商城始建年代的问题》，《中国商文化国际学术讨论会论文集》，中国大百科全书出版社 1998 年版。

赵芝荃：《再论偃师商城的始建年代》，《中原文物》1999 年第 3 期。

赵芝荃：《偃师商城建筑概论——1983—1999 年建筑遗迹考古》，《华夏考古》2001 年第 2 期。

赵志军：《关于夏商周文明形成时期农业经济特点的一些思考》，《华夏考古》2005 年第 1 期。

赵佩馨：《安阳后岗圆形葬坑性质的讨论》，《考古》1960 年第 6 期。

赵佩馨：《甲骨文中所见的商代五刑——并释"刖"、"剢"二字》，《考古》1961 年第 2 期。

赵林：《商代的社祭》，《大陆杂志》1978 年第 57 卷第 6 期。

赵林：《商代的宗庙与宗族制度》，台北《政治大学历史学报》1983 年第 1 期。

赵林：《商代的双宗法与交表婚》，台北《政治大学历史学报》1984 年总 50 期。

赵林：《商代的羌人与匈奴：试论产生中国人的若干体质与文化上的背景》，台北政治大学边政研究所，1985 年。

赵林：《论商代的父与子》，《汉学研究》2003 年第 21 卷第 1 期。

赵林：《论商代的诸妇》，台北《中国文化大学中文学报》2003 年第 8 期。

赵林：《论商代的母与女》，台北《中国文化大学中文学报》2005 年第 10 期。

赵林：《论商代的弟及其相关的亲属称谓：娣、姨、姪、弔、叔》，台北《中国文化大学中文学报》2006 年第 12 期。

赵林：《论商代家族的亲属结构关系》，《中国史研究》2006 年第 2 期。

赵林：《论商代的传宗法及其相关的问题》，《金荣华教授七秩华诞祝寿论文集》，中国文化大学中国文学系，2007 年。

赵诚：《诸帚探索》，《古文字学论集初编》，国际中国古文字学研讨会论文集编辑委员会暨香港中文大学中国文化研究所吴多泰中国语文研究中心，1983 年。

赵诚：《商代社会性质探索》，《全国商史学术讨论会论文集》，殷都学刊增刊，1985 年。

赵诚：《甲骨文简明词典——卜辞分类读本》，中华书局 1988 年版。

赵诚：《甲骨文与商代文化》，辽宁人民出版社 2000 年版。

赵诚：《羌甲探索》，《揖芬集——张政烺先生九十华诞纪念文集》，社会科学文献出版社 2002 年版。

赵诚：《二十世纪甲骨文研究述要》（上下），书海出版社 2006 年版。

赵春燕、徐广德、赵志军：《中子活化分析在陶器分析中的应用》，《中国文物报》2003 年 7 月 11 日。

赵春燕、徐广德、赵志军：《殷墟花园庄 54 号墓出土陶器内积土的化学分析初步结果》，中国社会科学院考古研究所考古科技中心编《科技考古》第一辑，中国社会科学出版社 2005 年版。

赵春燕：《安阳殷墟出土青铜器的化学成分分析与研究》，中国社会科学院考古研究所考古科技中心编《科技考古》第一辑，中国社会科学出版社 2005 年版。

赵春燕：《土壤元素化学分析在考古研究中的运用》，《中国社会科学院院报》2007 年 8 月 16 日。

赵铁寒：《邢国迁徙考》，《大陆杂志》1955 年第 11 卷第 12 期。

赵铁寒：《说殷商亳及成汤以后之五迁》，《大陆杂志》1955 年第 10 卷8 期。

赵铁寒：《汤前八迁的新考证》，《古史考述》，台北正中书局 1956 年版。

赵铁寒：《殷商群亳地理方位考实》（之一——之三），《大陆杂志》第 23卷 12 期、《政治大学学报》第 6 期、《大陆杂志》1961—1962 年第 25 卷第12 期。

赵铨：《绚丽多彩的殷代玉雕艺术》，《殷墟玉器》，文物出版社 1982 年版。

赵铨、钟少林、白荣金撰：《甲骨文契刻初探》，《考古》1982 年第1 期。

赵雁侠：《中国早期姓氏制度研究》，天津古籍出版社 1996 年版。

赵殿增：《巴蜀文化几个问题的探讨》，《文物》1987 年第 10 期。

赵殿增：《近年巴蜀文化考古综述》，《四川文物广汉三星堆遗址研究专辑》，1989 年。

赵殿增：《三星堆考古发现与巴蜀古史研究》，《四川文物·三星堆古蜀文化研究专辑》》，1992 年。

赵璞珊：《中国古代医学》，中华书局 1983 年版。

赵璞珊：《〈山海经〉记载的药物、疾病和巫医》，《山海经新探》，四川省社会科学院出版社 1986 年版。

赵霞光：《郑州南关外商代遗址发掘简报》，《考古通讯》1958 年第 2 期。

钟柏生：《妇井卜辞及其相关问题的探讨》，《中央研究院历史语言研究所集刊》第 56 本第 1 分，1985 年。

钟柏生：《论"任官卜辞"》，《中央研究院第二届国际汉学会议论文集·语言文字组》，1989 年。

钟柏生：《殷商卜辞地理论丛》，台北艺文印书馆 1989 年版。

钟柏生：《卜辞中所见的殷代军政》，《中国文字》1991—1993 年第 14、15、16、17 期。

钟柏生：《史语所藏殷墟海贝及其相关问题初探》，《中央研究院历史语言研究所集刊》第 64 本第 3 分，1993 年。

钟柏生：《卜辞中所见的刍牧地名》，《台湾大学考古人类学刊》1995 年第 50 期。

钟柏生：《冥地考》，《于省吾教授百年诞辰纪念文集》，吉林大学出版社 1996 年版。

钟柏生：《卜辞中所见的尹官》，《中国文字》1999 年第 25 期。

钟柏生：《释"駉"——附释"寻"字在卜辞中的一种用法》，《中国文字》新 26 期，台北艺文印书馆 2000 年版。

钟柏生：《殷代卜辞所见殷人宇宙观初探》，《第三届国际汉学会议论文集文字学组·古文字与商周文明》，中央研究院历史语言研究所，2002 年。

钟柏生：《钟柏生古文字论文自选集》，台北艺文印书馆 2008 年版。

钟柏生、陈昭容、黄铭崇、袁国华：《新收殷周青铜器铭文暨器影汇编》，台北艺文印书馆 2006 年版。

浙江省文物考古研究所、上海市文物管理委员会、南京博物院编著：

《良渚文化玉器》，文物出版社 1990 年版。

　　浙江省文物考古研究所反山考古队：《浙江余杭反山良渚墓地发掘简报》，《文物》1988 年第 1 期。

　　浙江省文物管理委员会：《吴兴钱三漾遗址一、二期发掘报告》，《考古学报》1960 年第 2 期。

　　浙江省文管会、浙江省博物馆：《河姆渡遗址第一期发掘报告》，《考古学报》1978 年第 1 期。

　　浙江省博物馆自然组：《河姆渡遗址自然遗存的鉴定与研究》，《考古学报》1978 年第 1 期。

　　章炳麟：《专制时代宰相用奴说》，《太炎文录初编》，上海人民出版社1985 年版。

　　曾中懋：《广汉三星堆一、二号祭祀坑出土铜器成分分析》，《四川文物》，广汉三星堆遗址研究专集，1989 年。

　　曾中懋：《广汉三星堆二号祭祀坑出土铜器成分分析》，《四川文物》1991 年第 1 期。

　　曾永义：《仪礼车马考》，台北中华书局 1975 年版。

　　曾永义：《仪礼乐器考》，台北中华书局 1975 年版。

　　曾宪通编：《容庚文集》，中山大学出版社 2004 年版。

　　曾晓敏、宋国定：《郑州商城考古又有重大收获》，《中国文物报》1995 年 7 月 30 日。

　　曾晓敏：《郑州商代石板蓄水池及相关问题》，《郑州商城考古新发现与研究》，中州古籍出版社 1993 年版。

　　曾毅公：《山东金文集存》，石印本，1940 年。

　　曾毅公：《甲骨地名通检》，北平图书馆《图书季刊》1940 年第 2 卷第1 期。

　　曾毅公：《论甲骨缀合》，《华学》第四辑，紫禁城出版社 2000 年版。

　　詹开逊、刘林：《从新干商鼎看吴城文化的性质》，《南方文物》1992年第 2 期。

　　詹鄞鑫：《卜辞殷代医药卫生考》，《中华医史杂志》1986 年第 16 卷第1 期。

　　詹鄞鑫：《神灵与祭祀——中国传统宗教综论》，江苏古籍出版社 1992年版。

詹鄞鑫：《禘礼辨——兼论卜辞"帝"礼及"禘"礼》，李圃主编《中国文字研究》第一辑，广西教育出版社 1999 年版。

詹鄞鑫：《心智的误区——巫术与中国巫术文化》，上海教育出版社 2001 年版。

詹鄞鑫：《释甲骨文"兆"字》，《古文字研究》第 24 辑，中华书局 2002 年版。

詹鄞鑫：《卜辞傅说事迹考》，《傅圣文化》2005 年第 2 期。

詹鄞鑫：《华夏考——詹鄞鑫文字训诂论集》，中华书局 2006 年版。

翟德芳：《商周时期马车起源初探》，《华夏考古》1988 年第 1 期。

三、海外学者论著

［德］魏特夫格（Karl Auqust Wittfogel），陈家芷中译本，《商代卜辞中之气象纪录》、《大学》1941 年第 1 卷第 1、2 期。

［德］张聪东（Chang Tsung-tung）：Der Kult der Shang-Dynastie im Spiegel der Orakelinschriften: Eine paläographische Studie zur Religion im archaischen China, Veröffentlichungen des Ostasiatischen Semimars der Johann-Wolfgang-Goethe-Universität, Frankfurt Wiesbaden, Otto Harrassowitz, 1971.

［法］德日进、杨钟健：《安阳殷虚之哺乳动物群》，《中国古生物志》丙种第 12 号第 1 册，1936 年。

［法］雷焕章：《兕试释》，《中国文字》新 8 期，美国艺文印书馆 1983 年版。

［法］旺德迈（Léon Vandermeersch）：Wangdao ou la voie royale: Recherches sur Iésprit des Institutions de la Chine Archaique, Paris: école francaise déxtrême-orient Vol. CXIII, Paris-A maisonneuve, 1977.

［法］旺德迈（Léon Vandermeersch）：Etudes Sinologiques, Presses Universitaires de France, Paris, 1994.

［加拿大］Doris J. Dohrenwend: chinese Jadesinthe Royal Ontario Museum, 1971.

［加拿大］高嶋谦一（Takashima, Ken-ichi）：A Study of the Copulas in Shang Chinese（商代系词的研究），《东京大学东洋文化研究所纪要》第 112 册，1990 年版。

〔加拿大〕高嶋谦一（Takashima，Ken-ichi）：《殷代贞卜言语的本质》，《东京大学东洋文化研究所纪要》第 110 册，1989 年版。

〔加拿大〕高嶋谦一（Takashima，Ken-ichi）：《殷墟文字丙编通检》，台湾中央研究院历史语言研究所专刊之八十五，1985 年。

〔加拿大〕怀履光（William Charles White）：Bone Culture of Ancient China—An Archaeological Study of Bone Material from Northern Honan，the University of Toronto Press，Canada，1945.

〔加拿大〕明义士：《表校新旧版殷墟书契前编并记所得之新材料》，《齐大季刊》1933 年第 2 期。

〔加拿大〕沈辰（Chen Shen）：Anyang and San xingdui—Unveiling the Mysteries of Ancient Chinese Civilizations，Royal Ontario Museum，2002.

〔美〕James F. Berry：《商代龟甲的鉴定》，吉德炜（David N. Keightley）：Sources of Shang History：The Oracle Bone Inscriptions of Bronze Age China，附录一，Berkeley/Los Angeles/London：University of California Press，1978.

〔美〕鲁惟一（Michael Loewe）、夏含夷（Edward L. Shaughnessy）主编：The Cambridge History of Ancient China：From the Origins of Civilization to 221 B. C. ，Cambridge University Press，1999.

〔美〕Alfred Salmony：Carved Jadeof Ancient China，Berkeley，1938.

〔美〕Elman R. Service，Origins of the Stateand Civilization：The Processof Cultural Evolution，New York：W. W. Norton，1975.

〔美〕Elman R. Service，Primitive Social Organization：An Evolutionary Perspective，New York，1962.

〔美〕R. L. 索普（Robert L. Thorp）：China in the Early Bronze Age-Shang Civilization，University of Pennsylvania，2006.

〔美〕艾兰（Sarah Allan）著，汪涛译：《龟之谜——商代神话、祭祀、艺术和宇宙观研究》，四川人民出版社 1992 年版。

〔美〕艾兰（Sarah Allan）著，杨民等译：《早期中国历史·思想与文化》，辽宁教育出版社 1999 年版。

〔美〕艾兰（Sarah Allan）著，张海晏译：《水之道与德之端——中国早期哲学思想的本质》，上海人民出版社 2002 年版。

〔美〕班大为：《天命的宇宙——政治背景》，北京师范大学国学研究所编《武王克商之年研究》，北京师范大学出版社 1997 年版。

〔美〕德效骞（H. H. Dubs）撰，赵林译：《论商代月蚀的记日法》，《大陆杂志》1967 年第 35 卷第 3 期。

〔美〕富利德（Morton H. Fried）：The Evolutionof Political Society, New York：Random House, 1967.

〔美〕吉德炜（David N. Keightley）：The Bamboo Annals and Shang-Chou Chronology（竹书纪年和商周年代学），Harvard Journal of Asiatic Studies，xxxviii，1978.

〔美〕吉德炜（David N. Keightley）：Sources of Shang History：The Oracle Bone Inscriptions of Bronze Age China, Berkeley/Los Angeles/London University of California Press，1978.

〔美〕吉德炜（David N. Keightley）主编：The Origins of Chinese Civilization, Berkeley/Los Angeles /London：University of California Press，1983.

〔美〕吉德炜（David N. Keightley）：《中国正史之渊源：商王占卜是否一贯正确?》《古文字研究》第 13 辑，中华书局 1986 年版。

〔美〕吉德炜（David N. Keightley）：The Ancestral Landscape：Time, Space, and Community in Late Shang China（ca. 1200－1045B. C.），Institute of East Asian Studies University of Chlifornia，Berkeley，Center for Chinese Studies，2000.

〔美〕江伊莉（Elizsbeth Chilas-Johnson）：Enduring Art of Jade Age China：Chinese Jades of Late Neolithic Through Han Periods，Throckmorton Fine Art，New York，2001.

〔美〕诺尔曼·C. 沙利文：《关于郑州商代人类遗骨的初步研究》，《文博》1993 年第 3 期。

〔美〕司礼义（Paul L. -M. Serruys）：《关于商代卜辞语言的语法》，《中央研究院国际汉学会议论文集·语言文字组》，1981 年。

〔美〕威廉·彼得逊：《人口学基础》（中译本），甘肃人民出版社 1984 年版。

〔美〕沃尔默（John Vollmer）：《中国青铜器上织物简介》，菲什克（Patricial Fiska）《考古学上的织物》，华盛顿，1974 年。

〔美〕斯宾登撰，陈炳良译：《太阳崇拜》，台北《清华学报》1969 年

第 7 卷第 2 期。

　　〔美〕巫鸿（Wu Hung）：All Aboutthe Eyes：Two Groups of Sculptures from the Sanxingdui Culture，Orientations，No. 28－8，1997.

　　〔美〕夏含夷（Edward L. Shaughnessy）：《释"御方"》，《古文字研究》第 9 辑，中华书局 1984 年版。

　　〔美〕夏含夷（Edward L. Shaughnessy）：《早期商周关系及其对武丁以后商王室势力范围的意义》，《古文字研究》第 13 辑，中华书局 1986 年版。

　　〔美〕夏含夷（Edward L. Shaughnessy）著，蔡芳沛译：《中国马车的起源及其历史意义》，台湾汉学研究中心《汉学研究》1989 年第 7 卷第 1 期。

　　〔美〕夏含夷（Edward L. Shaughnessy）：《温故知新——商周文化史管见》，台北稻禾出版社 1997 年版。

　　〔美〕夏含夷（Edward L. Shaughnessy）主编：New Sources of Early Chinese History：An Introduction to the Reading of Inscriptions and Manuscripts，Berkeley：Institute of East Asian Studies and theSociety for the Study of Early China，1997.

　　〔美〕夏含夷（Edward L. Shaughnessy）：《殷墟卜辞的细微断代法——以武丁时代一次战役为例》，台湾师范大学国文学系等编《甲骨文发现一百周年学术研讨会论文》，文史哲出版社 1999 年版。

　　〔美〕张光直（Chang Kwang-chih）：Shang Civilization，Yale University Press，1980.

　　〔美〕张光直（Chang Kwang-chih）：Art、Mythand Ritual：The Path-to Political Authorityin Ancient China，Harvard University Press，1983.

　　〔瑞典〕西尔凡（Vivi Sylwan）：Sideni Kinaunderyin-dynastuen，Malmi Museum sdysberttelse，1935.

　　〔瑞典〕维维·西尔凡（Vivi Sylwan）：Silk from the Yin Dynasty，Bulletin of the Museum of Far Eastern Antiquities，No. 9，1937. 又《中国纺织科技史资料》第 5 集，1981 年版。

　　〔英〕金璋（Lionel Charles Hopkins）：Sunlightand Moonshine，The Journal of the Royal Society of Arts. 1942.

　　〔英〕马林诺夫斯基著，李安宅译：《巫术科学宗教与神话》，中国民族文艺出版社 1986 年版。

　　［日］小川茂树：《殷末周初の东方经略に就いて》，《东方学报》（京都）第 11 册，1940 年版。

　　［日］贝塚茂树：《亀卜と筮》，《东方学报》（京都）第 14 册，1947 年版。

　　［日］贝塚茂树：《中国古代史学の发展》，日本东京弘文堂 1946 年版。

　　［日］贝塚茂树：《中国の古代国家》，日本东京弘文堂 1952 年版。

　　［日］贝塚茂树：《世界考古学大系第 6 卷·东亚·殷周时代》，日本东京平凡社 1958 年版。

　　［日］贝塚茂树：《神々の诞生》，日本东京筑摩书房 1963 年版。

　　［日］贝塚茂树：《金文に现れる夏族标识》，《东方学报》（京都）第 36 册《创立 35 周年纪念论集》，1964 年。

　　［日］贝塚茂树：《中国の神话》，日本东京筑摩书房 1971 年版。

　　［日］贝塚茂树：《中国神话の起源》，日本东京角川书店 1973 年版。

　　［日］贝塚茂树、伊藤道治：《甲骨文断代研究法の再检讨——董氏の文武丁时代卜辞を中心として》，《东方学报》（京都）第 23 册《殷代青铜文化の研究》，1953 年。

　　［日］贝塚茂树编：《古代殷帝国》，日本东京みすず书房 1957 年版。

　　［日］贝塚茂树：《殷周古代史の再构成》，《贝塚茂树著作集》第 3 卷，日本中央公论社 1977 年版。

　　［日］贝塚茂树：《中国古代再发现》，日本东京岩波书店 1979 年版。

　　［日］白川静：《甲骨金文学论集》，日本京都朋友书店 1973 年版。

　　［日］白川静：《中国の神话》，日本东京中央公论社 1975 年版。

　　［日］白川静：《中国古代文化》，日本东京中央公论社 1976 年版。

　　［日］白川静著，王巍译：《中国古代民俗》，东风文艺出版社 1991 年版。

　　［日］白川静撰，宋镇豪译：《胡厚宣氏的商史研究——甲骨学商史论丛》，《甲骨文与殷商史》第三辑，上海古籍出版社 1991 年版。

　　［日］白川静：《甲骨文と殷史》，《白川静著作集》第 4 卷，日本平凡社 2000 年版。

　　［日］池田末利：《中国古代宗教史研究——制度と思想》，日本东京

东海大学出版会 1989 年版。

　　［日］池田末利：《商末上帝祭祀の问题》，《东洋学报》第 72 卷 1、2 期，日本东京 1992 年版。

　　［日］赤塚忠：《殷代における上帝祭礼の复原》，《二松学舍大学论文集》，1966 年。

　　［日］赤塚忠：《中国古代の宗教と文化——殷王朝の祭祀》，日本东京角川书店 1977 年版。

　　［日］出石诚彦：《支那上代思想史研究》，日本东京藤井书店 1943 年版。

　　［日］岛邦男：《甲骨卜辞地名通检》（一、二），《甲骨学》第 6、7 号，1958—1959 年。

　　［日］岛邦男著，温天河、李寿林中译本：《殷墟卜辞研究》，台北鼎文书局 1975 年版。

　　［日］岛邦男：《殷墟卜辞综类》，日本汲古书院 1977 年版。

　　［日］饭岛武次：《中国考古学概论》，日本同成社 2003 年版。

　　［日］冈村秀典：《中国古代の动物供牺》，日本京都大学人文科学研究所 1997 年版。

　　［日］冈村秀典：《中国古代王权と祭祀》，日本东京学生社 2005 年版。

　　［日］黄川田修：《曲阜以前の鲁国の所在に对する一试论——中国山东省前掌大遗跡の诸问题》，《考古学杂志》第 86 卷第 3 号，2001 年版。

　　［日］加藤常贤：《中国古代文化の研究》，日本东京二松学舍大学出版部 1980 年版。

　　［日］近藤乔一：《商代宝贝の研究》，《アジアの历史と文化》第 2 辑，1995 年。

　　［日］林巳奈夫：《中国古代の祭玉、瑞玉》，《东方学报》（京都）第 40 册，1969 年。

　　［日］林巳奈夫：《中国殷周时代の青铜武器》，日本京都大学人文科学研究所 1972 年版。

　　［日］林巳奈夫：《汉代の文物》，日本京都大学人文科学研究所 1976 年版。

　　［日］林巳奈夫：《中国古代の瓮》，《考古学杂志》第 65 卷第 2 号，

1979 年。

　　〔日〕林巳奈夫：《所谓饕餮纹は何を表はしたものか》，《东方学报》（京都）第 56 册，1984 年。

　　〔日〕林巳奈夫：《殷周时代青铜器の研究——殷周青铜器综览一》，日本东京吉川弘文馆 1984 年版。

　　〔日〕林巳奈夫：《殷周时代青铜器纹样の研究》，日本东京吉川弘文馆 1986 年版。

　　〔日〕林巳奈夫：《中国古玉の研究》，日本东京吉川弘文馆 1991 年版。

　　〔日〕林巳奈夫：《汉代の神神》，日本京都临川书店 1991 年版。

　　〔日〕林巳奈夫：《中国古代の生活史》，日本东京吉川弘文馆 1992 年版。

　　〔日〕林巳奈夫：《中国文明の诞生》，日本东京吉川弘文馆 1995 年版。

　　〔日〕落合淳思：《甲骨文祭祀と"历组"分类の断代》，《史林》第 83 卷第 4 号，2000 年。

　　〔日〕落合淳思：《殷末历谱の復元》，《立命馆文学》第 577 号，2002 年。

　　〔日〕落合淳思：《殷代の支配构造》，立命馆东洋史学会、中国古代史论丛编集委员会编《中国古代史论丛》第二集，立命馆东洋史学会丛书四，2005 年。

　　〔日〕落合淳思：《甲骨文出组·何组·黄组の分群と分类》，立命馆东洋史学会、中国古代史论丛编集委员会编《中国古代史论丛》第四集，立命馆东洋史学会丛书六，2007 年。

　　〔日〕落合淳思：《甲骨文历组·无名组の分组と分类》，立命馆东洋史学会、中国古代史论丛编集委员会编《中国古代史论丛》第五集，立命馆东洋史学会丛书七，2008 年。

　　〔日〕梅原末治：《河南安阳遗物の研究》，京都，1944 年。

　　〔日〕末次信行：《殷代气象卜辞の研究》，京都玄文社 1991 年版。

　　〔日〕末次信行：《殷代卜辞にみえる"一日の始まり"》，《东方学》第 88 辑，1994 年。

　　〔日〕末次信行：《殷代の气象と农作物——占われた雨と麦》，《日中

文化研究》第 14 号，日本勉诚社 1999 年版。

　　［日］末次信行：《殷代支配阶级的主食》，王宇信、宋镇豪主编《夏商周文明研究（四）·纪念殷墟甲骨文发现一百周年国际学术研讨会论文集》，社会科学文献出版社 2003 年版。

　　［日］难波纯子著，向桃初译：《华中型商周彝器的发达》，《南方文物》2000 年第 3 期。

　　［日］难波纯子：《商周时代の盘内面に表された世界》，《辰马考古资料馆考古学研究纪要》第 4 册，2001 年。

　　［日］难波纯子：《关于殷墟四期青铜器制作之新动向》，《考古学集刊》第 15 集《纪念殷墟发掘七十周年论文专集》，文物出版社 2004 年版。

　　［日］平尾良光编：《古代东アジア青铜の流通》，日本鹤山堂 2001年版。

　　［日］青木正儿：《支那における粉食の历史》，日本东方学术协会编《东亚に於けゐ衣と食》1946 年。

　　［日］青木正儿：《粉食小史》，《华国风味》，日本东京弘文堂 1949年版。

　　［日］三上顺：《文献上の宫室制度と殷墟基址》，《日本中国学会报》第 16 集，1964 年。

　　［日］柿沼阳平：《殷代宝贝の社会的机能について——中国货币史の始源を探るための基础的检讨》，《历史民俗》第 2 号、2004 年。

　　［日］水野清一：《殷周青铜器と玉》，日本东京经济新闻社 1959年版。

　　［日］水野清一：《殷代の都城と社会组织》，《东洋の历史》第一卷，人物往来社 1966 年版。

　　［日］水上静夫：《中国古代王朝消灭の谜》，日本东京雄山阁出版株式会社 1992 年版。

　　［日］松丸道雄：《殷墟卜辞中の田猎地について——殷代国家构造研究のために》，《东洋文化研究所纪要》第 31 册，1963 年。

　　［日］松丸道雄：《再论殷墟卜辞中的田猎地问题》，《尽心集·张政烺先生八十庆寿论文集》，中国社会科学出版社 1996 年版。

　　［日］松丸道雄：《西周青铜器制造之背景》，《西周青铜器及其国家》，日本东京大学出版会 1980 年版。

〔日〕松丸道雄、永田英正：《中国文明の成立》，ピジュアル版《世界の历史》5，日本东京讲谈社 1985 年版。

〔日〕松丸道雄撰，宋镇豪译：《日本收藏的殷墟出土甲骨》，《人文杂志》1988 年第 9 期。

〔日〕松丸道雄、〔加拿大〕高嶋谦一：《甲骨文字字释综览》，东京大学东洋文化研究所报告，东京大学出版会 1993 年版。

〔日〕松丸道雄《河南鹿邑县长子口墓をめぐる诸问题——古文献と考古学との邂逅》，《中国考古学》第四号，2004 年。

〔日〕薮内清：《关于殷历的两三个问题》，《东洋史研究》第 15 卷第 2 号，1956 年；郑清茂译文，《大陆杂志》1957 年第 15 卷第 1 期。

〔日〕薮内清：《中国の天文学》，日本东京恒星社厚生阁，1950 年。

〔日〕天野元之助：《殷代产业に关する若干の问题》，《东方学报》（京都）第 23 册《殷代青铜文化の研究》，1953 年。

〔日〕天野元之助：《中国国における原始国家の形成——殷代の社会经济》，《社会经济史学》第 18 卷第 6 号、第 19 卷第 1、2 号，1953 年。

〔日〕天野元之助：《殷代の农业とその社会构造——华北农业の形成过程》，《史学研究》第 62 号，1956 年。

〔日〕天野元之助：《中国古代农业研究——殷周之部》，日本东京开明书房 1979 年版。

〔日〕天野元之助：《中国农业史研究》，日本东京御茶の水书房 1979 年增补版。

〔日〕田中淡：《先秦时代宫室建筑序说》，《东方学报》（京都）第 52 册，1980 年。

〔日〕田中淡：《中国建筑史の研究》，日本东京弘文堂 1995 年版。

〔日〕町田章：《殷周と孤竹国》，《立命馆文学》第 430—432 号合《白川静古稀纪念中国史论集》1981 年。

〔日〕铁井庆纪：《中国神话中の鸟のモチ—フ——祖神と天地创造の场合》，《东方学》第 50 辑，1975 年。

〔日〕铁井庆纪：《古代中国に於ける鸟の圣视観について》，《民族学研究》第 41 卷第 2 号，1976 年。

〔日〕铁井庆纪：《“中”についての神话学的一试论》，《池田末利博士古稀记念东洋学论集》，日本广岛，1980 年。

　　〔日〕铁井庆纪:《"社"についての一试论》,《东方学》第 61 辑,
1981 年。

　　〔日〕铁井庆纪:《中国神话の文化人类学的研究》,日本东京平和出
版社 1990 年版。

　　〔日〕樋口隆康编集:《泉屋博古》,日本京都便利堂 1985 年版。

　　〔日〕小南一郎编:《中国古代礼制研究》,日本京都大学人文科学研
究所,1995 年。

　　〔日〕伊藤道治:《安阳小屯殷代遗迹の分布復原とその问题》,《东方
学報》(京都)第 29 册,1959 年。

　　〔日〕伊藤道治:《甲骨文·金文に见える邑》,《日本神户大学文学会
研究》第 33 号,1964 年。

　　〔日〕伊藤道治:《古代殷王朝のなぞ》,日本东京角川书店 1967
年版。

　　〔日〕伊藤道治:《中国古代王朝の形成——出土资料を中心とする殷
周史の研究》,日本东京创文社 1975 年版;又江蓝生中译本,中华书局
2002 年版。

　　〔日〕伊藤道治:《关于天理参考馆所藏第二期祭祀卜辞之若干片——
兼论第二期周祭之社会的宗教意义》,《殷墟博物苑苑刊》创刊号,中国社
会科学出版社 1989 年版。

　　〔日〕伊藤道治:《殷周时代の政治机构》,《中国古文字と殷周文化》,
(日本)东方书店 1989 年版。

　　〔日〕伊藤道治:《王权与祭祀》,《华夏文明与传世藏书——中国国际
汉学研讨会论文集》,中国社会科学出版社 1996 年版。

　　〔日〕伊藤道治:《西周王朝与雒邑》,《商承祚教授百年诞辰纪念文
集》,文物出版社 2003 年版。

　　〔日〕籾山明:《甲骨文中の"五刑"をめぐつて》,《信大史学》第 5
号,1980 年。

　　〔日〕御手洗胜:《上甲微和殷王朝的先公系谱》(正),《广岛大学文
学部纪要》第 37 卷,1977 年。

　　〔日〕御手洗胜:《上甲微和殷王朝的先公系谱》(续),《广岛大学文
学部纪要》第 38 卷第 1 号,1978 年。

　　〔日〕御手洗胜:《帝喾考——殷王室の始祖名について》,《森三树三

郎博士颂寿记念东洋学论集》第 12 号，1978 年。

〔日〕御手洗胜：《昏微和繁鸟——殷王室的始祖传说》，《广岛大学文学部纪要》第 39 卷，1979 年。

〔日〕御手洗胜：《古代中国の神々——古代传说の研究》，日本东京创文社 1984 年版。

〔日〕增田义郎：《政治社会の诸形态——特に首长制社会・地位社会の概念について》，《思想》第 535 号，1969 年。

〔日〕佐藤武敏：《殷の装饰艺术に关する若干问题》，《文化》第 15 卷第 4 号，1951 年。

〔日〕佐藤武敏：《甲骨文研究の进展——とくにその编年的整理の问题を中心として》，《史学杂志》第 63 编第 8 号，1954 年。

〔日〕佐藤武敏：《殷代の农业经营に关する一问题》，三上栗原编《中国古代史の诸问题》，日本东京大学出版会 1954 年版。

〔日〕佐藤武敏：《中国古代工业史の研究》，日本东京吉川弘文馆 1962 年版。

〔日〕佐藤武敏：《殷周时代の税制》，《历史教育》第 17 卷第 6 号，1969 年版。

〔日〕佐藤武敏：《中国古代绢织物史研究》（全二册），日本东京风间书房 1977 年版。

〔韩〕李旼姈：《甲骨文例研究》，台湾古籍出版有限公司 2003 年版。

〔韩〕孙叡彻：《从甲骨卜辞来研究殷商的祭祀》，台湾大学中国文学研究所硕士论文，1980 年。

〔韩〕赵容俊：《甲骨卜辞所见之巫者的救灾活动》，《殷都学刊》2003 年第 1 期。

〔韩〕赵容俊：《殷商甲骨卜辞所见之巫术》，台北文津出版社有限公司 2003 年版。